河南寺廟道觀碑刻集成

洛陽卷三

楊振威 主編

中州古籍出版社
·鄭州·

圖書在版編目(CIP)數據

河南寺廟道觀碑刻集成．洛陽卷．三 / 楊振威主編．—鄭州：中州古籍出版社，2021. 12
ISBN 978-7-5738-0148-7

Ⅰ．①河… Ⅱ．①楊… Ⅲ．①寺廟－碑刻－匯編－洛陽 Ⅳ．① K877.42

中國版本圖書館 CIP 數據核字（2021）第 279165 號

HENAN SIMIAO DAOGUAN BEIKE JICHENG · LUOYANG JUAN · SAN
河南寺廟道觀碑刻集成·洛陽卷·三

策劃編輯　呂兵偉
責任編輯　謝曉敏　高　雅　何慧婷
責任校對　梁　鬱
美術編輯　古青風
裝幀設計　新¦佳

出 版 社　中州古籍出版社（地址：鄭州市鄭東新區祥盛街 27 號 6 層　郵編：450016　電話：0371-65788693）
發行單位　河南省新華書店發行集團公司
承印單位　河南瑞之光印刷股份有限公司
開　　本　787 mm × 1092 mm　1/8
印　　張　58.5
字　　數　640 千字
印　　數　1—1000 册
版　　次　2021 年 12 月第 1 版
印　　次　2022 年 5 月第 1 次印刷
定　　價　420.00 元

《河南寺廟道觀碑刻集成》
叢書編輯委員會

總　　編：楊振威　余扶危

《洛陽卷三》編輯委員會

主　　編：楊振威

執行主編：楊予川　黄曉勇

副 主 編：郭茂育　王理香　邱嚮前　鄭　文

前言

自古以來，中國就是一個熱愛和崇敬文化的國度。今天，我們更加清醒地認識到，每個國家都有自己的文化，文化是一個國家的靈魂，文化興則國家興，文化亡則國家亡。洛陽是河洛文化的中心地區，是國家首批歷史文化名城，十三朝古都的歷史蘊積了無比燦爛的豐厚文化。煌煌祖宗業，永懷河洛間。歷史事實告訴我們，洛陽及其附近地區是中國最早的文化發源地之一，並在相當長時間內一直是華夏文化的核心區域，因此洛陽也長期成爲中國政治、經濟、文化的中心。洛陽文化的繁榮體現在諸多方面，不僅儒學、玄學、理學等肇始於此，古代中國的宗教不少也源起於此，尤其是道教和佛教與洛陽有着十分密切的關係。

從普遍的人類歷史看，宗教是一種重要的文化現象，在不同民族和國家的發展史上都發揮過重要而獨特的作用，即使到今天，宗教對世界上許多國家仍然具有巨大的現實影響力，因此以理性與科學的態度看待和研究宗教纔是我們應有的態度。我們要傳承和弘揚華夏文化，同樣不能回避這一問題。衆所周知，古代宗教不僅在我國本土起源很早，而且不斷吸收融合外來宗教，形成了多種宗教互相借鑒、共生共長的複雜局面和形態，對我國社會文化的方方面面都産生了相當廣泛而深刻的影響，並不斷融入中國人的精神世界、習俗文化和日常生活之中，早已成爲我們傳統文化的重要組成部分。作爲古代文化中心的洛陽，其宗教文化自然不可忽視。從原始宗教、民間宗教和道教、佛教等各種宗教的發展和傳播來看，洛陽這片土地聚留了無數的宗教印記和宗教元素，雖歷經千年的滄桑歲月，但仍需要凝聚我們的目光和心力去探尋其中蘊藏的文化智慧，挹取其精華，剔除其糟粕，爲我們今天的文化建設服務。

從本土宗教來看，道教無疑是對中國文化影響最大的一種宗教。追尋道教的源頭和歷史，必然就會探源尋根到洛陽。道家乃至道教都尊崇老子，老子是春秋時期著名的思想家、道家學説的創始人，在洛陽做官和居住，長期擔任東周王室的“守藏室之史”，即國家圖書館館長。老子精通歷史，在洛陽他飽覽文獻，匯通古今，仰觀宇宙，俯察天下，從而撰寫出藴含無限智慧的《道德經》。老子的學説被稱作道家學説，在道家學説的基礎上，衍生演化而形成道教，自然老子也成爲世代膜拜的道教創始人。洛陽周圍的嵩山、王屋山等後來也成爲道教名山，使道教在洛陽及其附近發展傳承下來。

與道教不同，佛教是外來宗教，在東漢永平年間傳入都城洛陽，由官方在洛陽建造了當時中國第一座佛教寺院白馬寺。以此爲濫觴，佛教在中國以洛陽爲中心向四方傳播，開始並逐步完成了其中國化的進程。到北魏時，由於綿延賡續幾百年的傳播，加上數代統治者的大力提倡，社會上信佛崇佛之人衆多，佛教之風已經吹遍中華大地，及北魏遷都洛陽後，佛教在洛陽更是達到頂峰，據《洛陽伽藍記》載，北魏後期僅洛陽一地的寺廟就多達一千多座，可謂遍地開花，洛陽成爲名副其實的佛教中心。今天，名聞中外的世界文化遺産、位於洛陽城南的巍峨壯觀的龍門石窟，就是開鑿於北魏，歷經隋、唐諸朝，斷斷續續數百年而形成的佛教石窟，是古代洛陽佛教興盛的一個縮影和最好見證。

宗教信仰的興盛必然帶來宗教文化藝術的興盛。道教、佛教等宗教的存在和長期發展，不僅促進了社會文化的交流和融合，也促進了與宗教相關的建築、繪畫、音樂、雕塑等文化藝術的發展。同時，獨具中國特色的文化藝術載體碑刻與書法藝術、宗教緊密結合在一起，這些特點在古都洛陽充分體現出來。由於歲月侵蝕、戰爭破壞等各種原因，洛陽歷史上北魏寺廟道觀林立的景象早已不復存在（少量頑强保留到現在的寺觀也大多保護力度不夠），同時消失的還有大量的宗教建築和雕塑壁畫等宗教藝術作品，但值得慶幸的是，由於石頭本身的堅固不朽，洛陽的許多宗教碑刻仍然保存了下來。洛陽現存道教的道觀有北邙的上清宫、下清宫、吕祖庵，洛陽老城的祖師廟、城隍廟，洛陽關帝廟，新安縣的洞真觀，欒川的老君山等，這些道觀保存下了許多非常珍貴的碑刻，尤其是興建於元朝的祖師廟、洞真觀，保存下來了一些珍貴罕見的元朝碑刻，關林的關帝廟保存下來的明清民國時期的一百多塊碑刻也十分珍貴。相比較而言，佛教碑刻遺存數量更多，現在洛陽佛教寺廟白馬寺、大福先寺、洛陽廣化寺、龍門香山寺、偃師唐僧寺、伊川净土寺、嵩縣雲巖寺、宜陽靈山寺、汝陽觀音寺、偃師白雲寺、洛寧羅玲香山寺等都保存下來大量的碑刻，有些碑刻如白馬寺的北宋《御賜封號碑》、金代《大金國重修河南府左街東白馬寺釋迦舍利塔記碑》等都屬於珍稀碑刻。

據不完全統計，洛陽及周邊縣區現存的寺廟道觀碑刻不下數千方，這些碑刻真實地記録了當時的社會政治、經濟、軍事、文化、民俗等方方面面的資訊，對於研究者是不可多得的珍貴碑刻文獻，是極其重要的第一手資料。尤其是那些已經不存在寺廟的宗教碑刻，它們無所附麗，没有建築物的遮擋，也無人看管和保護，由於長期裸露在室外和荒野，常年日曬雨淋，有些碑刻已經漫漶不清，亟需搶救性地進行保護、整理和研究。否則，隨着時間的推移，這些碑刻將逐漸從我們的視野消失，到那時其損失將是無法彌補的。現在，我們把這些碑刻裒輯整理並出版面世，就是希望保存這些珍貴的文化資源，並期望引起世人的關注，共同來保護和傳承包括碑刻在内的優秀民族文化。

宗教碑刻雖只是洛陽古代文化的一個小的側面，但它所藴含的歷史智慧和文化資訊卻可以使我們洞察天下，知古鑒今。“若問古今興廢事，請君只看洛陽城”，先哲的話言猶在耳。文化興衰事關民族復興之成敗，以洛陽爲中心的河洛文化是中華文化的核心和源頭，它不僅在古代規塑和滋養了中華民族的精神和心靈，我們相信，在傳統文化涅槃重生的今天，它也必將焕發出新的動人光彩！

凡例

一、《河南寺廟道觀碑刻集成》的收録範圍爲佛寺、道觀碑刻。佛寺包括佛教的寺、廟、堂、殿、庵等，道觀包括道教的觀、廟、殿、庵、洞、宫、閣等。

二、《河南寺廟道觀碑刻集成》的各册先按市、縣、區排列，再依佛寺、道觀分别排列。碑刻則依其年代先後順序排列。

三、本書的釋文部分，以忠實於原文爲原則，原則上使用規範的繁體字，碑别字、俗字等改爲規範的繁體字。

四、碑刻因年代久遠、風雨剥蝕，或出土過程中出現的刮痕、石花及漫漶不清等，字迹無法辨識者，釋文中用"□"標出。若連續出現多字無法辨識的，則用"……"表示。

五、凡碑刻有首題的，統一置於釋文的第一行。無確切題名，或首題不能準確表達其内容的，自擬題目。

六、凡碑首有題字的，釋文時將其題字放在首行，並在其題字前加"〔〕："。若碑首有不同内容的題字，則在不同題字中間空二個字符。例如："〔碑首〕：流傳百代　日月"。

七、凡碑刻中的施錢符號統一用"銀"或"錢"表示。

目録

洛寧縣

佛寺

道觀

伊川縣

佛寺

道觀

欒川縣

佛寺

道觀

圖版／釋文

TUBAN SHIWEN

重建福陽禪寺記銘

勅賜嵩山祖庭大少林禪寺羅祭散人天悅撰文并書丹

夫武言祖古皇無上先[illegible]聖[illegible]來本無生亦無滅有時寂而常照有時照而恒寂照寂兩忘根塵悉異

天地而同根智萬物而一[illegible]道玄谷神不死是為玄牝玄牝之門是為天地之根鏈含霄而無跡無迹

而含響絲兮寒兮可為天地之母儒云無極本太極太極本無極世極太極極而二儀三才之鑑萬彙是吾

佛為度四生有情之物皆乘輪象托塵王宮其降神也棄寶位奔雪嶺之力削髮僕馬[illegible]衣[illegible]

證果也七處九會談經三乘五彰說法托空身於明夢搖形法於華夷[illegible]後梁朝無極西來禪[illegible]之

印一花五葉萬代流芳編宇宙而尊崇指天下以咸仰夫如是寂而有照谷神而應聲兼日輪授摩

無極而懷其太極末後昭彰顯感應人天建梵剎於寰宇之中以像身於人間天上斯之驗也是以可

大師道號瑞峯乃洛陽馬氏門之巨族也弱冠離塵頓悟非常落髮於伏牛山大機和尚為師一日徧

遊講席驗看諸方一朝詣鳳翼郡地有其古剎名曰福勝公乃卓錫焉包周圍瞻祀皆靠洛水面向錦陽

庵頂抱子黄猴呼兒山遶水繞地靈人傑後[illegible]古塔銘曰大定二十五年玄通大師重脩一迴公見佳

景喜不自勝由是本於致住當龍達等鳩衆檀那請帝祥公住持公乃披星帶月露膽傾腸不憚疲勞重

普前後影堂伽藍祠東西廊廡樓並一新令刊一碣垂而不朽遺之於後者不磨也致使葉葉花花聯

芳續焰影似與日月同齡功業與此海堅固流布後世永為記也

龍飛九五皇明嘉靖二歲季秋月穀旦吉日住持可祥瑞峯立銘

大千 大川

師弟 可才 可貴 可賢 門徒 悟得 悟勤 悟玄 悟燈 悟鳳 悟空 悟性 悟緣 悟金 悟春 悟[illegible]

本寺僧德福 法孫 湛月 潭[illegible] 重[illegible]

僧會司掌教臣悟忠

俗徒高莊山瑚王哲 周潭 周瑄 共存

永寧大尹譚 縣丞左 典史張 主簿楊

守禦[illegible] 孫 鎖金

賜工部尚書宋禮嫡次本 孫[illegible] 孫眷 老米 戩

本村官舍 聶佐 聶朝同 男罡 聶佑 男 聶大用 聶甫

本郡吕村鐫字匠 吉大恭 男吉時

【〇〇一】 重建福勝禪寺記銘

年代：明嘉靖二年

尺寸：高 190 釐米，寬 78 釐米

立石地點：洛寧縣東宋鎮馬村關帝廟

〔碑首〕：重建福勝禪寺記銘

敕賜嵩山祖庭大少林禪寺罷參散人天曉撰文並书丹。

大哉吾祖。古皇無上先生登聖以來，本無生，亦無滅，有時寂而常照，有時照而恒寂。寂照兩忘根塵，愍與□天地而同根，資萬物而一體。道云谷神不死，是爲玄牝，玄牝之門，是爲天地之根。雖含嚮而無跡，□無跡而含嚮，寂兮廖兮，可爲天地之母。儒云無極本太極，太極本無極，太極極而二儀、三才分然彰矣。是□□吾佛爲度四生有情之物，始乘日輪香象，托蔭王宮，其澤□神也，棄寶位，奔雪嶺，寶刀削髮，僕馬□□。□回證果也，七處九會談經，三乘五教説法，托寶身於明□，播教法於華夷。其後，梁朝鼻祖，再來單□，□□心印，一花五葉，万代流芳，遍宇宙而尊崇，括天下以咸仰。夫如是寂而有照，谷神而應，有聲乘日輪，投摩□無極而懷其太極。末後，昭（彰、隱）顯感應人天，建梵刹於環宇之中，分像身於人間天上。斯之驗也，是以可□大師道號瑞峰，乃洛陽馬氏，名門之巨族也。弱丱離塵，穎悟非常，落髮於伏牛山，大機和尚爲師，一日徧遊講席，驗看諸方。一朝詣鳳翼，郡北有其古刹，名曰福勝寺，公乃卓錫落包，周圍瞻視，皆靠洛水，面向錦陽，老猑抱子，黄狐呼兒，山清水秀，地靈人傑。復視古塔，銘曰：大定二十五年，玄道大師重脩。一也，公見佳景，喜不自勝，由是本於致仕官聶達等，鳩衆檀那，請可祥公住持。公乃披星带月，霑膽傾腸，不憚疲勞，重葺前後殿堂、伽藍、聖祠、東西廊廡，焕然一新。今刊一碣，垂名不朽，遺之於後，永不磨也。致使葉葉花花，聯芳續焰，教法與日月同齡，功石而山海堅固，流布後世，永爲記也。

龍飛九五皇明嘉靖二歲季秋月□生吉日住持可祥瑞峰立銘。師弟：大禾、大川、可才、可貴、可賢。

門徒：悟得、悟性、悟勤、悟緣、悟玄、悟燈、悟全、悟鳳、悟春、悟堂、悟隆。

本寺僧德福。法孫湛、月、潭。重孫洪奇。

俗徒：高旺、山瑚、王哲、底氏、周潭、圓寶、妙善、洪住。

永寧大尹譚、縣丞左、主簿楊、典史張、僧會司掌教臣悟忠。

守禦百户。

賜工部尚書宋禮毀大本、孫鎖金、孫耆老宋戭。

本村官舍：聶佐、聶佑。男：聶朝用、羊四兒、聶大用、聶士用。

本郡吴村鐫字匠：吉大恭、男吉時。

永寧縣北巴赤灘寨觀音寺繼業碑　　本郡儒學生員□□□道

夫美哉斯寺居天下之中爲風水之元其來尚矣創建於唐之興觀重修於我

朝景泰至成化貳拾年皇天降旱人流異鄉因而僧舍倒塌僅存大殿柏槐兩物肆樹而已

持僧滿太虛見其規模狹隘不堪而脩善之域遷移本寺右邊約叁拾步草脩瓦屋叁間

郡逸民昔鳳會衆商而營造功溥前非其人孰能成之夢想豐能訪問山林有兩耳山高

宗法弟貳人同業地藏□□之數養高林泉名動中州敦請翻然來斯上下丘原昔其

秀可以建不拔之鴻規爲龍鳳之潛翔也卜筮神人合言俱吉愷然本價買到民吉朋原

畝內擇陸畝測日以正方位立繩而定規模脩平凹凸板築周圍垣墉選大材首登大殿

縫參差簷牙高啄其綵暈飛其勢鳥革門牕尋尺軒豁噲噲內塑金飾全像儼然天鑑在

消僧人之渣滓起四方之瞻仰也嗚呼懋功未終天不假年師徒亞亡可謂有志事而未成

之弟圓岫號寶山學力清脩薦任住持偕弟圓海自強不息復續先功而附益東西方丈

間內塑伽籃祖師繪畫煒煥天王殿叁門神像俱全無非連抱美材總理之周有光前烈

力中心感激不容默默千金求之琢石刊而成章表名功業昭彰善意以爲百千載之遺

非沽名而釣譽耶盖以有是寺必有是碑也寺爲教化之源率性修道於斯祈豐年祝

聖壽以成萬萬載治化之盛者不在茲乎而碑也者展矣繼志述事之銘物耳殆猶古之史

作器揚休其世謂歟遊斯門者當與高步之念景行先哲勿添前脩謹序

龍飛嘉靖叁年歲次甲申十月□□□□午吉旦住持圓岫圓海立石　寶泉寺　明□

本縣知縣□　縣丞□　主簿□　典史張　開山　門徒　法孫　重孫

守備　僧會司僧會　法道　助緣居士　大功德主

【〇〇二】 永寧縣北邑赤灘寨觀音寺繼業碑

年代：明嘉靖三年

尺寸：高 170 釐米，寬 82 釐米

立石地點：洛寧縣小界鄉李原村赤灘寨觀音寺

永寧縣北邑赤灘寨觀音寺繼業碑

〔碑首〕：重修觀音禪寺碑記

夫美哉！斯寺居天下之中，爲風水之元，其來尚矣。創建於唐之□觀，重修於我朝景泰。至成化貳拾年，皇天降旱，人流異鄉，因而僧舍倒塌，僅存大殿、柏槐，兩物肆樹而已矣。住持僧滿太虛見其規模狹隘，不堪爲備善之域，遷移本寺右邊約叁拾步，草脩瓦厦叁間□□。郡逸民吉鳳會衆商曰：營造功溥，苟非其人，孰能成之？夢想賢能，訪問山林，有兩耳山高□□宗法弟貳人，同業地藏庵，闡主之教，養高林泉，名動中州，敦請，翻然來斯，上下丘原，胥其□□秀，可以建不拔之鴻規，爲龍鳳之潛翔也。卜央神人，合言俱吉，愷然奉價買到民吉朋原□□畝，内擇陸畝，測日以正方位，立繩而定規模，脩平凹凸，板築周圍垣墉，選大材，首登大殿□，□縫參差，簷牙高啄，其綵翬飛，其勢鳥革，門窗尋尺，軒豁噲噲。内塑金飾全像，儼然天鑑在兹□，消僧人之渣滓，起四方之瞻仰也。嗚呼！懋功未終，天不假年，師徒垂亡，可謂有志事而未成。□之弟圓岫，號寶山，學力清脩，薦任住持，偕弟圓海自强不息，復續先功，而附益東西、方丈各□間，内塑伽藍祖師，繪畫煒煥；天王殿三門，神像俱全。無非連抱美材，總理之周，有光前烈，又□力中心感激，不容默默，千金求工琢石，刊而成章，表名功業，昭彰善意，以爲百千載之遺愛，□非沽名而釣譽耶。盖以有是寺，必有是碑也，寺爲教化之源，率性修道，於斯祈豐年、祝聖壽，以成萬萬載治化之盛□，不在兹乎？而碑也者展矣，継志述事之銘物耳，殆猶古之史，而□作器，揚休其此謂歟。遊斯門者，當興高步之念，景行先哲，勿添前脩。謹序。

龍飛嘉靖叁年歲次甲申十月乙亥初三甲午吉旦。住持圓岫、圓海立石。寶泉寺□□。

本縣知縣譚。守禦百户：鎖、孫、金。縣丞左、主簿楊、典史張。僧會司僧會：周臣。

開山：果大千、滿太虛。法道：通大方、泰寶峰、晟月堂。門徒：圓定、圓海、圓岫、圓隆。法孫：明泉、明寶、明昇、明堂、明還、明贜、明連、明貴、明政、明進。重孫：真□。助緣居士：于文秀。大功德主：吉永年。

大邑二里李家延居住人肖世聰同妻邢氏、男肖三貢、孫肖□□，信士吉廷正、李氏、男吉登高合家人等，肖銀一兩五錢，吉銀五錢。因奉國家濟□，二人永價買到永遠佛前爲業，吉祥如意。天啓二年三月季春吉旦刊石不朽，以爲永遠之記。

本郡儒學生員吉道□。

重修觀音寺工完記

【〇〇三】　重修觀音寺工完記

年代：明嘉靖二十三年

尺寸：高 207 釐米，寬 76 釐米

立石地點：洛寧縣小界鄉李原村赤灘寨觀音寺

〔碑首〕：重修觀音寺工完記

夫山右蒲海寺晚戒沙門志常撰并書丹。

以真空罔相，妙道無形，緣四流而不息，致聖哲以降焉。故能仁示現，應化無方，開甘露之玄門，趨涅槃之覺路。所以白馬負□，□佛化於洛陽；摩騰立教，震宗風於漢世。自爾已來，朝朝敬仰，代代欽崇，故我皇明恩霑天下，慧澤八方，播聖教以流通，俾緇門而盛泰。今洛西永寧縣西北廿許大邑保赤灘寨而有古剎，額曰“觀音禪寺”，□□嶢之聳翠，面洛水之淵源，勢貫龍頭，形衝鳳翼，壯一方之風化，爲萬善之福田。創建於唐貞觀之間，由值兵燹，以其廢焉，獨□□殿以爲招提之標也。迄弘治已來，恒以修理，內有耆舊滿太虛，切睹禪林傾杌，不復興也。命乩詳脈，易葪寺側，因而平坦，猶□礫而顯然，原係古庵，況今相契，是公年殘臈艾，不勝修營。議衆推舉，有地藏□南宗定上人，祝髮於大千果禪師，爲範叢林，□□道播諸方，是以請迓其寺，手握軌繩。於正德二年，創構大殿三楹，其功未就，颯然示寂。厥後同業法弟圓岫，號寶山，稚遊三□□貫一乘，乘昇住持之綱緒，善葺理而殫囊。於是，歎繁退隱，業慎祖風之趣也。況弟圓海，别□月舟，戒行冰霜，精操至節，禁足三□，□不越閫閾，勤緻典，無不該貫于心耶，以紹住持仍整軌範而正大也。一日諗憶功業未獲始終，由是先罄己賄，後募□方，命□□立南殿伽藍祖堂，廡廩僧舍，悉已周完，更繪金碧，燦然交輝，爾後重修正殿，革故鼎新。是寺也，殿宇崔嵬，叢林茂盛，類天臺之□計，真靈鷲之家風，可以起衆口而美嘆，俾遊履以生瞻，雲林賢士，聞風而仰；市井檀那，誠信而歸。就中緇素，朝夕拈香，祝當今聖壽無疆，保太子千秋長久，更冀萬姓咸臻樂業者矣。蓋斯功勳盡出於海公之際，然公謝塵罷鈞以逝，圓寂之端也。□□明玉號無瑕，仍繼住持，嗚呼！悲忻曰：根盛枝茂，源潔流清，感祖公以欲心，匿功業而沉没。所以勣成事就，必假昭然，故勒其所陳法乳之悃也，是以詣几謁文，以嘉其善，表諸公之行實，彰衆信之良因，千古不泯，萬世留芳，永垂諸後，以記歲月云耳。

本縣知縣李。守禦百户鎖、孫金。本縣致仕知縣鎖鑰。縣丞高、主簿盧、典史、施財典史李林。

普通寺闡教師文大悟。僧會司護印僧洪寧。功德主：吉清、吉永新。

都修造主：圓海。門徒：明玉、明貴、明林、明正、明得、明受。法孫：真用、真香、真全、真資、真宦、真寶、真廷、真□、真興、真平、真端、真常、真月、真慶。

退隱山主：圓定、圓岫。門徒：明昇。法孫：真榮、真潭、真任。

門徒：明堂、明還、明連。法孫：真富、真曉、真來、真景、真亮、真玄。重孫：如春。

塑匠：山岳、山明、姚廷瑞、山川。粧鑾匠：山威、山胡、范永厚、山河、山彦深、薛還、張恭、程玨。本縣吴村鐫石匠：吉時、良辰男吉宋。

【〇〇四】　重修觀音堂碑記

年代：清康熙六年

尺寸：高 110 釐米，寬 52 釐米

立石地點：洛寧縣興華鎮華嚴寺

重修觀音堂碑記

〔碑首〕：觀音堂重修碑

嘗謂□得人而靈顯，人托神而造福。是有神不可無人，有人愈不可無神也。□邑金門川上王趙村古刹□也，本村建立數堂，惟此施藥普濟，靈應不爽。而一方之士女，靡不被其福祉，其謂神之靈得人而顯，人之福托神而造也？奈年歲久遠，風雨損壞，而人之被福者，嘆將奚憑？有郭公之論、張公維熏、張公立功者，慨然有興復之意，但功績浩大，微力難成。三公於是募化一方，善男信女各蠲貲財，共成盛舉。□□竣□，兹無傳聞，不知創自何代，迺□梁記間，僅得重脩於隆慶六年，重□若像前泯泯則功德者皆攘之者，施財者喜蠲之，蓋念恐湮没不聞矣。有張公琜者，施石刻碑，旌其姓氏，不惟苦心善念有以彰，繼此之重修，□可得模倣其概，而後人之向善者，自鼓舞而不倦，此皆神之靈也，而人之感神之靈也。是得俚言爲記。

郭衆暢谷甫頓首拜撰并書。

功德主：張維熏、田氏，男瑜、珍、現、瑋、璉，孫建樞。郭之論、袁氏，侄邦儒、邦秀，堂孫琮、琪，張立功、張氏，男珏、班。

木匠：段學、段加才、杜堯□、杜堯幸。石匠：董其太。畫匠：秦道成、劉大寂。

康熙六年季春吉日。

【〇〇五】 重修千佛殿碑記

年代：清康熙九年

尺寸：高 78 釐米，寬 68 釐米

立石地點：洛寧縣洛寧縣城文廟

重修千佛殿碑記

〔碑首〕：大清

永邑東關有千佛殿，其來久矣，當年勝概，可爲一邑巨觀。至兵燹後，棟宇皆頽，墻垣俱毀，如來世尊，風居露處，土毀金消。有西蜀僧人性純發虔重修，貧居□餘載，□溥補露者不一。迄今歲月深而梁杦□没，風雨久而瓦將□墜，不急修葺，將仍前頽毀久且。性純仍發虔心，募化一方善信，各輸貲財，共爲修葺，蓋□月告成焉。人見重輝，較前大□□相慶曰：凡此老僧之力也。和尚合掌禮讚曰：一茅一栗，我佛自緝，歸諸檀越，匪僧所及。

施財功德主（大片漫漶，略而不録）。

住持僧人：性純。徒：海趙、海明。

庠生□金聲撰。

時康熙九年庚戌四月吉日立。庠亡金聲撰、石匠楊名□。

【〇〇六】　重修千佛殿碑記

年代：清康熙十八年

尺寸：高120釐米，寬52釐米

立石地點：洛寧縣小界鄉陽圪塔村

創建含珠庵碑記并施捨殿基田修盖布施姓名于後

〔碑首〕：大清

離城西北四十里許，新修含珠庵，原非舊有而重修，寔係吾家之荒莊，先伯楊福之遺業矣。張□諸人之廢□也，名曰楊家圪塔，因寇殘大亂之後，此地荒蕪，歷卅年而無人迹矣。倏于清朝定鼎后，歲在壬□，有受戒禪僧名宗現、號一莖者遊此地，而環繞不去者久之，觀□間碧流清湍，翠續煙霞，左嶢□，右龍頭，襟黄流而帶洛水，知其爲西域佛天，遂欲募此地而作禪林。有先兄楊啓直、號繼吾者，謀之于予，咸景其高雅，遂忻然喜捨之，並化其衆善人之有鄰□庵者，盡捨之矣，以便興作而開□，更名含珠庵，取山形之相似也。一莖上人單身募化，苦志竭力，興工在康熙十二年之春，告成于康熙十七年戊午之冬。若殿宇、若門欄，焕乎輝煌之映日；若佛像、若韋馱，儼然釋迦之臨凡。若夫上人之心勤費用之浩繁，而夫饒者輸財，壯者輸力，區區片石，何能盡載。謹叙大概于後，以紀其有焉。

首建大佛殿三間，俱磚墻磚地；棟宇門窗，俱五彩金粧。塑佛像三尊，韋馱一尊，俱係□金貼像。又修韋馱殿三間，東修禪堂三間，后修香廚二間。又補修殿后破窑五空，外開墾荒坡地數段，其地係楊啓直、楊鶴齡施捨。山前坡地數大段，山後河平地一段，破窑在内。張木施坡地四段，破窑在内。彭小樓、井孟智、張本英、趙于隆四人荒地數段，不□俱在施捨之内。其大家荒地，□四至，東至河，西至汪家嶺，南至樓到頭河，北至梁向正，以上地段永作庵内重修之資，不得待成熟之后，强梁侵奪，况奉旨有任意開荒爲業之定律也。謹付貞珉，永傳不朽。

時康熙十八年歲次己未七月巧節吉旦。

本庵山主廩膳生員楊鶴齡熏沐撰文，男生員楊州瑶篆額，楊州現書丹。

曹洞正宗創建僧人：宗現、宗賢。徒：道祥、道圓。仝立石。

山西平陽府稷山石匠：楊從龍，男楊名魁、楊得孝。

【〇〇七】 重移彌陀寺碑記

年代：清康熙六十年

尺寸：高 122 釐米，寬 48 釐米

立石地點：洛寧縣興華鎮華嚴寺

〔碑首〕：大清

重移彌陀寺碑記

《易》曰：聖人……天下服矣。豈政刑禮樂不足以化民成俗，而必致力於是哉，良以天下愚頑之……忌及一動以福善禍淫之説，□不覺勃然興，而消然沮者，則是三□六遵，亦不……也。盧底村之有彌陀寺也，考厥故址，即今坐落之處，相傳其□歲稔人豐，……速不行而至者焉。其後鄉紳韋公諱□而師之言，一旦移於大□之西，而向……然矣。況年來風雨摧殘，殿宇傾頹，幾幾有春燕巢林□□戲□之慘，誰不……之於故址，或然□□□□也。□□心同悲，竟無人焉能起而修葺之也。……以爲己任，又於舊制正殿，□□山門精舍之外，創立韋陀殿……能令殿宇金像煥然一新，則身其事者之發誠勤苦，□山洞鑿□如來之神矣。……寺僧乾惕之苦心……

時康熙六十年歲次辛丑□月穀旦。

重脩彌陀山淨土禪寺碑記

淨土寺之来舊矣，土建正覺殿，前建大佛閣、山門，左伽藍，右地藏，制與他梵宇畧相等。創建之始無徵也，至有明景泰甲戌重葺之，迄我

國朝康熙丙申春，屋又壞，諸像或壓毀，且暴風雨中。其秋，寺僧諱性剛者持募疏以號拓邑之紳士富室，不旬日而斂數十金，鳩庀財，撤而新之。戊戌秋落成，然屋雖就而像尚未治。再閱歲而性剛殁，徒海濱嗣其事，用浮屠之說以鼓遠近之夫婦而出金錢捨。所謂諸佛、如来、菩薩、護法、諸天聖像，俱各完繕，而飾以金碧，於是廟貌神像煥然改觀矣。事竣，謀壽諸石，邀余記。余曰：碑之記，記一時之盛云爾。前景泰重脩時，知永寧事李公諱祥所遺碑記，其表揚廟貌之輝煌、神像之尊嚴，以及山水奇觀與夫四圍古樹之森列翠然可挹者，詳切著明矣。今雖煥然改觀乎，而廟貌猶是也，神像猶是也，以及山水與四圍古樹猶是也，則今日之所記，夫亦何必極意追琢，定出昔人所記之外，然後可以記一時之盛哉？而彼以為輸貲者之姓氏可沒也。余因按其簿籍，自丙申歲以迄今十二三年間，其費百金有奇。夫百金，中人十家之產也。今固有骨肉之親或婚姻力不肯破慳出一錢以佐之，甚者坐視其饑寒以死，一粒一絲堅弗肯予，而百金重貲頗樂輸之以供茲役，使非西方氏福之說深中於人心，何以至是？況四海九州更有什伯千萬於斯者乎？夫什伯千萬於斯者，既以為盛舉，莫不大書深刻，茲役垂於石也亦宜。

文林郎知永寧縣事郭傑　典史朱振聲

儒學教諭丁癸遇

邑庠增廣生員廉生明撰文　長男廩膳生員濬書丹並篆額

功德

李琳　張啓聖　孫昌

廉我民　牛銳　李標

湯起霧　張尔脩　李養吳

廉生明　馬雲　李印芳

簡文鄭　李之吉　簡文彬

李思□　王壯猷　張文琇

住持僧性剛　徒海濱

山興　楊亨鐫石

昔雍正六年歲次戊申九月吉旦

【〇〇八】 重脩彌陀山浄土禪寺碑記

年代：清雍正六年

尺寸：高218釐米，寬70釐米

立石地點：洛寧縣底張鄉中高村

重脩彌陀山浄土禪寺碑記

〔碑首〕：大清

浄土寺之來舊矣，上建正覺殿，前建大佛閣、山門，左伽藍，右地藏，制與他梵宇略相等。創建之始無徵也，至有明景泰甲戌重葺之。迄我國朝康熙丙申春，屋又壞，諸像或壓毁，且暴風雨中。其秋，寺僧諱性剛者，持募疏以號拓邑之紳士、富室，不旬日而斂數十金，鳩工庀財，撤而新之，戊戌秋落成。然屋雖就而像尚未治。再閲歲，而性剛歿，徒海濆嗣其事，用浮屠之説，以鼓遠近之夫婦而出金錢，於所謂諸佛如來、菩薩、護法、諸天聖像俱各完繕，而飾以金碧，於是廟貌神像焕然改觀矣。事竣謀壽諸石，邀余記，余曰：碑之記，記一時之盛云爾。前景泰重脩時，知永寧事李公諱祥所遺碑記，其表揚廟貌之輝煌，神像之尊嚴，以及山水□奇觀，與夫四圍古樹之森列，翠然可挹者詳切著明矣。今雖焕然改觀乎，而廟貌猶是也，神像猶是也，以及山水與四圍内古樹猶是也，則今日之所記，夫亦何必極意追琢，定出昔人所記之外，然後可以記一時之盛哉。而彼以爲，輸貲者之姓氏□可没也。余因按其簿籍，自丙申歲以迄今十二三年間，其費百金有奇，夫百金中人十家之産也，今固有骨肉之親，或婚葬，力不肯破慳出一錢以佐之，甚者坐視其饑寒以死，一粒一系□弗肯予，而百金重貲顧樂輸之，以供兹役？使非西方氏福之説，深中於人心，何以至是。況四海九州，更有什佰千萬於斯者乎？夫什佰千萬於斯者，既以爲盛舉，莫不大書深刻，兹役垂於石也，亦宜。

文林郎知永寧縣事郭傑，典史朱振聲，儒學教諭丁癸遇。

邑庠增廣生員廉生明撰文，長男廪膳生員睿書丹並篆額。

時雍正六年歲次戊申九月吉旦。

功德主：李琳、廉我民、湯起霧、廉生明、簡文郁、李思聰、張啓聖、牛鋭、張爾修、馬雲、李之吉、王壯猷、孫昌、李標、李養吴、李印芳、簡文彬、張文琇。

住持僧：性剛。徒：海濆、海消。稷山縣楊亨鐫石。

【〇〇九】　大殿毗盧殿金神并靡畫殿宇重新碑記

年代：清乾隆十一年

尺寸：高 114 釐米，寬 53 釐米

立石地點：洛寧縣興華鎮華嚴寺

大殿毗盧殿金神并靡畫殿宇重新碑記

〔碑首〕：大清

華嚴故址重新已經數次，然考其碣載，類以殷實之家出其囊，所以稱功德，不□……化四方，糾衆攢簇，以傳□事，是故不足奇，余亦云所取也。惟兹孫氏文祥，本懷邑……邂荒，寄迹新莊，净髮餬口。一日以樵故，偶至翠峰，入華嚴，習見殿宇傾頹，神像……爾時訪諸廟僧，即欲協力以□重修。惜就食他鄉，苦無立錐，忽憶原籍尚遺舊……畝，簡價貸賣，慨然破産，獨力成功，以視世之殷實而出囊餘，募化而借攢簇者，何……伯耶洵哉，此善男子□俗奇人耳。迄今功德告竣，叩余爲文，余非能文者，而亦無庸文，□……叙之。

邑庠生楊兆乾沐手撰書，古晉稷邑匠人薛九苞鐫。

功德主：懷慶府河内縣各范孫文□、室人王氏、子攔住。

住持：海柱。徒孫：照馨法、照進法。曾孫：普照、普寧、普舉、普安、普慶、普全。

乾隆十一年歲次丙寅仲吕月上浣吉旦。

【〇一〇】 建立鐘樓碑記

年代：清乾隆十六年

尺寸：高 112 釐米，寬 51 釐米

立石地點：洛寧縣小界鄉祝家原永壽寺

〔碑首〕：大清

邑治西北十五里許祝家原村永壽寺，於乾隆十四年募化四方，鑄踵……建立鐘樓，勒石以傳不朽。

衛世德子聯昇、聯科、聯慶、聯捷、聯壽鑄鐘施銀□兩，修鐘樓施銀乙兩二錢。化主：衛大成子如節、如貞、如俊化銀拾乙兩、施銀乙兩二錢。鑄鐘費銀五兩，修鐘樓費銀七兩二錢。助人工八個。化主：衛如鑑子承宗、承澤、承事、承禄化銀貳拾兩肆錢叁十。鑄鐘費銀五兩，修鐘樓費銀十五兩柒錢叁分。助石拾八車，人工二十二個，施檁一根。住持僧祖潮，徒清法、清派、清潞，侄青松化本村銀拾餘兩，鑄鐘費銀五兩，修鐘樓費銀拾□。

本寺行行齋公王輔龍。木匠：邱望珍。瓦匠：毛萬貴。石匠：楊射斗。

乾隆十六年九月初二日立。

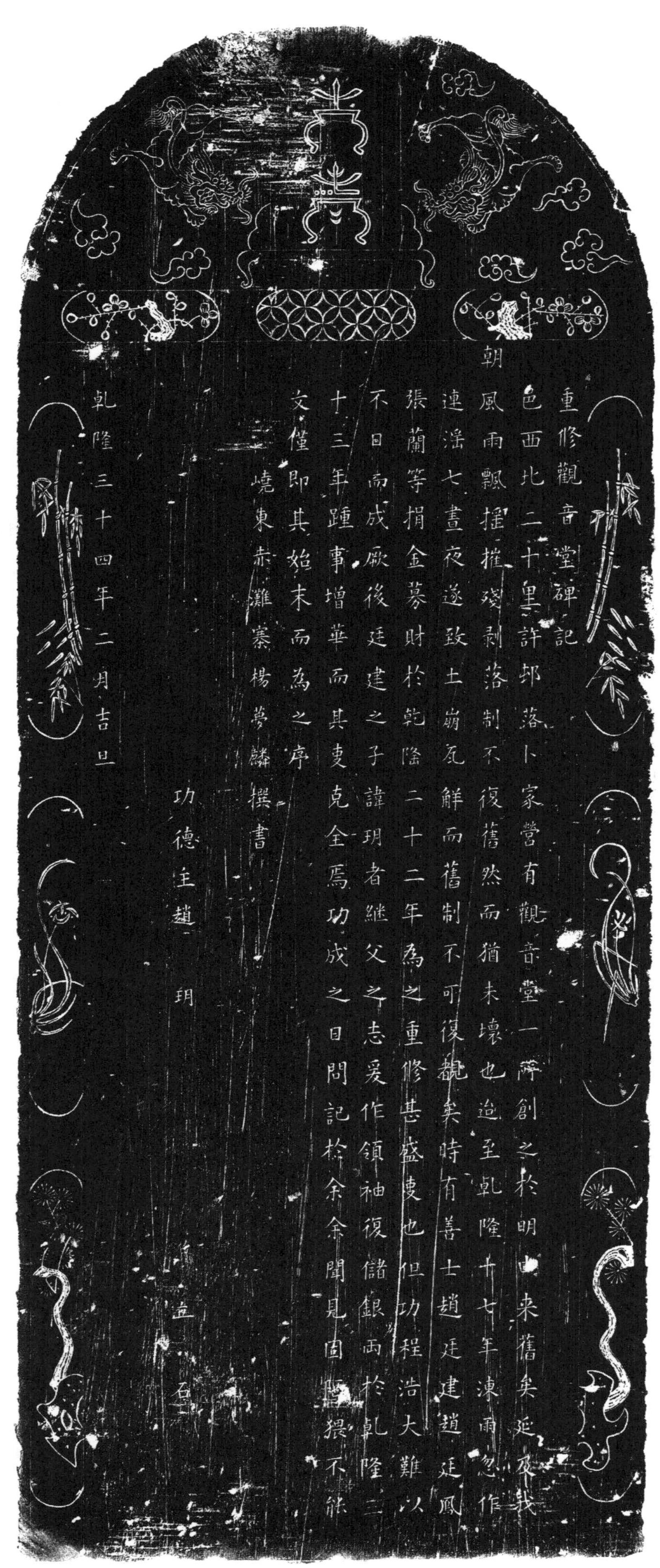
重修觀音堂碑記
邑西北二十里許邨落卜家營有觀音堂一座創之於明□来舊矣延及我
朝風雨飄搖摧殘剝落制不復舊然而猶未壞也迨至乾隆廿七年凍雨忽作
連霪七晝夜遂致土崩瓦解而舊制不可復覩矣時有善士趙廷建趙廷鳳
張蘭等捐金募財於乾隆二十二年為之重修甚盛事也但功程浩大難以
不日而成厥後廷建之子諱玥者繼父之志爰作領袖復儲銀兩於乾隆二
十三年踵事增華而其事克全焉功成之日問記於余余聞見固陋猥不能
文僅即其始末而為之序
邑東赤灘寨楊夢麟撰書
功德主趙玥
立石
乾隆三十四年二月吉旦

【〇一一】 重修觀音堂碑記

年代：清乾隆三十四年

尺寸：高 145 釐米，寬 55 釐米

立石地點：洛寧縣小界鄉卜家營

重修觀音堂碑記

〔碑首〕：大清

邑西北二十里許村落卜家營，有觀音堂一所，創之於明，由來舊矣。延及我朝，風雨飄摇，摧殘剥落，制不復舊，然而猶未壞也。迨至乾隆十七年，凍雨忽作，連淫七晝夜，遂致土崩瓦解，而舊制不可復覩矣。時有善士趙廷建、趙廷鳳、張蘭等，捐金募財，於乾隆二十二年爲之重修，甚盛事也。但功程浩大，難以不日而成。厥後廷建之子諱玥者，繼父之志，爰作領袖，復儲銀兩，於乾隆三十三年踵事增華，而其事克全焉。功成之日，問記於余，余聞見固陋，猥不能文，僅即其始末而爲之序。

嶢東赤灘寨楊夢麟撰書。

功德主趙玥立石。

乾隆三十四年二月吉旦。

皇清

重脩菴外諸廟記

自浮屠設為禍福之說熾[illegible]國則無論鬼神之在

不為之立廟以求免禍而祈其福故菴之外

泰

山五瘟奶奶白衣諸廟其羅列於上下左右者由來尚矣

所募金關而脩之越明年辛丑其功始成將以施貲者

余數語以誌之余思夫昔之說法以傳後與後之信其法

營營於脩造云爾哉然非是亦無以為僧故僧之修造

異者獨念世有節儉之家雖一絲一粟亦甚愛惜而弗肯

乃一聞釋子之請反人人樂於慷慨而無所吝其果以名

抑以為善而波馳而蟻附之耶嗚呼此足見浮屠之說之

邑增生韋奉範書

乾隆四十六年[illegible]月穀旦

【〇一二】　重脩菴外諸廟記

年代：清乾隆四十六年

尺寸：高100釐米，寬55釐米

立石地點：洛寧縣小界鄉陽圪塔村

重修菴外諸廟記

〔碑首〕：皇清

自浮屠設爲禍福之説，熾傳□國，則無論鬼神之在……不爲之立廟，以求免禍而祈其福，故兹庵之外泰山、五瘟、奶奶、白衣諸廟，其羅列於上下左右者，由來尚矣。……所募金嗣而脩之，越明年辛丑其功始成，將以施貲者……余數語以記之。余思夫昔之説法以傳後，與後之信其……營營然脩造云爾哉。然非是亦無以爲僧，故僧之修造皆……異者，獨念世有節儉之家，雖一絲一粟，亦甚愛惜而弗肯……乃一同釋子之請，反人入樂於慷慨而無所吝，其果以名……抑以爲善而波馳，而蟻附之耶。嗚呼！此足見浮屠之説之入……

邑增生章奉範書。

化主：賀天植施錢七百、化錢六千八百。王清源施錢七百、化錢八千五百。郭振京施錢五百、化錢六千四百。王天金施錢二百、化錢七千四百。蔣信施錢三百。徐有榮施錢八百、化錢五千八百。郭文清施錢七百。王天祚施錢一千。郭文學施錢七百。三人化錢九千五百。翟學仁施錢一千五百。郭文進施錢千一千五百。二人化錢三千九百。師希賢施錢三百、化銀五兩。翟元君施錢八百。井萬年施錢五百。二人化錢三千二百。趙科施錢七百。任甫相施錢七百。二人化錢二千八百。喬繼瑞施錢七百。喬治本施錢七百。二人化錢二千一百。

住持：同朝。徒侄：元寧、元璽。

乾隆四十六年蓮月穀旦。

皇清
重修慈雲寺正殿碑

【〇一三】 重修慈雲寺正殿碑

年代：清乾隆五十二年

尺寸：高 167 釐米，寬 61 釐米

立石地點：洛寧縣趙村鎮馬營村

重修慈雲寺正殿碑

〔碑首〕：皇清

方今釋氏遍天下矣，菴觀寺院，日新月盛。營兒之有慈雲也，廟四合，皆五架，有室無堂，數八間耳。屢圮屢修，類仍舊址。後有陋其規者，廓之爲十二，置兩楹，覆客阼階，則正殿不得不易五架而爲六矣，改塗易簷，取其稱也。董是役者，去僧某、今僧某，並化主某。□值歲歉，物力窘，鳩工庀材，其勤苦有□□□□□者，功數載而艱演□以落之傳曰：有志者事竟成。其斯之謂乎？子朱子曰：□□□□□□□□□□傳，而釋氏常有人，詎不於是而益信哉。書於石，所以記。

住持：守心、徒真路并合村仝立。

邑學廩膳生員□高撰。

乾隆伍拾貳年歲次丁未冬拾壹月穀旦。

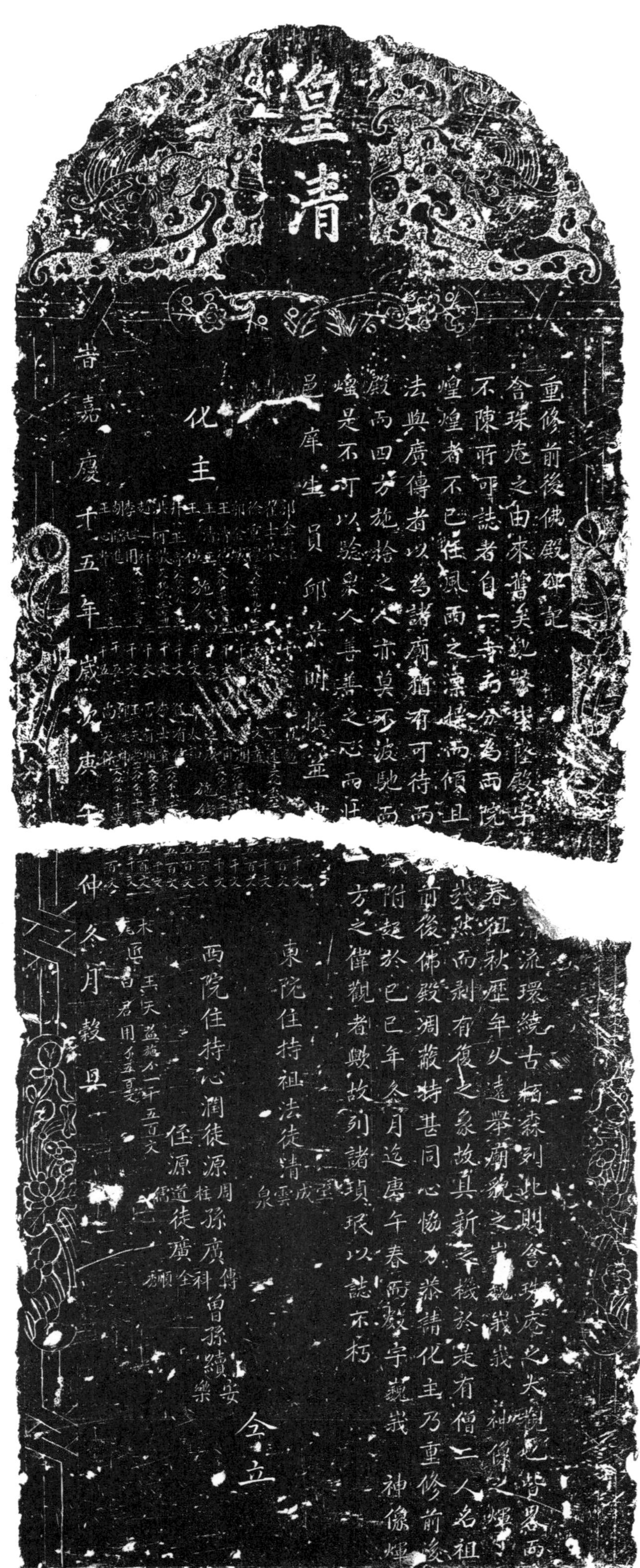
皇清
重修前後佛殿碑記
全立

【〇一四】　重修前後佛殿碑記

年代：清嘉慶十五年

尺寸：高 154 釐米，寬 59 釐米

立石地點：洛寧縣小界鄉陽圪塔村

重修前後佛殿碑記

〔碑首〕：皇清

含珠庵之由來舊矣，地勢崇隆，殿宇□□，清流環繞，古柏森列，此則含珠庵之大觀也，皆略而不陳。所可誌者，自一寺而分爲兩院，自春徂秋，歷年久遠，舉廟貌之巍巍峨峨，神像之輝輝煌煌者不已，任風雨之飄摇而傾且□哉。然而剥有復之象、具新之機，於是，有僧二人名祖法與廣傳者，以爲諸廟猶有可待，而□前後佛殿凋敝特甚，同心協力，恭請化主乃重修前後殿，而四方施捨之人，亦莫不波馳而蟻附。起於己巳年冬月，迄庚午春而殿宇巍峨，神像輝煌，是不可以驗衆人善善之心，而□一方之偉觀者歟？故刊諸貞珉，以誌不朽。

邑庠生員邱景明撰並書。

化主：郭金聲十千文，翟士恭八千文，徐重禮三千文，三人化錢廿九千文。郭金城四千文，王清德三千文，二人化錢十一千六百。王清玉施錢四千文。王位施錢四千文，井玉奇，施錢一千文，二人化錢九千文。洪可敬一人化錢三百三十、施錢一千文，趙祥三千文，李世用一千文，三人化錢五千六百。胡臨進一千文，王心貴一千文，二人化錢八千一百。賀甫勉一千文，洪可述五百文，□文章一千文，三人化錢七千文。金□朋五百文，金良甫一千文，二人化錢七千文。鄭逢庶施錢一千文。鄭太和施錢五百文。任有位五百文，李士章五百文，二人化錢五千文。雷有朋五百文，一人化錢一千文。王天孝化錢四千六百文、施錢五百文。邱繼坤一千文，尚天保六百文，二人化錢七千四百文。

東院住持：祖法。徒：清寶、清成、青雲、清泉。

西院住持：心潤。徒：源周、源柱。孫：廣傳、廣科。曾孫：續安、續樂。侄：源道、源儒。徒：廣全、廣順、廣秀。仝立。

木匠：王天益施錢一千五百文。瓦匠：白君用施錢五百文。

時嘉慶十五年歲次庚午仲冬月穀旦。

廣積功德

【〇一五】 重修觀音堂碑

年代：清嘉慶二十三年

尺寸：高 88 釐米，寬 40.5 釐米

立石地點：洛寧縣城郊鄉余莊村

重修觀音堂碑

〔碑首〕：廣積功德

邑庠生□□□錦□書。

傳曰：神不歆非類，民不祀非族。士讀古人書，以剛大目，負明不求於人，而幽不諂於鬼，是處己以光明磊落，而予神以聰明正真也。觀音者，吾不知其何許神，然而建堂致供，爲一方風水保障計，乃昔人向善之一念，有繼之者愈於己。余庄鎮之西庄，旧有觀音堂焉，歷年多頽乎圮矣。本庄諸子捐募重修，功竣立石，詣余作文以記之。余思夫首其事者郭子克威、于子壽也，二子今已卒已，而同謀不懈厥志。且威子仁、壽子科復糾督之，於此見二子之有子，而諸子之爲善最樂焉，是爲序。至若福因善果，慈船蓮台，一切媜嫗虚無之説，略而不陳，惧惑也。

功德主：郭克成管飯十四日，施錢貳千叁百一十文。于萬孝管飯十五日，施錢貳千柒百叁十文、施山梁一根。

化主：郭永德管飯九日，施錢叁千叁百一十文。翟竟成管飯十八日，施錢三千文。郭鳳瑞管飯三日，施錢一千九百一十文。

畫匠：周昇。木工：余慎思。石匠：□重，施錢二百文。

嘉慶二十三年歲在戊寅建丑月吉旦立。

成正覺潤公大和尚塔序
和尚法諱悟乾字潤天號行健本府洛陽縣人俗姓司
馬寂靜自持予少肄業龍泉寺時共往來六日遊
至禪堂見其自命之詩云蕩[illegible]由來在寸心掃除
一切見方深自從悟得禪中義不受紅塵半點侵
知[illegible]和尚之入禪深矣後睽離數十餘載以道光
癸未冬聚談大鍾寺時法臘七十餘歲爲平蹤[illegible]
手不釋卷予以為有德者風焉因於龍泉時事詳
詢前后一僧告予曰和尚披剃於東十方院上重
下然禪師圓具於上頤下開大和尚接法於臨濟
正宗三十八代慧祖老和尚計所焚修自泰山廟
至吳村興福寺等處其制妄龍解塵縛者於龍泉
可得而窺也乾隆五十七年開堂於汝州風穴寺
宏開法界大闡宗風繼於嘉慶六年復受陝州熊
耳東山景德之命汝州衲子慕道而從者數十人
焉及任院事播揚佛教殆所謂大雲起雨一切卉
木藥草隨分受潤者矣既而返景德任僧會司永
之僧人被教而立雪者不可枚舉迄今以力衰致
事談經而外惟飢來受食困來眠無餘事也語畢
予卽其詩觀和尚為人雖宗旨各別知語皆實錄
時和尚方上域[illegible]華塔請示以序爲予予因據所聞
見援筆以書之 銘曰
潤公初度 風穴白雲 熊耳景德 禪法遠聞
潤[illegible]辭敎 僧類合羣 息老福昌 德有餘熏
教傳諸徒 懲悔啟勤 心遊世外 滌盡塵氛
雖非聖道 洛成奇勳 克紹佛宗 沙門流芬
邑庠生員王錫命拜撰
書城後學黃 瑩拜書
道光五年歲次乙酉中秋月 吉穀旦

【〇一六】 成正覺闊公大和尚塔序

年代：清道光五年

尺寸：高 50.5 釐米，寬 82.5 釐米

立石地點：洛寧縣城郊鄉余莊村

成正覺闊公大和尚塔序

和尚法諱悟乾，字闊天，號行健，本府洛陽縣人，俗姓司馬，寂静自持。予少肄業龍泉寺，嘗共往來。一日，遊至禪堂，見其自命之詩云："萬支由來在寸心，掃除一切見方深。自從悟得禪中義，不受紅塵半點侵。"知和尚之入禪深矣。後睽離數十餘載，以道光癸未冬聚談大鐘寺，時法腊七十餘歲，矜平躁釋，手不釋卷，予以爲有儒者風焉。因於龍泉時事詳詢前后，一僧告予曰：和尚披剃於東十方院，上璽下然禪師，圓具於上顯下聞大和尚，接法於臨濟正宗三十八代慧祖老和尚。計所焚修，自泰山廟至吴村興福寺等處。其制毒龍、解塵縛者，於龍泉可得而窺也。乾隆五十七年，開壇於汝州風穴寺，宏開法界，大闡宗風。繼於嘉慶六年，復授陜州熊耳東山景德之命，汝州衲子慕道而從者數十人焉。及任院事，播揚佛教，殆所謂大雲起雨，一切卉木、藥草隨分受潤者矣。既而退景德，任僧會司，永之僧人，被教而立雪者，不可枚舉。迄今以力衰致事，談經而外，惟饑來受食，困（來）即眠，無餘事也。語畢，予即其詩觀和尚爲人，雖宗旨各别，知語皆實録。時和尚方卜域築塔，諸徒以序囑予，予因據所聞見，援筆以書之。銘曰：

闊公初度，風穴白雲。熊耳景德，禪法遠聞。綱領釋教，僧類冠群。退老福昌，德有餘薰。教傳諸徒，慰悔殷勤。心遊世外，滌盡塵氛。雖非聖道，各成奇勳。克紹佛宗，沙門流芬。

邑庠生員王錫命拜撰，書城後學黄瑄拜書。

道光五年歲次乙酉中秋月穀旦（立）。

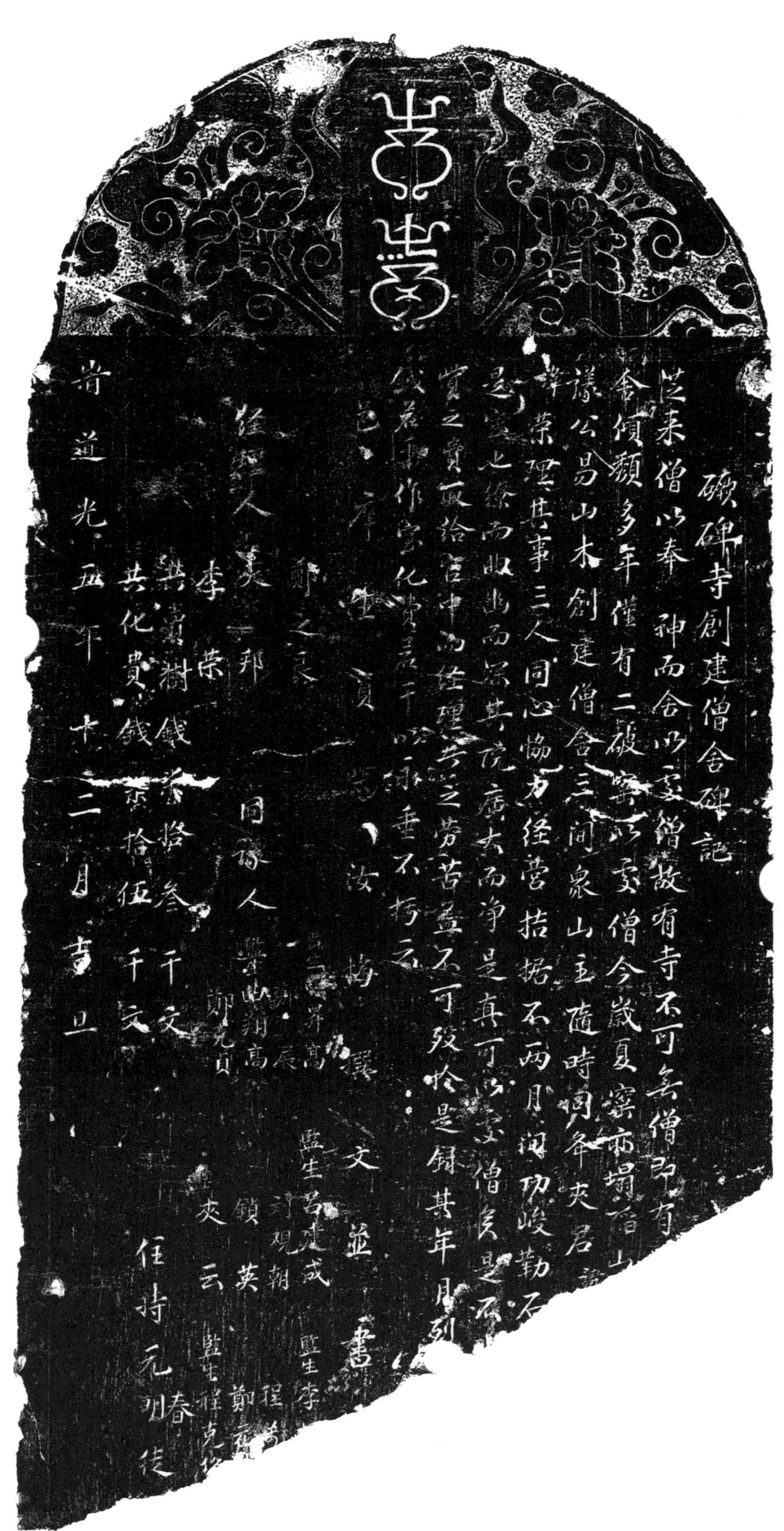

【〇一七】　礮碑寺創建僧舍碑記

年代：清道光五年

尺寸：高 91 釐米，寬 44 釐米

立石地點：洛寧縣底張鄉牛王廟村

礮碑寺創建僧舍碑記

〔碑首〕：大清

從來僧以奉神，而舍以處僧，故有寺不可無僧，即有……舍傾頹多年，僅有二破窑以處僧。今歲夏，窑亦塌陷，山……漾公易山木創建僧舍三間，衆山主隨時同降，夾君諱……諱榮理其事，三人同心協力，經營拮据，不兩月間功竣勒石……是室也，繚而曲，幽而深，其院廣，大而净，是真可以處僧矣，是不……貲之費，取給官中，而經理者之勞苦，蓋不可歿。於是，録其年月，列……錢若干，作室化費若干，以永垂不朽云。

邑庠生員柴汝梅撰文並書□。

經理人：鄭之良、夾邦、李榮。同□人：監生曲昇高、鄭展、監生曲翔高、鄭克貞、監生吕建成、劉觀朝、鎖英、夾云、監生李□□、程萬□、鄭元□、監生程克□。

住持：元春、元明。徒：□□。

共賣樹錢柒拾叁千文，共化費錢柒拾伍千文。

時道光五年十二月吉旦。

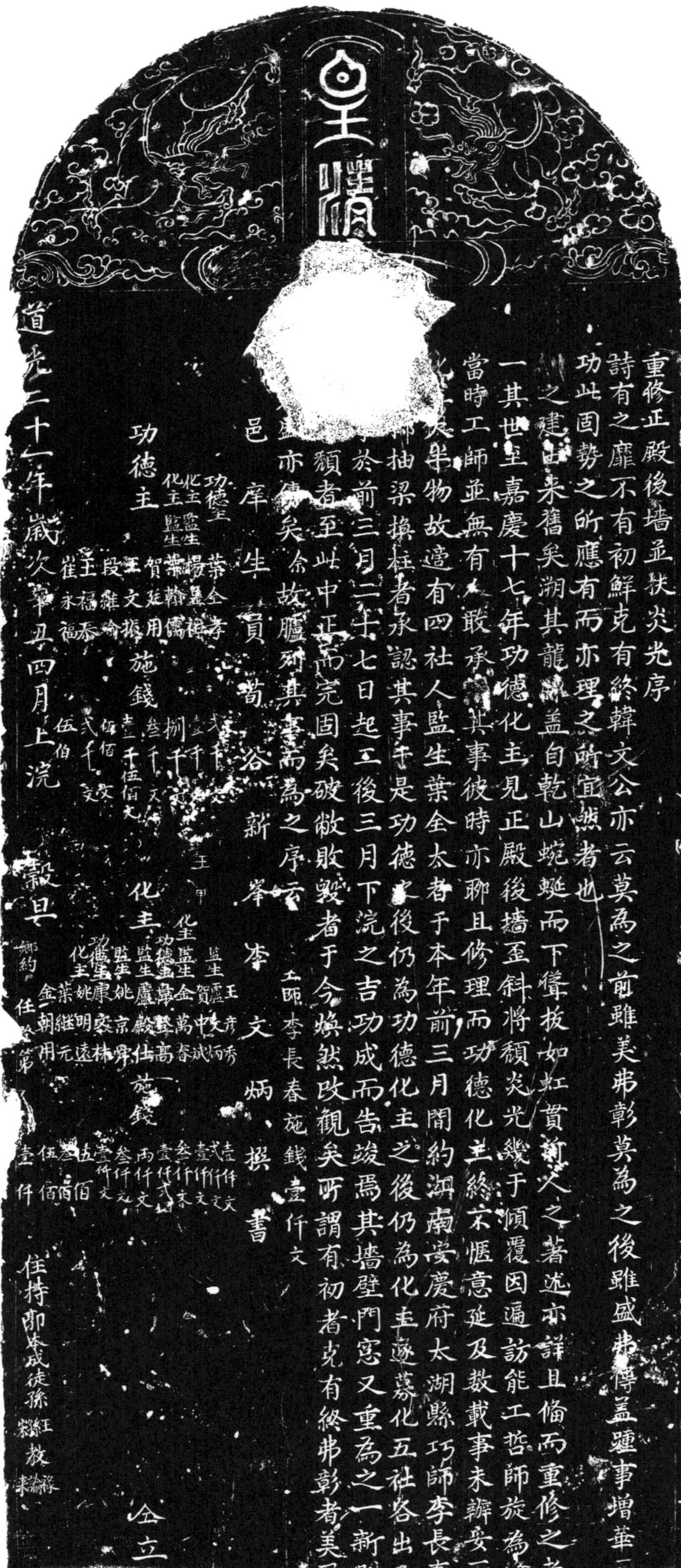
皇清

重修正殿後墻並扶炎光序

詩有之靡不有初鮮克有終韓文公亦云莫為之前雖美弗彰莫為之後雖盛弗傳蓋踵事增華一[illegible]
功此固勢之所應有而亦理之所宜然者也
之建由來舊矣溯其龍脈蓋自乾山蜿蜒而下聳拔如虹貫[illegible]之著述亦詳且備而重修之者
一其世至嘉慶十七年功德化主見正殿後墻歪斜將頹炎光幾于傾覆因遍訪能工哲師旋為[illegible]
當時工師並無有敢承其事彼時亦聊且修理而功德化主終不愜意延及數載事未辦妥而
化[illegible]舉物故遺有四社人監生葉全太者于本年前三月間約湖南安慶府太湖縣巧師李長春
[illegible]聊抽梁換柱者承認其事于是功德[illegible]後仍為功德化主之後仍為化主遂募化五社各出[illegible]
[illegible]於前三月二十七日起工後三月下浣之吉功成而告竣焉其墻壁門窗又重為之一新則
[illegible]頹者至此中正而完固矣破敝敗毀者于今煥然改觀矣所謂有初者克有終弗彰者美乃
[illegible]亦傳矣余故臚列其事而為之序云
工師李長春施錢壹仟文
邑庠生員蔔浴新峯李文炳撰書

功德主 功德主葉全孝 化主監生楊[illegible] 化主監生葉翰儒 賀廷用 王文振 段維命 王福泰 崔永福 施錢 [illegible]
化主 監生王彥秀 監生盧文炳 賀中試 監生金萬春 功德主韋登高 監生盧毅仕 監生姚京舜 康[illegible]林 功德主姚明遠 葉繼元 化主金朝用 施錢 壹仟文 貳仟文 壹仟文 叁仟文 壹仟[illegible] 兩仟文 叁仟文 壹仟文 五佰 叁佰 伍佰
鄉約任登第 壹仟

道光二十一年歲次辛丑四月上浣穀旦

住持邱本成 徒孫[illegible] 仝立

三六

河南寺廟道觀碑刻集成・洛陽卷・三

【〇一八】　重修正殿後墻並扶炎光序

年代：清道光二十一年

尺寸：高 143 釐米，寬 59 釐米

立石地點：洛寧縣羅嶺鄉香山寺

重修正殿後墻並扶炎光序

〔碑首〕：皇清

詩有之：靡不有初，鮮克有終。韓文公亦云：莫爲之前，雖美弗彰；莫爲之後，雖盛弗傳。蓋踵事增華同□功此固勢之所應有，而亦理之所宜然者也。□之建由來舊矣，溯其龍□，蓋自乾山蜿蜒而下，聳拔如虹貫，前人之著述亦詳且備，而重修之者□一其世。至嘉慶十七年，功德化主見正殿後墻歪斜將頹，炎光幾于傾覆，因遍訪能工哲師，旋爲修（理），當時工師並無有人敢承□其事。彼時亦聊且修理，而功德化主終不慊意。延及數載，事未辦妥，而□□□□半物故。適有四社人監生葉全太者，于本年前三月間，約湖南安慶府太湖縣巧師李長春，□□抑抽梁换柱者，承認其事。于是，功德之後仍爲功德，化主之後仍爲化主，遂募化五社，各出己□，□□□於前三月二十七日起工，後三月下浣之吉，功成而告竣焉。其墻壁、門窗又重爲之一新，則□□□□頹者，至此中正而完固矣；破敝敗毁者，于今焕然改觀矣。所謂有初者克有終，弗彰者美乃□□□盛亦傳矣。余故臚列其事，而爲之序云。

工師李長春施錢一千文。

邑庠生員荀谷新峰李文炳撰書。

功德主：葉全孝施錢貳仟文。化主監生楊顯祺施錢壹仟文。化主監生葉翰儒施錢捌仟文。賀廷用施錢叁仟文。王文振施錢壹仟伍佰文。段維瑜施錢伍佰文。王福泰施錢貳仟文。崔永福施錢伍佰。化主王彦秀施錢壹仟文。監生盧文炳施錢貳仟文。賀中斌施錢壹仟文。化主監生金萬春施錢叁仟文。功德主韋登高施錢壹仟文。監生盧殿仕施錢貳仟文。監生姚京舜施錢叁仟文。功德主康文林施錢壹仟文。化主姚明遠施錢伍佰（文）。葉繼元施錢叁佰（文）。金朝用施錢伍佰（文）。鄉約任登第施錢壹仟（文）。

道光二十一年歲次辛丑四月上浣穀旦。

住持：郭本成。徒孫：王教禄、孫教論、宋教來。仝立□。

百代流芳
重修故縣鎮觀音堂碑記

【〇一九】 重修故縣鎮觀音堂碑記

年代：清道光二十一年

尺寸：高 103 釐米，寬 45 釐米

立石地點：洛寧縣故縣鎮尋峪村

重修故縣鎮觀音堂碑記

〔碑首〕：百代流芳

永邑西百里許有鎮曰故縣，故縣之名何由起哉？按《方輿紀要》所載，有隋以前，未有永寧之名，而縣亦無定地。自魏分東西，而後西魏置北宜陽縣城縣於此以備齊。迨後周篡西魏，□置同軌、黄櫨、永昌，而改北宜陽别置熊耳縣，故此地爲北宜陽縣之故縣也。世遠年湮，雖未必據以爲寔，總之不離古文者近是。鎮西頭有觀音堂一座，獻殿一所，係乾隆二十三年自鎮西偏移建於此，前人卜地重遷，非徒爲一時壯觀瞻，而知爲一鎮之保障，歲時祀之，其又奚疑然今昔？曾幾何時，而風雨漂摇，木朽墻傾，過其門者，無不悼嘆耳。幸有本鎮善士宋君鎰、陳君九思、楊君來章、牛君章、陳君中科、高君天榜、王君雲、王君平同泰山廟住持陳合秋，不忍坐視，各探己囊，又爲募化，於是鳩工庀材，殘者修，而墻垣盡爲繪畫；缺者補，而神像復爲完全。告竣之日，囑予爲文以誌。予未讀佛書，不知菩薩之源委，不敢妄出一言以爲罪。而諸善士輕財之義，經營之功，誠不可不爲表彰也，故援筆誌之，勒諸貞珉，爲後之樂善不倦者勸，豈第永垂不朽云爾哉。

邑庠生員王玉圃撰文并書。

住持道人：陳合秋。徒：徒姪王教林、楊教昇、汪教喜。徒孫：景永德、許永來、張永福。

首事：高天榜施錢壹仟五百文。牛章施錢壹仟文。楊來章施錢伍仟文。宋鎰施錢肆仟文。監生陳九思施錢壹仟伍佰文。王平施錢壹仟文。王雲施錢壹仟叁佰文。陳中科施錢壹仟文。

化主：劉進昌化錢五千二百文。周全陽化錢四千六百文。楊桂興、王秉善二人化錢六千一百文。

木瓦匠：李景芳施錢三百文。土工：蘇永智施錢二百文，趙鳳林施錢五百文，李自仁施錢五百文。畫匠：李陵。石工：董自成。

時大清道光二十一年十一月二十九日吉旦。

【〇二〇】　重修南海大士神廟碑序

年代：清同治十三年

尺寸：高 85 釐米，寬 45 釐米

立石地點：洛寧縣底張鄉中溝村廟根村

重修南海大士神廟碑序　永□上竹園溝

〔碑首〕：皇清

聞之：天下事莫爲之前，雖美弗彰；莫爲之後，雖盛弗傳。□□□東舊有南海大士神廟一座，多歷年所，未知昉於何□□□星换物移，神像、墻屋摧殘殆盡，倘不急爲補葺，幾不□□□之憂矣。兹者有諸君姚宗明、賈天潔、賀全盛、王世奇、何□□□朝富等，目覩心傷，突發善念，遂鼎力周旋，各輸己囊，以□□□一新之盛焉。功竣丐余爲文，余敢竭鄙誠，謹將事之由□□□理諸君之姓氏，實序於右，以誌不朽云。

邑庠生段璠沐手敬撰，廉孔昭沐手敬書。

經理：賈天潔施錢六百文，王世奇施錢一千一百八十文，賀全盛施錢四千八百文，何振林施錢□百文，姚宗明施錢三百四十文，金朝富施錢一千一百文。

前人：何得硃、姚文法、員盛擢、王得性施木石□。劉夢郊施□□□□。白夢蘭施錢□□□。李恒平施錢□□□。

同治拾叁年冬月穀旦。

萬善同歸

重修石佛𡶶並鉄佛寺諸廟碑序

環永皆山也而西北一帶諸峰林壑尤美由觀音堂鎮蒴十里許舊有石佛洞並鉄佛寺山明水秀誠勝地也余嘗遊覽入其廟正中則玉皇也其次則西三官東聖母東之東則祝融宮也又其次則西[illegible]祠東龍神西樂楼又其次也詢之居人按諸碑記諸廟皆有可考而佛寺獨在無稽言者古有是寺廢棄難以遠近稱謂尚沿其舊耳然歷年久遠諸廟亦將傾頹雖石人應心惻總鉄漢亦情傷癸未春有康子清賢者慨為己任各出己貲復募四方之務民義者不數月而次第告竣謁余為文余豈能文哉不過即其事之巔末以誌諸君之功永不朽云

邑庠生員雷重離拜撰

邑儒童金千祥書丹

山主李金富施二千　住持任法舉捌　功德主康清賢施錢五千文　化主李存錫施錢二千文　金學信各施錢一百文

上官書一三　高萬和一千　金紫陵一千　和昇成一千五百　陝州辛國彥一千　恒吉隆一千　一心誠一千

任作德　雷與義　王耀南　雷重離　雷與昌　刘進學　王法[illegible]　塔與僧童雷運昇[illegible]

張逢祥二千　助工人金天貴小三千文　金天玉二千

畫[illegible]楊永清　木瓦匠宇文樂　王三和　石[illegible]鳳楼

皆大清光緒九年歲在昭陽協洽陽月下浣穀旦

【〇二一】　重修石佛窑並鐵佛寺諸廟碑序

年代：清光緒九年

尺寸：高 127 釐米，寬 50 釐米

立石地點：洛寧縣羅嶺鄉鐵佛寺

重修石佛窑並鐵佛寺諸廟碑序

〔碑首〕：萬善同歸

環永皆山也，而西北一帶，諸峰林壑尤美。由觀音堂鎮朔十里許，舊有石佛洞並鐵佛寺，山明水秀，誠勝地也，余嘗遊覽。入其廟，正中則玉皇也，其次則西三官、東聖母，東之東則祝融宫也，又其次則西聖祠、東龍神，而樂樓又其次也。詢之居人，按諸碑記，諸廟皆有可考，而佛寺獨在無稽。意者古有是寺，廢棄雖久遠，近稱謂尚沿其舊耳。然歷年久遠，諸廟亦將傾頹，雖石人應心惻，總鐵漢亦情傷。癸未春，有康子清賢者，慨爲己任，各出己貲，復募化四方之務民義者，不數月而次第告竣。謁余爲文，余豈能文哉？不過即其事之巔末，以誌諸君之功于不朽云。

邑庠生員雷重離拜撰，邑儒童金千祥書丹。

山主李金富施錢二千文。任法舉施錢捌千文。上官書施錢三千文。高萬和一千。金紫陵一千。和昇成一千五百。

功德主：康清賢施錢五千文。

化主李存錫施錢二千文。陜州辛國彦一千。一心誠一千。恒吉隆一千。任作德、雷興義、王耀南、雷重離、金學信、雷興昌、王法昌、劉進學各施錢五百文。

助工人：張逢祥二千。金天貴三千文。金天玉二千。堪輿儒童雷運昇錢五百。

畫匠：楊永清。木瓦匠：于文樂、王三和。石匠：董鳳樓。

時大清光緒九年歲在昭陽協洽陽月下浣穀旦。

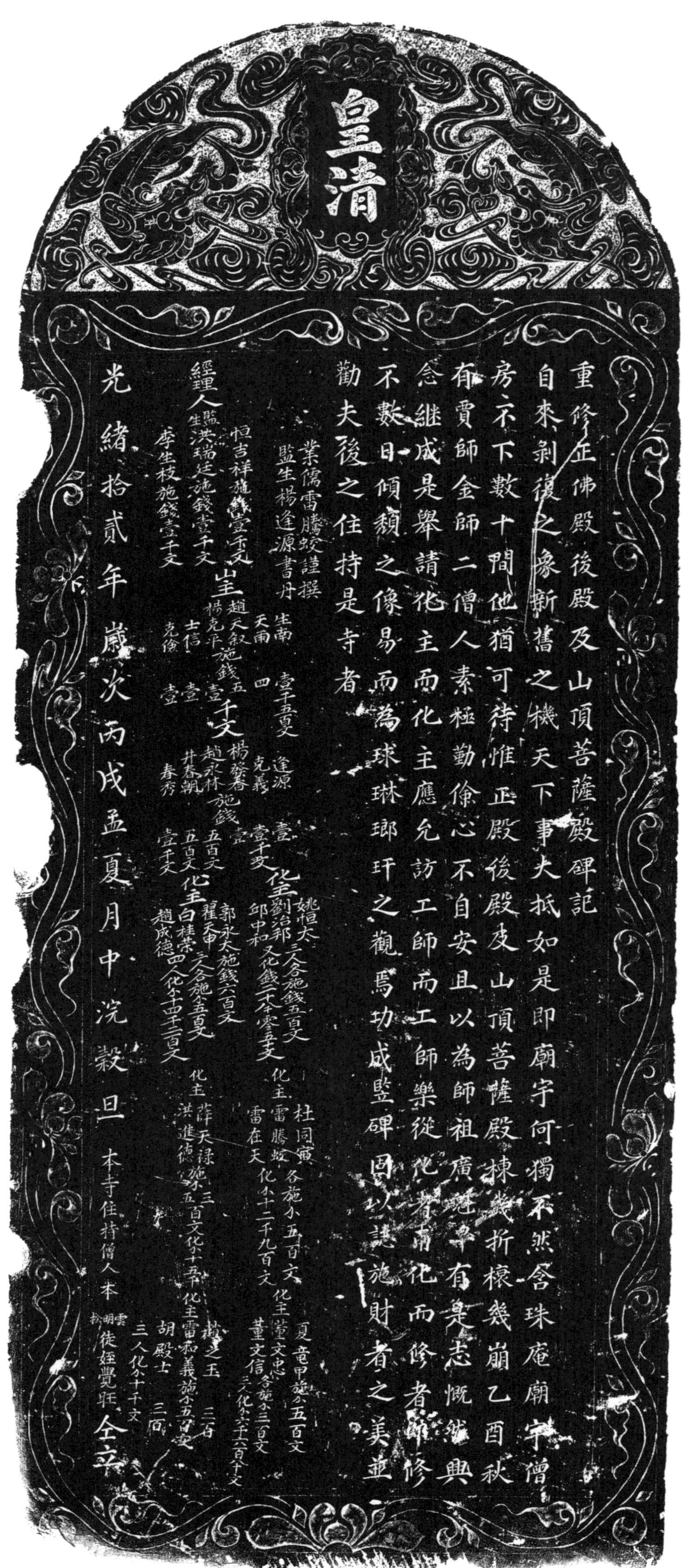

皇清

重修正佛殿後殿及山頂菩薩殿碑記

自來剎後之像新舊之機天下事大抵如是即廟宇何獨不然含珠庵廟宇僧房不下數十間他猶可待惟正殿後殿及山頂菩薩殿棟[illegible]折榱幾崩乙酉秋有賈師金師二僧人素極勤儉心不自安且以為師祖廣[illegible][illegible]有是志慨然興念繼成是舉請化主而化主應允訪工師而工師樂從化者甫化而修者[illegible]修不數日傾頹之像易而為球琳瑯玕之觀焉功成豎碑固以誌施財者之美並勸夫後之住持是寺者

業儒雷騰蛟謹撰
監生楊逢源書丹

恒吉祥施錢壹千文
經理人監生洪瑞廷施錢壹千文
李生枝施錢壹千文

山主趙天叙施錢五千文
生南 壹千五百文
天甫 四
楊克平 壹
士信 壹
克儉 壹

楊發春施錢壹千文
逢源 壹
克義 壹
趙永林施錢五百文
井春朝 五百文
春秀 壹千文

化主姚恒太 劉治邦 邱中和 三人各施錢五百文 又化錢二十八千零五百文
郭永太施錢六百文
化主程天申 白桂榮 三人各施錢五百文
趙成德 四人化錢十四千二百文

杜同寅 各施錢五百文
化主雷騰蛟 雷在天 化錢十二千九百文
化主薛天祿施錢三 洪進德 五百文 化錢十五千
化主雷和義施錢五百文
楊之玉 三百
胡殿士 三百
三人化錢十千文
夏竜甲施錢五百文
化主董文忠 董文信 各施錢三百文 三人化錢六千六百八十文

光緒拾貳年歲次丙戌孟夏月中浣穀旦 本寺住持僧人本雲 徒姪覺明 覺松 覺旺 仝立

【〇二二】　重修正佛殿後殿及山頂菩薩殿碑記

年代：清光緒十二年

尺寸：高 120 釐米，寬 52 釐米

立石地點：洛寧縣小界鄉陽圪塔村

重修正佛殿後殿及山頂菩薩殿碑記

〔碑首〕：皇清

自來剥復之象，新舊之機，天下事大抵如是，即廟宇何獨不然？含珠庵廟宇僧房不下數十間，他猶可待，惟正殿、後殿及山頂菩薩殿棟幾折，榱幾崩。乙酉秋，有賈師、金師二僧人素極勤儉，心不自安，且以爲祖師廣魁早有是志，慨然興念，繼成是舉。請化主而化主應允，訪工師而工師樂從，化者甫化，而修者即修，不數日，傾頽之像易而爲球琳琅玕之觀焉。功成竪碑，固以誌施財者之美，並勸夫後之住持是寺者。

業儒雷騰蛟謹撰，監生楊逢源書丹。

經理人：恒吉祥施錢壹千文。監生洪瑞廷施錢壹千文。李生枝施錢壹千文。

山主：趙生南施錢壹千五百文，趙天雨施錢四千文，趙天叙施錢五千文，楊克平施錢壹千文，楊士信施錢壹千文，楊克儉施錢壹千文，楊逢源施錢壹千文，楊克義施錢壹千文，楊發香施錢壹千文，趙永林施錢五百文，井春朝施錢五百文，井春秀施錢壹千文。

化主：姚恒太、劉治邦、邱中和，三人各施錢五百文又化錢二十八千零五十文。化主郭永太施錢六百文。翟天申、白桂榮、趙成德，三人各施錢五百文，四人化錢十四千二百文。化主杜同寅、雷騰蛟、雷在天，各施錢五百文，化錢十二千九百文。化主薛天禄施錢三百文，洪進德施錢五百文，（两人）化錢十五千。化主夏龜甲：施錢五百文。董文忠、董文信各施錢三百文，三人化錢六千六百八十文。化主趙之玉施錢三百文，雷和義施錢五百文，胡殿士施錢三百文，三人化錢十千文。

本寺住持僧人：本雲、本明、本松，徒姪：覺旺，仝立。

光緒拾貳年歲次丙戌孟夏月中浣穀旦。

名曰香山意者如衍山别名霍山恒山别名
未可知也嘗睹乎其狀則盤紆岪鬱嶢巍嵽
謝公之屐齒未登而峙立西脩名標上人亦有
如而世代姓氏亦磨滅不彰可慨也夫西可玫
當日之功自齊日月而爭光幸莫大焉厥後復叅
克仁韋君用全三社康君太[illegible]社崔君茂登葉[illegible]
和三人為首領且公議化主其[illegible]各出己囊若干
門樓圍墻越臺以及正廟戲臺之左右共配房八[illegible]
[illegible]以誌不朽　余觀飛檐軒翥反宇高驤皓皓肝
從前之舊制豈不高出萬[illegible]哉余[illegible]
[illegible]為學宫今[illegible]

【〇二三】　重修香山寺碑記

年代：清代

尺寸：高 62 釐米，寬 39 釐米

立石地點：洛寧縣羅嶺鄉香山寺

……名曰香山，意者如衡山别名霍山，恒山别名……未可知也。嘗睹乎其狀，則盤紆茀鬱，巉巍嶒……謝公之屐齒未登，而峙立西偏，名標土人亦有……如，而世代姓氏亦磨滅不彰，可慨也夫。所以考……當日之功，自齊日月而争光，幸莫大焉。厥後復爲……克仁、韋君用全、三社、康君太□、□社、崔君茂登、葉□……和三人爲首領，且公議化主某□，各出己囊若干，……門樓、圍墻、越臺以及正廟戲臺之左右共配房八□，……文以誌不朽。余觀飛檐軒翥，反宇高驤，皓皓旰□，……從前之舊制，豈不高出萬萬□。余……爲學宫，今……。

【〇二四】　永寧縣尋峪重建三清洞石碑記

年代：明正德六年

尺寸：高 180 釐米，寬 83 釐米

立石地點：洛寧縣故縣鎮尋峪村

永寧縣尋峪重建三清洞石碑記

〔碑首〕：重建三清洞石碑記

三清洞者，古移真庵也。大元至元拾柒年歲次丁酉拾貳月己巳日，南陽鄧州馬祖師來迎南等地，初建龍泉觀，修養數年，□□而去，乃謂丹陽真人也。遺□示，凡葬洞東南箭地爲塋，建塔墓上。至元貳拾肆年，敕贈昇玄□師。□□□日，遺妻孫氏□□□□訪尋至觀，祖師見孫氏真性不改，修養自如，迺於洞所建庵，移孫氏居。祖師與孫氏或取薪於野，或取水於泉，彼此誤撞，各不相視，惟知慕道而已。孫氏亦懇修養，果成仙姑，遺胎葬塋邊，建塔墓上，故庵□□□也。庵倒塌崩壞有□□堪爲洞境。弘治元年，信士柴會等請方士張道清化工價，命匠苦鑿成洞，去下壹丈二尺，高前□貳□□尺深，東西壹丈柒□闊，内塑三清聖像，未及完備，二人一亡一去。弘治拾捌年，信士雷玘、張振、曹景名等，請全真王教□□持此洞，鑾等觀見四境□□□□□西峙獅子石，北靠三峰頂，南對鹿椉山，前坐龍泉觀，後湧聖水泉，草木茂奇，人物俊偉，讚曰：水似青龍，石似白虎，□□□□，□爲玄武，真仙□也。又嘆曰：美哉盛景乎，非凡所居乎！伏惟三清者元始也，靈寶也，道德也。且以太極未分，道在太極；兩儀既判，道在兩儀；三才化生，道寓三才；萬物化醇，道寓萬物。三□□□□運行也，五行流行，道流行也。元始乃道之本原，靈寶乃道之運用，道德乃道之成功。視不見形也，聽不聞聲也。故曰道在□地，人地不識；道在人身，其人不識。道之爲道，豈易言乎？道爲至大，宜居此洞，自古得道神仙，靡不各有洞府。教鑾于是齋沐焚□□□天地，苦心勞力，溥化工資，洞内粧塑三清、四帝、二后、三官、移聖、佑聖、雷祖、玄帝、真人、玉女、金像共貳拾尊位。洞前接蓋飛簷樔廈三間，兩壁彩畫，監壇金像一尊，造置□□供棹各壹件，建東西廊房各三間，修築洞院二重，□蓋門接一座，週圍墻垣自東水溝西至后創，自洞至觀，樓前五十五丈，煉聚鐵鐘一顆，重伍百斤。原分菜園地壹畝，東至路，南至路，北至聖水泉，西至路，永爲照用。信士柴會等，乃本村人也，王□金□□□保娘娘廟人也，承祖宗善根，自幼投拜華山雲臺觀道人趙崇霄爲師，授全真教，關煩度帖，雲遊四方，參真悟道，嘗供職□□□，重修華山下移山廟一座，逍遥物外，頗有德行，拾方施主無不敬愛。思母盡孝，還至俗家，請至到觀，供成盛事。故刻立石碑，□遠以爲記。

時皇明正德六年歲次辛未春二月十八日立。

本縣聰進庠生張隆撰，鳳異散人劉儀書。

永寧縣知縣吉詩曰：三清神洞豈非凡，四圍景致超人□。□□洛河□□□，□坐□□□□□。北靠三峰作洞□，南對鹿椉□□□。□□□□□□□，□□丹陽騎□青。

主簿劉讚曰：道童教鑾發虔心，鑿開三清石洞□。□□樔廈真君□，傍蓋廊房賽蟾宮。内塑聖像扶醮主，壁畫益坛助道興。從今修起洞院□，主坐長生不老人。

典史王、司吏王臻、高門關巡檢王、吏吳□、□陽鎮巡檢楊、道會司道會吉□名、大明國河南府永寧縣故縣保、尋峪村龍泉觀立石碑、住持主教鑾□。起意原人：柴會、張道青、陝西西安府□同州白水。

打石匠人：王敖、馮經、李可、馮交。同□。

【〇二五】　重修廟宇碑記

年代：明隆慶六年

尺寸：高 97 釐米，寬 50 釐米

立石地點：洛寧縣小界鄉陽圪塔村

〔碑首〕：□□記

……采判乾坤之始，乃太極之先也，曰天之五星也，地之五……嶽爲乾坤包含内腹體也。曰昔混元之母，授……誕於辰月下旬八日，而分育神尊之王相，得□極紫府……東葉聖仁之□□□建功羲皇浩劫之初而則泰無真人乃作漢明泰山元□師之者也祝□而靈感之通也，祈之而有鑒，叩之而錫賜，志士公平也，敕封東嶽岱生天齊仁聖帝君，無應青陽之□位，霞居中界之扶宫，所轄生道胎□卵濕□也。掌人□之善惡，察陰府之邪非，判七十五司之曹局，分三十六□嶽之冥者，乃作□□之首，配乾坤之體也。曰古峰仙荒立山立浩劫，軒帝□之代建宫立宇，□古至今歲，□漏壞不能，可矣。帝感此邑社首張京等，□□誠心，化衆積財，重修庙宇，添蓋獻殿，鑄鐘擊鳴，十方善信而感哉乎。□□□金相飾，山墻磚壁，□訖於正記之期，起立聖會，蘋柔牲毛祭品，享樂之忻□□嗣虔禱之由，□□賜綿長緒緜褓宗□早見熊態，可爲應□，立記鐫文，□碑於異載之代□焉哉。

功德（主）：張汝清、汪禮、汪冠、汪子玉、父張大剛。功德施主：張京、弟張甫、張舟、張成。

時隆慶六年歲次□申季春吉旦立記。

書碑人尚昇。刊碑匠杜添倉。

【〇二六】　重修棲霞觀記

年代：明萬曆四十□年

尺寸：高 118 釐米，寬 60 釐米

立石地點：洛寧縣陳吴鄉觀灣村

重修棲霞觀記

〔碑首〕：重修棲霞觀碑

……永邑南三十里鎮山□金門，或曰□□□□□□峪亦□律管山黄帝而……歎薄，竹篁遞奏，羽客□□□聚於此，適□三里許有仙禪焉。顔曰……上。或又曰：霞客之所棲焉。總之，□外逸蹟，洞天秘地。悠□□襟筵，□全真教……觀，亦庶幾中原□□矣。□□綿邈，迨不可鏡。至於而時盛衰，新故□代，亦略□可……國朝正統初，曾稍加修葺，乃丹青剥落，廊廡荒凉，動靈光之慨者屢矣。屆王村……籌，構募重新，頗堪遊□，不佞偶一至焉。地尚湫隘，視古初命名之規，想……之恍惚，未可大有□也。役成鐫石，爲後日規，以不佞記，始志之。

時皇明崇禎□年歲次戊辰仲春二月吉日。

賜進士第文林郎知永寧縣事古原張聚琇。

正統十三年重修功德主韋□□，嘉靖四十□年重修功德主段□室，萬曆四十□年功德主段古金。……

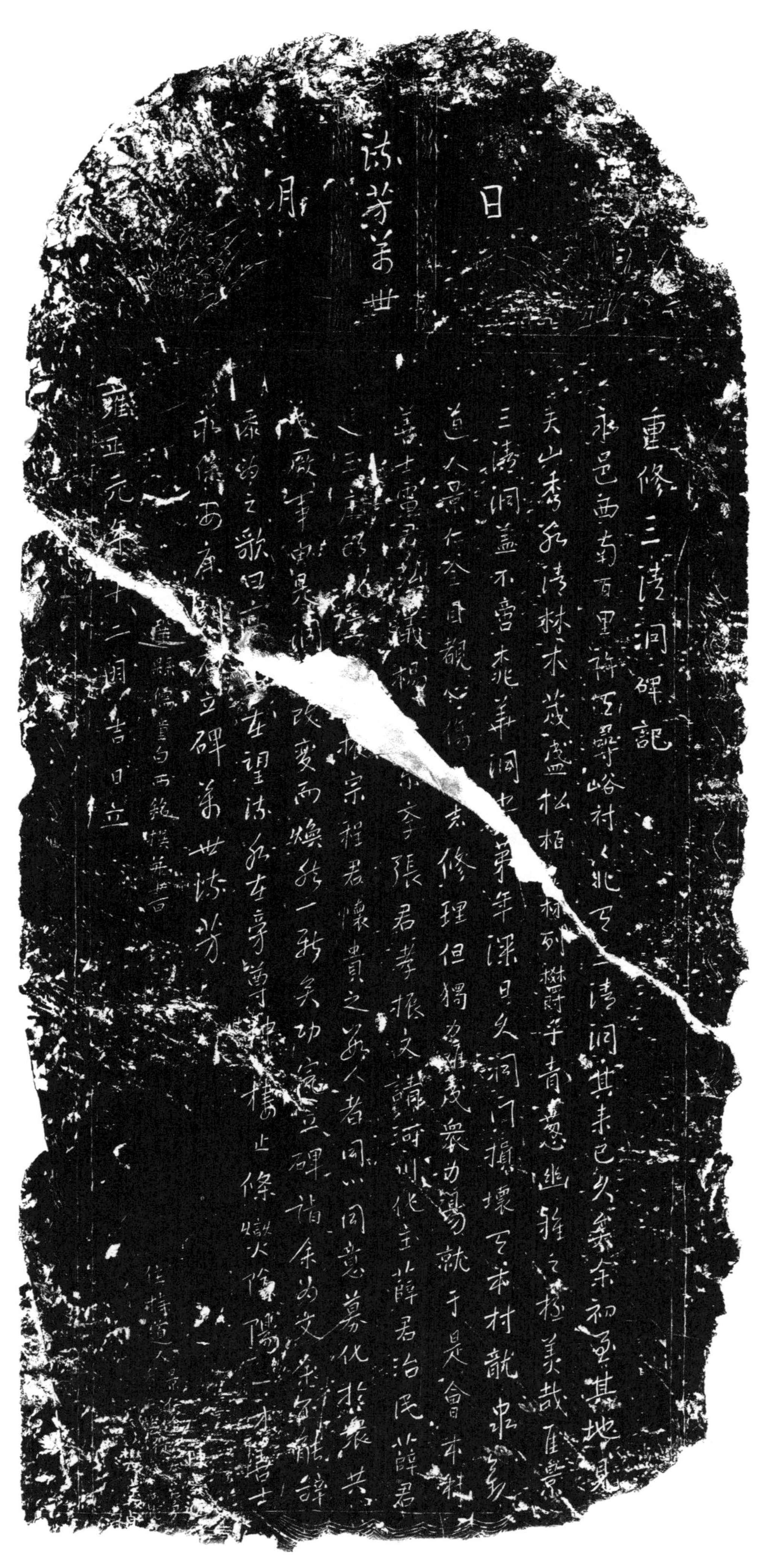

【〇二七】　重修三清洞碑記

年代：清雍正元年

尺寸：高 121 釐米，寬 54 釐米

立石地點：洛寧縣故縣鎮尋峪村

重修三清洞碑記

〔碑首〕：流芳萬世　日月

永邑西南百里許有尋峪村，村北有三清洞，其來已久矣。余初至其地，見夫山秀水清，林木茂盛，松柏森列，鬱乎青蔥，幽雅之極，美哉佳景，三清洞蓋不啻桃華洞也。第年深日久，洞門損壞，有本村龍泉□道人景仁□目覩心傷，□志修理。但獨力難成，衆力易就，于是會本村善士雷君弘彰義、楊（君）□學、張君孝振文，請河川化主薛君治民、薛君廷玉麟，□化主□□振宗、程君懷貴之每人者，同心同意，募化於衆，共成厥事。由是，洞□改變而焕然一新矣。功完立碑，詣余爲文，余不能辭，忝爲之歌曰：高□在望，流水在旁。尊神棲止，條燮陰陽。一村善士，永保安康。刻石立碑，萬世流芳。

鞏縣儒童白西銘撰并書。

雍正元年十二月吉日立。

住持道人：景□□、□□□。

【〇二八】　小仇村重修子孫娘娘殿碑記序

年代：清雍正二年

尺寸：高 180 釐米，寬 65 釐米

立石地點：洛寧縣馬店鎮小街村王氏祠堂

小仇村重修子孫娘娘殿碑記序

〔碑首〕：皇清

從來有一代之興，必封一代之神；有一代之神，必立一代之廟。自古迄今，創建有由，非偶然也。况我朝御極以來，敬天勤民，莫不封山濬川，以隆一代之治。故上自王公，下及士庶，或□寺或建塔，在在皆然。今小仇村有子孫娘娘殿一座，歷明至清，廟貌巍然，香火崇奉，非一日矣。而且前臨洛水，後枕□山，龍蟠虎伏，勢若星拱。又有茂林修竹，清流激湍，映帶左右，觀者神爽，欣然忘倦，誠永西一勝地也。但歷□久遠，風□漂化，墻垣岌岌傾頹，聖像將及損壞。獨是數年來歲歉頻仍，雖欲修葺，每恨時勢之無如何耳。兹因天運稍轉，本□□士王琯意成□事，無如工果浩大，獨力難成，遂議請功德主王瑧、趙廷顯等，募及合村善男信女，同發虔心，共勳其□。由是，美哉輪，美哉奐，殿宇崔峨；竹之苞，松之茂，臺閣翬飛。庶神有憑依，而前此傾頹之像，煥然一新矣。今工成告竣，□文於石，以示永垂不朽云耳。

會首：王琯、男仁涵施銀三兩、石匠飯。

功德主：王瑧施銀乙兩、泥水匠飯。趙廷顯施銀乙兩、解匠飯。

化主：李進德施銀八錢。王學義施銀二兩五錢。王仁浦管木匠飯。王璉施銀乙兩。吏員王仁濡：施銀一兩。王珅施銀一兩。任意得施銀一兩、又碌軸一顆。馬仁重施銀一兩。王仁漳施銀一兩。王爾公施銀一兩。侯啓邦施銀一兩。王玢施銀八錢。王仁濟施銀八錢。趙廷論施銀五錢。王爾信施銀五錢。馬仁義施銀五錢。王仁清施銀五錢。□起敬捨地一分五厘。王仁周銀五錢。馬仁信銀三錢。李文朝銀三錢。孫養年銀四錢。孫奇生銀四錢。□清樹一株、銀二錢。王仁益銀三錢。王仁湛銀三錢。王仁琰銀三錢。王仁治銀二錢。王義□銀二錢。王學先銀二錢。趙振生銀二錢。趙啓臣銀二錢。趙啓美銀二錢。王仁英銀二錢。王仁滛樹一株。趙啓言銀二錢。李文魁銀二錢。王仁淳銀二錢。任世澤銀二錢。王琅銀二錢。王新民銀三錢。王道洪銀三錢。王學治銀二錢。郭永顧銀一錢。郭禎顧銀一錢。王仁淵銀三錢。

木匠：劉世爵。泥水匠：加順。畫匠：薛□義。山西稷山縣楊亨鐫。

洛陽縣庠生王師頓首拜撰。

大清雍正二年歲次甲辰仲冬月穀旦。

此古稱白雲峯也右龍頭而左鳳翼倚嶕嶢而面金門環而刻於其下者耕壤相錯煙火萬家以及果實園蔬桑麻
之茂竹樹之繁中帶洛水波流上下桴橋舟楫遐邇相映漁樵嘯歌彼此互答俯瞰之餘知造物鍾靈之厚毓秀所
疑也以故文人學士覽其勝者登高作賦騁目遠眺有心曠神怡者矣值甲寅春余閒步於斯觀巖石參差古洞歷
落中有舊傳跡像世所稱
玉皇上帝又有[illegible]三官並菩薩土地諸神者不知肪於何代歷垢多年復金飾彩粧耀目炫觀煥然聿新余
方唏嘘贊嘆以為費貲莫算有住持道人九章楊氏者向余言曰此係予與衆善王仁倉郭如松王仁吾侯建邦任
義德等同心協力共成厥功請為文刊石以誌不泯余曰爾既為玄門子自應為玄門事況吾邑名山勝地莫不各
建祠宇各奉神祉如龍頭而崇祀神禹嶕嶢而崇祀河瀆至於鳳翼金山亦崇祀佛像要不過各誌一山之勝也今
茲爾衆洗舊更新之舉亦可以振白雲峯之威而壯白雲峯之觀焉是可誌也若神之自來余識淺學疎未盡詳其
說[illegible]敢妄為之贅
賜進士文林郎知永寧縣事蘭喬桐儒學教諭丁癸遇　訓導劉煜　典史魏炳　劉進孝　劉来奉同田村合村人等施錢四千二百
邑庠廪膳生員楊有灝薰沐撰文並書丹
王仁吾艮一兩
郭如松同田村合村人施艮九十七兩管飯一月　六曲□艮二十八兩五□
功德主王仁倉艮一兩
任義德艮一兩　助緣信人李□義彥　徒姪蘇重德　画匠楊增榮
侯建邦艮一兩　住持楊九章　門徒李重亮　石匠王賢鐫
雍正十二年歲次甲寅花月吉旦

【〇二九】 重修玉皇廟并三官菩薩土地諸神像碑記

年代：清雍正十二年

尺寸：高 160 釐米，寬 55 釐米

立石地點：洛寧縣馬店鎮小街村

〔碑首〕：大清

此□稱白雲峰也，右龍頭而左鳳翼，倚嶕嶢而面金門，環而列於其下者，繡壤相錯，煙火萬家，以及果實、園蔬、桑麻之茂，竹樹之繁，中帶洛水，波流上下，桴橋舟楫，遐邇相映，漁樵嘯歌，彼此互答，俯瞰之餘，知造物鍾靈之厚，毓秀所凝也。以故文人學士覽其勝者，登高作賦，矚目遠眺，有心曠神怡者矣。值甲寅春，余閑步於斯，睹巖石參差，古洞歷落中，有舊傳跡像，世所稱玉皇上帝，又有三官並菩薩、土地諸神者，不知昉於何代，塵垢多年，復金飾彩粧，耀目炫觀，焕然聿新。余方唏噓贊嘆，以爲費貲莫算。有住持道人九章楊氏者，向余言曰：此係予與衆善王仁含、郭如松、王仁吾、侯建邦、任義德等，同心協力，共成厥功。請爲文刊石，以誌不泯。余曰：爾既爲玄門子，自應爲玄門事。况吾邑名山勝地，莫不各建祠宇，各奉神祉，如龍頭而崇祀神禹，嶕嶢而崇祀河瀆。至於鳳翼金山，亦崇祀佛像，要不過各誌一山之勝也。今兹爾衆洗舊更新之舉，亦可以振白雲峰之威，而壯白雲峰之觀焉，是可誌也。若神之自來，余識淺學疎，未盡詳其説，不敢妄爲之贅。

賜進士文林郎知永寧縣事藺喬桐，儒學教諭丁癸遇，訓導劉煋，典史魏炳。

邑庠廪膳生員楊有灝薰沐撰文並書丹。

功德主：王仁吾銀一兩。郭如松同田村合村人施銀一十一兩、管飯一月。王仁含銀一兩。任義德銀一兩。侯建邦銀一兩。助緣道人李義彦。

住持：楊九章，門徒：李重亮，徒侄：蘇重德、劉進奉、劉來奉，同田村合村人等錢四千二百。

共費銀三十八兩五錢。

畫匠：楊增榮。石匠：王賢鑴。

雍正十二年歲次甲寅花月吉旦。

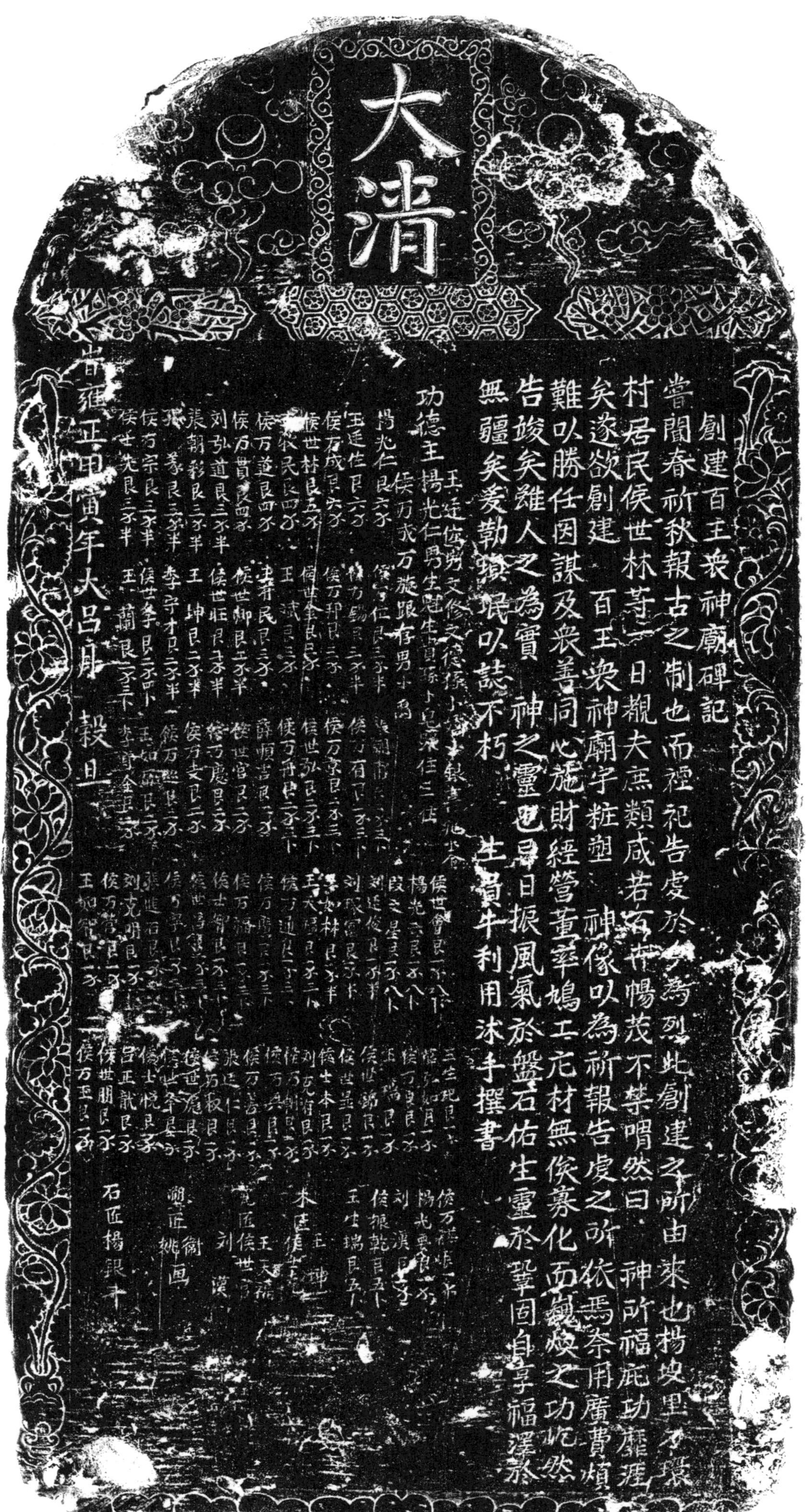

大清

創建百王衆神廟碑記

嘗聞春祈秋報古之制也而禋祀告虔於斯為烈此創建之所由來也楊墺里張村居民侯世林等一日覩夫庶類咸若百卉暢茂不禁喟然曰神所福庇功靡涯矣遂欲創建百王衆神廟宇粧塑神像以為祈報告虔之所依焉奈用廣費煩難以勝任因謀及衆善同心施財經營董率鳩工庀材無俟募化而巍煥之功屹然告竣矣雖人之為實神之靈也㫖日振風氣於盤石佑生靈於苞固自享福澤於無疆矣爰勒貞珉以誌不朽 生員牛利用沐手撰書

皆雍正甲寅年大呂月 穀旦

【〇三〇】 創建百王衆神廟碑記

年代：清雍正十二年

尺寸：高 109 釐米，寬 54 釐米

立石地點：河底鄉刀環村

創建百王衆神廟碑記

〔碑首〕：大清

嘗聞春祈秋報，古之制也。而禋祀告虔，於今爲烈，此創建之所由來也。楊坡里刀環村居民侯世林等，一日睹夫庶類咸若百卉暢茂，不禁喟然曰：神所福庇，功靡涯矣。遂欲創建百王衆神廟宇，粧塑神像，以爲祈報告虔之所依焉。奈用廣費煩，難以勝任，因謀及衆善，同心施財，經營董率，鳩工庀材，無俟募化，而巍焕之功屹然告竣矣。雖人之爲，實神之靈也。異日振風氣於盤石，佑生靈於鞏固，自享福澤於無疆矣。爰勒貞珉，以誌不朽。生員牛利用沐手撰書。

功德主：王廷佐男文修、文德，孫小嬌、小銀、喜兆、士金。楊光仁男生魁、生貴，孫小皂、跟住、三住。侯萬成、萬旋、跟存男小禹。

楊光仁銀六錢。王廷佐銀六錢。侯萬成銀六錢。侯世林銀五錢。李牧民銀四錢。侯萬道銀四錢。侯萬貫銀四錢。劉弘道銀三錢半。張朝彩銀三錢半。孫養銀三錢半。侯萬宗錢三錢半。侯士先銀三錢半。侯萬位銀三錢半。侯萬錫銀三錢半。侯萬邦銀三錢。侯世金銀三錢。王斌銀三錢。王有民銀三錢。侯世卿銀二錢半。侯世旺銀二錢半。王坤銀二錢半。李守才銀二錢半。侯世學銀二錢半。王蘭銀二錢半。張朝甫銀二錢三分。侯萬有銀二錢三分。侯萬京銀二錢三分。侯世弘銀二錢三分。侯萬舟銀二錢三分。薛順吉銀二錢。侯世官銀二錢。侯萬慶銀二錢。侯萬支銀二錢。侯萬巡銀二錢。王如盛銀二錢。李守金銀二錢。侯世會銀一錢八分。楊光云銀一錢八分。段文星銀一錢八分。劉廷俊銀一錢半。劉環富銀一錢半。王如林銀一錢半。王天福銀一錢三分。侯萬通銀一錢三分。侯萬廣銀一錢三分。侯萬福銀一錢三分。侯士智銀一錢三分。侯世昌銀一錢三分。侯萬寧銀一錢三分。張進石銀一錢。劉克明銀一錢。侯萬營銀一錢。王如智銀一錢。王生玘銀一錢。薛弘如銀一錢。侯萬良銀一錢。王瑞銀一錢。侯世錦銀一錢。侯世顯銀一錢。侯士本銀一錢。劉克有銀一錢。侯萬朝銀一錢。侯萬興銀一錢。侯萬善銀一錢。張廷仁銀一錢。侯萬權銀一錢。侯世彪銀一錢。侯世峰銀一錢。侯士悦銀一錢。吕正龍銀一錢。侯世朋銀一錢。侯萬玉銀一錢。侯萬謙銀一錢。楊光要銀一錢。劉漢銀一錢。任振乾銀五分。王生瑞銀五分。

木匠：王坤、侯士堯。瓦匠：王天福、侯世官、劉漢。塑匠：衛晝、姚晝。石匠：楊銀斗。

時雍正甲寅大吕月穀旦。

大清

重修禹王廟碑記

嘗讀虞書及禹謨禹貢諸篇粤自玄圭受錫而知
夏王神禹之明德遠矣溯治績者僉以其先戢任司空欲拯民於昏墊八年
勞心隨山刊木决九河距四海克勤于邦克儉于家使後世人人永享安
瀾之福者皆 夏王神禹之德賜也天錫洪範九疇畀以治天下之大法
而彝倫攸叙洛書之呈瑞終陟后位豈偶然哉前人稔之久矣建廟設祀
于邑郡之西坐北面南尊踞龍頭鎮壓洛水而一
玉皇玄帝又層級其頂而五岳名神又會序其後謁以發洪範九疇之源衍洛
書呈瑞之數九云告治水之成功也但歷年多此廟宇頹圮山左諸居址
募古蹟忽焉共發虔心重而修之雖非出於己囊而庀材而鳩工而日省
月試孜孜不懈竟勤觀厥成焉可不謂甚盛事哉既竣之後一年又刊石
以誌不朽

邑庠生嶰峪金下張希祚撰並書

功德主 刘尔杜 刘紳 趙崇位 刘鋭 王振邑 刘敏 刘廷化

雍正十三年後四月初四日吉辰 立

【〇三一】 重修禹王廟碑記

年代：清雍正十三年

尺寸：高 113 釐米，寬 57 釐米

立石地點：洛寧縣長水鎮龍頭山

重修禹王廟碑記

〔碑首〕：大清

嘗讀《虞書》及《禹謨》《禹貢》諸篇，粤自玄圭受錫，而知夏王神禹之明德遠矣。遡治績者，僉以其先職任司空，欲起民於昏墊，八年勞心，隨山刊木，決九河，距四海，克勤于邦，克儉于家，使後世人人永享安瀾之福者，皆夏王神禹之德賜也。天錫《洪範》九疇，畀以治天下之大法，而彝倫攸叙，《洛書》之呈瑞，終陟后位，豈偶然哉。前人稔之久矣，建廟設祀于邑郡之西，坐北面南，尊躡龍頭，鎮壓洛水。而玉皇玄帝又層級其頂，而五嶽名神又會序其後，總以發《洪範》九疇之源，衍《洛書》呈瑞之數，凡云告治水之成功也。但歷年多所廟宇頹圮，山左諸君眺訪古蹟，忽焉共發虔心，重而修之，雖非出貲己囊，而庀材，而鳩工，而日省月試，孜孜不懈，竟勦觀厥成焉，可不謂甚盛事哉。既竣之後一年，又刊石以誌不朽。

邑庠生嶰峪金下張希祚撰並書。

功德主：劉爾壯、劉紳、劉鋭、劉敏、劉廷化、趙崇位、王振吕。

雍正十三年後四月初四日吉辰立。

新修

關老廟之記

關帝聖像明時坐鎮村北西寨內迨今貌毀□神像

近嵗亦有數十年矣值有居人郭諱綸慨然修

理遷移吉地金粧聖像鳳眼蚕眉□面長鬚凜

凜然仍以非也又□□關同式將站列兩傍巍

巍乎一大傑□也功成告竣是用爲記

寨上地稞開列於後

寨外南北並西邊三面有地每年稞麦七斗閤

村公舉經管此廟係東長修理 趙一全收稞麦五斗

寨上官銀共式拾兩六分四小兩內有 呂有諧收稞麦每年二宗

作艮二兩五分 修廟共費艮式拾式兩七分○元

畫匠四人

呂有諧管飯一天趙一全管飯二天

丁成器管飯一天丁成美管飯一天

□□功德主郭綸

施地基人白門侯氏同子弘業道

皆乾隆廿二年四月十二日 吉旦

【〇三二】 創修關帝廟石記

年代：清乾隆十二年

尺寸：高 47 釐米，寬 41 釐米

立石地點：洛寧縣城郊鄉崖底村

創修關帝廟石記

關帝聖像明時坐鎮村北西寨内，迨廟貌毁壞，神像近崩，亦有數十年矣。值有居人郭諱綸慨然修理，遷移吉地，金粧聖像，鳳眼蠶眉，□面長鬚，凜凜然仍如昨也。又□□關周貳將，站列兩傍，巍巍乎一大保障也。功成告竣，是用爲記。

寨上地稞開列於後：

寨外南北並西邊三面有地，每年稞麥七斗，閤村□□經管。此廟系東長修理，寨上官銀共貳拾兩六錢四分，内有趙一全收稞麥二年，吕有誥收稞麥一年，二宗作銀二兩五錢。修廟共費銀貳拾貳兩七錢七分。

畫匠四人，吕有誥管飯一天，趙一全管飯一天，丁成器管飯一天，丁成美管飯一天。

功德主：郭綸。施地基人：白門侯氏同子弘道、弘業、弘公。

時乾隆十二年四月十二日吉旦。

【〇三三】　展建關帝廟記

年代：清乾隆十四年

尺寸：高 164 釐米，寬 63 釐米

立石地點：洛寧縣東宋鎮大宋村

展建關帝廟記

〔碑首〕：皇清

漢世多傑出，而賦性豪邁、秉正不回者，則獨推乎帝。志切正統，赤心報國，常□不易，堅貞其操，千載而下，凜凜如昨，事業其不磨也，英風其常存也。篤臣節，立綱維，帝其首重者哉。永北二十里村名大宋，舊有帝祠，建于村東，自大明兵火之餘，神像暗淡，棟宇毀頽。我朝康熙二十九年，仍其舊址重葺以新之，其相率以成功者，則生員金珄，善士金璧、姚從治、程大生、程廣生、白如玉、金璽，尚述諸君之力也。奈日邁月征，漸復傾摧，且廟基短狹，未可暢懷。生員金利用思大其制，于康熙五十年捐舊廟後地伍分，金純仁於雍正六年捐舊廟西地貳分，又于乾隆元年偕衆换地伍分三厘，續入廟，後廟基其廠擴矣。至乾隆三年，程可法、王彦儒、金純仁、張子貴、生員金利用同力合金，建立舞樓三間，屏風掛面悉爲繪飾，至正殿三楹則改建于所增地。後司其事者，則金利用、金純仁、張子貴、金友仁輩，各出兜金，兼以募化，更資官地一分，以濟營建。不意詞訟歷年，耗費貲財，經府批，蒙縣令親臨查驗，斷作帝廟修資，復延香火。其協力以呈詞者，則金純仁、張子貴、金利用、生員金鈺、居民金累仁、金鑑其人也。事濡力微，故始于乾隆七年，而告成于乾隆十二年之冬月，宏廠者其度，莊嚴者其像，燦爛者其飾，畫棟彫格，各極有致，繪壁、匾聯焕然改觀，鄙隘之規，由此而易。後之賢者，有感于崇正之大義，復爲踵事以增美，是尤首事者所切望也。

戊午科舉人時授永寧縣教諭范汝載沐手撰文并書。

在城丹青段輔周捐銀五錢。

時大清乾隆十肆年正月二十捌日吉時立石。

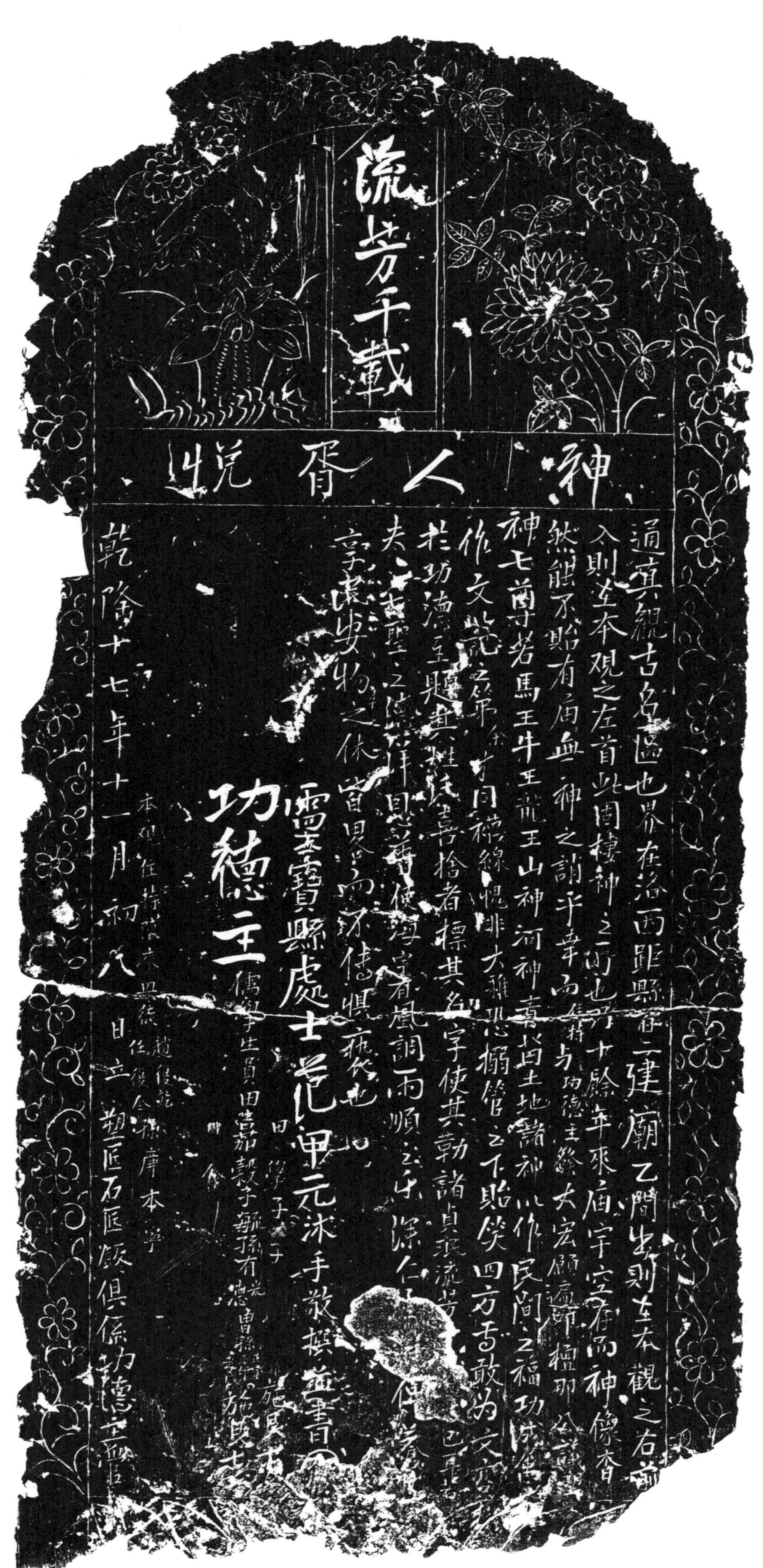
流芳千載
神人胥悅

【〇三四】 塑通真觀神像碑記

年代：清乾隆十七年

尺寸：高 112 釐米，寬 51 釐米

立石地點：洛寧縣故縣鎮隍城村

〔碑首〕：流芳千載　神人胥悦

通真觀古名區也，界在洛西，距縣百二，建廟乙間，出則在本觀之右前，入則在本觀之左首，此故棲神之所也。□十餘年來，廟宇空存，而神像杳然，能不貽有廟無神之誚乎？幸而住持與功德主發大宏願，遍叩檀那，公議□神七尊，若馬王、牛王、龍王、山神、河神、青苗、土地諸神，以作民間之福。功成屬□作文以記之，第余才同襪線，愧非大雅，恐搦管之下，貽笑四方，焉敢爲文？亦□於功德主題其姓氏，喜捨者標其名字，使其勒諸貞珉，流芳□□已耳。□夫七聖之德洋恩普，使海宇有風調雨順之樂，深仁□□，俾養□享民安物之休，皆略而不傳，懼褻也。

靈寶縣處士范甲元沐手敬撰並書丹。

功德主：儒學生員田嘉穀、子毓，孫有光、有德，曾孫正官、正行、孝戊施銀十□兩。田學、子□子施銀十兩。

本觀住持：陳來興，徒：趙復乾、任復全，孫：廉本寧。

塑匠、石匠飯俱係功德主管。

乾隆十七年十一月初八日立。

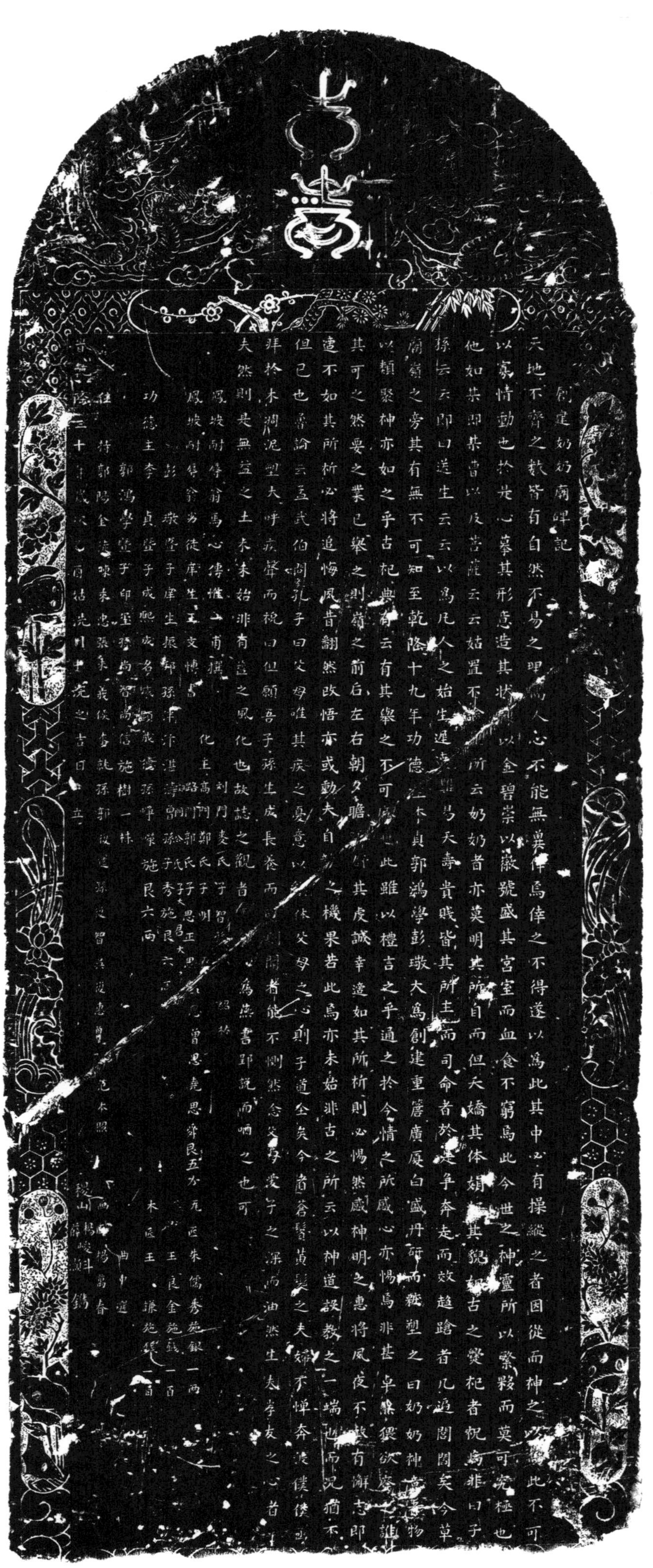

創建奶奶廟碑記

天地不齊之數皆有自然不易之理[illegible]人心不能無冀倖爲倖之不得遂以爲此其中必有操縱之者因從而神之以爲此不可

以寡情動也於是心摹其形意造其狀[illegible]以金碧崇以巍號盛其宮室而血食不窮焉此今世之神靈所以繁夥而莫可究極也

他如恭即恭曹以及菩薩云云姑置不論所云奶奶者亦莫明其所自而但夭矯其体娟[illegible]其貌如古之嬖杞者祝焉非曰子

孫云云即曰送生云云以爲凡人之始生遲速[illegible]易天壽貴賤皆其所主而司命者於是爭奔走而效趨蹌者凡遍閭閻矣今草

廟嶺之旁其有無不可知至乾隆十九年功德[illegible]李貞郭鴻學彭璥大爲創建重簷廣廈白盛丹[illegible]而雕塑之曰奶奶神[illegible]物

以類聚神亦如之乎古祀典有云有其舉之不可[illegible]也此雖以禮言之乎通之於今情之所感心亦惕焉非甚卓[illegible]環[illegible]誰

其可之然要之業已舉之則嶺之前後左右朝夕瞻[illegible]其虔誠幸適如其所祈則必惕然感神明之惠將夙夜不[illegible]有懈志即

違不如其所祈必將追悔夙昔翻然改悟亦或勤夫自[illegible]之機果若此焉亦未始非古之所云以神道設教之一端也而況猶不

但已也魯論云孟武伯問孝孔子曰父母唯其疾之憂意以[illegible]体父母之心則子道全矣今者蒼髯黃髮之夫婦亦憚奔波[illegible]

拜於木凋泥塑大呼疾聲而祝曰但願吾子孫生成長養而[illegible]闡者能不惻然念父母愛子之深而油然生其孝友之心者

夫然則是無益之土木未始非有益之風化也故誌之觀者[illegible]以爲燕書郢說而哂之也可

鳳坡耐僑翁馬心傳撰

鳳坡耐僑翁芳徒庠生王文博書

化主 劉門麥氏子智[illegible]

高門鄭氏子明[illegible]

路門郭氏子思正大思[illegible]曾思堯思舜施良五分

[illegible]孫公氏子秀子昌施良六[illegible]

彭璥暨子庠生振鄭孫[illegible]

功德主李貞暨子成熙成名成[illegible]成德孫崢嶸施良六兩

郭鴻學暨子印璽孫尚智尚信施樹一株

住持郭陽全徒陳來忠張來義侯來就孫郭復道孫復智[illegible]復惠曾[illegible]范本照

乾隆三十[illegible]歲次[illegible]酉[illegible]姑洗月中浣之吉日立

石匠朱儒秀施銀一兩

王良金施錢一百

木匠王謙施錢一百

[illegible]由中選

西[illegible]楊爵春

稷山薛峻斗鐫

【〇三五】　創建奶奶廟碑記

年代：清乾隆二十年

尺寸：高163釐米，寬64釐米

立石地點：洛寧縣底張鄉草廟嶺村

創建奶奶廟碑記

〔碑首〕：大清

天地不齊之數，皆有自然不易之□，而人心不能無冀□焉。倖之不得，遂以爲此其中必有操縱之者，因從而神之，以爲此不可以寡情動也。於是心摹其形意，造其狀，施以金碧，崇以徽號，盛其宫室，而血食不窮焉。此今世之神靈所以繁夥，而莫可究極也，他如某郎、某曹以及菩薩云云，姑置不論，而所云奶奶者，亦莫明其所自而，但夭嬌其體，娟好其貌，如古之爨祀者祝焉，非曰子孫云云，即曰送生云云，以爲凡人之始生，遲遭難易，夭壽貴賤，皆其所主而司命者。於是争奔走而效趨蹌者，幾遍閭閻矣。今草廟嶺之旁，其有無不可知，至乾隆十九年，功德主李貞、郭鴻學、彭瓛大，爲創建重簷廣廈，白盛丹研而粧塑之，曰奶奶神，意者物以類聚，神亦如之乎。故祀典有云：有其舉之，不可廢也。此雖以禮言之乎，通之於今，情之所感，心亦惕焉。非甚卓然，猥欲廢之，誰其可之？然要之，業已舉之，則嶺之前後左右，朝夕瞻拜，舒其虔誠。幸適如其所祈，則必惕然感神明之惠，將夙夜不敢有懈志，即適不如其所祈，必將追悔夙昔，翻然改悟，亦或動夫自新之機，果若此焉，亦未始非古之所云，以神道設教之一端也，而況猶不但已也。魯論云：孟武伯問孝，孔子曰，父母唯其疾之憂，意以亂體父母之心，則子道全矣。今者蒼鬢黄髮之夫婦，不憚奔波僕僕，亟拜於木雕泥塑，大呼疾聲而祝曰：但願吾子孫生成長養。而□則聞者，能不惻然念父母愛子之深，而油然生夫孝友之心者夫。然則是無益之土木，未始非有益之風化也，故誌之，觀者□□以爲燕書郢説，而哂之也可？

鳳坡耐辱翁馬心傳惟一甫撰，鳳坡耐辱翁劣徒庠生王文博書。

功德主：彭瓛暨子庠生振邦，孫泮、汴、湛、濤，曾孫子秀施銀六兩。李貞暨子成熙、成名、成顯、成德，孫崢、嶸施銀六兩。郭鴻學暨子印、璽，孫尚、智、信施樹一株。

化主：劉門麥氏，子智，孫□、忠、紹、林。高門鄭氏，子明、高。路門郭氏，子思正、思□、思曾、思堯、思舜銀五錢。鄭門公氏，子大君、大臣。

瓦匠：朱儒秀施銀一兩。王良金施錢一百。木匠：王謙施錢一百。畫匠：曲中選、楊萬春、稷山楊峻斗、薛灝鐫。

住持：郭陽金，徒：陳來忠、張來義、侯來就，孫：郭復還、孫復智、吴復惠，曾孫：范本照。

時乾隆二十年歲次乙酉姑洗月中浣之吉日立。

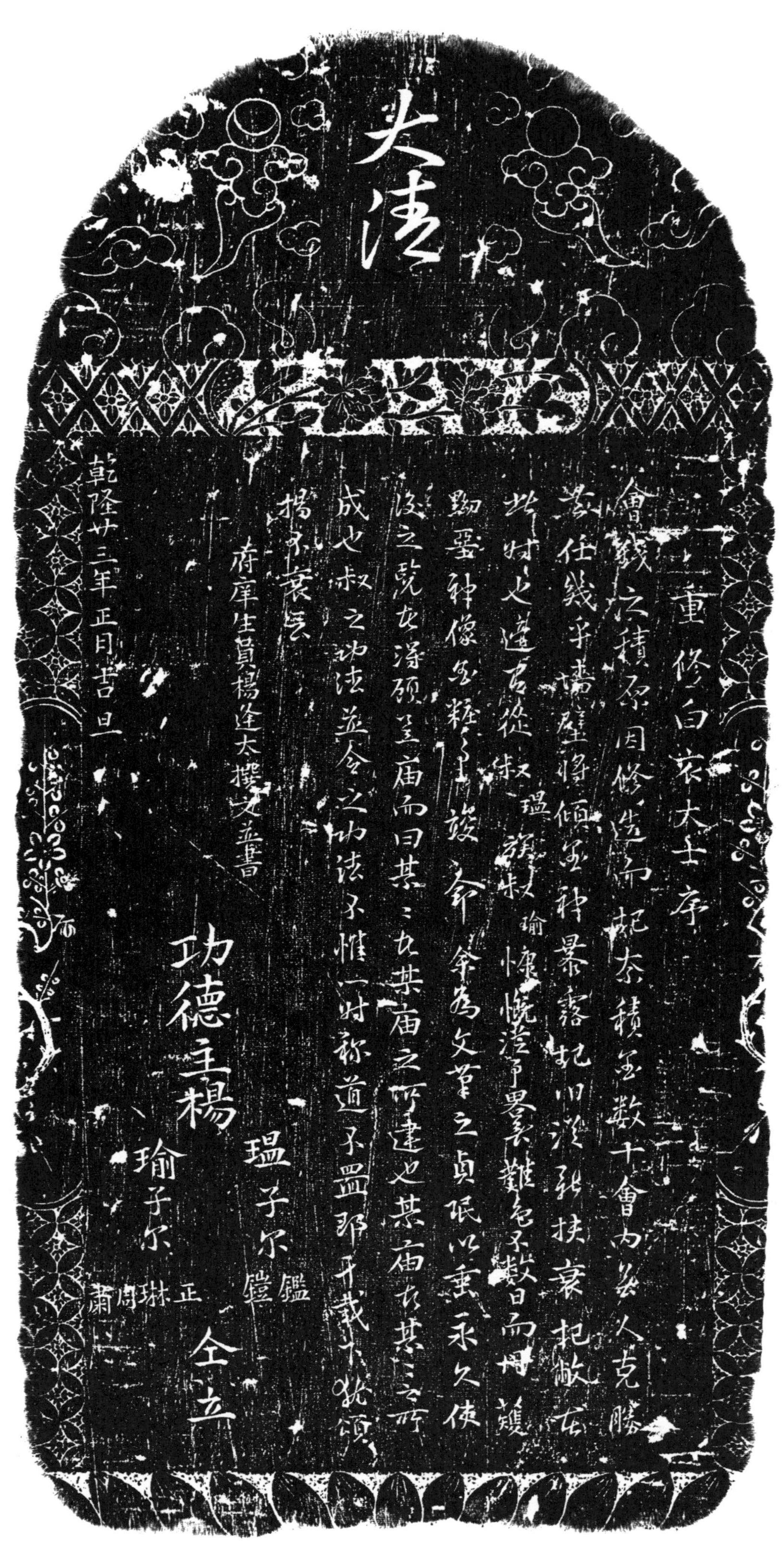

大清

重修白衣大士序

會錢之積，原因修造而起。故積至數十會，爲合人克勝
其任錢乎？墻壁將傾，至神暴露，把田沒錢扶衰，把敝在
此時也。遂召從叔瑥、從叔瑜懷慨淦予，累累難免，不數旬而廟貌
聯墨神像至輝煌煥發，命余爲文，篆之貞珉，以垂永久，使
後之覧者游頌至廟，而曰其人也，其廟之所建也，其廟也其人之所
成也。叔之功德並今之功德，不惟一時稱道不置那，千載下猶頌
揚不衰云。

府庠生員楊逢太撰文並書

功德主楊瑥　子尔鑑、尔鎧
瑜　子尔正、尔琳、尔周、尔肅　全立

乾隆廿三年正月吉旦

【〇三六】　重修白衣大士序

年代：清乾隆二十三年

尺寸：高 94 釐米，寬 47 釐米

立石地點：洛寧縣西山底鄉北村

重修白衣大士序

〔碑首〕：大清

會錢之積，原因修造而起。奈積金數十，會内無人，克勝無任，幾乎墻壁將傾，金神暴露。起舊從新，扶衰起敝，在此時也。適有從叔瑥、族叔瑜慷慨從事，略無難色，不數日而丹雘黝堊，神像金粧。事竣，命余爲文，勒之貞珉，以垂永久，使後之覽者得顧，至廟而曰：某某者，某廟之所建也；某廟者，某某之所成也。叔之功德，並令之功德，不惟一時稱道不置，即千載下猶頌揚不衰云。

府庠生員楊逢太撰文並書。

功德主：楊瑥，子爾鑑、爾鎧。楊瑜，子爾正、爾琳、爾周、爾肅。仝立。

乾隆二十三年正月吉旦。

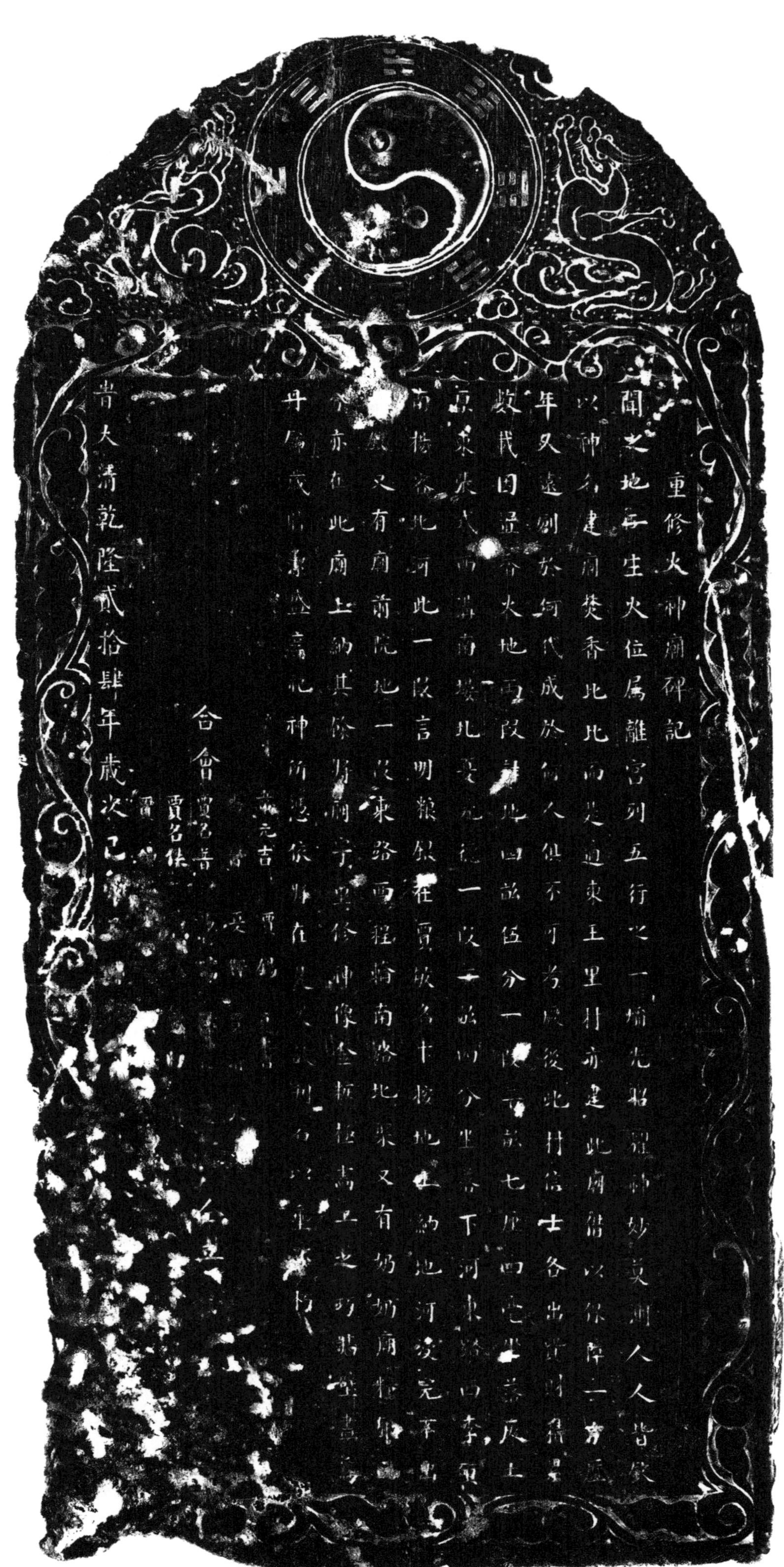

【〇三七】　重修火神廟碑記

年代：清乾隆二十四年

尺寸：高 99 釐米，寬 46 釐米

立石地點：洛寧縣趙村鎮東王村

重修火神廟碑記

聞之地二生火，位屬離宫，列五行之一。燭光昭耀，神妙莫測，人人皆欽以神名，建廟焚香，比比而是。適東王里村亦建此廟，借以保障一方。歷年久遠，創於何代，成於何人，俱不可考。厥後，此村信士各出貲財，積累數載，因置香火地兩段，計地四畝五分。一段二畝七厘四毫，坐落灰土原，東張式，西溝，南堰，北夏羌德。一段二畝四分，坐落下河，東路，西李碩，南楊容，北河。此一段言明糧銀在賈敏名下，按地上納，地河浸完，不出□銀。又有廟前院地一段，東路，西程輪，南路，北渠。又有奶奶廟糧銀兩分，亦在此廟上納。其餘將廟宇重修，神像金粧，極畫工之巧，墻壁畫爲丹飾。歲時承盛享祀，神所憑依，將在是矣，故刊石以垂不朽。

合會：韋元吉、□晉、賈名普、賈名傑、賈□、賈錫、夏□……。仝立。

時大清乾隆貳拾肆年歲次己卯□□。

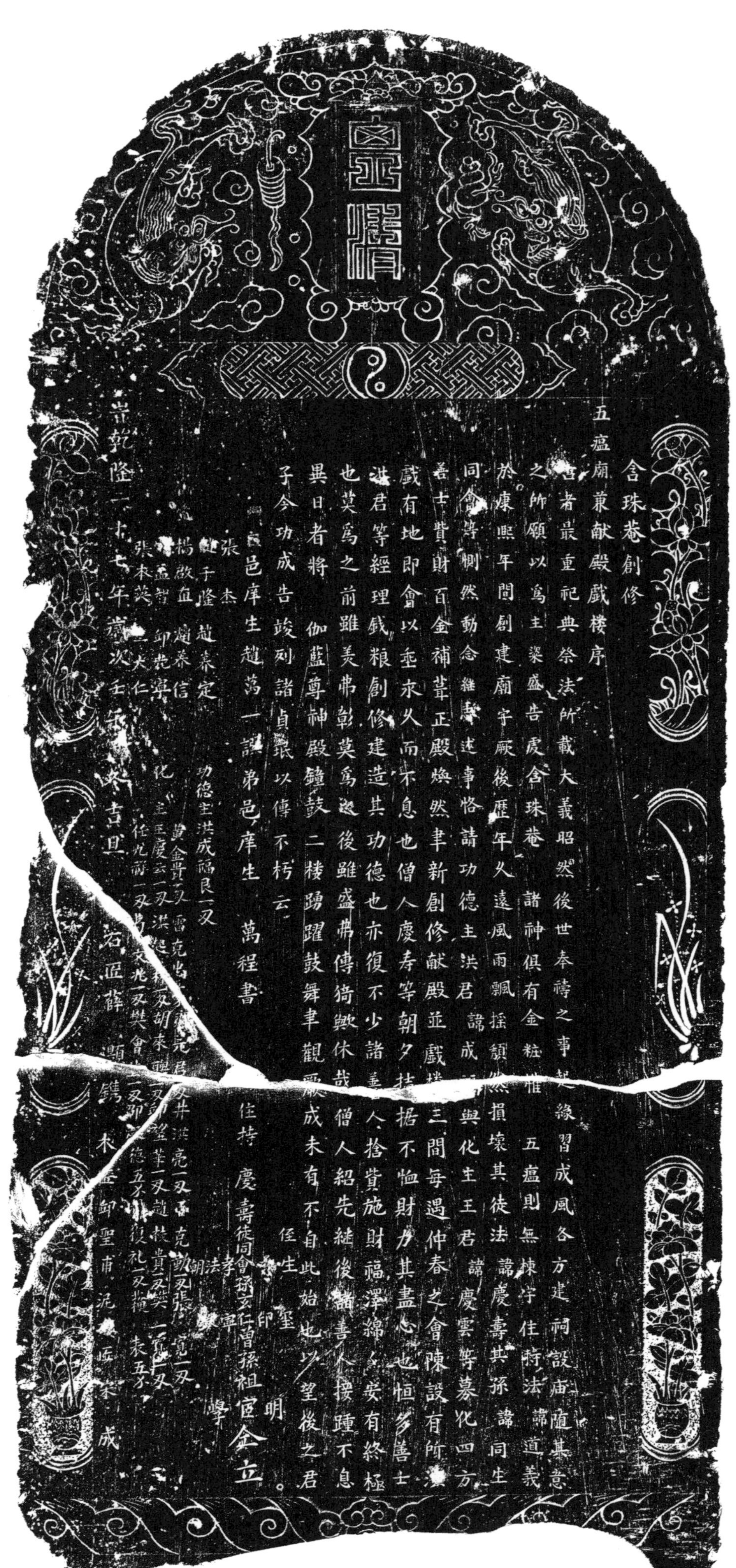
含珠巷創修
五瘟廟東獻殿戲樓序

【〇三八】　含珠菴創修五瘟廟兼獻殿戲樓序

年代：清乾隆二十七年

尺寸：高 131 釐米，寬 57 釐米

立石地點：洛寧縣小界鄉陽圪塔村

含珠菴創修五瘟廟兼獻殿戲樓序

〔碑首〕：皇清

古者最重祀典，祭法所載，大義昭然。後世奉禱之事起，緣習成風，各方建祠設廟，隨其意之所願，以爲主粢盛告虔。含珠菴諸神俱有金粧，惟五瘟則無棟宇，住持法諱道義於康熙年間，創建廟宇，厥後歷年久遠，風雨飄摇，頹然損壞。其徒法諱慶壽，其孫諱同生、同會等，惻然動念，繼志述事，恪請功德主洪君諱成□與化主王君諱慶雲等，募化四方善士，貲財百金，補葺正殿，焕然聿新。創修獻殿並戲樓三間，每遇仲春之會，陳設有所，演戲有地，即會以垂永久而不息也。僧人慶壽等朝夕拮据，不恤財力，其盡心也恒多。善士洪君等，經理錢糧，創修建造，其功德也亦復不少。諸善人捨貲施財，福澤綿綿，安有終極也。莫爲之前，雖美弗彰；莫爲之後，雖盛弗傳。猗歟休哉！僧人紹先繼後，諸善人接踵不息，異日者將伽藍尊神殿、鐘鼓二樓踴躍鼓舞，聿觀厥成，未有不自此始也，以望後之君子。今功成告竣，列諸貞珉，以傳不朽云。

邑庠生趙萬一譔，弟邑庠生萬程書。

住持：慶壽，徒：同秀、同會、同孝、同法、同朝，侄：生，孫：玄璽、玄印、玄仁、玄寧玄欽，曾孫：祖明、祖宦、祖學。仝立。

張杰、趙千隆、楊啓直、□孟智、張本英、趙養定、趙養信、邱光寧、王大仁。

功德主：洪成福銀一兩。

化主：黄金貴一兩。王慶云一兩。任九祥一兩。雷克忠五錢。洪起林一兩。尚文兆一兩。□元君一兩。胡來聘一兩。樊會□一兩。井洪亮一兩。邱望華一兩。邵起德五錢。王克勤一兩。趙枝貴一兩。□復禮一兩。張寬一兩。樊一寬一兩。蘇表五錢。

時乾隆二十七年歲次壬午孟冬吉旦。

石匠：薛灝鐫。木匠：邱聖甫。泥瓦匠：宋成。

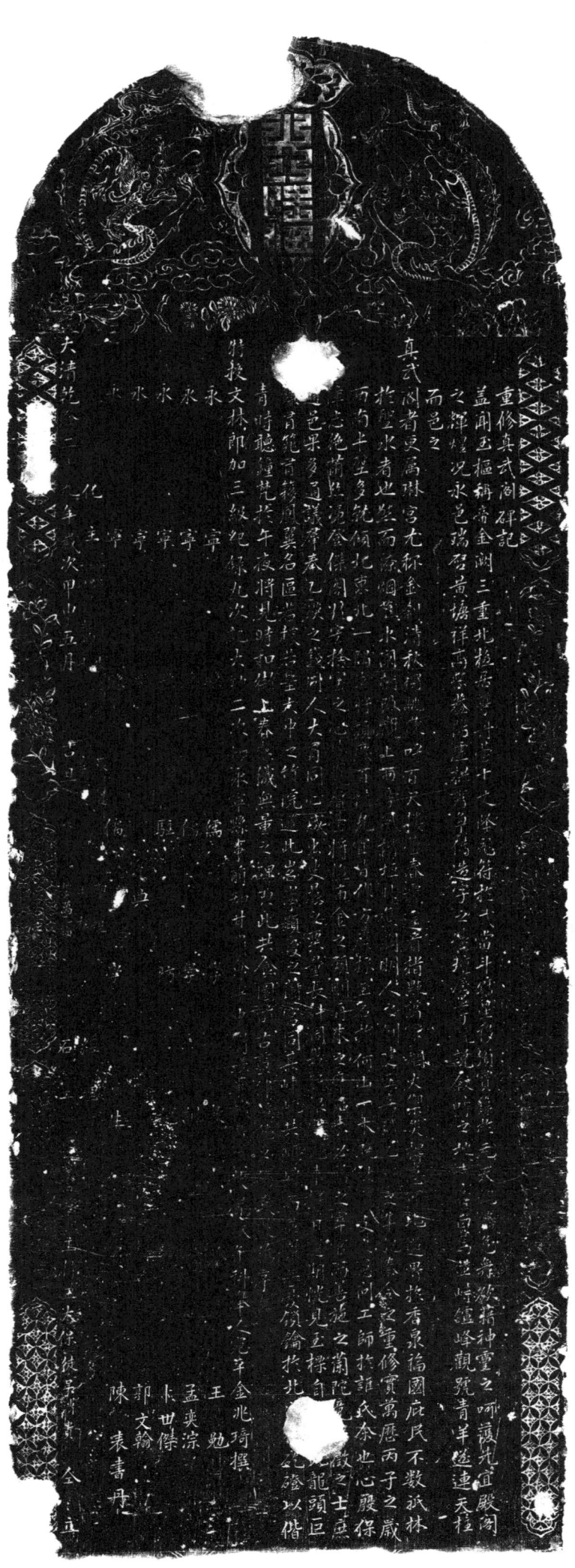
重修真武閣碑記

【〇三九】 重修真武閣碑記

年代：清乾隆二十九年

尺寸：高 206 釐米，寬 71 釐米

立石地點：洛寧縣城郊鄉余莊村

重修真武閣碑記

〔碑首〕：大清

蓋聞玉樞稱帝，金闕三重，北極居尊，丹臺十八丈，降虎符於武當。斗轉星移，須寶籙於元天，鶴騰龜舞，欲藉神靈之呵護，先宜殿閣之輝煌，況永邑瑞啓黄塘，祥高紫蓋。陽虚拱秀，争傳造字之臺；壇屋呈奇，競説叙疇之地。寺名白馬，并峙鑪峰；觀號青羊，遂連天柱。而邑之真武閣者，更屬琳宫，尤稱金刹。清秋欘眺，歡呼百尺樓臺；春霽遥看，指點萬家煙火。禦災捍患，可比蓮界於香泉；福國庇民，不數祇林於聖水者也。然而繚煙蘸水，闌□改觀，上雨旁風，階垣非□。溯明人之創建，至嘉靖乙酉之年；記秦令之重修，實萬曆丙子之歲，西南半壁多就傾圮，東北一隅漸將頽廢。百諸允宜，皆作方虞，采玉石於何山？一木既此，百支更慮，問工師於誰氏？余也心殷保障，志絶滿絲。憑登傑閣，□宏捨室之心；歲覽層臺，將極布金之願。則舟來之摩詔，未必爲之宰官；而善施之蘭陀，竟□徵之士庶。通邑果多通議，群奉乙瑛之錢；同人大有同心，咸出史晨之粟。量長計闊，幾疑銀殿元□；□日遐期，恍見玉樑自□。□□龍頭巨鎮，有菀有簃，鳳翼名區，若拔若垩。大中之竹院，遜此茗葶；顯慶之蘭宫，同其崕屼。共□□而并翠無憂，鎖鑰於北□，□矻磴以偕青，時聽梵鐘於午夜，將見時和，街上春螢。織無量之碑，以此共食，園前古□，繡□陀之□矣。是爲序。

特授文林郎加三級紀録九次記大功二次知永寧縣事前知甘肅會寧中衛縣事□□□□戊午科舉人宛平金兆琦撰。

永寧縣儒學教諭王勉、永寧縣儒學訓導孟奕淙、永寧縣駐防把總卜世傑、永年縣典史郭文翰，永寧縣儒學生員陳表書丹。

化主：金子□、王吕竹、王國治。鄉約：朱□章、黄斌、張燦、李二云、郭現、王柱。地方：萬乙福。經理：□□。石工：□□。主持：王太保，徒：吴肖貴。仝立。

大清乾隆二十九年歲次甲申五月吉旦。

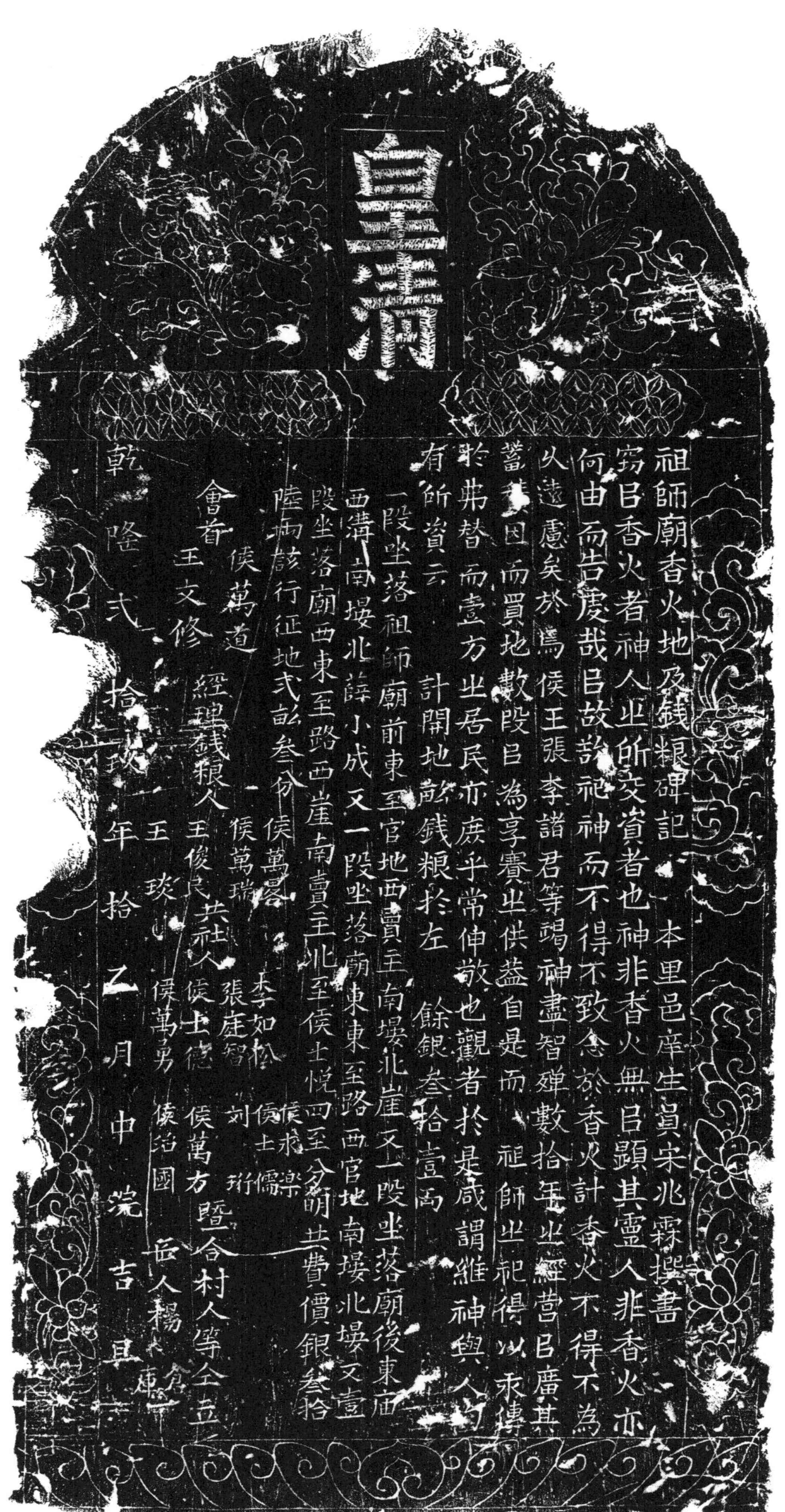

皇清

祖師廟香火地及錢粮碑記　本里邑庠生員宋兆霖撰書
竊吕香火者神人之所交資者也神非香火無吕顯其靈人非香火亦
何由而告慶哉吕故欲祀神而不得不致念於香火計香火不得不為
久遠慮矣於焉侯王張李諸君等竭神盡智殫數拾年之經營吕廣其
蓄積因而買地數段吕為享賽之供蓋自是而　祖師之祀得以永傳
於弗替而壹方之居民亦庶乎常伸敬也觀者於是咸謂維神與人均
有所資云　計開地畝錢粮於左　餘銀叁拾壹兩
一段坐落祖師廟前東至官地西賈至南堎北崖　又一段坐落廟後東西
西溝南堎北薛小成　又一段坐落廟東東至路西官地南堎北堎　又壹
段坐落廟西東至路西崖南賈至北至侯士悅　四至分明　共費價銀叁拾
陸兩該行征地弍畝叁分　侯萬居　李如松　侯求樂　侯士儒
侯萬瑞　張庭智　刻
會首　侯萬道　經理錢粮人　王俊民　共社人　侯士德　侯萬方　暨合村人等仝立
王文修　王琰　侯萬勇　侯治國　岳人楊
乾隆弍拾玖年拾乙月中浣吉日

【〇四〇】　祖師廟香火地及錢糧碑記

年代：清乾隆二十九年

尺寸：高 95 釐米，寬 47 釐米

立石地點：洛寧縣河底鄉刀環村

祖師廟香火地及錢糧碑記

〔碑首〕：皇清

本里邑庠生員宋兆霖撰書。

竊以香火者，神人之所交資者也。神非香火無以顯其靈，人非香火亦何由而告虔哉。以故欲祀神，而不得不致念於香火，計香火不得不爲久遠慮矣。於焉侯、王、張、李諸君等，竭神盡智，殫數拾年之經營，以廣其蓄積，因而買地數段，以爲享賽之供。蓋自是而祖師之祀，得以永傳於弗替，而壹方之居民，亦庶乎常伸敬也，觀者於是咸謂維神與人均有所資云。

計開地畝錢糧於左，餘銀叁拾壹兩。

一段坐落祖師廟前，東至官地，西至賣主，南堰、北崖。又一段坐落廟後，東廟、西溝、南堰、北薛小成。又一段坐落廟東，東至路，西官地，南堰、北堰。又壹段坐落廟西，東至路，西崖，南賣主，北至侯士悦。四至分明，共費價銀叁拾陸兩。該行征地貳畝叁分。

會首：侯萬道、王文修。

經理錢糧人：侯萬略、侯萬瑞、王俊民、王琰。

共社人：李如松、張庭智、侯士德、侯萬勇、侯永樂、侯士儒、劉珩、侯萬方、侯治國暨合村人等仝立。

匠人：楊倉、楊庫。

乾隆貳拾玖年拾一月中浣吉旦。

【〇四一】　重脩奶奶金粧碑記

年代：清乾隆三十年

尺寸：高 108 釐米，寬 46 釐米

立石地點：洛寧縣河底鄉刀環村

重脩奶奶金粧碑記

〔碑首〕：皇清

邑庠生宋□□□□。

斯祠也，面青山而依羅寨，洵洛西之盛景；左虎尾而右漣溪，誠古澠之大觀也。以故登高者，□□□□□□肅；臨流者，咸願溯此而賦詩。人且如此，而況神乎，神哉商山卜宅，兹土托宇，誠得其所矣。第可疑者，神□□□果何者係曰奶奶何代奇鳳邪？愚嘗博覽經傳史，有曰：簡狄祈嗣郊禖，吞鳥卵而契，爲有商氏，而商□□□因以其麓不億焉。世或以聖母所祈之郊禖，即商山之野，持是而以商山奶奶名者，容有之矣。既然□□□説者，聖母之通稱，而商山之名猶未有明訓焉。及閲綱目及漢高帝欲易太子一册，乃有商山四皓之一解，不佞于是更兹一議云：四皓者，福壽兼全者也，均出于商山。則斯山之鍾毓必靈，祈嗣者欲得福壽之裔，能不祝商山而□□□□神無一可名，或即山以爲名，有祈即應，遂隆以聖母之徽稱，由名詳寔，鄙見爲然。故備述景物之盛，以及聖父母之由稱而一誌，不知有當於博物洽聞者之一顧否？是爲序。

功德主：王生富銀五錢。侯萬宣銀一兩。王森銀二兩五錢。侯士宰銀二兩。侯士祥銀三兩。

化主：張廷臣銀一兩五錢。王生財銀二兩。張廷智銀一兩。李如桂銀一兩。侯士孝銀一兩五錢。侯士賢銀三錢。王明昌銀一兩。

時乾隆三十年七月十五日穀旦。

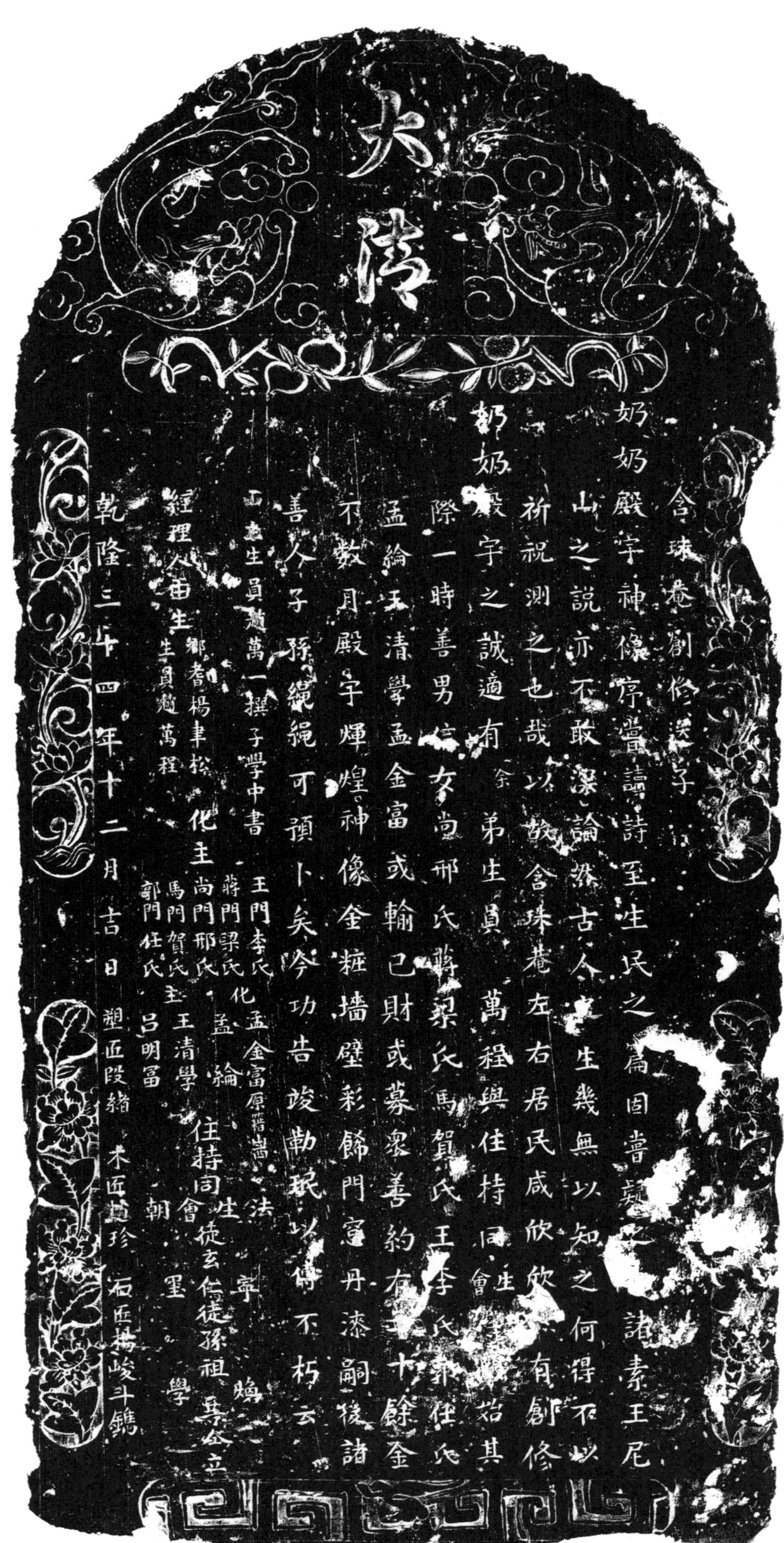
大清
含珠菴創修送子
奶奶殿宇神像序嘗讀詩至生民之篇固嘗疑諸素王尼
山之説亦不敢深論然古人生幾無以知之何得不以
祈祝測之也哉故含珠菴左右居民咸欣欣有創修
奶奶殿宇之誠適有余弟生員萬程與住持同會生等始其
際一時善男信女尚邢氏蔣梁氏馬賀氏王李氏郭任氏
孟綸王清學孟金富或輸己財或募衆善約有二十餘金
不數月殿宇煇煌神像金粧墻壁彩飾門窗丹漆嗣後諸
善人子孫繩繩可預卜矣今功告竣勒珉以傳不朽云
邑庠生員趙萬一撰
乾隆三十四年十二月吉日
塑匠段緒 木匠趙珍 石匠楊峻斗鐫

【〇四二】 含珠庵創修送子奶奶殿宇神像序

年代：清乾隆三十四年

尺寸：高 104 釐米，寬 50 釐米

立石地點：洛寧縣小界鄉陽圪塔村

含珠庵創修送子奶奶殿宇神像序

〔碑首〕：大清

嘗讀《詩》至生民之篇，固嘗疑之□諸素王尼山之説，亦不敢深論。然古人之生，幾無以知之，何得不以祈祝測之也哉。以故含珠庵左右居民，咸欣欣□有創修奶奶殿宇之誠。適有余弟生員萬程與住持同生、同會等，□始其際，一時善男信女尚邢氏、蔣梁氏、馬賀氏、王李氏、□任氏、孟倫、王清學、孟金富，或輸己財，或募衆善，約有□十餘金，不數月殿宇輝煌，神像金粧，墻壁彩飾，門窗丹漆。嗣後諸善人子孫繩繩，可預卜矣。今功告竣，勒珉以傳不朽云。

山主生員趙萬一撰，子學中書。

經理人田生、鄉耆楊聿松、生員趙萬程。

化主：王門李氏、蔣門梁氏、尚門邢氏、馬門賀氏、郭門任氏、孟金富（原籍山西）、孟倫、王清學、吕明富。

住持：同法、同生、同會、同朝，徒：玄寧、玄仁、玄璽，徒孫：祖焕、祖學等仝立。

乾隆三十四年十二月吉日。

塑匠：段緒。木匠：趙珍。石匠：楊峻斗鐫。

【〇四三】　創建九龍聖母廟白水龍王行宫僧房一座碑記

年代：清乾隆四十五年

尺寸：高 136 釐米，寬 55 釐米

立石地點：洛寧縣羅嶺鄉鐵佛寺

創建九龍聖母廟白水龍王行宫僧房一座碑記

〔碑首〕：大清

蓋聞：神之靈，無往不在也。故人之祀神，亦無地不然，不獨通都巨鎮崇祀肅然，即荒陬僻□□不結構□楹，粧緣法像，祀事孔明。蓋幽明一理，神人一道，二者固並行而不悖也。永邑之□□山，古名鐵佛寺，有三官聖廟，土人隨時祭享之，亦猶行古之道云爾。有信士張士珍、李可福、邢學魁者，同合社人等捐修九龍聖母廟，並白水龍王行宫，事峻丐余爲文以記之。夫淫祀之弊，國有明禁，諸君此舉，正有合於爲民禦災捍患，則祀之意也何則？白水龍王能興雲布雨，而九龍聖母亦未始無雲從雨之微權也。又況據諸君所言，於四十年天氣亢旱，祈禱雨澤於龍王案下，即時甘霖沛降，民困以蘇，則神之爲民禦災捍患有明徵矣。崇祀之典，又惡容已乎？因叙其事，勒之瑱珉，俾入廟祀享者，咸知創建之所由來，併望後之善男信士嗣而葺之，以永垂於不［不］朽也夫。是爲叙。

古義川貢生寧嘉撰文，門生王士超書丹。

山主：李天月、張魁。

化主：薛光錢四百。邢升錢三百。郭進財錢五百五。趙英錢五百五。任進榮錢二百。劉好禮錢捌百。安文焕錢二百。金万良錢三百一。李可昇錢一千二百。崔朝錢五百。　李學仁錢四百五十。劉廷錢三百一。

功德主：邢學魁施錢十千。張士珍施錢四千。李可福施錢十千。劉全忠施錢三千七百二十。

木匠：王天魁、李可文。瓦匠：加敏、陳禮錢五百。畫匠：高名魁。

住持：王陽經，徒：馮來鳴。山右寧廷佑刊。

時乾隆四十五年嘉平月穀旦。

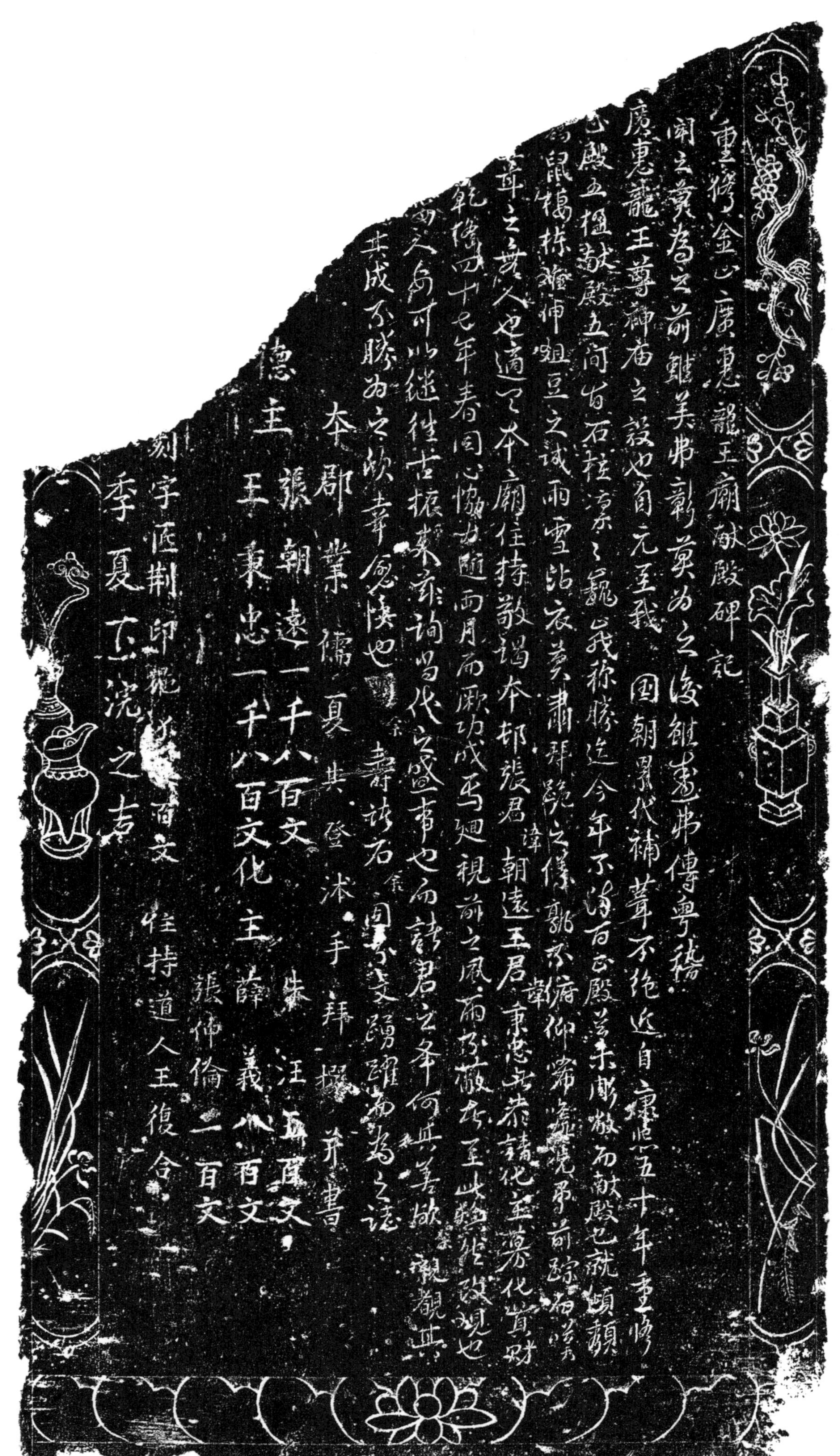
重修金山廣惠龍王廟獻殿碑記
聞之莫為之前雖美弗彰，莫為之後雖盛弗傳。粵稽
廣惠龍王尊神廟之設也，自元至我　國朝，歷代補葺不絕。迄自康熙五十年重修
正殿五楹，獻殿五間，皆石柱滾木，巍巍我稱勝迹。今年不滿百，正殿若未彫敝，而獻殿也就傾頹，
鴿鼠棲棟，[illegible]伸俎豆之誠，雨雪沾衣，莫肅拜跪之儀，[illegible]俯仰[illegible]，[illegible]前蹤若[illegible]
葺之無人也。適〻本廟住持敬謁本邨張君諱朝遠、王君諱秉忠，共恭請化主募化資財，
乾隆四十七年春同心協力，踰兩月而厥功成焉。廻視前之風雨[illegible]敝者，至此煥然改觀也。
[illegible]之人可以繼往古振來兹，詢為代之盛事也。而諸君之年何其善歟，余觀其
其成不勝為之欣幸愈[illegible]也。[illegible]壽諸石，余固不文，踴躍而為之誌。
本郡業儒夏[illegible]其登沐手拜撰并書
德主　張朝遠一千八百文　朱[illegible]　汪[illegible]五百文
王秉忠一千八百文　化主　薛義八百文
張仲倫二百文
刻字匠荆印魁[illegible]百文　住持道人王復合
季夏下浣之吉

【〇四四】　重修金山廣惠龍王廟獻殿碑記

年代：清乾隆四十七年

尺寸：高 90 釐米，寬 49 釐米

立石地點：洛寧縣陳吴鄉金山廟村

重修金山廣惠龍王廟獻殿碑記

聞之：莫爲之前，雖美弗彰；莫爲之後，雖盛弗傳。粵稽……廣惠龍王尊神廟之設也，自元至我國朝，累代補葺不絶。近自康熙五十年重修……正殿五楹、獻殿五間，古石柱凜凜巍峨稱勝，迄今年不滿百，正殿兹未彫敝，而獻殿已就傾頽，……鼠棲棟，難申俎豆之誠；雨雪沾衣，莫肅拜跪之像。孰不俯仰唏嘘，況吊前踪而嘆……葺之無人也。適有本廟住持敬謁本村張君諱朝遠、王君諱秉忠者，恭請化主募化貲財，……乾隆四十七年春，同心協力，逾兩月而厥功成焉。回視前之風雨不蔽者，至此焕然改觀也。……人安可以繼往古振來兹，詢當代之盛事也。而諸君之舉，何其善歟。余親覩其……其成，不勝爲之欣幸愈快也。□余壽諸石，余固不文，踴躍而爲之誌。

功德主：張朝遠一千八百文。王秉忠一千八百文。

化主：朱汪五百文。薛義八百文。張仲倫二百文。

住持道人：王復合。刻字匠：荆印施錢□百文。

本郡業儒夏其登沐手拜撰并書。

（乾隆四十七年）季夏下浣之吉。

【〇四五】　重修關侯廟碑記

年代：清乾隆四十七年

尺寸：高 139 釐米，寬 59 釐米

立石地點：洛寧縣西山底鄉張凹村

重修關侯廟碑記

〔碑首〕：大清

天下惟仁人孝子爲能繼者不迷事□於彩於萬□克傳□□矣。治西南四十里許，景陽川張家凹，以前□□舊建壯繆侯廟一座，考其殘碑遺□，創自乾隆四年，當時經理者□王君，讳□，時移事異，风雨消蝕，越数十春秋而廟貌已非昔日。□日者其子心和，徘徊瞻望，慨然興嘆曰：此吾先君昔年營造之遺址也，曾幾何時，如顧頹廢□□哉。不□□亦將遺我先君羞□無□貲任其事，村中二三善士□□爲之作理者，不旬餘而功告竣。而余適客次□，因請余叙其事之始末而爲記之。余曰：此亦孝子仁人，用此之□竭也，敢辭固陋，而没其志哉？因思此□□□□，終有三□□□□□。香神明妥也，以振閭里，风俗隆也，以成先志，考无咎也。而究其著以妥神明而振閭里，以成先志者，口成本此口。孝之一心不至斯。嗚呼！其亦秘世之安死其親者夫異與？因浣筆而爲之記，以爲心在□者勸。若關侯之精忠□義，則前人述之□矣，□敢哀神而効□中之和。

雙龍邑庠生趙曉來爽辰氏撰并書丹。

功德主：王心和，長男仕、次偕施錢四千。

化主：王步□施錢一千。□永祚施錢七百。王建鰲施錢七百。

木匠：王樂施錢二百。泥水匠：白有祥。稷山寧廷佑鐫。

龍飛乾隆歲次壬寅黄鐘月穀旦。

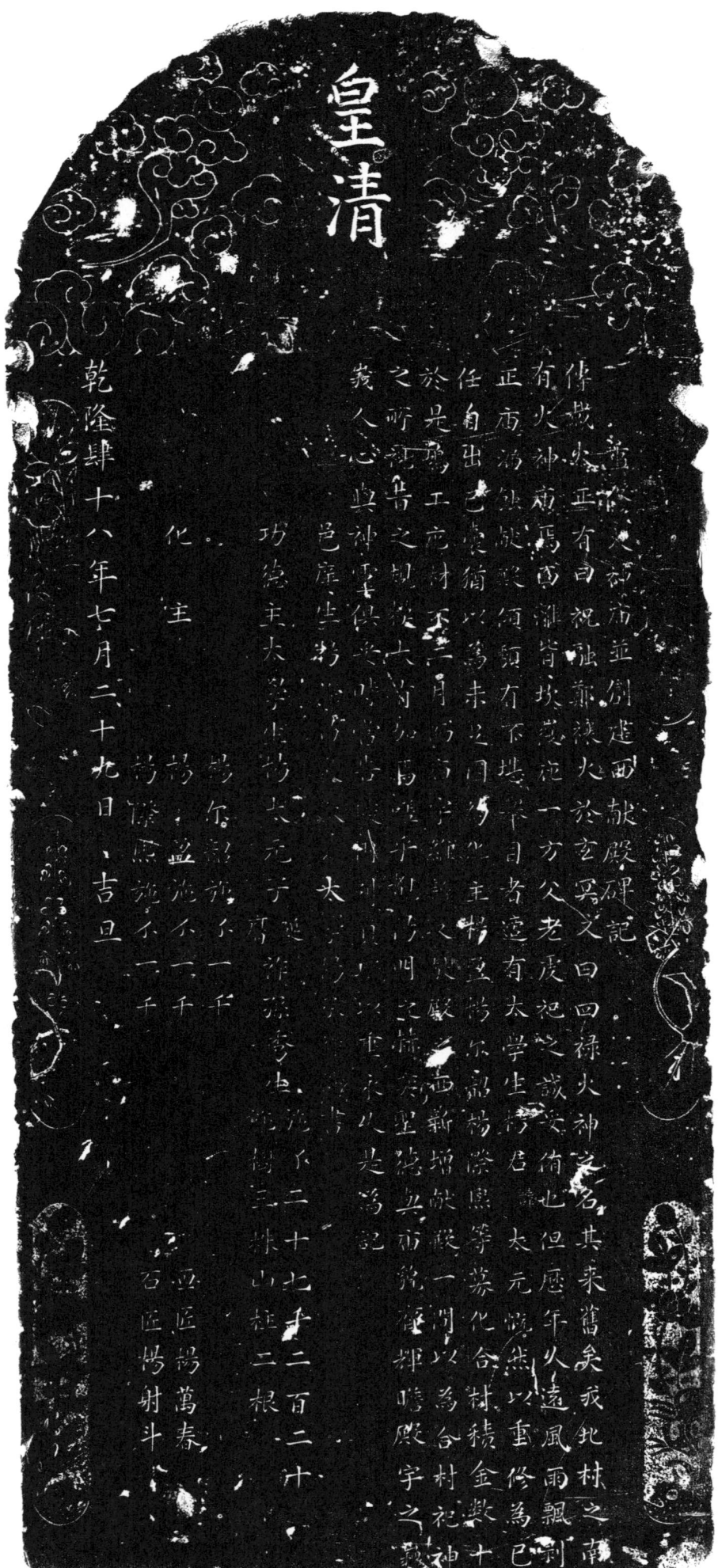

【〇四六】　重修火神廟並創建西獻殿碑記

年代：清乾隆四十八年

尺寸：高 129 釐米，寬 54 釐米

立石地點：洛寧縣西山底鄉北村

重修火神廟并創建西獻殿碑記

〔碑首〕：皇清

傳載《火正》有曰：祝融，鄭禳火於玄冥。又曰：回禄，火神之名。其來舊矣。我北村之南有火神廟焉，面離背坎，覆庇一方，父老虔祀之誠妥侑也。但歷年久遠，風雨飄剥，正廟漏蝕，獻殿傾頽，有不堪舉目者。適有太學生楊君諱太元，慨然以重修爲己任，自出己囊，猶以爲未足，因約化主楊盈、楊爾韶、楊際熙等，募化合村，積金數十，於是鳩工庀材，不二月而廟宇維新。又獻殿之西，新增獻殿一間，以爲合村祀神之所，視昔之規模，大有加焉。嗟乎！覩陽門之赫奕，聖德與廟貌齊輝；瞻殿宇之巍峨，人心與神靈俱妥。時當告竣，則刊貞珉，以垂永久。是爲記。

邑庠生楊際昌撰文，太學楊承□書。

功德主：太學生楊太元，子延祚、膺祚，孫秀生施錢二十七千二百二十，施樹三株、山柱二根。

化主：楊爾韶施錢一千。楊盈施錢一千。楊際熙施錢一千。

畫匠：楊萬春。石匠：楊射斗。

乾隆肆拾捌年七月二十九日吉旦。

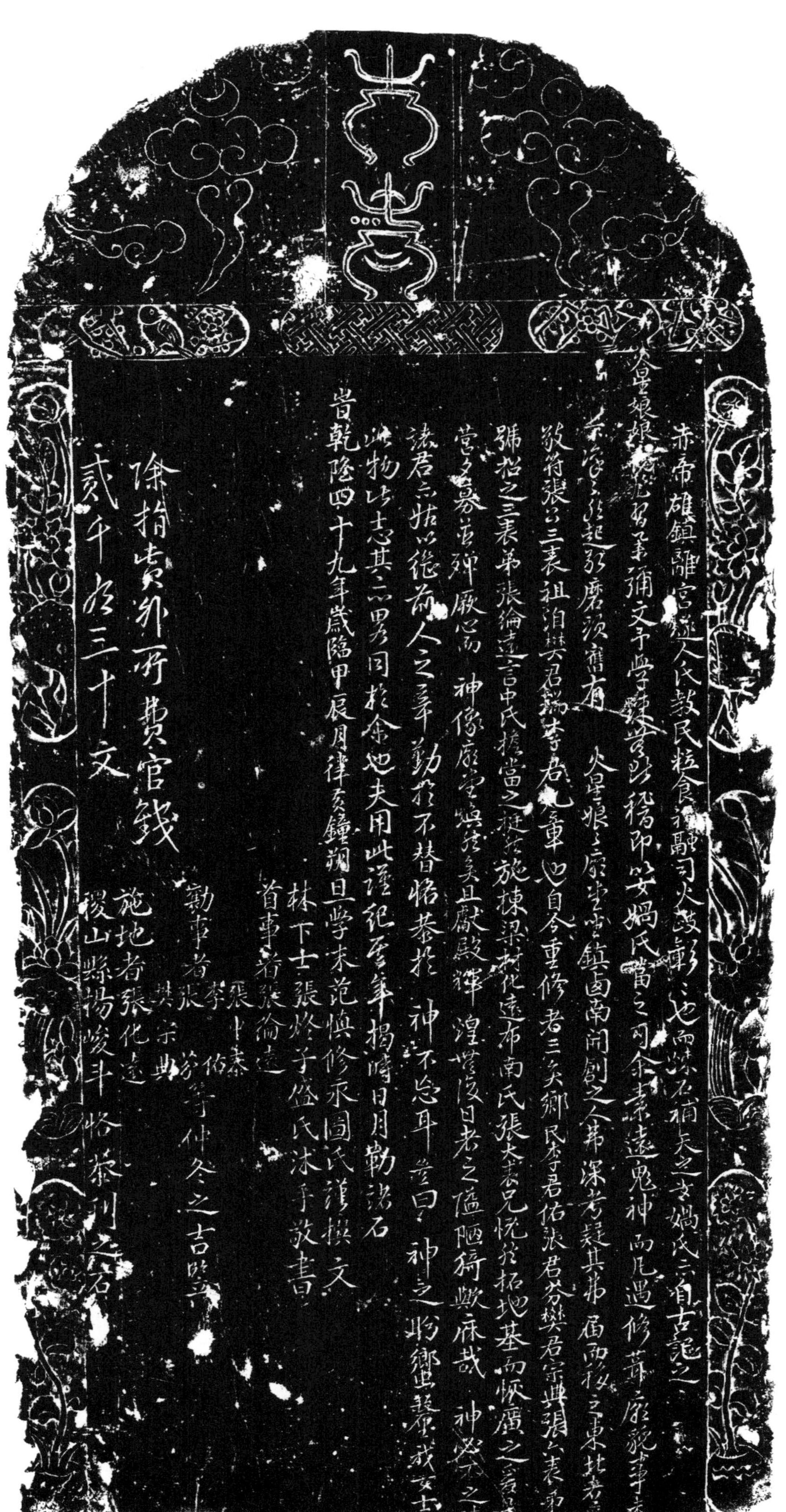

【〇四七】 重修火星娘娘廟碑記

年代：清乾隆四十九年

尺寸：高 100 釐米，寬 50 釐米

立石地點：洛寧縣底張鄉東磨頭村

〔碑首〕：大清

赤帝雄鎮離宮，燧人氏教民粒食，祝融司火政，彰彰也。而煉石補天之女媧氏，亦自古記之。火星娘娘既非習舉彌文，予學疏，無所稽，即以女媧氏當之可。余素遠鬼神，而凡遇修葺廟貌事，未嘗不凜凜然起敬。磨頭舊有火星娘娘廟堂，坐鎮鹵南，開創之人，弗深考，疑其弗屆。而移至東北者，庠……敬符張公三表祖，洎樊君瑞、李君九章也，自今重修者三矣。鄉民李君佑、張君芬、樊君宗典、張六表弟……號召之，三表弟張綸遠言中氏擔當之，挺然施棟梁材，化遠布南氏、張大表兄慨然拓地基而恢廣之，爰旦營夕募，並殫厥心，而神像、廟堂煥然矣，且獻殿輝煌，無後日者之隘陋，猗歟庥哉。神必不之吐……，諸君亦姑以繼前人之辛勤於不替，恪恭於神不忘耳。豈曰神之盼，釐釐我女士……，此物此志，其亦略同於余也夫。用此謹紀其年，揭時日月勒諸石。

時乾隆四十九年歲臨甲辰月律黄鐘朔旦。學末范慎修永圖氏謹撰文，林下士張烋子盛氏沐手敬書。

首事者：張倫遠、張中泰、李佑。勷事者：張芬、樊宗典等仲冬之吉豎。

施地者：張化遠。稷山縣楊峻斗恪恭刊之石。

除捐貲外，所費官錢貳千零三十文。

皇清

重修草廟嶺西配殿記

燕泉云一为謂之元二小謂出地昔句芒為神聖平水土堯時立社以祀之為其能出萬物也永洛陽有廟以草廟名亦不知取州創之義亦不知記造端之始彙土聖母出神莫焉其即謂地生物不測之說乎耆之傳記神所凭依將在德矣衆迺修葺殿宇輝煌巍峨洛滷之勝概也至滷有配殿一所乃堂兄諱泮李君諱成德有郭君諱印聖者褚祖與諸君之先世創建其神一云菩薩一云送生經史不及載通都大邑類祀之享得階貴慢神予迺之始耀緣為射光歷風剝而雨蝕倘弃先世之區積不且後先互繼乎因而捐資財募鄉村彼星載月不辭其勞補葺辭其苦不匝旬而煥然維新焉兒予為文而誌之夫神道難測聖人且不論焉詎敢後談神聖哉第不可知而功惡不可沒也況神微人無以著㨗炳之觀人微神無以見功德之著兩相資乃兩相成者功成告竣神有凭依後人而復繼之其志其事其功德不亦垂於不朽也哉又鋪献於地三

本邑後學彭月昭草稿

本邑庠生彭月休篆撰並書

化主

功德主　郭　李成　子

彭泮子

石匠李廷佑

画匠李清元

白登高

住持王復祿徒

嘉慶七年梅月中浣　穀旦

【〇四八】 重修草廟嶺西配殿記

年代：清嘉慶七年

尺寸：高 150 釐米，寬 59 釐米

立石地點：洛寧縣底張鄉草廟嶺村

重修草廟嶺西配殿記

〔碑首〕：皇清

燕泉云：一大謂之天，二小謂之地。昔句奄爲神聖，平水土，堯時立社以祀之，爲其能生萬物也。永治□隅有廟，以草廟名，亦不知取草創之義，亦不知記造端之始，□土聖母之神奠焉，其即謂地生物不測之説乎？考之傳記，神所憑依，將在德矣。累世修葺，殿宇輝煌，巍□洛西之勝概也。至西有配殿一所，乃堂兄諱泮，李君諱成有、成德，郭君諱印、諱璽，予伯祖與諸君之先世創□，其神一云菩薩，一云送生。經史不及載，通都大邑類祀之，寧得惜費慢神乎？造之始，耀彩而射光，歷□風剥而雨蝕，倘棄先世之匧積，不且後先不繼乎？因此捐貲財，募鄉村，被星戴月，不辭其勞，補葺綢□，（不）辭其苦，不匝旬而煥然維新焉。丐予爲文而誌之。夫神道難測，聖人且不語焉，詎敢侈談神聖哉？第□不可知，而功德不可没也。况神微人，無以著彪炳之觀；人微神，無以見功德之著。兩相資乃兩相嚴□者，功成告竣，神有憑依，使後人而復繼之其志、其事、其功德，不永垂於不朽也哉。又鋪獻殿下地三□。

後學彭月昭草稿。

邑庠生彭月休參撰並書。

嘉慶七年梅月中旬穀旦。

住持：王復禄，徒：王本登、周本香，孫：張合泰錢八千。

功德主：李成有，子盛邦、孫永芳。李成德，子萬邦、奠邦、亨邦、靖邦，孫永清、永昌、永松施銀三兩。壽元生郭印，子壽元生文昇、孫瑚、璉；郭璽，子尚忠、尚恕，孫士拔施銀三兩。壽元生朋泮，子佩文、廣文、在文、蔚文，孫億、仲、侶、任、仕施銀三兩。

化主：王步鰲錢五百。壽元生羅士俊錢五百。壽元生杜俊士錢一千五百。郭全德銀一兩五錢。太學生李治邦錢一千。太學生張世太錢五百。楊葆純五百。辛暄五百。亢文起五百。亢元太五百。温克昌五百。楊宗禮五百。任自禄二百。余生江二百。吴全章三百。徐通三百。郭全二百。

石匠：寧廷佑。畫匠：李清元錢二百。瓦匠：白登高。

重修河瀆碑記

聞之神也者伸也人之治有時而竊神之德無時而屈神之為
靈昭昭也但世所稱河瀆之神則曰含汪為德行不失理民
受恩福其信然耶抑傳之非其真耶然考之王制天子祭名山
大川五岳視三公四瀆視諸侯且周礼所載宗伯以血祭祭五
岳以貍沈祭山林川澤河瀆之名遂与五岳並傳后人因而祭之
欲以免禍得福而竊江淮河洛乃其真也憔澆山旧有此神本
因会中蓄積一旦煥然更新故刻列於石以誌不朽云

閆凹村會人

姚邢才　程有云　凢義成　張有法　李盡富　姚邦起

仝立

嘉慶捌年七月上浣谷旦

住持張復貴　石匠馬明魁

【〇四九】 重修河瀆碑記

年代：清嘉慶八年

尺寸：高 99 釐米，寬 49 釐米

立石地點：洛寧縣小界鄉嶕峣山祖師廟

重修河瀆碑記

〔碑首〕：清

聞之神也者，伸也。人之治有時而窮，神之德無時而屈，神之爲靈昭昭也。但世所稱河瀆之神，則曰含潤爲德，行不失理，民受恩福，其信然耶。抑傳之非其真耶，然考之王制，天子祭名山大川五嶽，視三公四瀆、視諸侯，且《周禮》所載，宗伯以血祭祭五嶽，以貍沈祭山林川澤，河瀆之名遂與五嶽並傳，後人因而祭之，欲以免禍得福，而不知江淮河濟，乃其真也。嶕嶢山舊有此神，今因會中蓄積，一旦焕然更新，故刻列於石，以誌不朽云。

閆凹村會人：姚邦才、程有云、凡義成、張有法、李盡富、姚邦起。仝立。

嘉慶捌年七月上浣谷旦。

住持：張復貴。畫匠：高明魁。

【〇五〇】 礮碑寺重修關帝廟碑記

年代：清嘉慶十五年

尺寸：高 123 釐米，寬 53 釐米

立石地點：洛寧縣底張鄉牛王廟村

□□碑寺重修關帝廟碑記

〔碑首〕：皇清

是寺有關帝廟僅一間，由來久矣。康熙五十八年，有夾公諱文者，爲爾時功德主重修，猶仍舊規。今風雨剥□，墻□頽敗，過者慘目。山僧同成敬會諸檀越，□寺公爲議論，同舉鄭公諱友、李公諱全主功德，□□諱廷敬諸公充化主，……力無怠無荒，期年之中功成告竣，廟□□焕然，神像焕然。□□……蘇增營二功德者之勤勞，而衆化主之協恭，不能相與有成，……山主雷秀，有目者共賞之，神之盛德，民無得而名焉。惟録其年月，刻其勢……某也，功德某也，募化及某僧、某工，永綿綿翼翼于千秋云耳。是爲記。

□□生鎖天樞撰文，□□生曹無休書丹。

功德主：鄭友施錢十六千六百二十文。化主：程有施錢兩千。鄭門李氏、子克貞施錢共兩千。黄心賢施錢兩千。吕廷獻施錢兩千。監生程克紹施錢兩千。李榮施錢兩千。監生李續施錢兩千。王澤一千。程贊元一千。夾邦一千。鄭克勤一千五百。鎖玉樞一千。鄭展一千。生員劉繩武、生員□彌高五百。白玉五百。劉傑五百。楊廷秀五百。曲克振三百。監生曲昇高五百。曲來鳳五百。

住持：同成，徒：於照。石匠：稷山寧廷佑。

時嘉慶十五年七月吉旦。

皇清
嘉慶二十一年十月初四谷旦

【〇五一】 遷移關帝廟及舞臺碑記

年代：清嘉慶二十一年

尺寸：高 113 釐米，寬 49 釐米

立石地點：洛寧縣城郊鄉崖底村

遷移關帝廟及舞臺碑記

〔碑首〕：皇清

嘗聞商人五徙，周室屢遷，古帝王擇地而處者，類皆如是。即下及閭閻立廟設祀，遞爲遷移，亦何獨不然哉。崖底村關帝廟由來舊矣，明時坐鎮村北西寨内，創修何年，重修有幾，何人經理，俱無碣可考。但於乾隆十三年，郭君諱綸者，以寨外官地之稞租，勞心經營，乃遷其廟於村南百步外。越數年，其子昌言又經營稞租，創造舞樓一座。雖俱屬一楹，而妥侑承祭，有其所矣。未幾，而溝水頻發，殿宇陷于污泥，嗚呼！前人逝矣，倘無踵其事而爲之者，將土崩瓦解，不幾磨滅而不彰乎？適有吕、白、郭、丁、趙諸君六人目擊心傷，竊承前人之志，復經營稞租。于五十六年卜築于斯，嘉慶十四年而舞樓亦成，樂善之心，後先相繼，亦可驗人心之正，而風俗之醇也。因立石以誌之。

經理人：壽員白君用、生員吕天成、郭生香、丁印、趙殿中、郭灼。

畫匠：高金榜。木匠：吕天秩，助工□□。瓦匠：白君用，助工□□。石匠：段紹先。木匠：馬興成。

管飯人姓名：吕天成、趙殿忠、丁印、郭灼，以上每人七天。白君用五天。趙文元、郭生香、郭起德、郭起臣、白君成、白君玉、趙開元、丁未、白五常，以上各三天。趙殿升、郭金、張太和、郭維屏、丁卯、白永林、趙成太，以上各二天。楊喜德、薛明富、薛晚來、郭玉、郭克勤、郭印、趙景元、楊景春、趙宗友、薛印、馬小法，以上各一天。

施廟場地基：趙殿忠。施舞樓地基一段，楼外仍白姓執業：白君成。

嘉慶二十一年十月初四穀旦。

大清

重修舞樓碑記

北村西北有峻嶺自西南蜿蜒而來秀靈鍾於斯亭亭者蒼柏數十畝多[illegible]焉其下山喉處建白衣大士堂與樓座樓俗嗔曰高樂樂因其祀神歌舞高[illegible]其經過往來始創於國朝乾隆三年段公諱文信[illegible]至今八十餘年風雨漸侵傾頹殊甚臨其下者情狀目擊莫不惻然動念而文信公曾孫如梅者其關心為尤甚也但自揣綿力不能獨任敦請化主七人[illegible]誠皆化施錢管飯督工各有其人不兩月而功成則見去舊增新[illegible]夫豈不可與古之所建齊崇落星臨春結綺並傳美而同壯觀哉吾因是而[illegible]夫為段氏者祖造之孫修之世殊而心源維一吉人代出天相可卜雅云降爾遐福嘏曰饗用五福予於梅二昆仲夫固有以決其必然者也謹銘石以誌不朽

邑庠生員楊秋元撰文

楊一元書丹

功德主 段如梅 子 盛

段如桂 子 友益

化主

楊一元施錢叁百 飯三人一天 工兩天

楊肖元施錢七百 飯四人一天

楊世官施錢七百 飯三人一天工一天

楊春興施錢一千 飯三人一天工兩天

趙建章施樹一株 飯五人一天工三天

楊會元施錢一千 飯五人一天工一天

楊秋元施錢七百 飯三人一天[illegible]

嘉慶二十四年四月吉日

【〇五二】 重修舞樓碑記

年代：清嘉慶二十四年

尺寸：高 116 釐米，寬 50 釐米

立石地點：洛寧縣西山底鄉北村

重修舞樓碑記

〔碑首〕：大清

北村西北有峻嶺，自西南蜿蜒而來，秀靈鍾於斯，亭亭者蒼柏數十畝，多墟墓焉。其下咽喉處建白衣大士堂與樓一座，樓俗唤曰"高樂樂"，因其祀神，歌舞高□其經過往來，始創於國朝。乾隆三年，段公諱文信並會人余堂曾祖諱璋，施銀五錢，余曾祖母施樹一株。至今八十餘年，風雨漸侵，傾頹殊甚，臨其下者，情狀目擊，莫不惻然動念。而文信公曾孫如梅、如桂者，其關心爲尤甚也。但自揣綿力不能獨任，敦請化主七人，抒誠苦化，施錢、管飯、幫工，各有其人，不兩月而功成，則見去舊增新，燦然焕然□，夫豈不可與古之所建齊雲落星、臨春結綺並備美而同壯觀哉。吾因是而想，夫爲段氏者，祖造之，孫修之，世殊而心源維一，吉人代出，天相可卜，雅云降爾遐福，疇曰嚮用五福，予於如梅、如桂二昆仲，夫固有以決其必然者也。謹銘石以誌不朽。

功德主：段如梅、子盛益，段如桂、子友益。

化主：楊一元施錢叁百、飯三人一天、工兩天。楊肖元施錢七百、飯四人一天。楊世官施錢七百、飯三人一天、工一天。楊春興施錢一千、飯三人一天、工兩天。監生趙建章施樹一株、飯五人一天、工三天。楊會元施錢一千、飯五人一天、工一天。生員楊秋元施錢七百、飯三人一天、工一天。仝立。

邑庠生員楊秋元撰文，楊一元書丹。

嘉慶二十四年四月吉日。

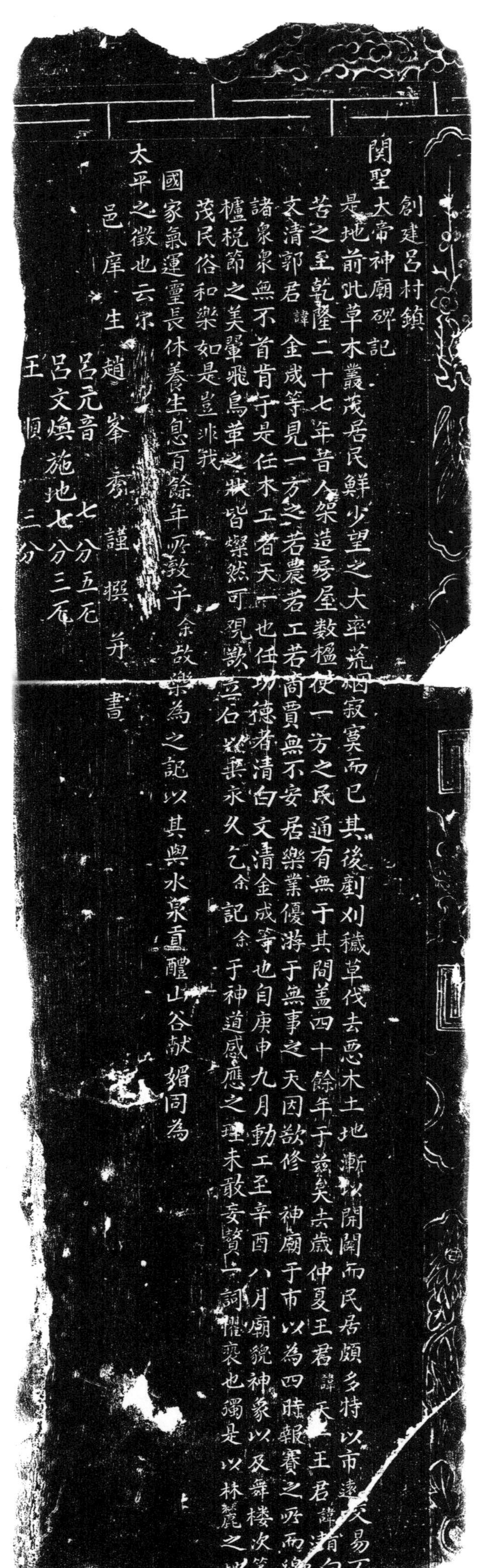

創建呂村鎮

關聖大帝神廟碑記

是地前此草木叢茂，居民鮮少，望之大率荒烟寂寞而已。其後劉刈穢草，伐去惡木，土地漸以開闢，而民居頗多，特以市遠交易不若之。至乾隆二十七年，昔人架造廈屋數楹，使一方之民通有無于其間，蓋四十餘年于茲矣。去歲仲夏，王君諱天一、王君諱清白、文清、郭君諱金成等，見一方之若農若工若商賈，無不安居樂業，優游于無事之天，因欲修神廟于市，以為四時報賽之所，而[illegible]諸衆，衆無不首肯。于是任木工者天一也，任功德者清白、文清、金成等也。自庚申九月動工，至辛酉八月，廟貌神象以及舞樓次第，櫨棁節之美，翬飛鳥革之狀，皆燦然可觀。欲立石以垂永久，乞余記。余于神道感應之理，未敢妄贅一詞，僭褻也。竊是以林麓之地茂，民俗和樂如是，豈非我國家氣運靈長，休養生息百餘年所致乎？余故樂為之記，以其與水泉直醴、山谷獻媚同為太平之徵也云爾。

邑庠生趙峯秀謹撰并書

呂元音 七分五厘

呂文煥施地七分三厘

王順 三分

【〇五三】　創建吕村鎮關聖大帝神廟碑記

年代：清嘉慶年間

尺寸：高 126 釐米，寬 35 釐米

立石地點：洛寧縣馬店鎮吕村關帝廟

創建吕村鎮　關聖大帝神廟碑記

是地前此草木叢茂，居民鮮少，望之大率荒煙，寂寞而已。其後剷刈穢草，伐去惡木，土地漸以開闢，而民居頗多，特以市遠交易不……苦之。至乾隆二十七年，昔人架造房屋數楹，使一方之民通有無于其間，蓋四十餘年于兹矣。去歲仲夏，王君諱天一、王君諱清白、……文清、郭君諱金成等，見一方之若農、若工、若商賈，無不安居樂業，優遊于無事之天，因欲修神廟于市，以爲四時報賽之所，而徼……諸衆，衆無不首肯。于是，任木工者天一也，任功德者清白、文清、金成等也，自庚申九月動工，至辛酉八月，廟貌、神象以及舞樓次第……櫨棁節之美，翬飛鳥革之狀，皆燦然可觀。欲立石以垂永久，乞余記，余于神道感應之理，未敢妄贊一詞，懼褻也。獨是以林麓之地……茂民俗和樂，如是豈非我國家氣運靈長，休養生息百餘年所致乎？余故樂爲之記，以其與水泉貢醴、山谷獻媚，同爲太平之徵也云爾。

邑庠生趙峰秀謹撰并書。

吕元音施地七分五厘。吕文焕施地七分三厘。王順施地三分。

重修関帝奶奶龍王庙碑序

太陽鎮北距村数弍有関帝庙三間奶奶龍王庙各一间創修之年月功德化主之姓名渠記註明不復贅兮者重為新之功德則獲君 諱學忠也化主則趙君 諱悦韋君 諱与曾牛君 諱文廣宋君 諱克林趙君 諱永来獲君 諱来貴也其牆壁繪画神像金裝燦然改观大抵諸君之力居多而焚香頂礼宋時加敬村衆家給户盈益生殖浸々乎日盛雖曰人事豈非神庥孰顧民安物阜原賴神明之庇佑而地灵人傑亦関神居之風光不見夫爽氣之西来者其峻嶺之峩々耶楼台之倒影者其流水之潺々耶且蔚然深秀環抱於周圍者其叢竹之猗々耶昔人云江村好處多逢寺若茲庙之依此土也亦往々稱為勝槩云以故村之□或列成均或入膠庠累世不絕至于今有其遺之無不及焉知神之所憑依將在德矣而此庙亦有其舉之莫敢或廢務當頌諸君之力于不衰則因以勒諸石

邑廩膳生員曲揚休撰文

邑庠生員趙之翰書丹

功德主鄉耆獲學忠捐錢四千五百　化主

鄉耆宋克林二千

鄉耆趙永来一千五百

鄉耆牛文廣二千五百

鄉耆趙悦二千五百

韋与曾一千

監生獲来貴三千一百

暨合村　仝立

旹道光二年又三月上浣谷旦

【〇五四】　重修關帝奶奶龍王廟碑序

年代：清道光二年

尺寸：高 100 釐米，寬 44 釐米

立石地點：洛寧縣底張鄉大陽村

重修關帝奶奶龍王廟碑序

〔碑首〕：清

大陽鎮北距村數武，有關帝廟三間，奶奶、龍王廟各一間，創修之年月、功德化主之姓名梁記註明，不復贅。今者重爲新之，功德則狄君諱學忠也，化主則趙君諱悦、韋君諱興曾、牛君諱文廣、宋君諱克林、趙君諱永來、狄君諱來貢也。其墻壁繪畫、神像金裝，燦然改觀，大抵諸君之力居多。而焚香頂禮，歲時加敬，村衆家愈豐盈、户益生殖，浸浸乎日盛。雖曰人事，豈非神庥哉。顧民安物阜，原賴神明之庇佑；而地靈人傑，亦關神居之風光。不見夫爽氣之西來者，其峻嶺之峨峨耶；樓臺之倒影者，其流水之潺潺耶；且蔚然深秀，環抱於周圍者，其口竹之猗猗耶。昔人云：江村好處多逢寺。若兹廟之依此土也，亦往往稱爲勝概云。以故村之中，或列成均，或入膠庠，累世不絶，至于今有其過之無不及焉。知神之所憑依，將在德矣，而此廟亦有其夅之，莫敢或廢，仍當頌諸君之力于不衰，則因以勒諸石。

邑廩膳生員曲揚休撰文，邑庠生員趙之翰書丹。

功德主鄉耆狄學忠捐錢四千五百。

化主：鄉耆宋克林二千。趙永來一千五百。鄉耆牛文廣二千五百。鄉耆趙悦二千五百。韋興曾一千。監生狄來貢三千一百。暨合村仝立。

時道光二年又三月上浣穀旦。

重修火神殿　奶奶殿山門樂樓並三娘殿南北菩薩堂記

考祀典能為民禦災捍患者則祀之非是不在祀典。黄花廟右有火神殿左有奶奶殿前有山門又前數十武有歌舞樓一座其創始於何代重修於何人俱有碑記可考但年深日久椽瓦摧落彼無人再為重修殆朱城復于隍之嘆在所難免幸有王朱張某者目睹心惻慨然有意斯舉因與合村商議取廟下所賣樹金三十有奇用為經費之資鳩工庀材共勤其事數月餘二殿山門並歌舞樓煥然一新共計費金若許各出己囊若許而主人之志猶未已也越明年又同力募化貲財若許將路東之三奶奶殿與村之南堂北堂俱撤而新之事既告竣屬余為文以誌余以為火神之功赫赫也祠宇遍天下凡居家者皆祀之是誠所當修者。奶奶殿亦善男信女所祈禱後嗣之所望於三娘之□□□□□女史□□□□緑金禱雨於山南之三娘臺立壇於此無不靈應是亦能為民□□□□□也諸□居□良母乃意在是乎是不必詳論其他即此數端已足見當務為急而非泛泛之□比者比矣三□□雖□□而□因次其事而敘之並施財者之姓名同勒諸石云

邑儒學生員王西白沐手撰文並書丹　鋪北堂地在内

張玉元捐錢一千

朱聖發捐錢四千三百五十　白從泰捐錢一千五百　前後除化費下餘錢三千七百整

首事總經理王復曾捐錢四千二百五十　化主袁士秘捐錢一千五百　入廟

張玉和捐錢四千三百五十　袁中敖捐錢一千

白應運捐錢十千　住持吳朝全徒張國成孫白阜室

皆道光伍年歲次乙酉律中仲呂正□穀旦

【〇五五】　重修火神殿奶奶殿山門樂樓並三娘殿南北菩薩堂記

年代：清道光五年

尺寸：高 113 釐米，寬 51 釐米

立石地點：洛寧縣興華鎮西南村南王廟

重修火神殿奶奶殿山門樂樓並三娘殿南北菩薩堂記

〔碑首〕：大清

考祀典，能爲民禦災捍患者則祀之，非是不在祀典。黄花廟右有火神殿，左有奶奶殿，前有山門，又前數十步有歌舞樓一座。其創始於何代，重修於何人，俱有碑記可考。但年深日久，椽瓦摧落，使無人再爲重修，將來城復于隍之嘆，在所難免。幸有王某、朱某、張某者，目睹心惻，慨然有意斯舉，因與合村商議，取廟中所賣樹金三十有奇，用爲經費之資，鳩工庀材，共勷其事。數月餘，二殿、山門並歌舞樓焕然一新，共計費金若許，各出己囊若許。而三人之志猶未已也，越明年，又同力募化貲財若許，將路東之三娘殿並村之南堂、北堂俱撤而新之。事既告竣，屬余爲文以誌。余以爲火神之功赫赫也，祠宇通天下，凡居家者皆祀之，是誠所當修者。奶奶殿亦善男信女所祈禱後嗣之所。至於三娘之神，□□□觀經史，然每當大旱，鑠金禱雨於山南之三娘臺，立壇於此，無不靈應，是亦能爲民禦災而捍患者也。諸君此舉，毋乃意在是乎？是不必詳論。其他即此數端，已足見當務爲急，而非泛泛淫祀者比矣。三人唯唯而退，余因次其事而叙之，並施財者之姓名同勒諸石云。

邑儒學生員王西白沐手撰文並書丹。

總經理：朱聖發捐錢四千三百五十。王復會捐錢四千三百五十。張玉和捐錢四千三百五十。

化主：張玉元捐錢一千。白從泰捐錢一千五百。袁士秋捐錢一千五百。袁中熬捐錢一千。白應運捐錢一千。鋪北堂地在内，前後除化費下餘錢三千七百整入廟。

住持：吴朝全，徒：張國成，孫：白阜至。

時道光伍年歲次乙酉律中仲吕止浣穀旦。

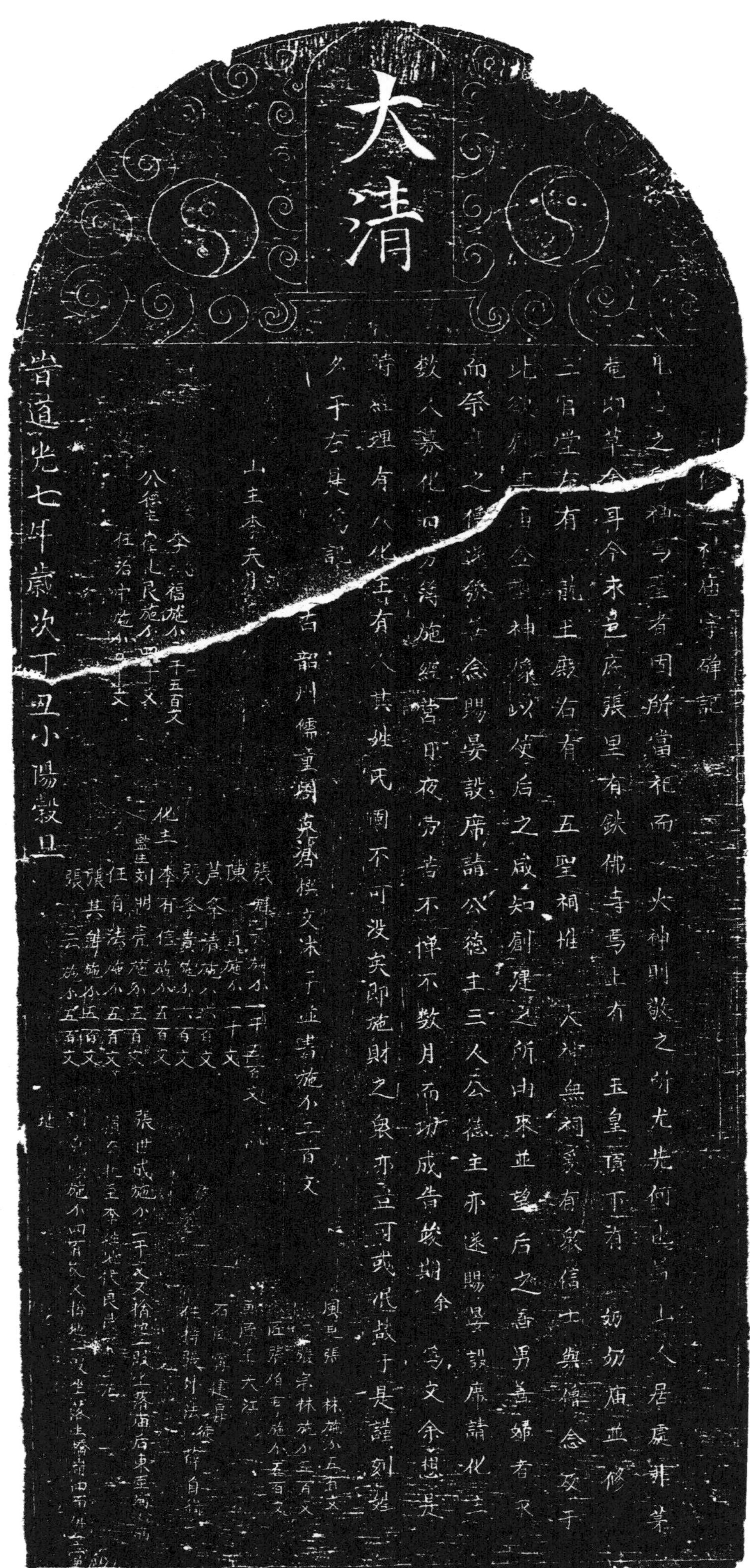
大清

【〇五六】　創修火神廟宇碑記

年代：清道光七年

尺寸：高 110 釐米，寬 50 釐米

立石地點：洛寧縣羅嶺鄉鐵佛寺

創修火神廟宇碑記

〔碑首〕：大清

凡古之爲神爲聖者，固所當祀，而火神則敬之所尤先，何也？蓋山人居處非茅庵即草舍耳。今永邑底張里有鐵佛寺焉，上有玉皇頂，下有奶奶廟，並修三官堂，左有龍王殿，右有五聖祠，惟火神無祠。爰有衆信士與僧念及于此，欲創其廟，金塑神像，以使後之咸知創建之所由來，並望後之善男信婦者，永而祭享之像。遂發善念，賜宴設席，請公（功）德主三人，功德主亦遂賜宴設席，請化主數人募化，四方薄施，經營日夜，勞苦不憚，不數月而功成告竣，期余爲文，余想是時經理有人，化主有人，其姓氏固不可没矣，即施財之衆，亦豈可或泯哉？于是，謹刻姓名于左。是爲記。

古韶州儒童周克君撰文沐手並書，施錢二百文。

山主：李天月。

公德主：李弘福施錢二千五百文。崔禮艮施錢四千文。任治中施錢四千文。

化主：陳魁□施錢一千五百文。陳貞施錢一千文。蘆學清施錢六百文。張學貴施錢六百文。李有信施錢五百文。劉明亮施錢五百文。任有法施錢五百文。張其魁施錢五百文。張云施錢五百文。　張世成施錢一千文，又捨地一段，坐落廟后，東至河心，西至嶺南，南北至李姓地，代良銀一錢三厘。□克順施錢四百文，有捨地一段，坐落土橋嶺，四面俱至官地。風見張林施錢五百文。張宗林施錢五百文。木匠張伯亨施錢五百文。畫匠：王大江。石匠：寧建昇。

住持：張外法，徒薛自得。

時道光七年歲次丁丑小陽穀旦。

【〇五七】 建立廣惠龍王兩廊廡碑記

年代：清道光十九年

尺寸：高 160 釐米，寬 63 釐米

立石地點：洛寧縣陳吴鄉金山廟村

建立廣惠龍王兩廊廡碑記

〔碑首〕：皇清

且夫隆替者，天下之勢也；循環者，天下之理也。金山之麓廣惠龍王之廟在焉，是神也，鍾□之靈，誕降於兹，近之爲一方沛膏澤，遠之爲天下作霖雨。自元代以降雨之靈，蒙朝廷崇□，詔建祠於兹村兩河之間，宏其規模，隆其棟宇，妥神明而壯觀瞻，非淫祀也。迄今歷年久遠，風雨漂蝕，正殿、寢殿以及獻殿、山門等制累爲補葺，舊跡猶存，惟兩廊傾圮已久，蕩然俱泯，僅有碑可考。庚寅春，邑侯李禱雨於兹，惟神之靈，甘霖丕降，邑侯感神之惠，相其院宇空曠，飭建兩廊，而不知前此固已有之也。於是，邑侯偕同城官吏，各捐貲若干，猶令住持募化闔邑紳民，使兩廊之功告竣。夫兹兩廊也，昔之日自有而之無爲隆替，然今之日又自無而之有爲循環。然以此見金山之鎮亘古而不息，金山鍾毓之神亦亘古而不息。即人感金山之神之靈，而繼修其廟宇者，亦無不亘古而不息也夫。

知永寧縣事加紀録七次李繩宗捐紋銀拾兩。

經理人：張敬施錢壹仟文。韋金聲施錢五百文。張型施錢拾千文。張國正施錢六百文。戴元振施錢貳拾伍仟文。太學生張朝□施錢九千文，前支錢三千文。張書身施錢六百文。韋相聲施錢五百文。朱權施錢壹仟文。雷鳴春施錢五百文。

□述策撰文，化主生員韋順興書，且施錢伍仟文。

刻字石工張進財施錢五百。住持道人：賈本月，徒：范合運，孫：李教明。

大清道光十九年歲次己亥冬十一月穀旦。

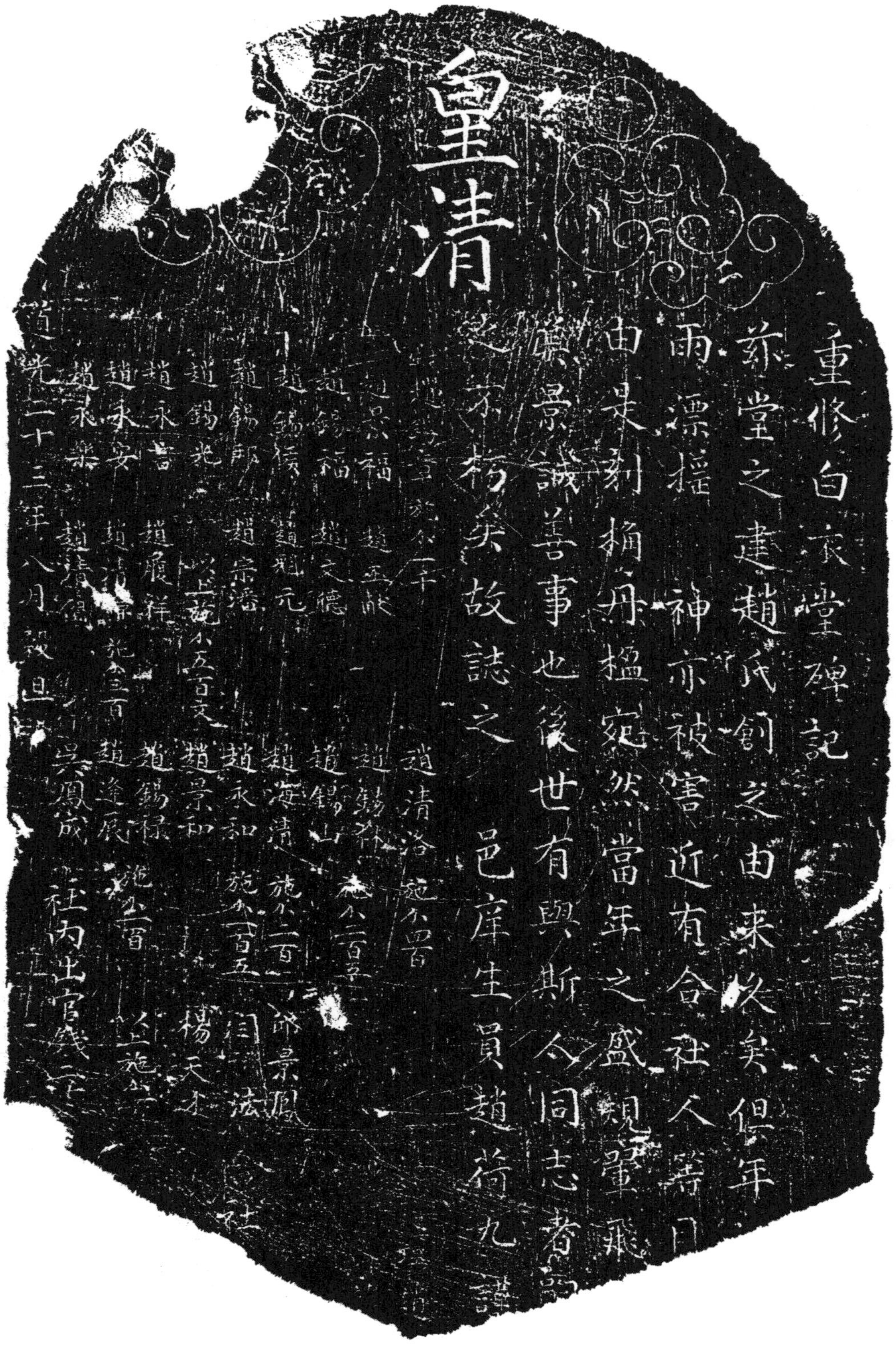
皇清
重修白衣堂碑記
道光二十三年八月穀旦

【〇五八】　重修白衣堂碑記

年代：清道光二十三年
尺寸：高 66 釐米，寬 43 釐米
立石地點：洛寧縣城郊鄉余糧村

重修白衣堂碑記
〔碑首〕：皇清

兹堂之建，趙氏創之，由來久矣。但年……雨漂摇，神亦被害。近有合社人等目……由是刻桷丹楹，宛然當年之盛規，翬飛……美景，誠善事也，後世有與斯人同志者，……之不朽矣，故誌之。邑庠生員趙荷九謹（撰）。

增生趙錫章施錢一千。趙景福、趙錫福、趙錫侯、趙錫邦、趙錫光、趙永言、趙永安、趙永樂、趙玉獻、趙文德、趙魁元、趙宗潘，以上施錢五百文。趙履祥、趙清景施錢三百。趙清壁、趙清洛施錢四百。趙錫林、趙錫山施錢二百五。趙海清施錢二百。趙永和施錢一百五。趙景和、趙錫禄施錢一百。趙逢辰、吴鳳成、邱景鳳、閆法、楊天才，以上施錢一百。社内出官錢二千。合社（同立）。

道光二十三年八月穀旦。

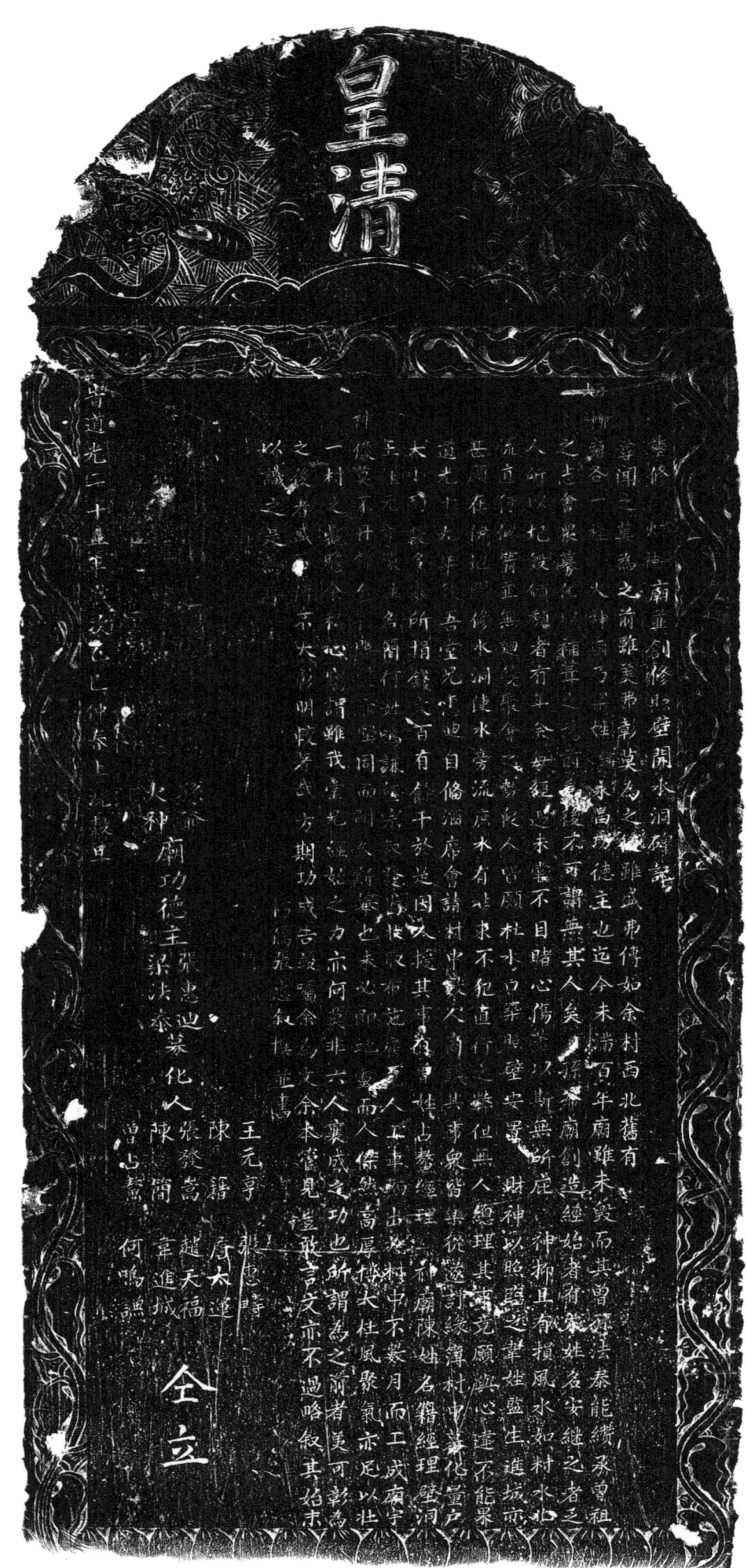

【〇五九】　重修孫爺火神廟並創修照壁開水洞碑記

年代：清道光二十五年

尺寸：高 115 釐米，寬 51 釐米

立石地點：洛寧縣趙村鎮張營村

重修孫爺火神廟並創修照壁開水洞碑記

〔碑首〕：皇清

嘗聞之莫爲之前，雖美弗彰；莫爲之後，雖盛弗傳。如余村西北舊有孫爺廟、火神廟各一楹，火神廟乃梁姓諱永昌功德主也。迄今未滿百年，廟雖未毁，而其曾孫法泰能纘承曾祖之志，會衆募化，以補葺之，爲前爲後，不可謂無其人也。孫爺廟創造經始者，有宋姓名安，繼之者乏人，所以圮毁傾頽者有年，余每經過，未嘗不目睹心傷，蓋以斯無所庇神，抑且有損風水。如村水北流，直行似箭，並無回繞聚會之勢。衆人皆願杜水口，築照壁，安置財神以照臨之。韋姓監生進城亦甚願在伊地開修水洞，使水旁流，庶水有結束不犯直行之弊。但無人總理其事，竟願與心違不能果。道光十九年秋，吾堂兄惠迪自備酒席，會請村中數人商議其事，衆皆樂從，遂訂緣簿，村中募化，量户大小，酌數多寡，所捐錢文百有餘千。於是，因人授其事，有曾姓占鰲經理神廟，陳姓名籍經理壁洞，王姓元亨、陳姓名簡、何姓鳴謙暨宗叔發嵩收取布施，僱覓人工、車輛出於村中，不數月而工成，廟宇神像莫不丹飾金彩，照壁亦堅固而耐久。斯舉也，未必即地靈而人傑，然高厚博大，杜風聚氣，亦足以壯一村之觀瞻。余私心竊謂，雖我堂兄經始之力，亦何莫非六人襄成之功也。所謂爲之前者美可彰，爲之後者盛可傳，不大彰明較著哉。方期功成告竣，囑余爲文，余本管見，豈敢言文，亦不過略叙其始末以識之。是爲序。

孫爺、火神廟功德主：張惠迪、梁法泰。募化人：王元亨、陳籍、張發嵩、陳簡、曾占鰲、張惠疇、詹太運、趙天福、韋進城、何鳴謙，仝立。

朽儒張惠叙撰並書。

時道光二十五年歲次乙巳仲春上浣穀旦。

【〇六〇】　重修蓮花宮正殿獻殿暨樂樓記

年代：清道光二十六年

尺寸：高141釐米，寬55釐米

立石地點：洛寧縣底張鄉中溝村廟根村

重修蓮花宮正殿獻殿暨樂樓記

〔碑首〕：皇清

維皇撫運，奄一字宇，禮明樂備，百神効靈，洋洋乎體發育之能，贊生成之德，以顯秘洩奇，鍾英毓秀，而廣群生之祚胤，綿衆庶之瓜瓞者，則蓮花宮之聖母尤著焉。以故宮建有年，人欽崇祀，迎神而奏鈞天之樂，明德而致馨香之薦。凡在遐邇，罔祈弗應，神之爲靈，固昭昭也。第歷年既久，廟貌非昔，前人曾嗣葺之□更新，及今又久，風雨剥蝕，正殿、獻殿、樂樓將有罅漏傾頽者矣。村中姚君文法、李君文舉、太學生張君耀先、賀君成官、劉君榮曾、田君鳳雲、何君三元、張君萬鎰、王君化南、邵君得書、武元等，目睹心惻，慨然振重修之志。敬約衆善募化布施，鳩工庀材，閱數年而正殿、獻殿焕然一新，樂樓亦塗丹繪采，足壯觀瞻矣。吾知功竣之餘，遐邇人民睹廟宇之輝煌，肅衣冠之瞻視，明禋肸蠁，降格居歆，神靈昭而人文蔚起，福祉錫而賢俊彙生。將光大門庭，光閭里、起巖穴、登仕籍，以永我皇上子惠元元之治者，胥於是乎望。余素不文，迫於衆請，弗獲辭，乃謹即其同社好善之心，預決夫神靈福佑之機，而爲之讖兆焉。是爲記。

邑庠生韋寅亮沐手敬撰，太學生李春華沐手敬書。

化主兼經理：張九州施錢兩千。何得書施錢一千五。張萬鎰施錢兩千。何三元施錢兩千。劉榮會施錢兩千五。姚文法施錢三千。李文舉施錢七千。賀成官施錢一千。監生張耀先施錢五千。田鳳雲施錢五千。王化南施錢兩千。何武元施錢一千三。

化主：張逢魁施錢五百。段英五百。何太元施錢一千。劉振聲施錢一千。王士珍施錢五百。何天武施錢五百。瓦工加天瑞施錢五百。

住持：吴朝全、任朝忠，侄李國林，孫：無彦、白至、王玉、梁春，曾孫：□曰定、張曰□、狄曰者。仝立。

道光二十六年季春月穀旦。

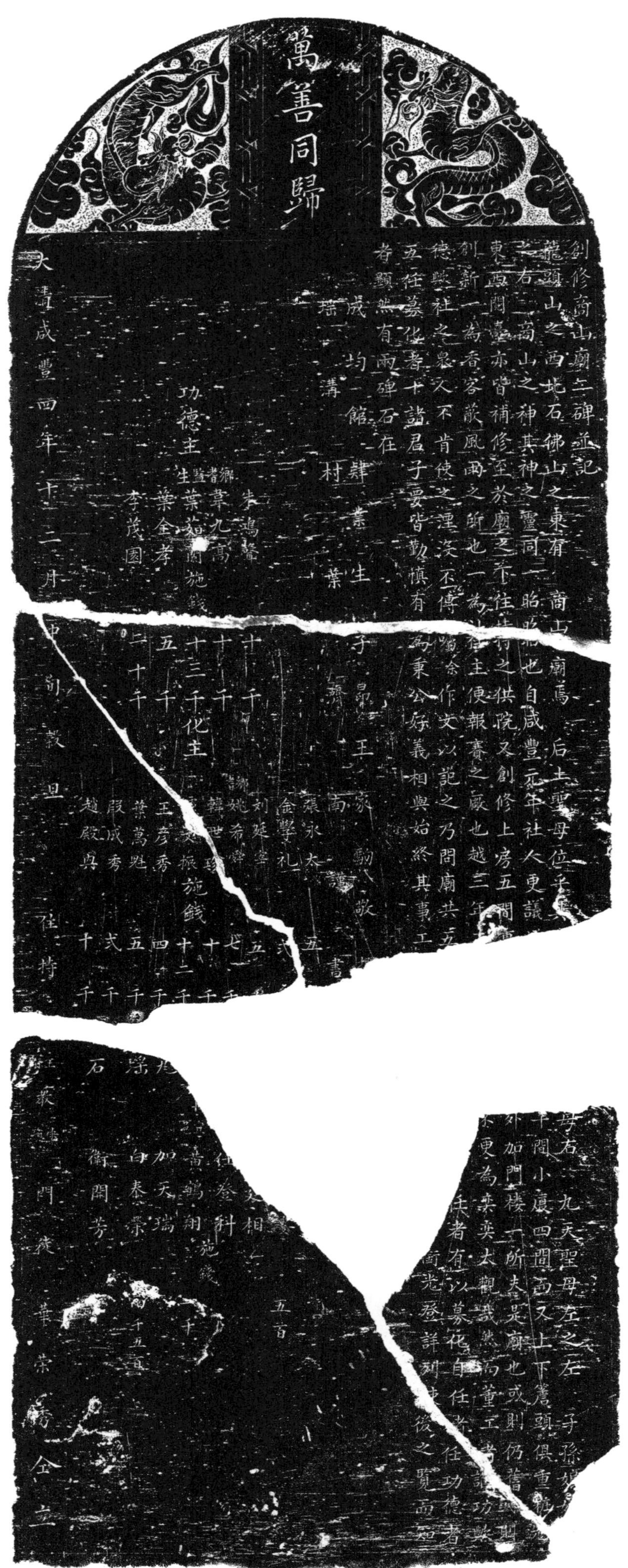

【〇六一】 創修商山廟二碑並記

年代：清咸豐四年

尺寸：高 178 釐米，寬 68 釐米

立石地點：洛寧縣羅嶺鄉香山寺

創修商山廟二碑並記

〔碑首〕：萬善同歸

龍頭山之西北，石佛山之東，有商山廟焉。后土聖母位乎……母右，九天聖母左之左，子孫娘娘右之右。商山之神，其神之靈同一昭昭也。自咸豐元年社人更議……十間、小廈四間，而又上下簷頭俱重粧，先東西閲臺亦皆補修。至於廟之下住持之供院，又創修上房五間……外加門樓一所。夫是廟也，或則仍舊，或則創新，一爲香客蔽風雨之所也，一爲社主便報賽之廠也。越三年……不更爲奕奕大觀哉。然而董工者誰，功歟、德歟？社之衆人不肯使之湮没不傳，囑余作文以記之，乃問廟共五……者，有以募化自任者，任功德者五，任募化者十，諸君子要皆勤慎有爲，秉公好義，相與始終。其事工……銜光登詳列，使後之覽而知者，顯然有兩碑石在。

成均館肄業生子昂王家駒敬撰，瑶溝村葉濟南謹書。

功德主：朱鴻昇施錢十千。鄉耆韋九高施錢十千。監生葉茹蘭施錢十三千。葉全孝施錢五千。李茂園施錢二十千。

化主：張永太施錢五千。金學禮施錢貳千。劉廷宰施錢五千。鄉耆姚希舜施錢七千。韓世珍施錢十千。盧文振施錢十二千。王彦秀施錢四千。葉萬魁施錢五千。段成秀施錢貳千。趙殿興施錢十千。□廷相施錢五百。任登科施錢五百。黄鶴翔施錢一千。加天瑞施錢一千。白泰榮施錢兩千五百。衛開芳施錢兩千五百。

大清咸豐四年十二月中旬穀旦。

住持：王教禄，門徒：華容秀。仝立。

皇清
咸豐七年歲次丁巳林鐘月合村仝立

【〇六二】　三清殿重修碑記

年代：清咸豐七年

尺寸：高 101 釐米，寬 48 釐米

立石地點：洛寧縣西山底鄉龍泉寺

三清殿重修碑記

〔碑首〕：皇清

三清殿其來久矣，創修雖未知何年，而重修有碑記可據。自乾隆四十五年重修，□□費有得自募化者，有出自功德化主者，碑記已著明矣。而今日之重修，與□□幾枯之柏，公議賣與懷慶府徐天成號伐去，正價錢貳百仟，伊格外施錢，爲化費之資。至於重修廟宇、金粧神像，以及門樓、院墻所化錢文算明：買磚瓦櫝板以及衆匠人功錢，使錢伍拾玖仟伍佰壹拾陸文。土工使錢壹拾肆仟九百叁拾玖文。買碑、演戲以及所需物件使錢伍拾叁仟捌佰玖拾文。買西坡朱文秀地一畝貳分捌厘六毫五分，連用施錢柒拾玖千壹佰文。此地東至張鴻亮，西至本主，南至陳姓，南頭并至朱應舉，北至路。

以上共化錢二百零七千四百九十五文。

經理人：朱西□、李林□。

畫匠：徐三元。石匠：馬常敬。泥水匠：李林秀。朱文秀栽柏樹二株。

咸豐七年歲次丁巳林鐘月合村仝立。

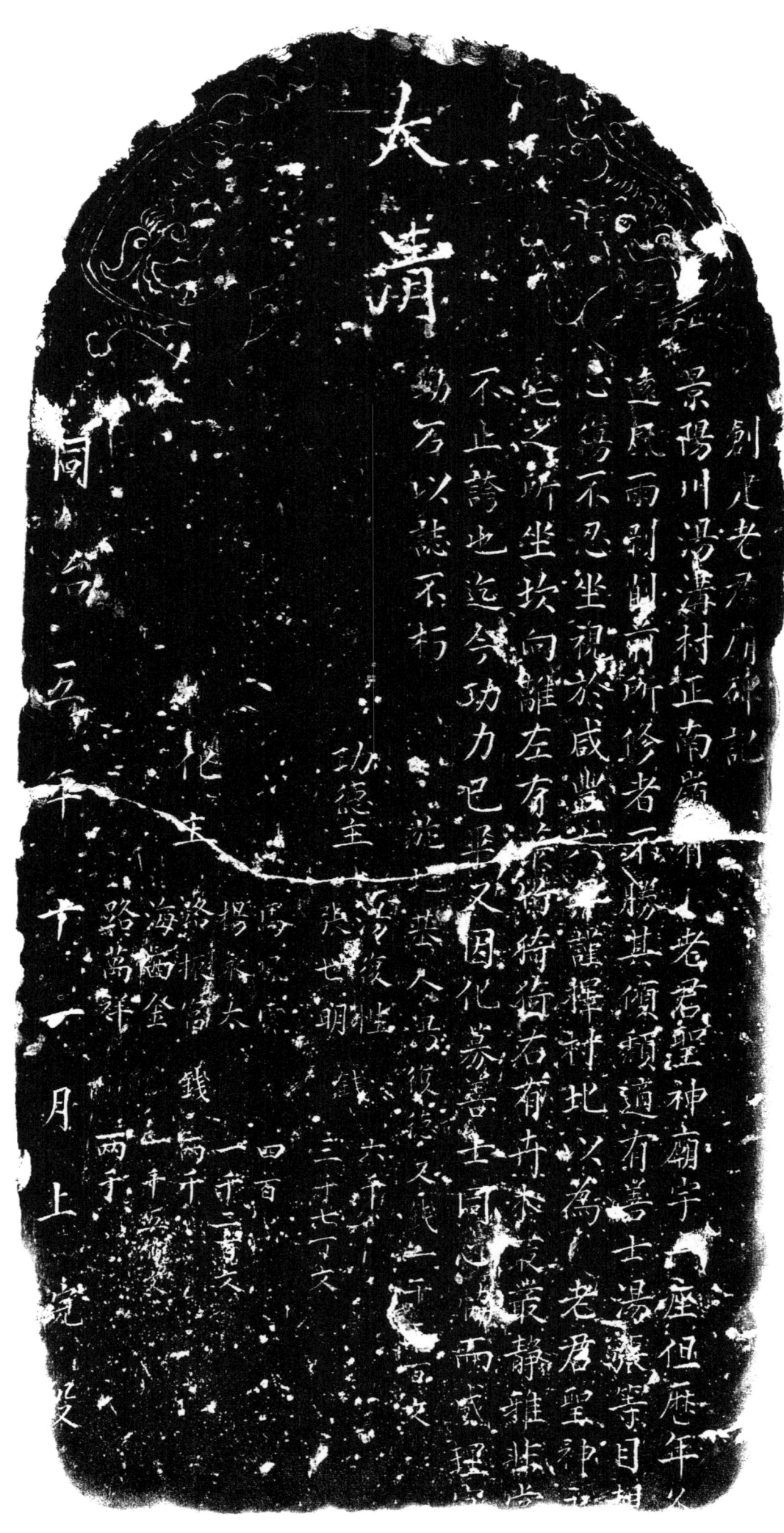
太清
創建老君廟碑記
景陽川湯溝村正南崗有老君聖神廟宇一座但歷年
遠風雨剝削前所修者不勝其傾頹適有善士湯
功德主
化主
同治五年十一月上

【〇六三】　創建老君廟碑記

年代：清同治五年

尺寸：高 89 釐米，寬 45 釐米

立石地點：洛寧縣西山底鄉張凹村

創建老君廟碑記

〔碑首〕：大清

景陽川湯溝村正南嶺，有老君聖神廟宇一座。但歷年久遠，風雨剥削，前所修者，不勝其傾頽。適有善士湯、張等目睹心傷，不忍坐視，於咸豐六年，謹擇村北以爲老君聖神永宅之所。坐坎向離，左有叢竹猗猗，右有卉木叢叢，静雅非常，不止誇也。迄今功力已畢，又因化募善士同心協而成，理當勒石，以誌不朽。

施地基人湯復德，又錢一千五百文。

功德主：湯復性錢六千文。張世明錢三千七百文。化主：馬風雲錢四百。楊永太錢一千二百文。洛振富錢兩千。海西金錢一千五百文。路萬祥錢兩千。

同治五年十一月上浣穀□。

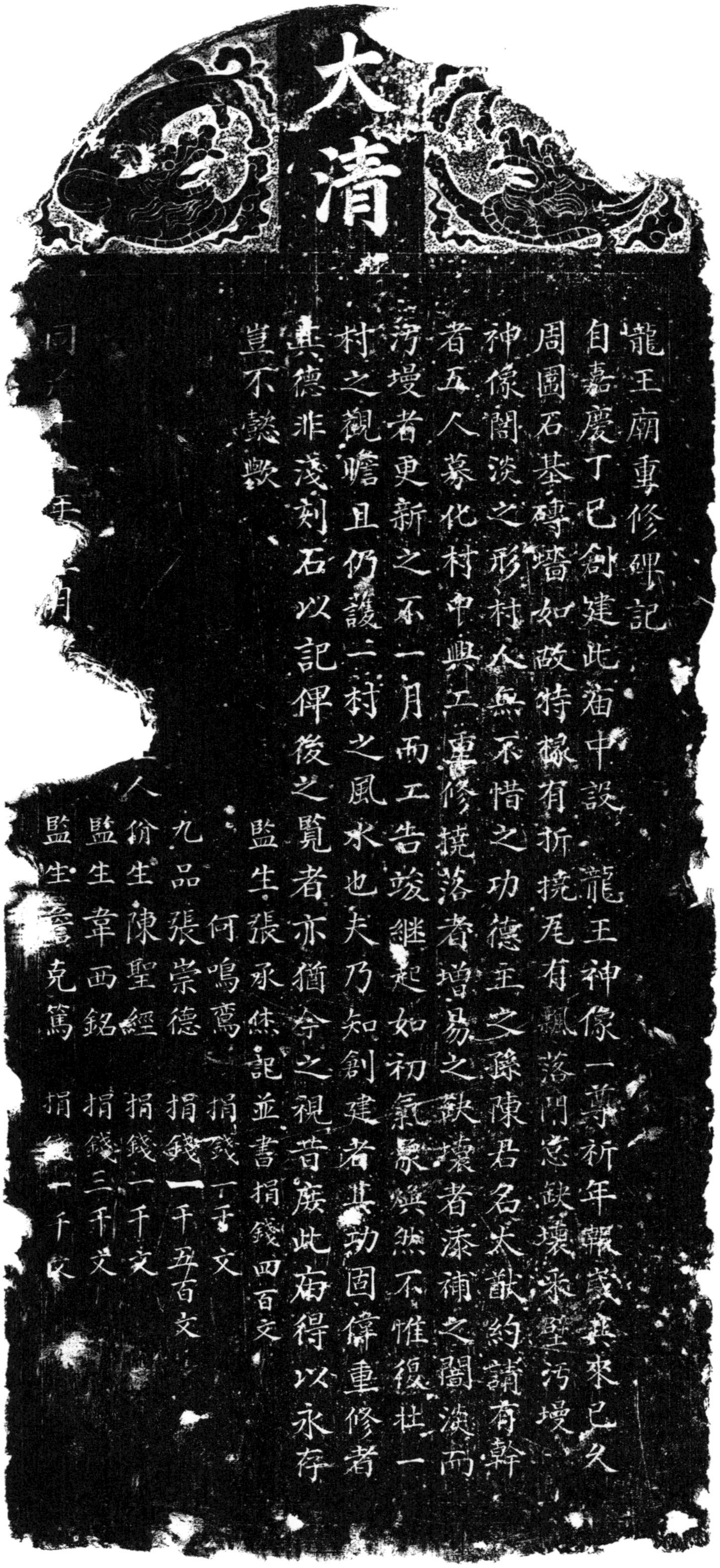
大清
龍王廟重修碑記
自嘉慶丁巳創建此廟中設龍王神像一尊祈年報歲其來已久
周圍石基磚牆如故特椽有折撓瓦有飄落門窗缺壞兼壁污墁
神像閣淡之形村人無不惜之功德主之孫陳君名太猷約請有幹
者五人募化村中興工重修撓落者增易之缺壞者添補之闇淡而
污墁者更新之不一月而工告竣繼起如初氣象煥然不惟復壯一
村之觀瞻且仍護二村之風水也夫乃知創建者其功固偉重修者
其德非淺刻石以記俾後之覽者亦猶今之視昔庶此廟得以永存
豈不懿歟
監生張承烋記並書捐錢四百文
何鳴鳶捐錢一千文
九品張崇德捐錢一千五百文
佾生陳聖經捐錢一千文
監生韋西銘捐錢三千文
監生韋克篤捐錢一千文
同治[illegible]年[illegible]月[illegible]人

【〇六四】　龍王廟重修碑記

年代：清同治十一年

尺寸：高 95 釐米，寬 47 釐米

立石地點：洛寧縣趙村鎮張營村

龍王廟重修碑記

〔碑首〕：大清

自嘉慶丁巳創建此廟，中設龍王神像一尊，祈年報歲，其來已久。周圍石基、磚墻如故，特椽有折撓，瓦有飄落，門窗缺壞，采壁污墁，神像闇淡之形，村人無不惜之。功德主之孫陳君名大猷，約請有幹者五人，募化村中，興工重修，撓落者增易之，缺壞者添補之，闇淡而污墁者更新之，不一月而工告竣，繼起如初，氣象煥然，不惟復壯一村之觀瞻，且仍護一村之風水也。夫乃知創建者其功固偉，重修者其德非淺，刻石以記，俾後之覽者，亦猶今之視昔，庶此廟得以永存，豈不懿歟。

監生張承烋記並書，捐錢四百文。

□□人：何鳴鸞捐錢一千文。九品張崇德捐錢一千五百文。佾生陳聖經捐錢一千文。監生韋西銘捐錢三千文。監生詹克篤捐錢一千文。

同治十一年二月。

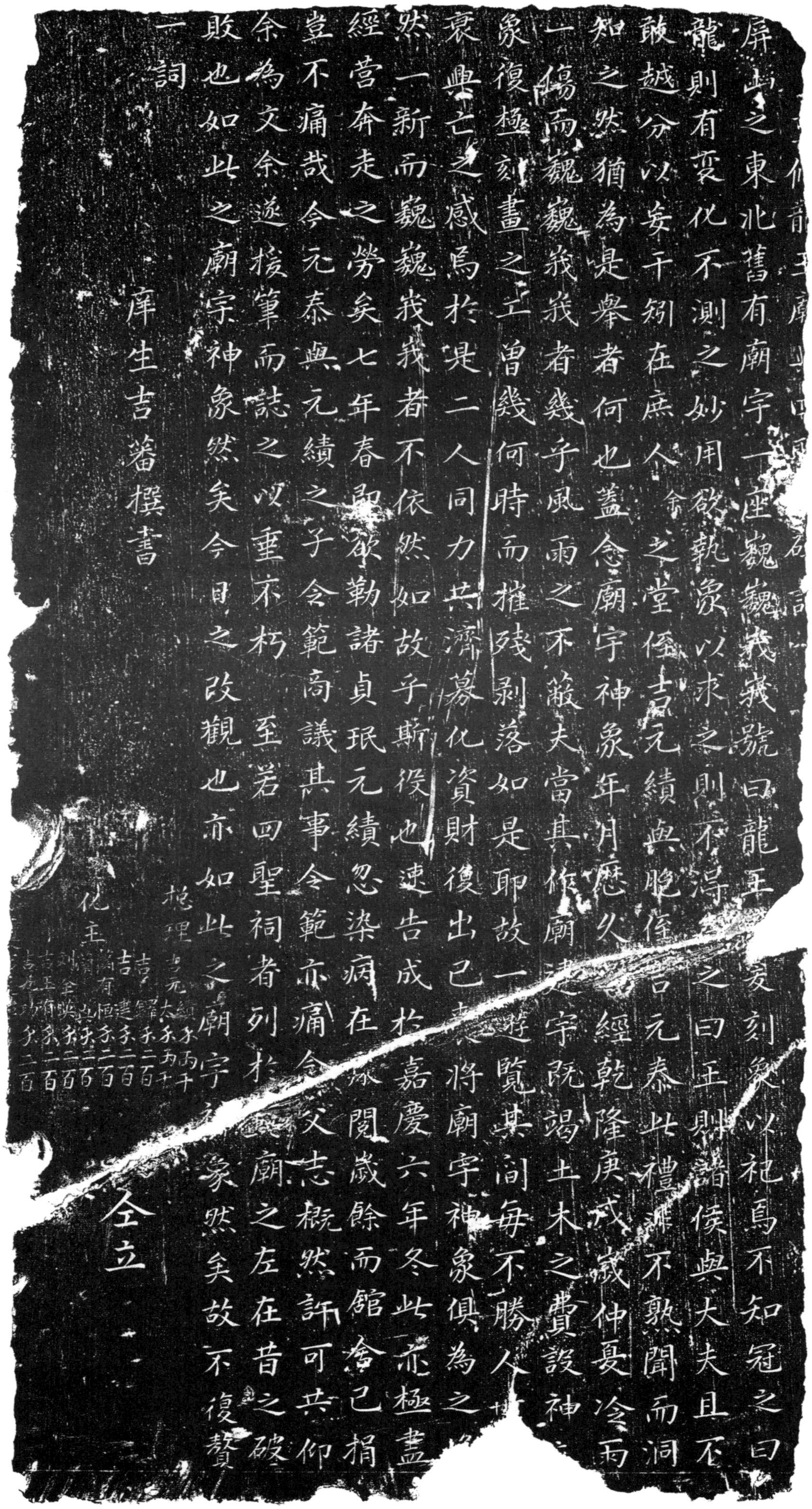

修龍王廟[illegible]碑記

屏山之東北舊有廟宇一座巍巍峩峩號曰龍王爰刻象以祀焉不知冠之曰龍則有變化不測之妙用啟孰象以求之則不得之曰王則諸侯與大夫且不敢越分以妄干絜在庶人余之堂侄吉元績與胞侄吉元泰此禮亦不熟聞而洞知之然猶為是舉者何也蓋念廟宇神象年月歷久經乾隆庚戌歲仲夏冷雨一傷而巍巍峩峩者幾乎風雨之不蔽夫當其作廟建宇既竭土木之費設神象復極刻畫之工曾幾何時而摧殘剝落如是耶故一遊覽其間每不勝人世衰興亡之感焉於是二人同力共濟募化資財復出己貲將廟宇神象俱為之煥然一新而巍巍峩峩者不依然如故乎斯役也速告成於嘉慶六年冬此亦極盡經營奔走之勞矣七年春即欲勒諸貞珉元績忽染病在床閱歲餘而館舍已捐豈不痛哉今元泰與元績之子含範商議其事含範亦痛念父志慨然許可共仰余為文余遂援筆而誌之以垂不朽至若回聖祠者列於廟之左在昔之破敗也如此之廟宇神象然矣今日之改觀也亦如此之廟宇神象然矣故不復贅一詞

庠生吉蕃撰書

總理
吉元績錢兩千
吉元太錢兩千
吉[illegible]鐸錢二百
吉[illegible]建錢二百

化主
蕭有恒錢二百
蕭[illegible]典錢二百
劉全璵錢二百
吉玉有錢二百
吉存功錢二百

仝立

【〇六五】　重修龍王廟與四聖祠碑記

年代：清代

尺寸：高 84.5 釐米，寬 43 釐米

立石地點：洛寧縣澗口鄉張村寨村

重修龍王廟與四聖□碑記

屏山之東北，舊有廟宇一座，巍巍峨峨，號曰龍王□，爰刻象以祀焉。不知冠之曰龍，則有變化不測之妙用，欲執象以求之，則不得□之曰王，則諸侯與大夫且不敢越分以妄干，矧乎庶人。余之堂侄吉元績與胞侄吉元泰，此禮非不熟聞而洞知之，然猶爲是舉者何也。蓋念廟宇神象，年月歷久，□經乾隆庚戌歲仲夏冷雨一傷，而巍巍峨峨者，幾乎風雨之不蔽。夫當其作廟建宇，既竭土木之費，設神□象，復極刻畫之工，曾幾何時而摧殘剥落如是耶！故一遊覽其間，每不勝人世（盛）衰興亡之感焉。於是，二人同力共濟，募化資財，復出己囊，將廟宇神象俱爲之□然一新，而巍巍峨峨者，不依然如故乎。斯役也，速告成於嘉慶六年冬，此亦極盡經營奔走之勞矣。七年春，即欲勒諸貞珉，元績忽染病在牀，閱歲餘而館舍已捐，豈不痛哉。今元泰與元績之子令範商議其事，令範亦痛念父志，慨然許可，共仰余爲文，余遂援筆而誌之，以垂不朽。至若四聖祠者，列於□廟之左。在昔之破敗也，如此之廟宇神象然矣，今日之改觀也，亦如此之廟宇神象然矣，故不復贅一詞。

庠生吉蕃撰書。

總理：吉元績錢兩千。吉元太錢兩千。

化主：吉鐸錢二百。吉建錢二百。蕭有恒錢二百。蕭興錢二百。劉全英錢二百。吉玉有錢二百。吉九功錢二百。仝立。

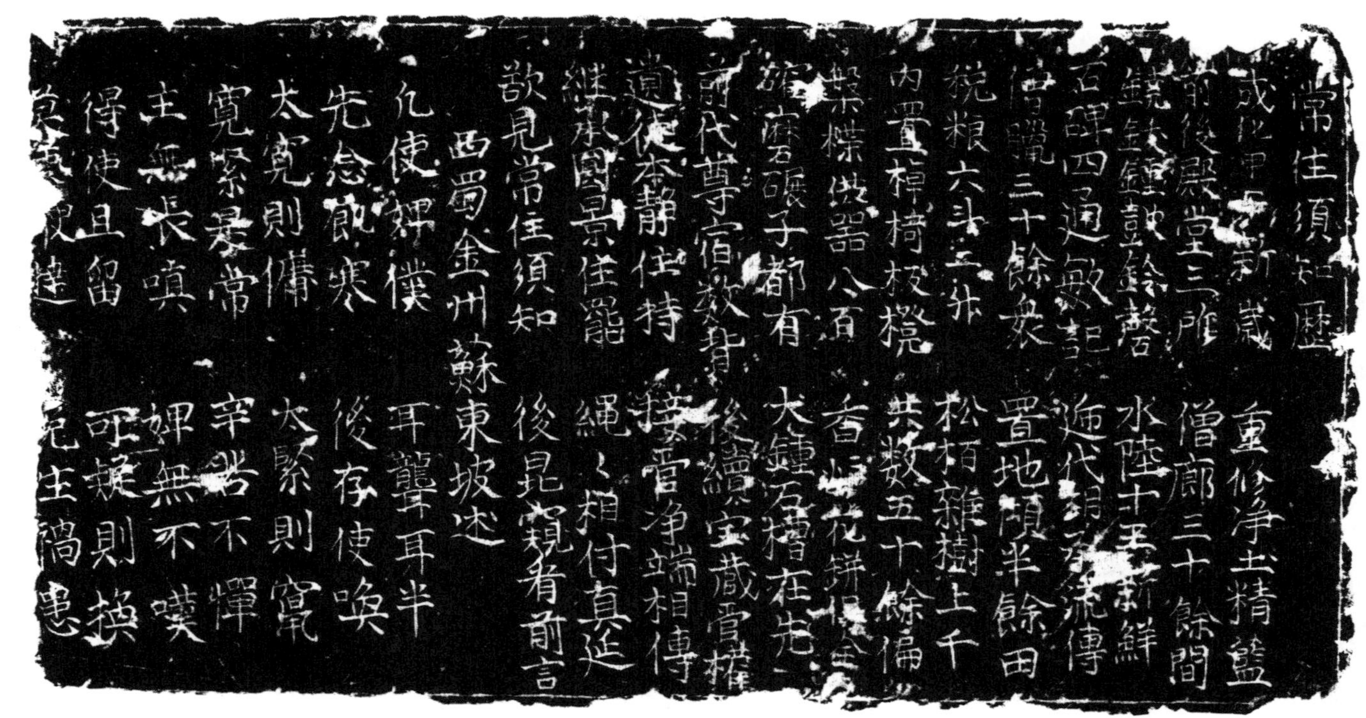

【〇六六】 重修净土寺碑記

年代：明成化十年

尺寸：高 24.5 釐米，寬 45 釐米

立石地點：伊川縣白元鎮水牛溝村净土寺

常住須知歷

成化甲午新歲，重修净土精藍。前後殿堂三所，僧廊三十餘間。鐃鈸鐘鼓鈴磬，水陸十王新鮮。石碑四通敏記，遞代相承流傳。僧臘三十餘衆，置地傾半餘田。税糧六斗二升，松柏雜樹上千。内置桌椅板凳，共數五十餘偏。盤碟供器八百，香爐花缾俱全。碓磨碾子都有，大鍾石槽在先。前代尊宿數背，後續寶藏管權。遺徒本静住持，接管净端相傳。繼承圓景住罷，繩繩相付真延。欲見常住須知，後昆窺看前言。

西蜀金州蘇東坡述：凡使婢僕，耳聾耳半。先念饑寒，後存使唤。太寬則傭，太緊則竄。寬緊是常，辛苦不憚。主無長嗔，婢無不嘆。得使且留，可疑則换。莫口便撻，免主禍患。

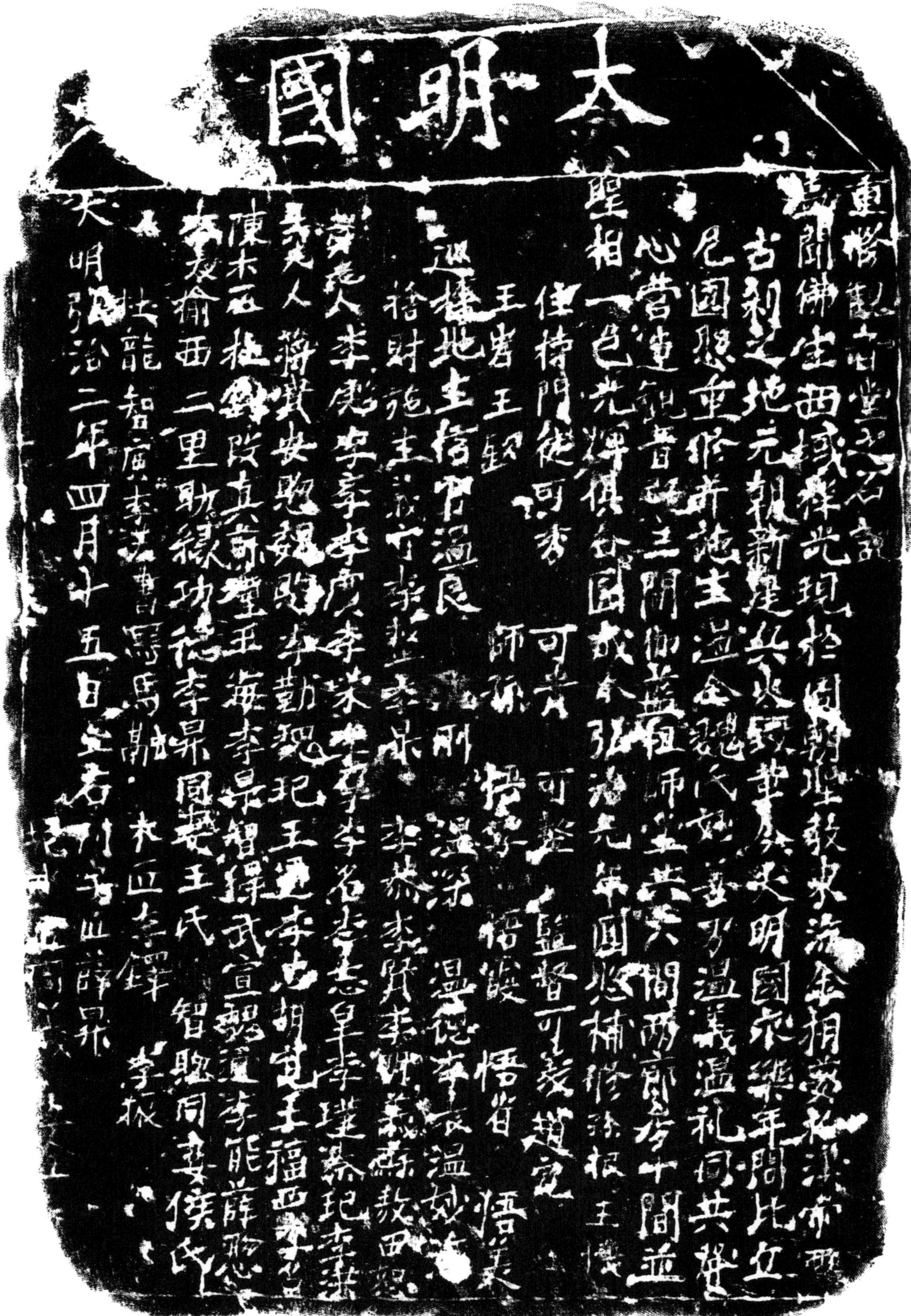

【〇六七】　重修觀音堂之石記

年代：明弘治二年

尺寸：高 44 釐米，寬 31 釐米

立石地點：伊川縣江左鎮温寨村觀音廟

重修觀音堂之石記

〔碑首〕：大明國

蓋聞佛生西域，祥光現於周朝；聖教東流，金相夢於漢帝。而古刹之地，元朝新建，兵火毁革。今之明國永樂年間，比丘尼圓聰重修，并施主温全，魏氏妙，善男温義、温禮同共發心，營造觀音殿三間、伽藍祖師堂共六間，兩廊房十間，並聖相一色光輝，俱各圓成。□弘治元年，圓聰補修。

孫根、王懷。住持門徒可秀、可貴、可整。監督可義、趙寬、王巖、王欽、師孫、悟等、悟霞、悟省、悟美。巡播地主信官温良、温剛、温深、温德、李長、温妙□。捨財施主義官李整、李杲、李恭、李賢、李明義、蘇敖、田恕。□老人李彪、李學、李廣、李榮、李孕、李名、李志皇、李瑾、秦玘、李洪、□夫人、蔣貴、安聰、魏閔、李勤、魏玘、王□、李忠、胡寬、王福西、李名、陳木石、杜釗、段真、蘇瑾、王海、李杲、智得、武宣、魏通、李能、薛聰、李大榆。西二里助緣功德：李昇同妻王氏、智聰同妻侯氏、杜龍、智廣。李洪書寫。馬融。木匠：李鐸、李振。刊字匠：薛昇。泥水匠：周義。仝立。

大明弘治二年四月十五日立石。

【〇六八】　重修能仁寺記

年代：明正德三年

尺寸：高 196 釐米，寬 83 釐米

立石地點：伊川縣平等鄉古城寨村能仁寺

重修能仁寺記

〔碑首〕：重修能仁寺記

嵩城北□百里有廢城曰伊闕，其艮方有寺曰能仁，後倚崇岡，前臨清伊，山色水光，宛如圖畫。李唐中宗時，岑公□尚之所創建，趙宋淳熙中，定公和尚之所住持也。由宋迨今，三百餘年。曩吾幼時，從季父恒庵遊過其處，父指示□：此古能仁寺基也，地多水泉，碑皆□裂，荊蓁滿目，瓦礫徧野，爲之喟然。且曰：廢興無常，盛衰有數，昔年之盛，豈料今日之衰也邪！有家有國，何以異此？余應之曰：唯繼兹以往。侍親宦遊，從謫嶺表，亦既有年。弘治戊午，忝領鄉書，試禮闈，謁天曹，往還鄉邦，嘗一憇之，則見禮佛有殿，供祖有堂，伽藍方丈，廊廡門廚，焕然可觀。問之，則曰：成化乙未來，有太虛臻師者，恪守戒律，勤務祖風，率徒道玉輩漸次經營，鄉人白松、杜振等積累功勤，迄今三數十稔，豈一朝夕之故哉？余復嘆曰：成敗相尋，有如是夫；今日之成，可憶疇昔之敗也邪！爾曹尚知成之之難，勿爲敗之之易可也。噫！余因是而得致治保邦之道矣。未亂未危之時，必須兢業以圖之，圖之未然，斯可弭患於將然矣。家國治安，可勝言邪。余年幾强仕，溯從遊時又若干年，而廢興成敗之蹟乃如此，豈不深可慨哉！季父諱壽，字叔仁，例授散官，恒庵其別號也，寺之成與有力焉。鄉人、住持來請記，辭不獲，遂書以刻之。

大明正德三年孟冬之吉。

鄉進士伊西李尚志并書篆。

監察御史李興、嵩縣知縣顧正、縣丞曲洋、主簿吴榮祖、典史吴縉、陰陽官員文、醫官王良弼、善友使普振、河南府僧綱司都綱定圓、副綱悟本、本縣僧會開玉。同立

鐫字匠：趙富、李彪。

【〇六九】　永慶寺石碑記

年代：明嘉靖二年

尺寸：高 264 釐米，寬 78 釐米

立石地點：伊川縣平等鄉馬回村永慶寺

□□永慶寺石碑記

〔碑首〕：永慶禪寺

嵩治北幾百里，有寺曰永慶。徵諸縣誌，宋崇寧初，僧智會創建，法堂門廡，規制樸略，僅足焚修香火而已。歷金歷元，舉廢靡常，漫無可考。迨我天朝景泰間，有僧法林住持於兹，顧其偏隘，慨然以改作爲己任。其徒若弘道、誓寬輩相與合力而贊成之，首捐己囊爲倡，乃裒衆施，具材命工，始爲大雄、天王、伽藍諸殿，視舊加十之八，翼以兩廂，屏以重門，繚以周垣，藏經以精舍，架鐘以危樓，井竈湢□之屬，無一不備。越數稔，法林物故，寺亦漸圮。其後相繼之僧，不爲不多，無有能心林之心，守林之守，俾此寺常新而不壞也，可勝嘆哉！聖天子改元，嘉靖之明年，王公如賢，家□□□百□，中年剃度，自熊耳山回家，遂居此中，念宗風之不振，慨前烈之悉頹。一日，謁予而言曰：此寺開創初，曾無一字刻於石，以故興替顛末，無因可據。今欲撤而新之，如時力之不遇，何賢一貧僧也，破衲之外無長物，且寺外□地僅數畝，而夏秋輸納于官者伍之，里書索求，歲無虚日，糊口且不足，則可以他圖乎哉！此力之不能爲也。況連歲荒歉，地方多事，民方苦於征科、夫役之繁，東奔西赴，精神疲憊，詎有餘貲以及浮屠之廬乎？此時之不可爲也。夫以時力之不遇如此，若非立石以識之，寺之將年必抵於大壞，而此名遂泯矣。其不爲鬼肅狐嘷、藜萎瓦礫之地。幾希於是，諗鄉人之衆，運西山之珉，磨礱已就，願一言鐫之上，用樹于高亢明爽之處，使凡過者，一瞻顧間，必指曰：此永慶寺也。繼今以往，豈無泯檀那之力能有爲者，出於以際夫豐亨豫大之時，則此寺之興復輪奐，未必不由是碑以啓之也。予應之曰諾，若如賢可謂貽謀遠大，而不規於近小，其僧中□賢者歟！遂摭其言而刻諸石，以垂億萬斯年之久。

大明嘉靖二年歲在昭陽協合中秋三日。

鄉進士文林郎西安府藍田縣知縣崔峰居士李尚撰，伊洛薛綱、鄭春刊。

【〇七〇】 重修清涼寺大雄殿記

年代：明嘉靖七年

尺寸：高 94 釐米，寬 83 釐米

立石地點：伊川縣白元鎮夏堡村清涼寺

□□清涼寺大雄殿記

□南府儒學……（撰），賜進士湖廣……（書丹）。

嘉靖戊子仲秋月拾捌日立。

汝州伊陽縣治北下保莊東麓，有寺曰清涼，古……貌，亦有傾覆者，罔葺日就廢矣。至五稔季冬，莊閒中……厥辯者讚成，子淵悉辭之，自輸己財，因舊爲新，石柱……□貌大非昔□。然汝伊大邑，古刹亦不下數十餘所，……□廢者久。有殿方成而求塑，塑方已而求粧者，孰有……子仲春，觀□殿宇復完，華不至侈，質不至陋，真伊陽……爲國元子□遵綱而就卑辱舍壯麗而安，僻陋去華……相曰：色即是空。曰寂滅爲樂，其心澹然無欲，肯費人……忍辱曰：利益，夫廣大者仁之量也，慈悲者仁之實也。……而措之耳。若夫輪回托生之説，脩行布施之論，……號曰仁王大王者，天下之共主也。而佛有……則庶乎其佛也，否則有不□爲乙鄉……。

【〇七一】 重修浄土禪寺記

年代：明嘉靖十一年

尺寸：高 221 釐米，寬 77 釐米

立石地點：伊川縣白元鎮水牛溝村浄土寺

重修浄土禪寺記

文林郎真定府靈壽縣知縣致仕鶴峰李尚□（撰），嘉靖戊子科鄉貢進士九皐李當□（書），正德己卯科鄉貢進士九皐蔣堯庸（篆額）。

嘉靖壬辰冬十月既望，浄土寺僧圓景手尺牘謁予，告曰：兹寺創自□天賜延和間，歷乎宋，沿乎金元間，建□□世遠莫考。迨我朝正統辛酉，僧人宗□庵住持于此，尋任嵩之僧會。去訖成化甲午，鄉耆復請客僧悟義率土本静主之，□創正殿三楹，餘皆未建。弘治元年，有静□□□金山移兹，□□□素庵之徒景之剃度師也。自兹以來，越歷非一歲，更代非一人，不過循途守轍，牽補度日。受□其如□之久，而不敞向景也。叨居有日，年齒漸□，事爲□□，□前脩之艱苦，睹方壞之貌𡑞，迺慨然以興復爲己任，謀諸□□，官□公議，鄉人梁受、趙良輔、梁顯、杜深、亢維學輩，疏緣多□，一時遠近良族，咸樂相助，材木金□，□用之具，歘爾鳩集。於是，殿宇堂室，庖福門廡，缺者增之，毁者易之，漫□□新之。自發期以迄今日，五閲□□而始皆言成功之不易也。其像□義烈，凡浮屠之所直有者，□嚴洗繪。工猶未畢，將以明年辛巳次第而落□。兹者脩復之石，磨礱已就，丐先生一言，以垂永久，庶可□□不没□□。嘗□閲釋書，天臺□太師□浄土十□□，□抵使人專於清静，而歸心是土，無他爲也。故柳子□宦永州，有浄土院記，載在松予集中，可考也。然兹寺亦以浄土名之，其有取於斯乎？夫釋之爲教，儒者□□□，而□子與之何哉！蓋以幽人高士，懷山水之樂，以奇峰秀川，人足之所而至者，必僧能苦節，足以利而有之，因□假吾□之詩文來，吾人之登眺其地，且人忽□□□□故□人以詩無僧字□清，殆此類耳。况兹寺建立，突出乎伊水東原之上，□田層疊而北拱，靈湫環遶而西流，高亢□□，爲伊邑之勝概。予自退休林下，往年□□□第進士，聯轡一遊，遊之時，人無知之者，未及寺，數十武景已久俟於門，從□無之□戲曰：爾其董五經歟。景微哂，遜謝而已。與之談論，亹亹有據，繼其□悟，頗熟□後，知景之一言一行，皆足以感人而動物，宜其致多方之助，而復此數十年之一以一朝，亦可謂空門巨賢，有志於繼述者矣。子可嫌於浮屠，拒之而不與邪？噫！世之爲人之臣，若子於君父之所遺，非惟不能脩復以固守，抑且併其成□而鬻受者有矣。其視浮屠何如哉！故因有所感而併紀于石，以爲當時後世勸。

大明嘉靖十一年歲在壬辰孟冬望後十日立。

伊陽縣知縣趙。伊陽縣主簿徐。伊陽縣典史新。布政司欽差趙穆、趙禮。本寺首座□涵，監司乾明，西堂圓清、座頭，□堂□真，悦者真□，□者榮覺寬，惟那覺定，殿主真□，知賓常經，典座覺昇、□昇、覺名、覺典、徐法、孫海、海潮。伊陽縣僧會司僧會善凱。嵩縣僧會司護印覺隆。乾明寺住持福照，弟子洪福、常□。汝州風穴寺住持湞禄、□□清。洛陽龍泉寺住持本宗。嵩縣龍泉寺住持悟泰、閆來。□□□□當代住持圓景，門徒覺寬。興福寺住持悟□。碧峰寺住持善福、善賛。仰天寺住持本朝。金山寺住持圓孜、覺用。清京寺住持覺□。寶應寺住持□□。退隱寺住持海江、海珠。報國寺住持德營、明曉。善慶庵住持同林、同木、善福、洪林、洪慈、洪哲、洪福、洪記、洪錦。崇興寺住持洪□。廣興寺住持静昇。永慶寺住持誓寬、如慧、悟藏。能仁寺住持德杲、譚福、何□。

大明國

重修伽藍殿記

蓋聞[illegible]陀諦光緣是行深般若，觀音化現世界，如來之先，周氏及今尚然如此延[illegible]

朝自大齊武平元年庚寅歲建造石佛為始，乃無水火毀之，後洪武[illegible]間[illegible]

溫全魏氏仍見古蹟之地，創建觀音堂及兩廊殿宇，[illegible]一女出家在寺，法名圓[illegible]

焚修。潛人文全永樂年有玄祖遊檢[illegible]重整殿宇。又弘治年有人親溫[illegible]

規趙[illegible]因見傾頹，亦修殿宇，塑像，仍舊經今千久。本堂伽藍殿[illegible]

靖庚子有溫洋[illegible]溫[illegible]本堂住持尼僧悟寶、李[illegible]同村方施主共捐資

財磚瓦[illegible]遂造完成，華彩新，因立石于壁，以記歲月云爾。

誠心地主溫洋 室人[illegible]氏 男溫經 溫堂 溫[illegible]

溫璽 室人[illegible]氏 男溫朝[illegible] 溫[illegible]臣 溫朝進

溫[illegible] 室人李氏 男溫朝用 [illegible] 溫朝州 溫朝[illegible]

溫[illegible] 室人周氏 男溫朝[illegible] 溫朝[illegible] 溫朝奉

溫[illegible] [illegible] 住持尼僧周住 周[illegible] 周[illegible]

[illegible]

[illegible]

時[illegible] 李章 [illegible] [illegible] 陳進 高林 葛[illegible] 呂川 郭[illegible] 趙[illegible] 張[illegible]

府掾荷堂陳舜 秦孝 [illegible] 趙祿 馮和 [illegible] 崔臣

馮縉 黃氏 安太 李虎 張文智 [illegible] 趙玉 李[illegible] 李受 李美

時大明嘉靖拾玖年拾月拾伍日重修。石匠趙文臣 趙文名

陰陽[illegible] 劉太用 木匠張珣 泥水匠馬山 馬現 代書人[illegible]

助工人魏[illegible]住 崔孝 郭達 李[illegible] 守慶 杜九[illegible]

【〇七二】 重修伽藍殿記

年代：明嘉靖十九年

尺寸：高 58 釐米，寬 58 釐米

立石地點：伊川縣江左鎮温寨村觀音廟

重修伽藍殿記

〔碑首〕：大明國

竊以頭陀溥光，繆是行深，般若觀音，化現世界，如來之先周氏，及今尚然如此。迺前朝自大齊武平元年庚寅歲，建造石佛爲始，刀兵水火毁□矣。後洪武年間，有家祖温全，魏氏，乃見古沓之地，創建觀音堂，及兩廊殿宇俱究，捨一女出家在寺，法名圓聰，焚修香火。及至永樂年，有玄祖巡檢温良，重整殿宇。又弘治年，有父親温得、母親趙氏，因見傾頽，亦修殿宇、壁像。經今年久，本堂伽藍殿傾壞。嘉靖庚子，有温洋暨弟温璽等，本堂住持尼僧悟賓率同十方施主，共捐資財，磚瓦工食，建造完成，革故鼎新，因立石于壁，以記歲月云耳。

誠心地主温洋，室人袁氏，男温經、温堂、温書。温璽，室人孫氏，男温朝卿、温朝臣、温朝進。温宜，室人李氏，男温朝甫、温朝佐、温朝祐、温朝州、温朝璋。温紬，室人周氏，男温朝相、温朝現、温朝學。温釗、温玉、温沛、温鑾、温奉。住持尼僧周任、周定、周連。

捨財功德施主：李□，室人温氏。陳章，孫氏。程時禎、劉圭、劉炎、劉珣、周友、蘇晉、蘇彰、蘇□、蘇騰、蘇云、周成、侯惠、周用、侯世崇、李景方、張文禄、韓沾、李章、韓宜、李生、段彪、陳進、高林、高恕、高川、郭玘、趙沛、張聰、府掾符堂、陳孝、秦學、李隆、李定、趙禄、馮和、魏云、蔣馮氏、周陳氏、崔臣、馮縉、黄氏、安太、李虎、張文智、趙果、陳用、趙玉、李良、李受、李美。

時大明嘉靖拾玖年拾月拾伍日重修。

石匠：趙友臣、趙友名。陰陽：王珮、劉大用。木匠：張珣。汝州泥水匠：馬山、馬現。代書人：王珮。助工人：魏洪、張住、崔學、郭運、李玄、李文静、羅守慶、杜九零、孫欒。

伊陽淨土梵宇佛像記并頌
承德郎直隸永平府通判丁卯科舉人管世祿撰文　直隸廣宗縣儒學訓導穆時躍篆額　河南府儒學生員管□□書丹
洛陽官予休官林下訂盟泉石因穆刺史之子時躍從予學遂偕乃昆玉直伊嵩水田二頃有奇上以輸租而
國下張諫長布家時則予方逆旅伊洛別墅條有淨土首僧覺寬輩率大衆不遠而來僉合掌稽請曰吾師景春山巽建茲剎未
畢而圓寂乃令仍募施資檀那若干人相與同心締事俾梵宇革故佛像鼎新煥然金碧輝煌蔚然丹堊晃耀則吾師風願畢矣
且願石工鑿碑鐫銘以待敬希不吝珠玉留鎮山門可乎予聞而默然第從三謁三請焉管子始諾曰道不同不相為謀謀不忠
亦矣害達者遂斯滅矣謀滅斯記矣紀一事弗知儒者所恥韓邦大儒尚進墨翟予可以不文辭邪嘗閱釋書佛乃梵王太子棄
自夫豈心地空覺彼所謂西方聖人也迺其心知富貴不可久居也故雪山以棲□□不可□奈也故落髮以脫俗脫俗不可
無為也故化人以普濟普濟不可私己也故捐軀以利世利世維何摩頂放踵依稀孟訓之兼愛棲真維何明心見性影響程詮
之近理夫惟近理也蘊視王公高明易移惟兼愛也蠱惑群黎愚蒙雖曉難曉則下無法守也易移則上無道揆也惟三代盛時
國不然要之綱常素明故也厥後綱常教弛左道潛滋罔□夢幻金人漢明始入中國浸淫於梁武捨身猖狂於唐憲佛骨此韓
公之表諫歐陽之本論辭而闢之鄙如也予團韓歐之徒也遠宗孔孟之名教近守
昭代之典章僧必從官示君臣之義也律嚴不拜著父子之親也茲嘉寬紀述請文忽以故直言不諱者正欲尊君而親
壽於國為忠臣親其親而恪遵律令於家為孝子是故予所以斬言梵宇於一時而特紀忠孝於萬世也否則□之不暇而
於為文也邪故曰謀滅斯記也害達斯滅也一日管子義方教子少暇試往觀焉觀淨土之祠宇見浮屠之遺像退而嘆曰□□
非尊崇之道土木非聖體之宜真所謂出自西方而南無者也慨然有懷乃作頌焉其辭曰猗歟
明神化郊清走風疏秀樂行歸耕上築伊涯儕仰陶情梵剎修辭義仁道嗚呼嗟浮屠雪山幽居清淨如塊六載菩提□天台□□
千擬特書嘆彼鄉子記院有諸騰彼米峪寺曰淨土婉蜒青龍馴伏白虎玄武垂頭朱雀翔舞宇像一新翬飛奐觀大哉宣聖神
道救一以貫之體用俱興萬世王祀宮墻廟貌彼何人斯道其所道予何人哉前修賤迹螭碑倚馬呵筆文石工拙罔計淵明
大道是非何世授豈歸儒嘉靖二十一年歲次壬寅十一陽月二十有四日立石　石匠□□

【〇七三】 伊陽浄土梵宇佛像記并頌

年代：明嘉靖二十一年

尺寸：高 202 釐米，寬 83 釐米

立石地點：伊川縣白元鎮水牛溝村浄土寺

伊陽浄土梵宇佛像記并頌

承德郎直隸永平府通判丁卯科舉人管世禄撰文，直隸廣宗縣儒學訓導穆時躍篆額，河南府儒學生員管以中書丹

洛陽管子，休官林下，訂盟泉石。因穆剌史之子時躍從予學，遂依乃昆玉置伊嵩水田二頃有奇，上以輸租而□，下以課養而家。時則予方逆旅伊洛别墅，倏有浄土首僧覺寬輩率大衆不速而來，僉合掌羅拜，請曰：吾師景春山曩建兹刹，未畢而圓寂。乃今仍募施資擅那若干人，相與同心繪事，俾梵宇革故，佛像鼎新，焕然金碧輝煌，蔚然丹堊晃耀，則吾師夙願畢矣。且顧石工鑿碑蠟緇以待，敢希不吝珠玉，留鎮山門，可乎？予聞而默然，第後三謁三請焉。管子始諾曰：道不同，不相爲謀；謀不□，亦奚垂遠，垂遠斯臧矣，謀臧斯記矣。矧一事弗知儒者所耻，韓柳大儒，尚進墨謁，予可以不文辭耶！嘗閲釋書，佛乃梵王太子□，自天竺心地空覺，彼所謂西方聖人也。遡其心，知富貴不可久居也，故雪山以棲真；塵囂不可表素也，故落髮以脱俗；脱俗不□無爲也，故化人以普濟；普濟不可私己也，故捐軀以利世。利世維何？摩頂放踵，依稀孟訓之兼愛。棲真維何？明心見性，髣髴程□之近理。夫惟近理也，藐視王公，高明易移。惟兼愛也，蠱惑群黎，愚蒙難曉，則下無法守也，易移則上無道揆也。惟三代盛□則不然，要之綱常素明故也。厥後綱常教弛，左道潛滋，周靈夢幻金人，漢明始入中國，浸淫於梁武捨身，猖狂於唐憲佛骨，此韓愈之表諫，歐陽之本論，辭而闢之，廓如也。予固韓歐之徒也，遠宗孔孟之名教，近守昭代之典章。僧必設官，示君臣之義也；律嚴不拜，著父子之親也。兹嘉寬繼述，請文懇以故直言不諱者，正欲尊吾尊，而祝□聖壽，於國爲忠臣。親其親，而恪遵律令，於家爲孝子。是故予所以靳言梵宇於一時，而特紀忠孝於萬世也。否則廬君之不暇，而□於爲文也邪！故曰：謀臧斯記也，垂遠斯臧也。一日，管子義方教子，少暇試往觀焉。睹浄土之祠宇，見浮屠之遺像，退而嘆曰：□□非尊崇之道，土木非聖體之宜，真所謂出自西方，而南無者也。慨然有懷，乃作頌焉。其辭曰：

猗歟□明，神化廓清。走夙毓秀，樂行歸耕。卜築伊涯，俯仰陶情。梵刹脩辭，義仁道鳴。吁嗟浮屠，雪山幽居。清浄如塊，六載菩虚。天臺顓□，十疑特書。嗤彼柳子，記院有諸。瞻彼水峪，寺曰浄土。婉蜒青龍，馴伏白虎。玄武垂頭，朱雀翔舞。宇像一新，翬飛爰睹。大哉宣聖，神道設教。一以貫之，體用俱奥。萬世王祀，宫墻廟貌。彼何人斯，道其所道。予何人哉，前脩踐迹。蠟碑倚馬，呵筆文石。工拙罔計，淵明大適。學匪阿世，援墨掃儒。

嘉靖二十一年歲次壬寅一陽月十有四日立石。

重修觀音寺伽藍殿記

生聞曰佛即心心即佛又曰佛者無上

又曰佛生西域其心慈悲其教在普化

衆生其所説法有曰要知來世音今生

作者是而伽藍其讀法者生深味其語

意盖言人不可有機心機事不可乎空

起妄想之其心慈悲以無爲言也昔

漢明帝

梁武帝極崇尚之我

朝因在在有寺寺寺有像温先世曾

荊寺塑像于寺舍南一則提迷者而使

之大窟一則借以當一方風水歷歲既

久漸豐彫敝嘉靖季温伯大重飾之今

温伯母又重飾之工成刊石以誌歲月

垂不朽且欲以化厥子孫生[illegible]遂洲泰

潤魁廷養元二温會大會母意以誌伯

丈諱南崗公是伯母諱聶氏夫人是生

伊諱洛陽衆宇陳紫宸也

皇明萬曆乙未歲仲夏立

孫門王氏 滿門趙氏 李門吳氏

孫門蔣氏 李門杜氏 王門温氏

李門張氏 温門馬氏 温門孫氏

【〇七四】 重修觀音寺伽藍殿記

年代：明萬曆二十三年

尺寸：高46釐米，寬56釐米

立石地點：伊川縣江左鎮温寨村觀音廟

重修觀音寺伽藍殿記

生聞曰佛即心，心即佛。又曰佛者，無也。又曰佛生西域，其心慈悲，其教在普化衆生。其所説法有曰：要知來世[音](果)，今生作者是，而伽藍其護法者。生深味其語意，蓋言人不可有機心機事，不可平空起妄。總之其心慈悲，以無爲言也。昔漢明帝、梁武帝極崇尚之，我□朝因在在有寺，寺寺有像。温先世曾創寺塑像于□舍南，一則提迷者而使之大寤，一則借以當一方風水。歷歲既久，漸覺彫敝。嘉靖季，温伯丈重飾之，今温伯母又重飾之。工成刊石，以誌歲月垂不朽，且欲以化厥子孫。生與涵洲、養潤、魁廷、養元、二温，會丈會母意以誌。伯丈誰？南崗公是。伯母誰？聶氏夫人是。生伊誰？洛陽寰宇陳紫宸也。

皇明萬曆乙未歲仲夏立。

【〇七五】　粧塑觀音菴聖像記

年代：明萬曆四十五年

尺寸：高 109 釐米，寬 55 釐米

立石地點：伊川縣鳴皐鎮楊村

粧塑觀音菴聖像記

廟堂之建何取哉？取其形勝而已。此方南接嵩臯，峨峨然山河之疊□，□連宜屏，巍巍乎峰峪之並分，層巒拱向，亦中原勝地也。迄我皇明開闢，崇重觀音佛，靈虛□□巍峨無□□□名山大川，詔奉皇祠，匪敢弗欽。永樂年，此境有土人張公諱祥，建立佛堂於兹。萬曆初歲，公之裔孫諱端重修。侄仕義見規模隘小，遂施地基一□，□□僧人掛錫，□壯偉觀。但歷年久，祠□□漏不堪，佛像風吹損□，凡有瞻拜，輒然宛嘆。佛堂僧人性香□沐興心，掠聯資帛，粧塑聖像，合□□色，輝煌□□更新丹塑教主、白衣二佛配享。不踰月而告完，落成之日，□□爲記。古云：立功立德，子嗣繁衍。施財功德，垂記此編。碑立堂側，億萬斯年。

鄉進士文林郎知陜西河水縣事嵩陽九海吕裕春撰，宜陽縣儒士苗勃然書。

明萬曆肆拾伍年六月初六日。

【〇七六】　創建白衣觀音堂供醮三載碑記

年代：明天啓四年

尺寸：高 65 釐米，寬 84 釐米

立石地點：伊川縣江左鎮温寨村

創建白衣觀音堂供醮三載碑記

河南郡屬邑登封，乃古陽城，春秋潁考叔故里也，地靈人傑，文士蔚起，户或可風，人多長厚。而積善勤施，好行其德，未易屈指數。潁西温氏，世業耕讀，後先濟美，其於寺院宫觀修葺博施，不可枚舉。宅迤東河水清流，其龍山有地一區，池塘淵源，目者卜之，創立白衣觀音堂一所，金像莊嚴，前則捲棚拜殿，殿之前復砌爲蓮溪，猗歟休哉！所費不貲，伊誰之力？悉儒官温公仝夫人孫氏，竭處修造，落成於天啓元年二月二十一日。且就中建供清醮三載完滿，因社衆請記，於我輩素非貢諛者，夫明神拔厄救難，濟世利物，真爲苦海慈航，昏衢巨燭，而福善衬淫，廣錫胤嗣，感應弗爽。今視温公系□孫繩，官服榮耀，異日鵬搏萬里，當有龍章鳳誥矣。其誌之以著不朽云。

社首：信官温養潤室人孫氏。副社首：王氏夫主秦貴，温氏夫主李登第，李氏孫男小青銅，曲氏仝男李騰龍，温氏仝男郭爾禄，孫氏夫主李昷仁，周氏夫主姚大時，温氏夫主李化信，劉氏夫主李化民，温氏夫主李天禄，温氏仝男李坤亨，李氏夫主周景先，李氏夫主陳如相，張氏孫男劉常木，常氏夫之陳肖全，孫氏夫主劉光文，張氏夫主黑於看，秦氏夫主劉位，翟氏夫主黑體金，崔氏夫主柴孟友，秦氏仝男小鐵見，温氏夫主張守正，付氏夫主張應科，杜氏夫主張季夏，馬氏夫主張聚，喬氏夫主王一介，李氏仝男温同太、温同春，温氏夫主張從化，周氏夫主李仁美，張氏夫主温起欽，王氏夫主温所聞，劉氏夫主温九合，石氏夫主温九宰，王氏夫主石孟祥，白氏夫主陳九定，趙氏夫主石子香，石氏夫主武尚性，魏氏夫主侯養洛，武氏夫主李化枝，李氏夫主李化葉，魏氏夫主和自友，周氏夫主李孟書，郭氏夫主李孟春，袁氏夫主劉户，王氏夫主劉光全。

賜進士第直隸大成知縣邑人劉景耀撰。

功德主儒官温潤、室人孫氏，男丞差援例冠帶温際春、妻張氏，孫男温四教、温四竟。

大明天啓四年季春吉日立石。

木匠：温九榮、温雅量。石匠：林士奇、林士俊。住持：幸春。

重修伽藍殿記

邑西九十里許古有白雲寺伽藍殿近被天雨傾頹迫無

樓神處茲有本家集魏門閆氏同男養氣明意欲補葺以徵

難成會衆捐貲七千文本徒道正普化善士共約四千金

其貲不及毋奈已攢數千地基木植磚瓦煥然一新功完

立石題名永垂不朽為識

社貲每人百文

社首李有松 社首魏志尚 社首王尚得 社首魏天爵[illegible]百 社首張西山

魏國政 魏天梅二百 張邦政 魏守信 張可久

王大化 王守平 張其政 范從現 張以成

曲明春 王守安 鄧汝春 刘三哥 張以春

王加全 王三堯 王惟善 白進文 張從德

王進科 王酉然 王守當 吳三緞 張明正

郭應魁 魏志堯百半 王大全 社首刘文斋 曲明士

武士春 魏志讓百半 王尚信 [illegible]良 張法元

李從京 馬三春 王尚賢 常[illegible]春 社首樊天貴

楚登科 魏志林百半 王[illegible] 常神斧 胡士蒙

刘子春 魏廣 豈自貴 鄭三槩 秦開[illegible]

武士征 魏志尹 張[illegible] [illegible]

魏志朝 魏志旺 王尚武 [illegible]四百八

尹尚仁 魏志武 王進枝 [illegible]

張廷二百 魏志信 王尚斌 [illegible]

王三仲 魏志官 一段惟行

武士周 武士印 尚一琴三百 刘文炳 李從洸

段惟有

千從謨施梁一根 刘登科 冉化秀 [illegible]宋福 [illegible]

張守安 李茂 杜汝言

郭桂金

杜尚珍

大明崇禎六年三月吉旦立 住持宗樂 徒 道成

【〇七七】 重修伽藍殿記

年代：明崇禎六年

尺寸：高47釐米，寬64釐米

立石地點：伊川縣吕店鎮于集村

重修伽藍殿記

邑西九十里許，古有白雲寺伽藍殿，近被天雨傾頽，迫無棲神處。兹有于家集魏門閆氏同男養明、養氣意欲補葺，力微難成，會衆捐貲七千文，寺徒道正普化善士，共約四千餘。其貲不及，母子已費數千，地基、木植、磚瓦，焕然一新。功完立石題名，永垂不朽爲識。

杜貲每人百文。

社首吉有松、張國政、王大化、曲明春、王加全、王進科、郭應魁、武士香、于從京、武士氣、劉子春、武士行、魏志朝、尹尚仁、張正二百、王三仲、武士周、段惟有。于從麟施梁一根。

社首魏志尚、魏天梅二百。王守平、王守安、王三光、王自然、魏志克百半。魏志讀百半。馬三春、魏志林百半。魏志廣、魏志展、魏志旺、魏志武、魏志信、魏志官、武士印、劉登科。

社首王尚得、張邦政、張其政、酆汝春、王推善、王士營、王大全、王尚信、王尚賢、王賞、豐自貴、張□建、王尚武、王進枝、王尚斌、段惟行、尚一琴三百。冉化秀、張守安。

社首魏天魁、范守信、范從現、劉三奇、白進文、吴三統、社首劉文舉、蘆付良、蘆應春、蘆仲舉、鄭三樂、蘆仲才、蘆孟節、蘆世福、蘆世科、劉文炳、李從光。

社首張西山、張可久、張以成、張以香、張攸德、張明正、曲明士、張文元、社首樊天賢、胡士婁、秦國廷，以上各出錢四百八。王門吕氏。

石匠：王守福。泥水匠：□根□、□□□、孫九□、張□□。木匠：杜汝言、蘇桂全、杜尚珍、白□□。住持：宗樂，徒：道成、道圓。

時崇禎六年三月吉旦立。

【〇七八】　重修殿宇金塑佛像碑記

年代：清康熙五十二年

尺寸：高192釐米，寬72釐米

立石地點：伊川縣平等鄉馬回村永慶寺

重修殿宇金塑佛像碑記

〔碑首〕：皇清　日月

嘗謂隆替憑乎數，修廢存乎人，古今之大較也。即如永慶寺，古刹地也，由來尚矣。自勝國以迄國朝，殿宇、佛像傾頽已極。住持僧藏虚奮興其間，糾合衆力，營修中佛殿，而圓寂告矣。雖舊有香火地畝可以爲焚修之資，苦於無人經理。適馬回村有信士如張君國傑、忠珩等，目擊心傷，不怕人言，挺身爲之經理，將其地夏秋所獲籽粒積貯，□□□頗有贏餘，兼以四方好施君子各出己資，共勷盛事，遂鳩工庀材，□修營謀□，結構後佛殿三楹，周圍墻垣，而財力已竭。爲此之計，非得一僧之賢者爲住持而興復焉，度又不能忽開□□。風穴有僧號默鑒者，表表釋門，稱大士焉，村衆合詞敦請，因與其徒□來慨然以興復爲己任，有志未逮而卒。其徒隱樵繼之，首以西廡十王殿重修爲急，經營締造，不數月而厥功告成，宫殿足以蔽風雨矣，而法像不足以肅觀瞻，奈何！乃又於諸檀越中，擇有精力、不憚勤勞者，得白君雲明、梁君大用、申君保泰三人，同心協力，爲金塑計。爾時約計後殿佛三尊，中殿佛一尊，文殊、菩賢二尊，背坐觀音一尊，羅漢一十八尊，西廡地藏菩薩一尊，天王十尊，循次粧塑。或解己囊，或出募化，越歲而功甫竣焉，於是，殿宇、佛像焕然一新。雖諸檀越之力，如隱樵者，不可謂非僧中之矯然特出者歟。又念功難成而易敗，倘不勒石，以昭爾來，於後有起而恢擴者，將無所觀感矣。《書》云“叙之九歌俾無壞”，正此意也。爰運西山之石，磨礱已就，囑文於予。予自弱冠來，即讀書其中，其寺之隆替修廢，知之最悉，故不揣荒陋，振筆疾書，而爲之記。

萬壽科文林郎鄉進士劉天章倬□氏薰手拜撰，後學陳起蛟敬書。

本寺住持風穴退居方丈傳臨濟正宗第三十四代上默下鑑大和尚，嗣法門人：穎右、恒志、友雪、□知、□生，門徒：海林、海壽、海文、海智，徒孫：廣果、廣連，重孫：大賢、大秀、大洪，玄孫：函曉、函樸、函成。

石匠：程嘉、程動。

康熙五十二年歲在癸巳冬十月上浣之吉。

【○七九】 重修觀音寺碑記

年代：清康熙五十三年

尺寸：高 130 釐米，寬 55 釐米

立石地點：伊川縣江左鎮温寨村觀音廟

重修觀音寺碑記

〔碑首〕：碑記　日月

蓋聞佛生西域，自漢明帝時始入中原，歷唐宋元明，以迄今兹建寺設像，焚頂禮拜者，遍寰區也。佛之爲教，曰空曰寂，著之於經，談元説偈，大抵以慈悲爲本，方便爲門。蓮臺鳳高，超衆生於樂界；慈航普渡，濟迷群於苦海，而之爲功於世者，豈淺鮮也。潁西南七里餘許，有村曰温家寨，於村之南、寨之北有寺一座。居中而坐者，觀音大士也，列於左右者，文殊、普賢也。寺之由來久矣，創建之代之人已莫詳，其始其間，數代相繼，後先重飭，古碑苔石，可摩而□。歷至我朝，兵荒之餘，不能無頹殘之患。適有本寨歲進士字映斗温君令三郎諱汝標字瑞生，欲踵事重飭，特獨力之不能勝任也，因謀於族之同志者曰：斯寺也，寔始祖之徙居於此而創之，一以爲風水之鎮，一以爲祈榱之地也。若予輩高祖温全、曾祖涵洲，後光濟美，代不乏人，使不有以繼之，不惟無以承先代，豈何以貽後世乎？衆皆曰唯唯。由是，共勷厥事，或捐金貲，或施力役，捐施之外，用有不克，瑞生以身任之者，有不可以數數計也。由是，而殿宇輝煌，焕然一新，鳥革翬飛之觀，竹苞松茂之固，可述而誌也。此雖衆善協成，寔微□□之力不及。此功既告竣，勒石以誌不朽云爾。是爲記。

恩貢生王長仁士元氏沐手拜撰，邑庠生王魄金書丹。

功德主：温汝標、妻周氏，長男温端、次熷、三炌，孫纘祀。

化主：温門王氏、徐氏、趙氏。

蘇門温氏：銀二錢。段門郭氏：銀二錢。董門温氏：銀二錢。郝門温氏：銀二錢。温門徐氏：銀二錢。温門王氏：銀二錢。温門趙氏：銀一錢。温門杜氏：銀一錢。温門張氏：銀一錢。温門馬氏：銀一錢。温門張氏：銀一錢。温門常氏：銀一錢。張門温氏：銀一錢。温門杜氏：銀一錢。温門□氏：銀二錢。温門□氏：銀二錢。温門孟氏：銀一錢。温門董氏：銀一錢。温門胡氏：銀一錢。温門王氏：銀一錢。温門周氏：銀五錢。温門孫氏：銀一錢。温門孫氏：銀一錢。

時龍飛康熙五十三年甲午菊月穀旦。

木匠：潘瑞之。

重脩天王伽藍殿碑記　本寺募化十方住持僧界璽界存界壽徒侄普性普秀普梅侄孫融典立石

先王明刑與司徒並設，固欲使天下之善者勸，而惡者亦化之為善也。迨至後世，而象教以興，雖與先王之典
迴然不侔，而其所以教之不及，實有以殊途而同歸。令府城南五十里許，有萬壽寺一座，北枕伊水，南望九
鼻之美，伊水遶其右，嵩陽列其左，洵乎中州之勝境，卓然宇宙之奇觀。而其中之正殿者，佛也；護佛左右者，
天王伽藍也。眾信以故虔敬，令天下仰佛之面而慈心生，觀天王之容而畏心起，改過遷善，之先王之教益
以異也。第廟貌既建，未有久而不敝，使不有人焉為之繼起而重修之，則前人之所建者頹廢而不能以復
振，其何以率天下之人[illegible]善哉。今有功德主張應謨、張國喜、張玢、常炳、金秀，此五人者，皆發心向善，各
捐已貲，並住持僧[illegible]土木之費，非數人之力所能及，於是日夜往禁，東奔西走，募化四方，共
勸厥事，不數日[illegible]輝煌不減當年之[illegible]廟貌巍峨，頓覺今日方新者，皆眾善人之闡其
誠也。有以使四[illegible]起者，始至此也。然[illegible]成之後，不為勒石，不唯善念從茲以垂遠，
又何以使後[illegible]不朽也哉。因立石於寺，後求文于余。余思如此功德，則積善之家，自
有餘慶[illegible]其可望也。于是詳敘於善緣，流芳於後世，而象教亦有與先王

[illegible]學生[illegible]謝露頂首拜撰　門人張其敬沐手謹書

[illegible]五十三年九月十五日吉旦

【〇八〇】　重脩天王伽藍殿碑記

年代：清康熙五十三年

尺寸：高 128 釐米，寬 70 釐米

立石地點：伊川縣城關鎮瑶底村萬壽佛寺

重脩天王伽藍殿碑記

先王明刑，與司徒並設，固欲使天下之善者善，而惡者亦化之爲善也。迨至後世，而象教以興，雖與先王之典迥然不侔，而其弼教之不及，實所以殊途而同歸。今府城南五十里許，有萬壽寺一座，北枕伊闕之交，南望九皐之美，伊水遶其右，嵩陽列其左，洵乎中州之勝境，卓然宇宙之奇觀。而其中之正殿者佛也，護衛左右者，□大天王伽藍也。果何以故？原欲令天下仰佛之面，而慈心生；坐睹天王之容，而畏心起。改過遷善，□先王之教，無以異也。第廟貌既建，未有久而不敝，使不有人焉爲之繼起而重修之，則前人之所□建者，頹廢而不能以復振，其何以率天下之人，□□□□□善哉。今有功德主張應謨、張國喜、張玠、韋炳、金秀此五人者，齊心向善，各捐己貲，並住持僧□□□□□□□□土木之費，非數人之力所能及。於是日夜焦勞，東奔西馳，募化四方，共勷庶事。不數日，而□□□□□□□□□輝煌不減當年之旧，廟貌巍峨，頓覺今日方新者，皆此數人之開其端也。有以使四方□□□□□□□□□復起者，始至此也。然功成之後，不爲勒石，不惟善念泯没，無以垂遠，又何以使後之□□□□□□□□□□不朽也哉！因立石於寺，爰求文于余，余思如此功德，則積善之家，自有餘慶。五人有□□□□□□□□□□其可望也。于是，詳勒於石，使衆善流芳於後世，而象教亦可興，先王之教並傳云。

□學生員謝霑頓首拜撰，門人張其敬沐手謹書。

（以下功德主略）

本寺募化十方住持僧界爾、界存、界壽，徒侄普桂、普秀、普梅，侄孫融學立石。

時□熙五十三年九月十五日吉旦仝立。

殊勝
功德

【〇八一】 重修四天王殿並粧塑金身碑記

年代：清雍正三年

尺寸：高 172 釐米，寬 68 釐米

立石地點：伊川縣平等鄉馬回村永慶寺

重修四天王殿並粧塑金身碑記

〔碑首〕：殊勝功德

歲甲辰，余授徒永慶寺，禮佛畢，見殿宇巍峨，神像輝煌，古柏蒼翠，貞珉錯列，亦茲土佳勝也。竊疑後佛殿、中佛殿暨西廡閆君殿，俱各修塑一新，赫然改觀矣。而山門、天王殿墻壁傾廢，法像黯敝，胡不爲之焕新乎？鄉耆爲余言：此寺自村衆敦請汝之風穴默鑑與其徒穎樵至此焚修，後佛殿、中佛殿並閻君殿漸次修塑，天王殿未及重新，而默公飛錫西歸，徒穎樵繼之，訂緣簿，約鄉衆共輸分貲，同勷盛舉。亦未及興工，復相繼圓寂矣。今者穎樵之徒廣蓮暨其侄孫函曉，憂衣缽之失墜，望宗風之不振，慨然以修塑爲己任。奈歲比不登，有志未逮。何幸本年豐稔，會秋冬間，想爲修理耳。抵冬，果見備素饌，約鄉衆、出緣簿、斂布施，卜日動工，踰兩月而告竣，明年召工匠粧塑。自夏迄秋，四越月而光開，殿宇焕然，法像赫然，瞻仰之下，林目敬心，令人不敢萌回邪志，聖人神道設教，殆即此意也乎！是役也，物料、工匠約費五十餘兩，募化不過十數金，僅五分之一，餘皆兩師歷年香火地所儲之粟籽粒，不敢妄費，苦積以備用者也。若非兩師竭力贊成，善果恐難以有終矣。事□禪室中，被衲之外，别無長物，兩師猶謙讓，曰：此胥檀越之功，貧僧何力之有？嗚呼！誰謂浮屠中無表表人物哉！雖四方善信之功未可盡没，而僧力過半，不從而表彰之，何以爲後此釋門勸耶？釋氏佛之徒也，儒者孔子之徒也，吾儒中有能崇禮，此亦如釋氏者乎，其亦可聞風而感興矣。是爲序。

邑廩生李廣嗣薰沐撰文，受業弟子王思兑薰沐書丹。

本寺住持風穴退居方丈來性海廣太涵容洪宣祖胤永昭剛宗文照正覺睿治靈通慈仁溥濟法道興傳臨濟正宗第叁拾肆代默鑑大和尚，嗣法門人：海清，徒孫：廣果、廣蓮，重孫：大洪、大志，曾孫：函曉、函德，玄孫：容光。

石匠：王自新、謝□仝刊。

雍正叁年歲在己巳冬臺陽月吉旦。

【〇八二】　創修文昌帝君送子觀音閣碑記

年代：清雍正五年

尺寸：高 137 釐米，寬 58 釐米

立石地點：伊川縣平等鄉馬回村永慶寺

創修文昌帝君送子觀音閣碑記

〔碑首〕：日月

歲丁未，予授業永慶寺，禮佛畢，遍遊覽焉。而見夫廟宇巍峨，古柏蒼老，誠兹土勝境也。且其中後佛殿、中□殿、東西兩廡以及天王殿，法像□赫然可畏，令人一觀之而爲善去惡之心不覺油然動矣。誰謂佛教無□於□乎？而天王殿之旁，又創修一閣焉，曰“帝君觀音閣”，巍然而高聳，□□□金像，焕然一新，燦然美□。其位則帝君列座於南面，觀音列座於北面。爾時，予向其附近之父者而詢曰：帝君南面，觀音北面，□義何所取乎？或者南屬火，火光顯著，帝君南面，取斯文昌熾之義。北屬水，水能生物，觀音北面，取生生（不）息之義乎？父老曰諾。是歲之秋，其附近果入庠者多人；而祈子者亦有禱即應，則信乎！神之爲靈昭昭，而□功浩浩也。則是閣之建，不誠有大造於人也哉！而□是功者，難成而易敗，使不刊石，以垂諸悠久，則何以（傳）之百世，而俾勿壞耶！況乎其寺中之僧人，如廣□與其徒□□孫亟曉，皆貧僧耳，生日身被破衲，疏食不□□□自甘，而蓄其地中所獲之籽粒，以勷此盛事，□□□□□之費若干，磚瓦之費若干，金塑之費若干，□價之費若干，食用之費若干，用綦廣矣。雖其間有男（善士）、女善士之施，而所積有限，豈能聿□厥成哉。苟□没弗彰，何以爲後人勸乎？而後人之能繼其美者，又何以爲□法乎？故取西山之石，磨礱已就，而屬予作（文）以托之，予爰筆爲之序。

癸卯□科文林郎鄉進士候選知縣張暉景含氏沐手撰文。

本寺住持風穴退居方丈□默□鑑大和尚，門徒海□，徒孫□東、□經，重孫太洪、太元，曾孫瑞曉，玄孫容光、容學（立）。

石匠：王自立。

清雍正五年歲次丁未臺陽月吉旦。

【〇八三】　重脩觀音閣金粧神像碑記

年代：清雍正十三年

尺寸：高103釐米，寬52釐米

立石地點：伊川縣鳴皋鎮

重脩觀音閣金粧神像碑記

〔碑首〕：皇清　日月

鳴皋鎮西環以長堤，衢路之上，建以傑閣，一以防水患，一以蔽凹風，合鎮利害所關，非細事也。閣之上，觀音、大悲、真武、文昌衆聖雲集。考其創興之始，斷碣猶存，乃前明嘉靖年，吾宗七代祖洵陽縣令三泉公所脩建也。崇禎年重修之，順治年增修之。□熙年，東北一角傾圮，族祖歲貢生扶六公募衆修理，翻瓦殿宇，金粧神像。本街善信合族人衆暨予先父姬籙公，皆捐貲贊助，功果圓成，未及立碑。迄今五十餘載，風雨飄摇，殿堂敝壞，本宗諱溥者，經營脩理，不吝貲財，不憚勞苦，未數月而功告竣焉。承先啓後，善繼善述，厥功詎不偉哉，固宜壽諸貞珉，以誌不朽云。

邑庠生里人誠齊蔣恂撰文，男府學生毓嵩書丹

功德主：蔣門姜氏，男蔣溥、室人于氏，蔣沛、室人姜氏，孫應社、應科、應蜀、應登、應舉。生員蔣昌宗，信士柴起鳳。

吏員都收二錢。生員蔣璐二錢。生員蔣弘三兩。生員楊大壎一兩。信士蔣助國一兩五錢。生員蔣恂一兩。生員李炯二兩。匠人鄭文祥一兩五錢。王展五錢。蔣定國五錢。張心傳、李天挹五錢。王爵五錢。王居五五錢。紀國典五錢。王正二錢。張漢輔二錢。□作臨二錢。蔣山觀二錢。陳忠二錢。楊勤三錢。程思虎三錢。……

雍正十三年歲次乙卯五月吉日仝立。

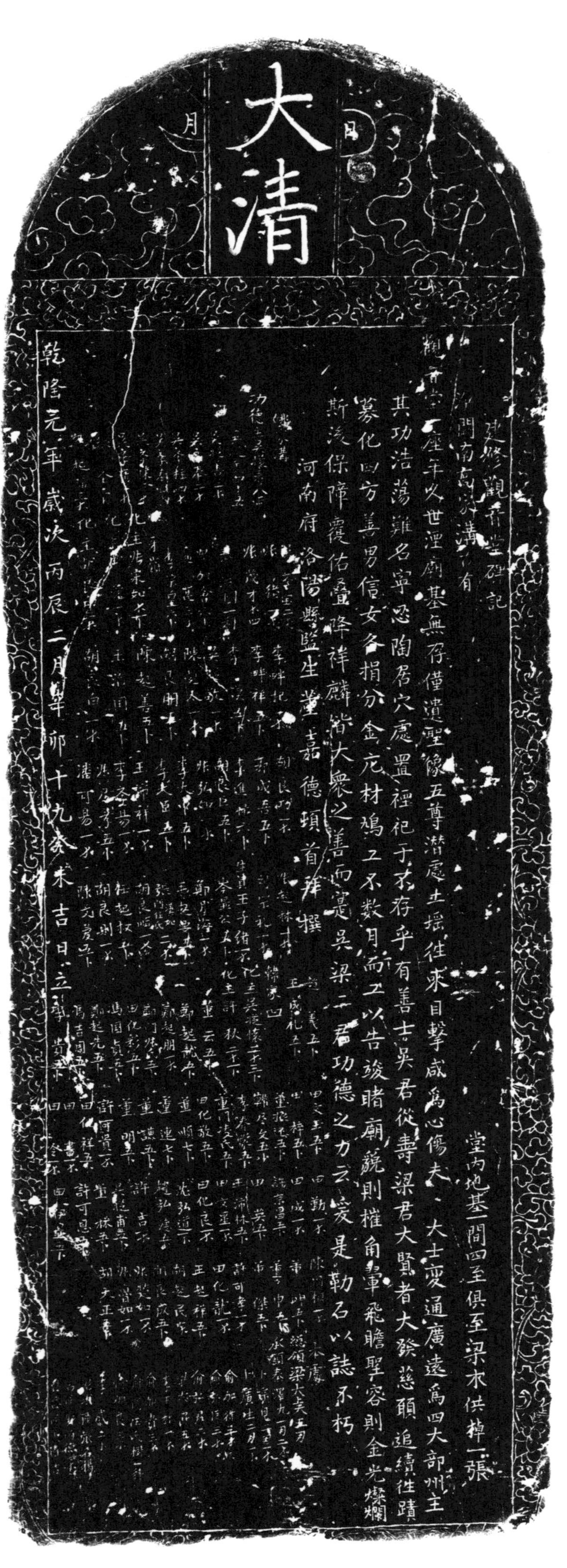
大清
建修觀音堂碑記
堂内地基一間四至俱至梁木供桌一張
觀音堂一座年久世湮廟基無存僅遺聖像五尊潛處土堀往來目擊咸爲心傷夫
大士變通廣遠爲四大部州主
其功浩蕩難名寧忍陷居穴處置禋祀于不存乎有善士吴君從壽梁君大賢者大發慈願追續往蹟
募化四方善男信女各捐分金庀材鳩工不數月而工以告竣睹廟貌則榱角翬飛瞻聖容則金光燦爛
斯後保障覆佑叠降禎祥麟趾大衆之善而實吴梁二君功德之力云爰是勒石以誌不朽
河南府洛陽縣監生董嘉德頓首拜撰
乾隆元年歲次丙辰二月辛卯十九癸未吉日立

【〇八四】　建修觀音堂碑記

年代：清乾隆元年

尺寸：高 168 釐米，寬 60 釐米

立石地點：伊川縣鴉嶺鎮高溝村關音廟

建修觀音堂碑記

〔碑首〕：大清　日月

伊闕南高家溝，古有觀音堂一座，年久世湮，廟基無存，僅遺聖像五尊，潛處土窑。往來目擊咸爲心傷。夫大士變通廣遠，爲四大部州主，其功浩蕩難名，寧忍陶居穴處，置禋祀于不存乎？有善士吴君從壽、梁君大賢者，大發慈願，追續往蹟，募化四方，善男信女，各捐分金，庀材鳩工，不數月而工以告竣，睹廟貌則榱角翬飛，瞻聖容則金光燦爛。斯後保障覆佑，叠降祥麟，皆大衆之善，而寔吴、梁二君功德之力云。爰是勒石，以誌不朽。

河南府洛陽縣監生董嘉德頓首拜撰。

姚家溝：功德主：吴從壽八兩。吴從美四錢五。吴從善三錢。吴□奉二錢。吴學柱四錢。吴學奉三錢。吴學廣一錢。張全一錢。李起福三錢。吴學寶二錢。張緒二錢。張茂才錢四。秦治樹一棵。豐加會六分。趙崑三錢。李宗皇六分。牙嶺：化主張宋如錢一分。化主畢黨一錢。化主胡良印二錢。胡良功一錢。郭成吾五分。李進禄六分。胡良臣五分。張弘如一錢。李大中五分。李大臣五分。王沛祥一錢。李學易一錢。張盡孝五分。潘可易一錢。張起林一錢。劉宗禮一錢。劉宗禮一錢。生員王子緒一錢。岑顯公五分。鄭月海一錢。毛起要五分。張漢如、張門任氏二錢。胡良順一錢。任起權五分。胡良則一錢。陳文愛五分。趙義五分。王成禮五分。韓家凹：化主吴從懷二錢三分。許秋二錢一分。董云五分。鄭起龍五分。鄭起朋一錢。鄭門張氏五分。田化彩五分。馮國貞五分。鄭起先五分。馮吉周五分。李貴五分。田文玉五分。田梓五分。董振還五分。韓盡文五分。李養蒙五分。董門凌氏五分。田化敬五分。董順七分。董連七分。董謙五分。董明五分。許可貴一錢。田化祥五分。田書一錢。田令一錢。田勤一錢。田成一錢。許京昌五分。田英五分。王沛林五分。田文星一錢。田化良一錢。沈弘道一錢。趙弘德五分。許吉一錢。吴從甫五分。董林五分。許可恩五分。田伊顯五分。陳國相一錢。董坤五分。董申五分。董傑五分。許可孝一錢。田化龍一錢。王起祥五分。胡起民一錢。胡良成五分。張楚如一錢。張魯如一錢。胡天正五錢。本處總領梁大□五兩。承領秦澤九一兩二錢。卜廣見二兩一錢。卜廣生二兩一錢。俞加行三錢。俞弘臣三錢。俞弘君二錢。梁大爵五錢。李玉林一錢。俞加貴三錢。俞門任氏樹一科（棵）。俞加良三錢。李成二錢。

泥水匠：張名揚。石匠：郭丙德一錢。塑□匠：卜禎吉。

乾隆元年歲次丙辰二月辛卯十九癸未吉日立。

【〇八五】 新建伽藍殿碑記

年代：清乾隆七年

尺寸：高 200 釐米，寬 38 釐米

立石地點：伊川縣高山鎮穀瑶村大覺寺

新建伽藍殿碑記

寺之有伽藍也，蓋自有唐高宗時，神秀禪師所創而立也，以護法門，以崇禋祀，鉅典之不没，厥惟舊哉。宜邑東南有大覺寺者，舊有伽藍殿，在正殿之東廡，湫隘淺狹，聖容剥落。比丘真石，徒如松；真柱，徒如棟、如椿等怵然也久矣。爰因正殿之水陸堂崩頽傾圮，寺有柏樹叁株，鬻之而估其值，既起而重脩之。今也，殿宇巍峨，階陛崇隆。猶念伽藍聖殿壯觀山門，況我聖朝定鼎以來，崇封榮褒，厥典煌煌，致使居殿東偏甚，非所以光祀典而妥神靈也。比丘目睹惻然，因商之諸善信人，用各募化善緣，樂輸己貲，庀材鳩工，共襄盛事。乃創殿三楹於山門之内，棟隆榱桷，巍乎改觀，黝堊丹雘，焕然聿新。而東廡舊殿，復施彩繪粧塑。哪哪菩薩聖像兩旁，更置角門二道，不惟奉祀事者足以順適乎？來往而仰寶剎者，群壯規模之恢宏，是一舉而數善兼焉。兹當厥工告竣，□□□□遡顛末，使未□奔□□視臨下□□赫爲仁人義士之懷油然生也。□□□□者□金觀之不爽，而孝子忠臣之感。

辛酉科舉人候選知縣喬遷拜撰并書。

功德主：王德政子曾敏、覺，生員弘毅施銀六兩，水陸堂施梁一株，馬驥子輔君、君祥、君錫施銀五兩。

總管：王文廣子廷舉、廷召施銀三兩。侯朝棟子祥施銀三兩。

化主：彭學禮子彭施銀三兩，王進章子心志施銀三兩，王起雲子友勳施銀三兩，劉銓侄雲慶施銀三兩。

王京水陸堂施磚四百，許輅水陸堂施石灰二千斤，善士苗金城、善養、柏秧，本寺僧如松、如棟、如椿新栽六十株。

吉禮、吉昌、吉祥、吉光施地六畝，坐落本寺西北東路南。

聚樂寺僧如□如經，徒妙建；□鶴寺僧如信，把關寺僧如殿。

木匠泥水匠王鈞施銀一兩，塑匠王之貴施銀一錢，石匠楊發。

仝立。

大清乾隆柒年歲次壬戌捌月吉旦。

【〇八六】 重粧觀音神像碑記

年代：清乾隆三十五年

尺寸：高 120 釐米，寬 50 釐米

立石地點：伊川縣吕店鎮後莊村關帝廟奶奶廟

重粧觀音神像碑記

〔碑首〕：鞏固

村之旁古堂一座，號曰觀音堂。神之功能，未敢妄述，而繪工圖像慈祥愷悌，靄有親睦風。故歲時瞻拜之下，睹其容者，油然動向善丟惡之心，以是知聖人神道設教，良有以也。第年遠日久，顏色剥落，面目塵封，一時繼美之士頓發善念，各出囊貲，覓畫史而丹雘之，焕然復新，一如舊容，庶興感之無已焉。噫！善之爲量大矣哉！有始事以開其先，復有再事以緒其後，於以見天良之不昧，而人心之同然。因勒石以□後之重修者。

邑庠生王甘臺紫雲氏沐手撰書。

同社：張王氏、張張氏、王宋氏、管張氏、高張氏錢三百。張史氏、王翟氏、紀張氏、張趙氏，以上各一百。王史氏、張林氏、杜王氏、史李氏錢一百。王張氏錢一百。史黨氏錢一百。張李氏、張劉氏、白牛氏，以上各五十。張年、杜□、朱太宇、黨賓……王□明、王盡臣、張文彦、史朝，以上四百八十。王啓祥、王盡敬、范君□、魏□□、黨希富、張瑗、黨從恕、高弘祥、黨從化、魏其文、黨從法、黨玉、張瑶，以上各錢一百六十。于賡施錢二百。宋弘有、宋名旺各錢五十。

買官地一段，王盡忠施地一段。

金塑匠：谷爾魁。

時乾隆叁拾伍年小陽月吉旦仝立。

創修觀音堂碑記

嘗謂廟堂之設重禋祀補脉氣誠盛
事也余自童子時聞諸父老曰村東
宜建立廟堂方爲有益奈其事未舉
其人已往至今莫覩亘觀焉余年方
長承先志因會集合族人等各捐已
貲結緣數載約其功可成於斯卜占
吉址督工建造落成於今之仲秋瞻
風氣者覩廟貌輝煌金粧聿新僉曰
本村有此一舉庶父老之志遂而風
脉亦不無少補焉功既告竣因勒石
刻銘以誌不朽云爾

處士 王 心 和 書

大清乾隆拾伍年仲秋吉旦

【〇八七】 創修觀音堂碑記

年代：清乾隆十五年

尺寸：高 49 釐米，寬 73 釐米

立石地點：伊川縣高山鎮鄭村王莊

創修觀音堂碑記

嘗謂廟堂之設，重禋祀，補脉氣，誠盛事也。余自童子時，聞諸父老曰：村東宜建立廟堂方爲有益。奈其事未舉，其人已往，至今莫睹巨觀焉。余年方長，承先志，因會集合族人等，各捐己貲，結緣數載，約其功可成。於斯卜占吉扯，督工建造，落成於今之仲秋。瞻風氣者，睹廟貌輝煌，金粧聿新，僉曰：本村有此一舉，庶父老之志遂，而風脉亦不無少補焉。功既告竣，因勒石刻銘，以誌不朽云爾。

處士王心和書。

大清乾隆拾伍年仲秋吉旦。

流芳百代
重修觀音堂碑記

【〇八八】 重脩觀音堂碑記

年代：清乾隆二十一年

尺寸：高 74 釐米，寬 32 釐米

立石地點：伊川縣彭婆鎮槐莊村奶奶廟

重脩觀音堂碑記

〔碑首〕：流芳百代　日月

聞之：福庇生民，厥惟神功；而補宇脩殿，端賴人力。今槐林庄古有觀音堂一座，其神之坐鎮此方也，以慈悲居心，以惻怛爲懷，而一□之老弱壯幼，誰不享其弘庥也乎！福庇生民大矣哉！奈歷年久遠，風雨多損，神無所棲，目擊之下，能不黯然□神傷也耶。幸有衆善人等目厭其傾，時廣脩葺，發虔施貲，不數月間，而堂□有輝，神像重新，此所謂以人力而仰答神功□也。玆當爲詞以託予，鄙人固陋，乃識僅以樸樕之才寫伊諱，以垂不朽云。

功德主□儉施銀二兩三錢。掠首韓九正施銀七錢。掠首張懷俊施銀六錢。陰陽生馮瑞施銀五錢。掠首蔡殿臣施銀五錢。掠首蔡九德施銀□錢。蔡和如二錢。馮運福一錢半。韓先仁一錢。韓先周一錢。韓先名一錢。蔡大位一錢。蔡興清一錢。韓先美一錢。韓正德一錢。韓立峰一錢。李風一錢。馮奇一錢。蔡九龍一錢。蔡鴻如一錢。蔡桂臣一錢。蔡楝臣一錢。韓先義一錢。韓布一錢。□加壽一錢。蔡景五分。蔡成如五分。蔡龍五分。張林五分。張懷富五分。韓先嚴五分。張正云五分。蔡英如五分。□松二錢。蔡丙臣五分。蔡宗如五分。蔡朝臣五分。蔡正如五分。米林五分。蔡俊如五分。張□花五分。韓先禮五分。韓正學五分。韓良五分。

共費銀八兩二錢。

畫匠：宋太文、李天順、陳生富。

大清乾隆二十一年歲次丙子大梁之月下浣二日吉旦。

【〇八九】 北殿記

年代：清乾隆二十二年

尺寸：高 188 釐米，寬 60 釐米

立石地點：伊川縣白元鎮夏堡村清凉寺

北殿記

〔碑首〕：流芳

清□寺北殿功竣，謁余爲記，嚮何神？曰觀音、曰六祖。視之六祖皆僧，觀音女粧。余少，未曾涉獵釋書，且不解合室所由，姑不叙，叙重建始終。先棟宇摧折，衆像塵垢，住持鋭意再造，不惜己□，殿起囊空，粧塑苦乏貲財。延五□，至乾隆丁丑歲，乘佛殿告成，僧等言及布□，時衆首事者，以大工甫訖，不便再□募化，各自捐金，襄竟兹舉，彌月之間，金碧輝煌爛如也。昌黎曰：莫爲之前，雖美□彰；莫爲之後，雖盛弗傳。是殿亦云。

功德主：□炳、□承先、李文耀、杜景睿、張秉秀、聶永太、楊其惠、賈紹榮、監生杜景召、杜景醇、張秉松、杜正信各六錢。

化主：杜門馬氏子景林、蔣門谷氏子璉、杜門吕氏子福、吕門趙氏子錫、吕門柴氏子敬、張門王氏子珣、杜門孫氏子天佑二錢。杜門楊氏子天秀二錢。杜門李氏子廷桂二錢。杜門李氏二錢。魏門杜氏子天喜二錢。杜門胡氏子松山二錢。王門馬氏子守先二錢半。張門董氏、張門李氏、賈門董氏、王門杜氏、魏門高氏、吕門魏氏、周門辛氏、金門吕氏、王門杜氏、張門吕氏、張門王氏、張門李氏、張門常氏、張門張氏、張門李氏、張門李氏、張門風氏、蔣門王氏、蔣門吕氏、張門王氏、張門周氏、金門樊氏、金門蔣氏、賈門李氏、杜門魏氏，以上各一錢。賀門張氏二錢。李門邢氏二錢。李門周氏、熊門郭氏、姚門魏氏、姚門張氏、姚門曹氏、喬門胡氏、宋門王氏、魏門陳氏、楊門師氏、李門張氏、胡門劉氏、姚門胡氏、李門張氏、李門毛氏、李門牛氏、李門申氏，以上各十錢。

大清乾隆二十二年歲次丁丑小陽月。

【〇九〇】　重修三峰山朝陽寺碑記

年代：清乾隆三十五年

尺寸：高 162 釐米，寬 67 釐米

立石地點：伊川縣江左鎮三峰寺村朝陽寺

重修三峰山□□□□□

登之封域，綿亘二□，□□踞其北，少室當其西，嵩峙潁流，蓋一□□云。其間貝宇梵刹，珠殿紺宫，所在多有列于太室者，曰法王，曰嵩嶽，曰會善，迤東則有盧□龍潭。在少室者曰少林，迤西則有清凉華巖。漢唐宋元以來，古碑遺迹，不可勝數。萃千峰之拱秀，繞萬壑之□流，邃奥幽清，□□福地，微特緇流輩，假此焚脩。而近人騷客，踵趾相錯，遄遄流連，往復不□去，蓋山川之移人久矣。兹朝陽寺，背□峰，面馬嶺，左紫雲，右萬安，溪澗環抱，地踞勝概，據舊址而憶前模規，制頗爲宏敞。邇燹銷後，幾於頽廢，吾存□餘著元人碑碣一片，僅曰少林下院，是可吁已。適隣近聚落劉君諱瑞、王君諱章等過其地，惻然傷之，以佛氏慈悲爲教，竟至□□，不能庇其遺像可乎？乃奮發善念，不惜多金，首先倡率，爰約同志王君諱士毅等一十五家，並疏募□□，襄兹盛舉。而此寺□完整如初，□始于雍正乙卯，落成于乾隆辛酉。時住持僧普冬方擬立石紀功德，尋以西歸不果。而其徒因循□之至舉，當年經營，捐施之得籍□於無何有之鄉□□□嘆乎。今有王君諱勷，慨當年之誌功不果，痛前人之德澤幾没，乃囑補□於予云，惟兹寺德□□□少林諸古刹輝映名山，微諸君之力不及此，予因樂得而書之，以垂不朽焉。是爲記。

時乾隆三十五年歲在庚寅□夏中浣穀旦。

歲進士候選儒學正堂傅□□亘千氏沐手拜□，潁右居士王□坤子静氏□□。

（以下功德化主略。）

【〇九一】　重修觀音聖母廟碑記

年代：清乾隆三十九年

尺寸：高 165 釐米，寬 60 釐米

立石地點：伊川縣白沙鎮常嶺村聖母廟

〔碑首〕：萬善同歸

時觀音聖母，萬世永賴。堂之建立，未卜何代。明時萬曆，二十一載，殿宇復溝，焕然藻績。逮逢聖朝，廟貌宛在，世歷四紀，色傾可慨。年已百餘，門甍頹敗，善士崛起，急思重修。内捐貲財，外募其儔，構造維勤，心力相投。礱密翠出，屈指以籌，丹雘是塗，洵美且侯。神焉□止，亥何其休。予撰俚語，錫其鴻猷，勒諸貞珉，百世傳流。

洛邑居士常世光薰沐並書丹。

（以下功德主化主略）

大清乾隆三十九年歲次甲午黄鍾月吉日立。

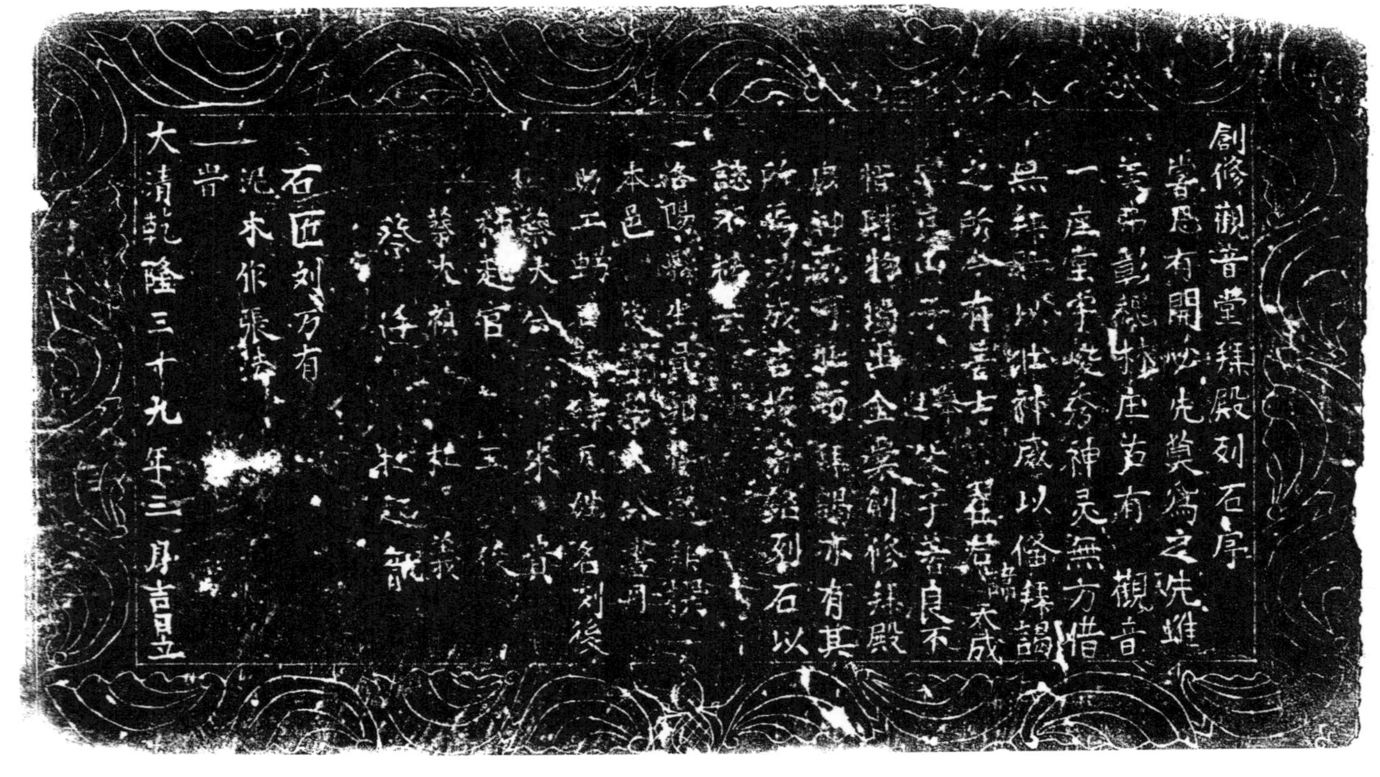
創修觀音堂拜殿刻石序
嘗思有開必先莫爲之先雖
美弗彰[illegible][illegible]座若有觀音
一座堂宇峻秀神靈無方惜
無拜殿以壯神威以備拜謁
之所今有善士[illegible]翟[illegible][illegible]天成
[illegible][illegible]山[illegible][illegible]安子善良不
惜財物獨出金粟創修拜殿
[illegible]神[illegible]可壯[illegible]拜謁亦有其
所焉功成吉[illegible][illegible]銘列石以
誌不朽云
一洛陽縣生[illegible][illegible][illegible][illegible]撰
本邑[illegible][illegible][illegible][illegible][illegible]
[illegible]工[illegible][illegible][illegible][illegible]各刻後
[illegible][illegible]大公[illegible]來貴
[illegible]趙官[illegible]王[illegible]
[illegible][illegible][illegible][illegible]杜[illegible]義
[illegible][illegible][illegible]杜[illegible]龍
石匠刘万有
泥木作張[illegible]
一[illegible]
大清乾隆三十九年三月吉日立

【〇九二】 創修觀音堂拜殿列石序

年代：清乾隆三十九年

尺寸：高 36 釐米，寬 61 釐米

立石地點：伊川縣彭婆鎮槐莊村奶奶廟

創修觀音堂拜殿列石序

嘗思：有開必先，莫爲之先，雖美弗彰。槐林莊古有觀音一座，堂宇峻秀，神靈無方。惜無拜殿，以壯神威，以備拜謁之所。今有善士翟君諱天成，字崑山，子□峰、□進，父子善良，不惜財物，獨出金囊，創修拜殿。庶神靈可牡，而拜謁亦有其所焉。功成告竣，著銘列石，以誌不朽云。

洛陽縣生員郭貴選拜撰，本邑後學蔡大公書丹。

助工□石□磚瓦姓名列後：

蔡大公、蘇起官、蔡大禎、蔡廷、宋貴、王俊、杜義、杜起龍。

石匠：劉萬有。泥木作：張法。

時大清乾隆三十九年三月吉日立。

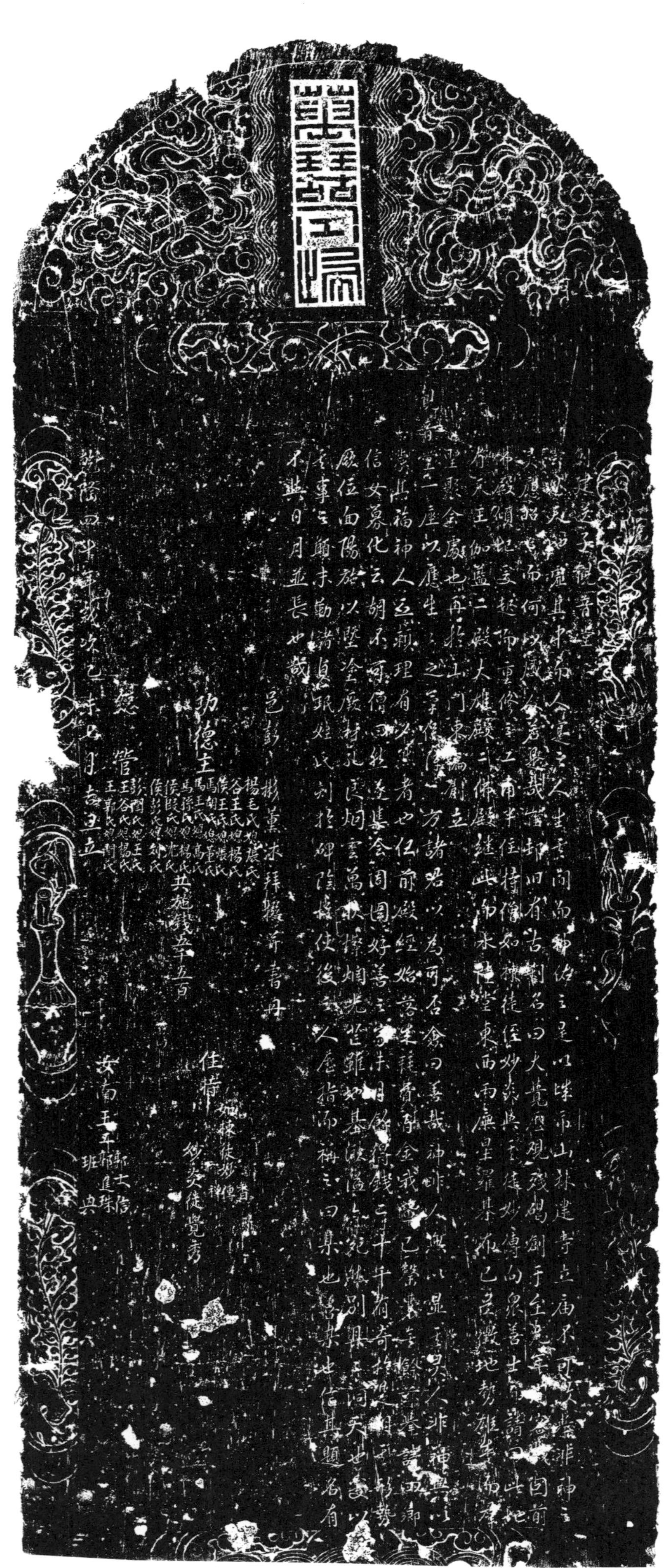

【〇九三】　創建送子觀音堂

年代：清乾隆四十年

尺寸：高 156 釐米，寬 62 釐米

立石地點：伊川縣高山鎮穀瑶村大覺寺

創建送子觀音堂

〔碑首〕：萬善同歸

嘗思天地虚其中，而人寔之；人生其間，而神佑之。是以城市、山林，建寺立廟，不可枚舉。非神之靈應昭昭，而何以感人若是哉！崔村舊有古刹名曰"大覺"，歷觀殘碣，創于道光年間，客口，因前佛殿傾圮，爰起而重修之。工甫半，住持僧如棟、徒侄妙炎與其徒妙傳，向衆善士而請曰：此地有天王、伽藍二殿，大雄殿、二佛殿，繼此而水陸堂、東西兩廡，星羅棋布，已足徵地勢雄偉，而群聖聚會處也。再於山門東偏創立觀音堂一座，以應生生之策，保障一方，諸君以爲可否？僉曰：善哉！神非人無以顯其靈，人非神無以蒙其福，神人互賴，理有必然者也。但前殿經始落成，耗費百金，我輩已罄囊無餘，兹舉請四鄉信女募化，云胡不可？僧曰：然。遂集會周圍好善之家，未月餘，得錢二十千有奇。於是，相其形勢，厥位面陽，施以墍塗，厥材孔良，煙雲萬狀，燦爛光芒。雖地基湫隘，亦宛然别具其洞天也。爰以其事之顛末，勒諸貞珉，姓氏刻於碑陰，故使後之人歷指而稱之曰：某也善、某也信，其題名有不與日月並長也哉！

邑彭彬薰沐拜撰并書丹。

功德主：楊毛氏媳張氏、谷王氏媳楊氏、侯王氏媳張氏、馬胡氏媳董氏、馬王氏媳高氏、馬孫氏媳楊氏、侯段氏媳沈氏、侯彭氏媳劉氏，共施錢五千五百。

總管：彭閆氏媳王氏、王谷氏媳楊氏、王郭氏媳閆氏。

住持：如棟，徒：妙香、妙傳、妙禪，妙炎徒：覺秀。

汝南玉工：郭士信、郭進珠、班興。

乾隆四十年歲次乙未七月吉旦立。

[illegible]重六百斤，熏爐一座重四百斤，磬一个重四[illegible]一个重[illegible]，共使錢三千七十[illegible]

[illegible]

首事人

王際治，錢五百。王臣，錢五百。劉玉錦，錢一千。張全義，錢一千五。王廷哲，錢五百。王際奎，錢五百。

閆如敬，錢一百。曾朝杰，錢二百。王元坤，錢三百文。曾朝安，錢二百。魏三統，錢一百。

穩家楼合村共錢五百。

住持僧湛賓，徒任寂楼，徒侄孫滇意

大清乾隆四十一年歲次丙申季冬初八日穀旦

【〇九四】　重修朝陽寺記

年代：清乾隆四十一年

尺寸：高 70 釐米，寬 50 釐米

立石地點：伊川縣江左鎮三峰寺村朝陽寺

自古欲其彰，彰而不顯，□弗彰也。如三峰山朝陽寺，祈鑄鐘房，上邊□科施錢名諱，糊塗甚多，有新其舊，誰而不能者，本非□善，而適以没善者乎。首事人等目睹心戚，有不忍没善之者，故立石碣一方，將各村善士名姓開列于上，以□不朽云。

鐘一個重六百斤，醮爐一座重四百斤，磬一個重四百斤，叉□一個重一十斤，共使錢三十七千五百七十一文。

（以下功德化主略）蘇家楼合村共錢五百。

……首事人：王際治錢五百。王臣錢五百。劉玉錦錢一千。張全義錢一千。王廷哲錢五百。王際奎錢五百。閆如敬錢一百。曾朝杰二百。王元坤錢三百文。曾朝安錢二百。魏三統錢一百。

主持僧：湛賓，徒侄：寂樓，徒侄孫：淳意。

大清乾隆四十一年歲次丙申季冬初八日穀旦。

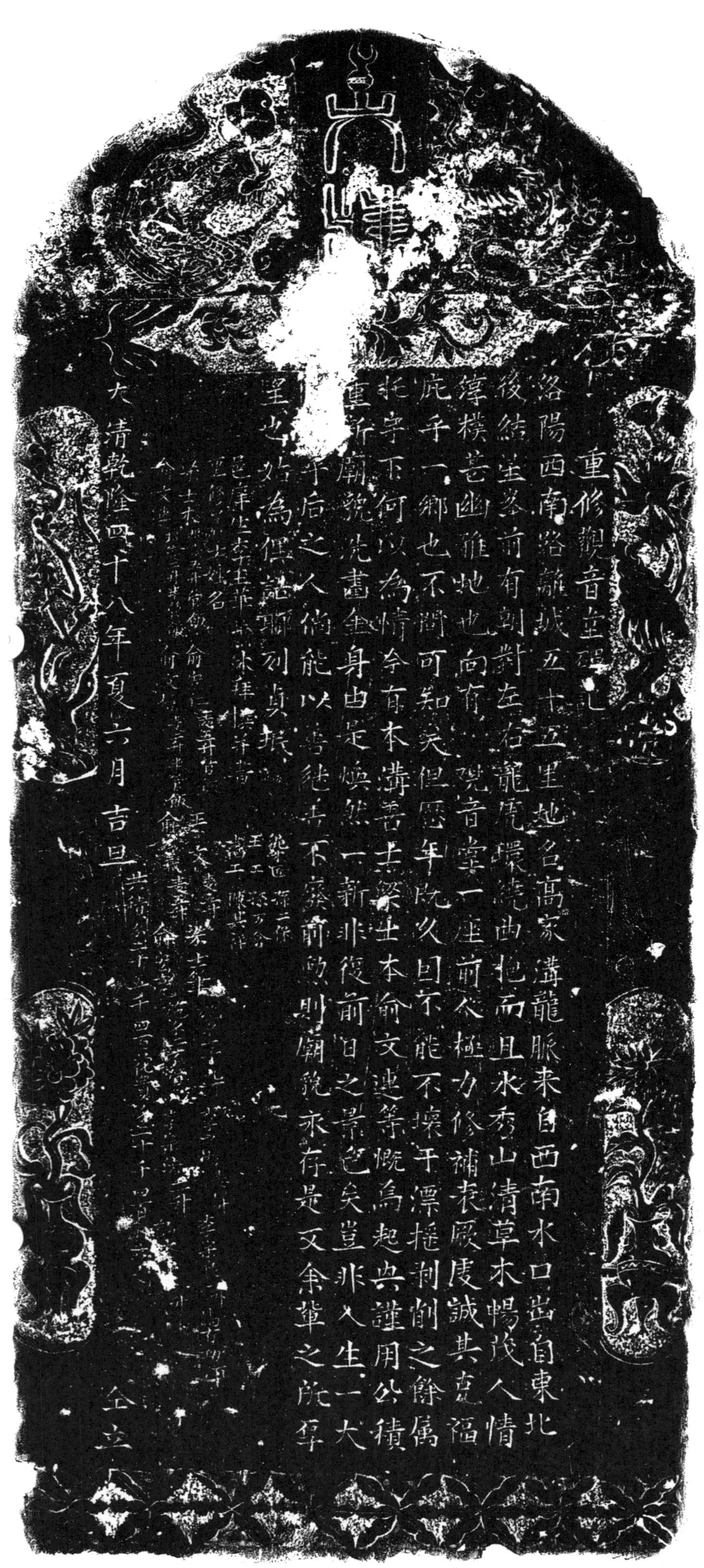
重修觀音堂碑記

洛陽西南路離城五十五里地名高家溝龍脈来自西南水口出自東北後結筆架前有朝對左右龍虎環繞曲抱而且水秀山清草木暢茂人情淳樸甚幽雅地也向有觀音堂一座前人極力修補表厥虔誠共荳福庇乎一鄉也不問可知矣但歷年既久固不能不壞于漂摇剥削之餘属托宇下何以為情今有本溝善士祭士本俞文連等慨為起與謹用公積重新廟貌并畫金身由是煥然一新非復前日之景色矣豈非人生一大幸焉后之人倘能以吾徒者不廢前勲則廟貌永存是又余輩之所厚望也竝為俚語聊列貞珉

大清乾隆四十八年夏六月　吉旦　仝立

【〇九五】　重修觀音堂碑記

年代：清乾隆四十八年

尺寸：高 118 釐米，寬 51 釐米

立石地點：伊川縣鴉嶺鎮高溝村關音廟

重修觀音堂碑記

〔碑首〕：大清

洛陽西南路離城五十五里，地名高家溝，龍脉來自西南，水口出自東北，後結星峰，前有朝對，左右龍虎，環繞曲抱，而且水秀山清，草木暢茂，人情淳樸，甚幽雅地也。向有觀音堂一座，前人極力修補，表厥虔誠，其克福庇乎一鄉也，不問可知矣。但歷年既久，因不能不壞，于漂摇剥削之餘，屬托宇下，何以爲情？今有本溝善士梁士本、俞文連等，慨焉起興，謹用公積，重新廟貌，洗畫金身，由是焕然一新，非復前日之景色矣，豈非人生一大□□乎？後之人倘能以善繼善，不廢前勳，則廟貌永存，是又余輩之所厚望也。姑爲俚語，聊列貞珉。

邑庠生李生華薰沐拜撰并書。

重修善士姓名：梁士本捐麥五升、管飯。俞文連捐麥二升半、管飯。俞宏仁麥五升、管飯。俞文棟麥二升半、管飯。王文麥五升。俞宏義麥五升。梁士筆施錢一千九百。俞宏亮施錢二百、管飯。李之彬麥四升。李宗法二升。李宗良一升。許文□二升。馬有功一升。

共積錢二十五千四百，花費錢二十千四百。

泥水匠：孫二保。土工：孫萬倉。畫工：陳其祥。

大清乾隆四十八年夏六月吉旦仝立。

【〇九六】 後莊重修廟宇碑記

年代：清嘉慶六年

尺寸：高 160 釐米，寬 65 釐米

立石地點：伊川縣呂店鎮後莊村關帝廟奶奶廟

後莊重□□□□□

後庄村舊有……家其佑，安坐連台，熟察八方之疾苦，高登寶殿，普救六合之生靈，誠宇宙福神也。普天之下，……欽其靈應之盛，而虔誠倍切焉。特以此廟，創修於萬曆年間，迄今二百餘年矣，經風雨之飄摇，……而不得安身之所，甚非所以妥神靈也。有黨君傑、王君鑌瞻拜之下，目睹心傷，於是内捐己貲，……不數日而殿宇兩間輝煌奪目，金像一堂，彪炳耀人。噫！何其速也。觀者皆以爲二公之力，而二公則以爲神之靈，而不居其功。功峻（竣），祈爲文以誌石，非借此以彰功德之盛，祈其報應之靈，惟欲使後之有知者，觸目興懷，動其善心，以修補於無暨焉耳。余於此復何言哉，亦第綜其事之始末，以爲序云。

洛邑戊申科舉人候選知縣田其荀沐手撰文，本邑庠生黨善行沐手書丹。

（以下功德化主略）

大清嘉慶六年仲冬穀旦。

金山寺口占

翠集山中柏亟生竹裹泉安禪有老衲隨處見諸天

河南府澠池縣教諭張翰儀

萬峰環木同雲靜古寺寒泉共月清金山自是靈秀

地開來此處可修生

國子監官學生候選訓導張翰揚

突兀峰高接碧天金山古刹列無前峯以人稱秀人化

亦有無窮浮家印浮峰坐層岳森翠柏佛坐出御覺

淨泉遙望一望伊川水不覺光陰五十年

候銓布政司經歷張燦而

冬雪明山翠春烟冷碧寒林間古寺裡靜聽一聲鐘出

邑生員張汝[illegible]

住持清枝徒淨輝徒孫洪[illegible]徒曾孫通興立石

大清嘉慶十二年三月二十七日

【〇九七】 金山寺口占

年代：清嘉慶十二年

尺寸：高 44 釐米，寬 44 釐米

立石地點：伊川縣白元鎮白元村金山寺

金山寺口占

翠集山中柏，幽生竹裏泉。安禪有老衲，隨處見諸天。

河南府澠池縣教諭張翰儀

高峰亂木同雲静，古寺寒泉共月清。金山自是靈秀地，閑來此處可偷生。

國子監官學生候選訓導張翰揚

突兀峰高接碧天，金山客到興莆然。以人祝我人非我，無我參禪我即禪。崕壁層巒森翠柏，佛堂幽砌響流泉。適來一望伊川水，不覺光陰五十年。

候銓布政司經歷張翰仙

冬雪明幽壑，春煙冷碧峰。林間古寺裡，静夜一聲鐘。

邑生員張汝中。

住持清枝，徒浄輝，徒孫漢明，徒曾孫道興立石。

大清嘉慶十二年二月二十七日。

創脩觀音七星閣碑記

神聖有旋轉之乾坤，而廟堂無昌豁之

地位。葯村有楊君諱發興、王等長視

此地卑下，水流直致，無補塞之，恐

終不吉。因而發善念，議鄉閭捐貲

財，顧工飯，同心協力，高閣聳峙，金

錫丹青。神像畫洗，既有祥光之

照臨，復為一方之保障。登斯閣者，

則有心曠神怡，其喜洋洋，感極而

歌曰：水口聚兮財用廣，下沙補兮

氣脉藏，暗箭破兮人物康。道建亭

兮同田長，村中父老恐功不著，善

不揚，囑余作文以表彰。余甚不敏，

嘗學問粗疎，短引靳諸貞珉。

宜邑屏南居士布天都撰書

嵩邑海山鐵筆葉潤生

楊法礼不六千一百文　生楊法典不七千一百文　楊法臧不三千八百文　楊法玉不三千四百文　[illegible]舟不三千一百文　楊法有不二[illegible]

楊法孔不二千　孫献不三千　楊信不一千九百五十　楊法富不一千[illegible]百五十　楊法禹不一千一百五十　楊法才不九百八十文

楊法義不七百九十八文　楊法佛不六百七十文　張立不五百七十文　楊法生不四百五十文　楊法全不三百施地九厘　楊忠不一百五十

泥木匠王愈

塑畫匠孫貴

首事人楊法興王楊公拜

嘉慶十四年歲次己巳桂月穀旦

【〇九八】　創脩觀音閣七星閣碑記

年代：清嘉慶十四年

尺寸：高 51.5 釐米，寬 83 釐米

立石地點：伊川縣鳴皋鎮楊疙瘩村

創脩觀音閣七星閣碑記

神聖有旋轉之乾坤，而廟堂無冒設之地位。玆村有楊君諱發玉、發興等，長視此地卑下，水流直致、無補塞之，恐終不吉，因而發善念、議鄉間、捐貲財、顧工飯，同心協力。高閣聳峙，金錫丹青，神像畫洗，既有祥光之照臨，復爲一方之保障。登斯閣者，則有心曠神怡，其喜洋洋，感極而歌曰：水口聚兮財用廣，下沙補兮氣脈藏。暗箭破兮人物康，道建亭兮同田長。村中父老恐功不著，善不揚，囑余作文以表彰。余甚不敏，未嘗學問，粗疎短引，靳諸貞珉。

宜邑屏南居士布天都撰書，嵩邑海山鐵筆葉潤生。

楊法禮錢六千一百文。監生楊法興錢七千一百文。楊法盛錢三千八百文。楊法玉錢三千四百文。楊舟錢三千一百文。楊法有錢二千。楊法孔錢二千。孫獻錢二千。楊信錢一千九百五十。楊法富錢一千三百五十。楊法周錢一千一百五十。楊法才錢九百八十文。楊法義錢七百九十八文。楊法佛錢六百七十文。張立錢五百七十文。楊法生錢四百五十文。楊法全錢三百、施地九厘。楊忠錢一百五十。

泥木匠：王愈。塑畫匠：孫貴。

首事人：楊法玉、楊法興、楊口仝拜。

嘉慶十四年歲次己巳桂月穀旦。

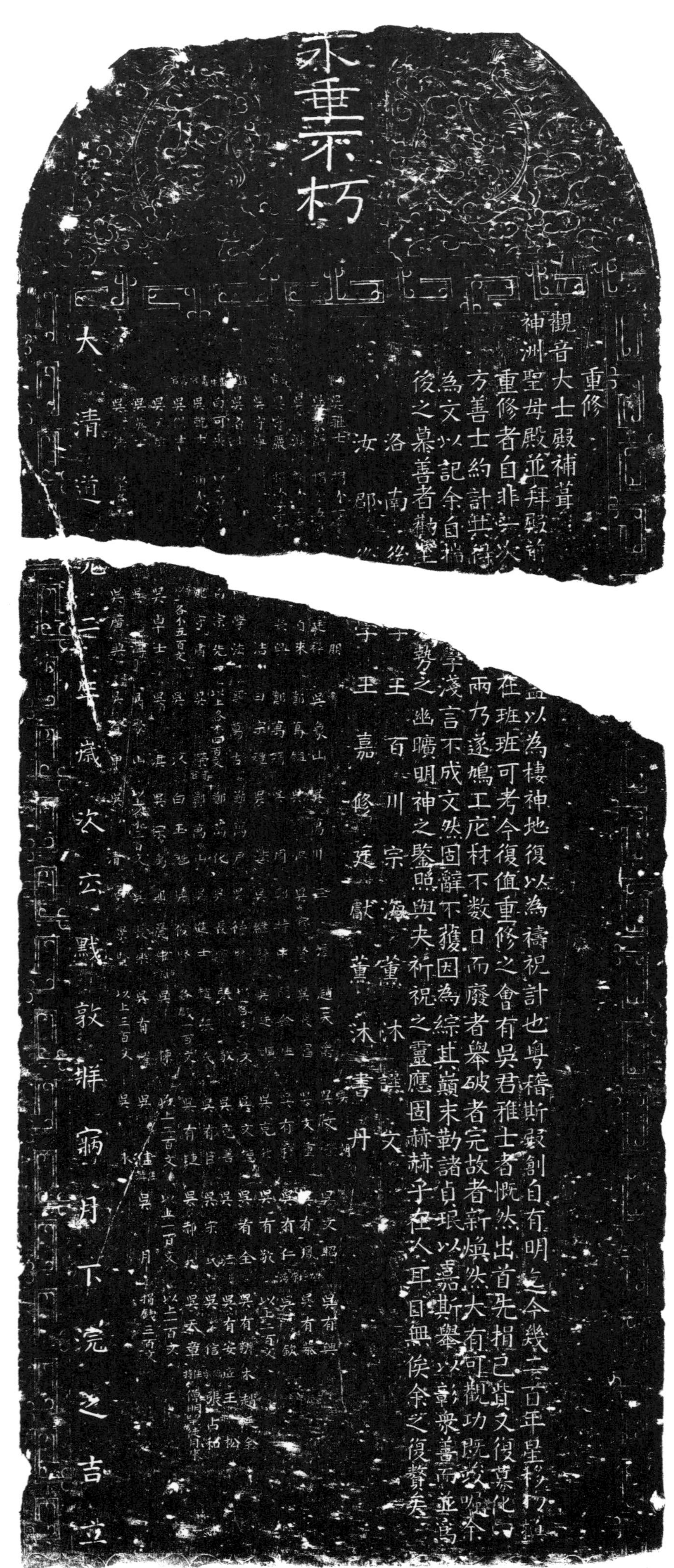

【〇九九】　重修觀音大士殿補葺神洲聖母殿拜殿碑記

年代：清道光二年

尺寸：高 161 釐米，寬 62.5 釐米

立石地點：伊川縣白沙鎮吴堂村

重修觀音大士殿補葺神洲聖母殿並拜殿前□□□□

〔碑首〕：永垂不朽

蓋以爲棲神地，復以爲禱祝計也。粤稽斯殿創自有明，迄今幾二百年，星移物换，重修者自非一次，□□□在，班班可考。今復值重修之會，有吴君雅士者，慨然出首，先捐己貲，又復募化四方善士，約計共得□□兩。乃遂鳩工庀材，不數日而廢者舉，破者完，故者新，焕然大有可觀。功既竣，囑余爲文以記，余自揣□□學淺，言不成文，然固辭不獲，因爲綜其巔末，勒諸貞珉，以嘉斯舉，以彰衆善，而並爲後之慕善者勸。至□□勢之幽曠，明神之鑒照，與夫祈祝之靈應，固赫赫乎在人耳目，無俟余之復贅矣。

洛南後□王百川宗海薰沐譔文，汝郡□學王嘉修廷獻薰沐書丹。

吴雅士捐錢一千文。吴秉謙捐錢五百文。吴淮捐錢二千二百文。吴守嚴捐錢二千五百文。吴守寧、吴治士、白可采，以上各捐一千文。吴乾士捐錢八百二十文。吴傑士、吴天位、吴英士、吴法，以上各五百。□朋、□廷祥、□自來、□長興、□潔、閆學法、白宗先、姚守肅，以上各錢五百文。吴卓士、吴溢、吴廣興、吴象山、鄭萬鎰、白宗禮、郭萬古，以上各錢四百文。吴榮、吴汶、吴淇、吴聚山、吴登甲、吴萬川、吴振、吴周、吴法、鄭萬户、鄭萬化、鄭萬山、白玉魁、吴宗禹，以上各錢三百文。吴清、王潭、吴寶賢、鄭時中、吴繼賢、吴得賢、吴長寧、吴進士、吴俊賢、鄭麗中、吴長樂、吴景賢、趙天爵、吴長富、關金生、吴廷順，以上各錢二百文。張敬、趙張氏各錢一百文。吴棟、吴有耀，以上三百文。吴朝、吴文榮、吴文重、吴有祥、吴克昇、吴文德、吴克善、吴有臣、吴有鏈，以上二百文。吴僅、吴永、吴文昭、吴有鳳、吴有仁、吴有敬、吴有全、吴法、吴宋氏、吴郝氏，以上一百文。吴月捐錢三百文。吴有興、吴有恭、吴欽，以上二百文。吴有辨、吴有安、吴信、吴天章，以上一百文。

木匠：趙廷全、王松。鐫字：張占和。住持僧：明望，徒月來。

大清道光二年歲次玄黓敦牂竊月下浣之吉立。

日
月
空相遺跡
圓寂恩師廣下䭾印萬和尚之墓
大清道光二十一年歲次辛丑孟冬月吉日 門徒續□□立

【一〇〇】　永慶寺廣輝和尚墓碑

年代：清道光二十一年

尺寸：高 172 釐米，寬 64 釐米

立石地點：伊川縣平等鄉馬回村永慶寺

圓寂恩師□廣下輝印萬和尚之墓

〔碑首〕：空相遺迹　日月

師法諱廣輝，字印萬，不知何處人□，不詳其姓氏，村之父老相傳，自汝寧上蔡□至本寺，寺長老霧染公友景結爲義兄弟，霧染公代爲之（剃）度一人，即今之依本寺名續鶴者是也。□年攜其徒續鶴四遊，既明朝移□州南之關帝廟，不數載，遽爾圓寂。續鶴舉目無依，哭之哀，不得已，□□□□高之左側，蓋一知師所□□，而以師説法地爲葬師地也，享頤年六旬有餘。歸本寺，入於藏□□□之從孫，粗用相養。□言其□□葬異域，輒涔涔淚下。前年冬，□□遊，所積錢鈔，買地三畝，□□□公墓相去不數□，遷葬其間，霧染公與師没，而自知不均，爲之□□□地下也哉。……而□徒自後祭奠無人，謀以本寺之祖月□，欲將□置墳田歸諸本寺，爲永□□奠計，視同現□寺□□□之□□時久無徵，於是立石墓前，請□□由□叙於余，余因之有感矣。夫想之於□生不能葬，葬不能祭，□日久□□之□然者比比也。今續鶴不過以門中一僧，其於其師生而事，死而葬，亦足以告無憾矣。乃追隨於前，窆葬□中，改卜於後，而復預爲後此祭奠之謀，若續鶴者，可不謂能報厥本歟。余因續鶴之請，既詳序其事于石，轉□夫續鶴之志，并表而書之，以勵夫世之欲孝其親者。

己亥科舉人松亭張夢鶴仙齡氏拜撰并書。

大清道光二十一年歲次辛丑孟冬月吉日，門徒續鶴立。

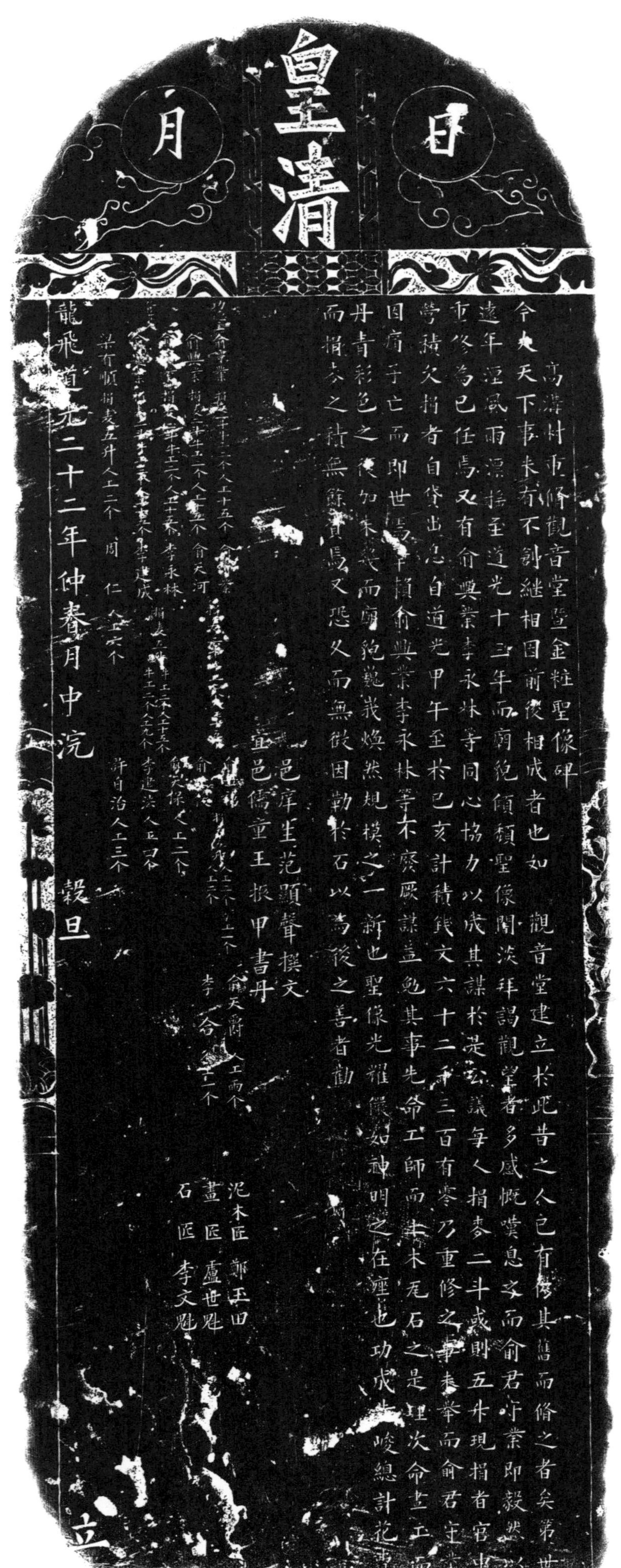

皇清

日 月

高溝村重修觀音堂暨金粧聖像碑

今夫天下事未有不踵繼相因前後相成者也如觀音堂建立於此昔之人已有修其舊而倡之者矣第世遠年湮風雨漂搖至道光十三年而廟貌傾頹聖像闇淡每謁觀望者多感慨嘆息爰而俞君守業即毅然以重修為己任焉又有俞興業李永林等同心協力以底其謀於是公議每人捐麥二斗歲則五升現捐者官中旁積久捐者自貸出息自道光甲午至於己亥計積錢文六十二千三百有零乃重修之事奉舉而俞君主其因循子亡而即世焉[illegible]俞興業李永林等不廢厥謀益勉其事先命工師而土木瓦石之是理次命丹工而丹青彩色之是加朱殿而廟貌巍峩煥然規模之一新也聖像光耀儼如神明之在座也功成告竣總計花費而捐之之積無餘貲焉又恐久而無徵因勒於石以為後之善者勸

邑庠生范顯聲撰文

邑儒童王振甲書丹

俞守業捐麥二斗十二个人工十五个 俞[illegible]業[illegible]

俞興業捐麥二斗牛工二个人工五个 俞天河[illegible]

俞[illegible]捐麥二斗牛工二个人工十五个 李永林捐麥五升牛工二个人工十五个 俞[illegible]保人工二个

俞[illegible]捐麥一斗牛工二个人工[illegible]个 李建成[illegible]牛工二个人工九个 李建洪人工四个

朱有順捐麥五升人工二个 周仁人工六个 許自治人工三个

泥木匠 鄭玉田

畫匠 盧世魁

石匠 李文魁

龍飛道光二十二年仲春月中浣 穀旦 立

【一〇一】　高溝村重修觀音堂暨金粧聖像碑

年代：清道光二十二年

尺寸：高 170 釐米，寬 63 釐米

立石地點：伊川縣鴉嶺鎮高溝村觀音廟

高溝村重修觀音堂暨金粧聖像碑

〔碑首〕：皇清　日月

今夫天下事，未有不創繼相因，前後相成者也。如觀音堂建立於此，昔之人已有仍其舊而修之者矣。第世遠年湮，風雨漂摇，至道光十三年，而廟貌傾頽，聖像闇淡，拜謁觀望者，多感慨嘆息之。而俞君守業，即毅然以重修爲己任焉，又有俞興業、李永林等同心協力，以成其謀。於是公議，每人捐麥二斗或則五升，現捐者，官中營積，欠捐者，自貸出息。自道光甲午至於己亥，計積錢文六十二千三百有零。乃重修之事未舉，而俞君守業因痛子亡而即世焉。幸賴俞興業、李永林等不廢厥謀，益勉其事。先命工師，而土木瓦石之是理；次命畫工，而丹青彩色之復加。未幾，而廟貌巍峨，焕然規模之一新也；聖像光耀，儼如神明之在座也。功成告竣，總計花費，而捐麥之積無餘資焉。又恐久而無徵，因勒於石，以爲後之善者勸。

邑庠生范顯聲撰文，宜邑儒童王振甲書丹。

功德主：俞守業捐麥二斗、牛工二個、人工十五個。俞興業捐麥二斗、牛工二個、人工十五個。俞□業捐麥二斗、牛工二個、人工十五個。俞□業捐麥二斗、牛工二個、人工十五個。梁有順捐麥五升、人工二個。俞□業、俞天河捐麥二斗、牛工二個、人工十五個。李永林捐麥五升、牛工二個、人工十五個。李建成捐麥五升、牛工二個、人工九個。周仁人工六個。俞士衫捐麥五升、人工二個、驢工一個。俞士君捐麥五升、人工二個。俞天保人工二個。李建法人工四個。許自治人工三個。俞天爵人工兩個。李合人工一個。

泥木匠：鄭玉田。畫匠：盧世魁。石匠：李文魁。

龍飛道光二十二年仲春月中浣穀旦立。

流芳百代

[illegible]建興隆寺碑記

嘗聞人之欲善誰不如我是知人之為善者盡一己之善並宜盡人人之善惟能盡乎人之善而後人之為善者情始暢己之善量乃至焉顧事雖同出於善而所為恒不一端有見諸補橋修路者矣有見諸敬老恤孤者矣又有值年飢歲荒廣散資財賑濟窮困而見諸布施惠於一時者矣類若此者孰非本其好善之心以著其為善之事哉而吾謂能盡一人之善並能盡人人之善多且光表人寰垂及久遠而不沒者誠莫如建修廟宇金粧神像尤為彰明較著焉如吾邑有周君天道郭君襄耿森德修居常樂善好施用財不吝遇人之慕化修功者輒共出金以助之閭河神襄濟王生即神聖身雖家偃亦時常寄居於吾穎川池塘左右蒙其護庇者迄今猶傳周君等每欲立廟祀之以世遠年湮未諳踪跡事遂淹因王家庄傳有襄濟王事蹟書本諸君取而閱之始知王之稱活河神者自生前順治二年與黨將軍同駢[illegible]時始王之封靈佑襄濟者由[illegible]三年河道臣大人請命蒙批後始諸君覽書畢乃嘆曰王生平所為無非福國庇民之事正不僅為偃登之民恤災捍患已也諸君遂募化四方資財共議並廟設祀焉並於魏小寨東北里許建修一寺名之曰興隆寺內罷殿三所中殿佛像金龍像襄濟王像左殿老君像右殿三皇像是役也功雖竣[illegible]而棟宇煥然金神昭耀是諸君好善之誠與其善人之善者即此可見矣亦值大功告竣特勒碑而誌之云

功德主

木匠

【一〇二】　創建興隆寺碑記

年代：清咸豐元年

尺寸：高 160 釐米，寬 65 釐米

立石地點：伊川縣江左鎮魏小寨村黄龍寺

創建興隆寺碑記

〔碑首〕：流芳百代

嘗聞人之欲善，誰不如我，是知人之爲善者，盡一己之善，並宜盡人人之善，惟能盡乎人之善，而後人之爲善者，情始暢己之善，量乃至焉。顧事雖同出於善，而所爲恒不一端。有見諸補橋修路者矣，有見諸敬老恤孤者矣。又有值年饑歲荒，廣散資財，賑濟窮困，而見諸布恩施惠於一時者矣。類若此者，孰非本其好善之心，以著其爲善之事哉。而吾謂能盡一人之善，並能盡人人之善，又且光表人寰，垂及久遠而不没者，誠莫如建修廟宇、金粧神像，尤爲彰明較著焉。如吾登邑有周君天道、郭君襄、耿君德修，居常樂善好施，用財不吝，遇人之募化修功者，輒共出金以助之。聞河神襄濟王，生即神聖身，雖家偃，亦時嘗寄居於吾潁川池塘，左右蒙其護庇者，迄今猶傳。周君等每欲立廟祀之，以世遠年湮，未諳踪迹，事遂淹。近因王家莊傳有襄濟王事實書本，諸君取而閲之，始知王之稱活河神者，自生前順治二年，與黨將軍同助提正時始，王之封靈佑襄濟者，由□□三年，河道白大人請命蒙批後始。諸君覽書畢，乃嘆曰：王生平所爲，無非福國庇民之事，正不僅爲偃登之民恤災捍患已也。諸君遂募化四方資財，共議立廟設祀焉。兹於魏小寨東北里許，建修一寺，名之曰“興隆寺”，内置殿三所，中殿佛像、金龍像、襄濟王像，左殿老君像，右殿三皇像。是役也，功雖猝就，而棟宇焕然，金神昭耀，是諸君好善之誠，與其善人之善者，即此可見矣。兹值大功告竣，特勒碑而誌之云。

李全錢二千五百。杜松朝錢一千五百。魏承春錢一千五百。李學旺錢一千。魏文順錢一千。周正治錢八百。化主魏興法錢一千四百。化主魏忠謀化錢一千九百。董敬化谷三斗。王廣太化米一斗。王長仁錢六百。魏興財錢六百。馬九虎、李學孟，以上各六百。杜鳳翔錢五百。遵王村捐米一斗。劉九祥、劉大用、周成洛、謙太號、李學文、端木發科、張百萬、杜安、杜雙喜、魏盡孝、魏文龍、李鳳奄、李常秉，以上各五百。尹天夆錢五百。化主劉生輝、耿水花各化谷一斗。劉士昇錢四百。胡正宗錢三百五。周應瑞、周天榮、周之銘、萬興號、同文號、萬和號、王亮、周濮英、運興號、段學博，以上各錢三百。化主姚長多、蘇世潤、王有來，化主薛世信、王元平、張臣、張有成、魏文龍、尹文成、段行書、段繼書，化主魏學敏、尹天選、李常倫、温文彦，以上各錢二百。李之寅、張文保、胡尊宗、李喜成、李世傑、王元福、郭積有、李寬、李世印、李世興、李世平、王常義、李逢選、干心佑、程安章，以上各錢二百。范守義、姚廷賢、姚廷奎、張流、胡瑞宗、張魁成、遠發福、遠發禄、化主遠金平、郭永興、化主張振清，以上各錢二百文。魏學士、張夢龍、張文保、張文臣，以上各錢一百。王長禮、張登士、趙法禮、趙芳、李世金、李世慶、張中喜、李信、趙國楨、郭成元、李格明、李美、白居寵，以上各錢一百……

功德主：監生劉萬海、程北斗、周天道錢二千。耿德修、郭襄錢一千。周正義錢五千。

木匠：刘显名。

大清咸豐元年歲次辛亥仲春穀旦立。

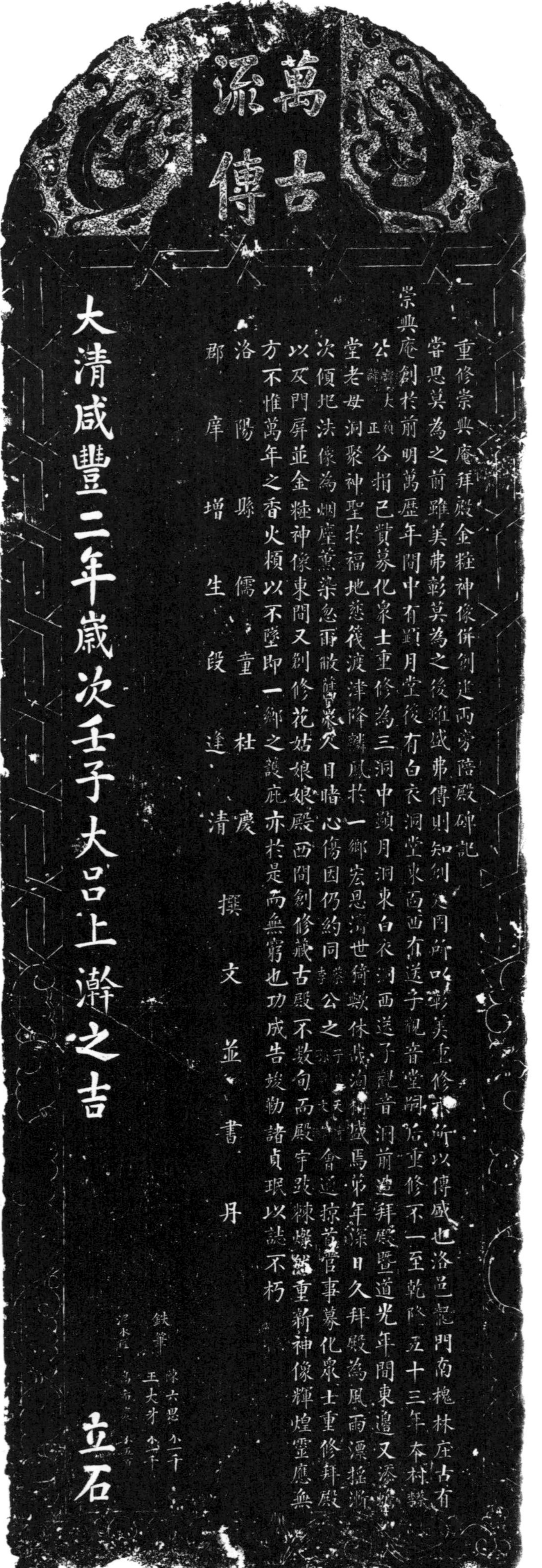

萬古流傳

重修崇興庵拜殿金粧神像併創建兩旁陪殿碑記

嘗思莫為之前雖美弗彰莫為之後雖盛弗傳則知創之自所以彰美也修之所以傳盛也洛邑龍門南槐林庄古有
崇興庵創於前明萬歷年間中有顏月堂後有白衣洞堂東西有送子觀音堂嗣後重修不一至乾隆五十三年本村蔡
公諱大正各捐己貲募化衆士重修為三洞中顏月洞東白衣洞西送子觀音洞前建拜殿暨道光年間東邊又滲[illegible]
堂老母洞聚神聖於福地慈筏渡津降麟鳳於一鄉宏恩濟世猗歟休哉洵稱盛焉第年深日久拜殿為風雨漂搖漸
次傾圯法像為烟塵薰染忽爾破舊衆欠目睹心傷因仍約同李蔡公之孫[illegible]會逆掠首營事募化衆士重修拜殿
以及門屏並金粧神像東間又創修花姑娘娘殿西間創修藏古殿不數旬而殿宇致棘爛然重新神像輝煌靈應無
方不惟萬年之香火賴以不墜即一鄉之護庇亦於是而無窮也功成告竣勒諸貞珉以誌不朽

洛陽縣儒童杜慶撰文並書丹

郡庠增生段逢清

鉄筆 陳六思 王大才

大清咸豐二年歲次壬子大呂上澣之吉 立石

【一〇三】 重修崇興庵拜殿金粧神像併創建兩旁陪殿碑記

年代：清咸豐二年

尺寸：高 215 釐米，寬 71 釐米

立石地點：伊川縣彭婆鎮槐莊村奶奶廟

重修崇興庵拜殿金粧神像併創建兩旁陪殿碑記

〔碑首〕：萬古流傳

嘗思：莫爲之前，雖美弗彰；莫爲之後，雖盛弗傳。則知創建固所以彰美，重修亦所以傳盛也。洛邑龍門南槐林莊古有崇興庵，創於前明萬歷年間，中有顯月堂，後有白衣洞，堂東面西有送子觀音堂，嗣後重修不一。至乾隆五十三年，本村蔡公諱大禎、李公諱正，各捐己貲，募化衆士，重修爲三洞：中顯月洞，東白衣洞，西送子觀音洞，前造拜殿。暨道光年間，東邊又添蟾堂老母洞。聚神聖於福地，慈筏渡津；降麟鳳於一鄉，宏恩濟世。猗歟，休哉！洵稱盛焉。第年深日久，拜殿爲風雨漂摇，漸次傾圮，法像爲煙塵薰染，忽爾敝舊。衆人目睹心傷，因仍約同蔡公之子諱天時、天有，李公之孫諱文樂、文治，會通掠首管事募化衆士，重修拜殿以及門屏，並金粧神像，東間又創修花姑娘娘殿，西間創修藏古殿。不數旬而殿宇跂棘，燦然重新，神像輝煌，靈應無方，不惟萬年之香火賴以不墜，即一鄉之護庇亦於是而無窮也。功成告竣，勒諸貞珉，以誌不朽。

洛陽縣儒童杜慶、郡庠增生段逢清撰文並書丹。

鐵筆：陳六思錢一千，王大才錢一千。泥木匠：高希慶錢五百。

大清咸豐二年歲次壬子大吕上澣之吉立石。

【一〇四】 重修浄土寺碑記

年代：清咸豐七年

尺寸：高 48 釐米，寬 104 釐米

立石地點：伊川縣白元鎮水牛溝村浄土寺

蓋聞善作者尤貴善成，善始者必期善終。言繼美之難其人也。而當受任於艱辛之際，承遺於困頓之秋，猶能成且終者，則其人爲尤難。伊之北有浄土寺，檀越爲夾河張氏，規模宏敞，香火豐隆，蓋自前明至今，歷有年所矣。邇來廟貌傾圮，土田廢弛，佛門弟子，幾至託缽，無所傷已。時寺僧有方瑜者，悽然念夫饑寒，慨然悲夫零落，於是偕其兄方端，奮然起，毅然爲勤儉自矢，艱苦備嘗，十餘年如一日，維黄金其銖，積到繡壤以璧還。方瑜又請諸檀越，大爲布施，增修後殿、配殿十餘楹，寺之規模、香火，一如當年，且以永世同缽，銘其禪室，俾久勿替。吁！方瑜之心力，於是交瘁矣。夫方瑜當窮困時，使坐視廢敗，庸庸自安，亦誰起而責之？而獨能偕其兄起而噓已，灰之餘燼，豈不較善成善終者，之前徽克繼，尤爲表表哉！方瑜之後，倘念其師經營之苦，協力同心，勉勉不已，豈不使茲寺宏敞豐隆於無盡哉！檀越哀方瑜之志，欲勒諸石以美之，而丐文於余，余亦奇其人，而樂爲之記。

首事人：監生張八義、武生張虎崗、監生趙璉、張五申、監生張三綱、監生張八維公贈。

例授修職郎候選儒學教諭恩貢生河南府新安縣吕鍾之撰文并書丹。

咸豐七年四月穀旦。

禪院碑記

[illegible]往之所乃清淨嚴肅之地也洛邑新安鎮舊有褒賢顯忠寺內有禪院一所原創自乾隆年間臨濟派清雲

化十方積石成樓[illegible]在碑記斑斑可考不惟可以修真養性而清淨整肅亦衆　神靈之香火賴以供奉者也奈歷年

剥落之處墻壁有傾圮之惧衆山主目擊心傷因命住持巢棟泳和尚淳裕廷請善士募化四方復於剥落者葺之傾圮者植之

焉茲功成告竣求誌於余余因詳其顛末而爲之序

洛邑府學增生段峯青薰沐拜撰　徒邱崑玉薰沐拜書並篆額

大清咸豐九年歲次己未己巳月吉日住持僧淳[illegible]

【一〇五】 重修浄土寺碑記

年代：清咸豐九年

尺寸：高 120 釐米，寬 56.5 釐米

立石地點：伊川縣彭婆鎮彭婆村褒賢寺

……□院碑記

□□□□鎮養性之所者，清浄整肅之地也。洛邑彭婆鎮舊有褒賢顯忠寺，内有禪院一所，原創自乾隆年間，臨濟派濟雲□化四方，積石成樓，載在碑記，班班可考。不惟可以修真養性而清浄整肅，亦衆神靈之香火賴以供奉者也。奈歷年剥落之患，墻壁有傾圮之慘。衆山主目擊心傷，因命住持巢棟派和尚淳裕，延請善士募化四方，復於剥落者葺之，傾圮者植之焉。兹功成告竣，求誌於余，余因詳其顛末，而爲之序。

洛邑府學增生段峰青薰沐拜撰，徒邱崑玉薰沐拜書并篆額。

化主：

彭婆鎮：許天成、邱大福、高合成、邱□上、申國祥、邱昇、段□琦、杜法孔、劉文清各錢五百。北寨：賀萬殊錢二百。郭萬來錢二百。郭萬有錢三百。潘心太錢二百。郭九賦錢五百。郭桂林錢三百。郭世治錢二百。郭世儉錢三百。郭世珍錢二百。郭其俊錢二百。高鳴鬬錢三百。槐林莊：張進福錢五百。張學貴錢三百。張萬福錢三百。韓正家錢三百。郭萬鳳錢三百。段進量錢一百。翟學文錢三百。杜進錢三百。韓永仁錢三百。蔡元孝錢二百。高自仁錢一千二。四合店錢一千。豐太號錢七百。協和號錢七百。義和永錢七百。許天佑錢七百。李金昇錢一千。邱崑城錢五百。邱崑定錢五百。郭均章錢五百。邱崑瑩、申曰保、韓文廣、福順店、美興號、申秀居、閻法成、協義恒各錢五百。蔡老五錢四百。鴻興染房四百。全盛店錢四百。沈有智錢五百。錦太號錢五百。宜興號錢五百。仁壽堂錢五百。永興號錢五百。王門李元慶錢五百。申得法、董文元、師大才、賈永慶、劉占元、申秀松、張景朋、黄清貴、張福順、邱崑來、邱居正、高合貴、萬成美各三百。王大才錢五百。文廣林、潘永慶、張篤甲、順大正、金福盛、文廣育、黄純信、凝瑞號、協義號、張正、郭世第、郭均瑞。槐樹渡：李長昇、于金甲、張三陽、翟俊各三百。潘文德、許好德、申永貴、黄天成、郝致和、郭六合、高科、梁天云、梁文昇、張老虎、黄長安、張玉平、福美公、蔡曰成、申秀平、吴全太各二百。林德、李鎖成、許好文、何心廣、高廷立、申秀實、潘春和、胡長法、蘇喜太、李肅、陳世興、盛世興、張其秀四百。閆法順、張富保、申五經各二百。昌營村施錢貳千。趙萬安、恒太號、三合號、三興永、中和堂、合義號、同心店、潘振彪、馬長太、文□聚、劉永安、張克和、翟章、壽光堂各二百。趙梅、李振修、陳希祥、深提亮、郭萬林、郭萬波、郭均合、郭世勳、郭廣仁、郭萬都、郭萬養、郭其興、郭萬碩、郭世林、于金太、杜森各二百。蔡萬有、蔡景金、張三樂、張萬吉、張萬田、張三合、王萬明、張萬清、蔡大相、蔡元傑各二百。李璉錢一百五。黄德保、黄德光、張更、孫文林、田鐵塔、高合進各一百。郭廷魁一百。郭廣群一百。郭均尚一百五。郭廷俊、高自新、高自欽、宋長敬、賈洛、賈森、王大秀、趙復臣、高重、張記、郭世福、郭萬和、郭萬齡、郭世範、郭均智、郭均彦、郭世進各一百。（以下略）

大清咸豐九年歲次己未己巳月吉日。

住持僧：淳裕。

【一〇六】 重修觀音殿暨補修合寺碑記

年代：清同治八年

尺寸：高 194 釐米，寬 72 釐米

立石地點：伊川縣白元鎮夏堡村清凉寺

重修觀音殿暨補修合寺碑記

間嘗履巉巖，繞蔥蘢，忽於山環水曲之際，得一古刹焉，顔其名曰“清凉”也。循遺碣而察之，乃知創建自元，由元及明，遞於乾隆年間，重修再造者凡幾，其間某良士、某良士古刻猶存，不勝贅也。第閱世至今，風摇雨漂，鼠穿鴞毁，甚則法像暴露，微則墻垣杌揑，别有簷牙摧殘，瓦縫崩裂，未免有情，誰能遣此，就先時之建功立德者，商諸後裔，大都存心德而不欲彰德，積陰功而不願争功，卒之空言莫補，事終無濟□。嗟嗟，舉無疆之福庇，與歷代之勤勞，而竟湮没於一旦也。嗚呼，可哉無已！住持廣仁暨徒孫元坤，約本村同志者十有九人，推張君士善、王君惟一、杜君西池爲總理，公勷此舉。於是，遠告鄉親，近勸鄰佑，共捐支金貳佰餘串許，除重修觀音殿外，缺則補，故則（新），經一旬而大狀方占，不數月南山可詠，美哉輪奂，燦然新鮮。神之格思既足安妥，其英靈民之質矣，且得久供其香花。爰爲序，以鐫諸貞珉，非旌善也，惟欲後之感於斯文者，嗣而□□□斯功之不朽云。

邑賓燕氏邢鹿岑沐手撰文，邑接薪氏王淑曾沐手書丹。

首事十九人：監生杜雙清六千。吕寬五千。監生杜西池四千五。監生賈廷瑞四千。監生張士善二千。王德敬□千。武生王惟一三千。監生張守清三千。監生張心悦三千。楊三略二千。聶金環二千。監生杜春芳二千。楊書慶二千。監生杜世奇二千。齋奏杜世德二千。張心存二千。吕中魁二千。楊三興二千。杜世全錢二千。杜世成錢二千。周天登一千五。王貞一一千五。耆老杜廷璨、監生杜廷謨、杜廷讓、啓事張士烈、監生張守臣、吕法福、耆老王居敬、監生杜雙、杜雙安、杜雙合、楊三太、吕法貴、王掄一、杜世文、監生聶金聲、張永魁，以上各錢一千。監生杜雙臺、趙尚官、王朝敬、杜西崑、王守敬、楊德潤、張心洗、杜芳、周世忠、張心鏡、啓事杜德潤，以上各一千。李玉貴八百。賈廷禄八百。邢述堯八百。一化堂八百。杜德林八百。楊書田八百。杜世茂六百。張守亮六百。□□杜、□廷甲、王篤敬、武生張淩霄、杜□法、周天順、全□□、吕紹□、周進□、賈廷□、李世□、楊德和、聶金□、温古□、杜雙□、杜雙□、杜雙興、杜雙岐、張士碩、張士秀、杜世群、曹桂林、蔣登、王安敬、吕繼明、聶雲從、邢自來、周百順、賈崇德、楊書昇、聶周保、張金榜、全發科、吕丙辰、王芝、王定一、杜西□、李保、杜世方、李東來、杜德新、蔣玉年、杜世賢、聶金興、杜世忠、邢述舜、吕金榜、耆老張守德、吕紹萊、張心鑑、張守明、張守拙、吕丙寅、杜□、王□□、蔣合□、周亮、杜德淵、張守約、王林一、杜丙□、杜丙□、杜丙□、吕□明、王授粲、杜春風、聶朝宗、張心傑、李先貴、張翟氏、吕全氏，以上各五百文。杜雙寬四百五。張守公四百文。杜□□、吕法周、吕法朝、聶□□、杜□□、□□昇、□士良、□□魁、楊逢清、楊逢明、杜西河、楊天培、聶□先、吕焕、周廣成、周天魁、張心保、杜西庚、武宗元、張士廪、張心玉、張守智、杜西壽、蔣玉田、□□興、聶金貴、張心順、杜雙富，以上各三百。張守一、聶金喜、張紹平、張守信、張心漢、張士紳、張守興、張守旺、張心富……

時龍飛大清同治八年歲次己巳涂月上浣穀旦刊石。

日月爭光

永慶寺護法善信功德碑記

蓋聞天地日月必有風雨陰晴之變興滅繼絕古來造化循環之機此理之常無足異也今者馬迴村舊有永慶寺一座肇建自唐由來舊矣明末地方不靖僧徒逃亡久無住持余始祖默翁老人主教風穴康熙年間本村善信具啟公請諸寺焚修迄今二百餘載戒律精嚴青白傳家不廢不興神人胥悅嘉慶十有七年余師祖法號祖明字重光老和尚接管寺戒品端方勤儉度日創建中客房三楹復修東陪房三楹緒置香火田地數畝道光四年合邑僧友慕其高潔保舉本縣僧會司之職作釋門領袖三秋無恙各寺安泰年老告退卓錫本寺道光十六年季秋中旬儼然奄化一性歸空耳當斯時也寺內殿寔巍則陳陳相因什物則多多益善樹木則蔭乜茂密香火田地百有餘畝固足祀神靈於無窮養僧衆於無替矣詎意余於師祖圓寂之後出外不家雖年已歸省時遊時往寺內之事一切不管同治二年二月中旬余回寺拜掃本村護法善信到寺商議寺內之事要依余作主余詢其由來寺內之地典當青蚨九百餘千文來往外欠百有餘千文檢點粟粮升合皆無熏之天魔乱法聖像頹壞剧多此時此情寔慘然矣合村公議寺有柏樹採賣辦公先補神像後度光陰田地當賣減價回贖來往外欠減半繳還余不禁欣欣然曰誠哉斯言也永慶寺係余根本之地豈無香火之情衆議無間惟命是听幸余在外三十餘年少有積蓄但一時不便從禄財見採伐柏樹數株選板五付賣錢百有餘千文於是請畫工補神像約當主贖香火買犋牛置家具糴粱粮度光陰花費等等數年又久始苟合矣既而思之後世住持復蹈前轍必負衆善信之功德也合村公議舊香火地不許當賣後世住持若能再置當賣可也余在外代回錢鈔千有餘千文贖地還賬侍奉香火僧無凍餓寺院之事頗有可觀或覽之曰事可羨也余應之曰僧不可羨可羨者本村外村衆護法功善之功德也勸善之功德雖可羨而更可羨者當買債主仗義之疎財也余幼而未學壯而行遊經書少讀語義缺文但親身所處之境況冷煖自知爰濡筆而訴其事以為後世之勸善者鑒焉窃囑後世之住持者慎焉是為記

邑儒學廩膳生員張若虛涵萬甫薰沐書丹

邑儒學生員陳筱草紹蕃甫薰沐篆額

邑後學方舟濟川甫薰沐檢校

風穴退居方丈本寺住持誠慈永忠謹識

大清光緒二年歲次丙子律中林鐘上浣合立

【一〇七】 永慶寺護法善信功德碑記

年代：清光緒二年

尺寸：高 187 釐米，寬 67 釐米

立石地點：伊川縣平等鄉馬回村永慶寺

永慶寺護法善信功德碑記

〔碑首〕：日月争光

蓋聞天地日月，必有風雨陰晴之變；興滅繼絶，古來造化循環之機。此理之常，無足異也。今者馬回村舊有永慶寺一座，鼎建自唐，由來舊矣。明末，地方不靖，僧徒遞亡，久無住持。余始祖默翁老人主教風穴，康熙年間，本村善信，具啓公請詣寺焚修。迄今二百餘載，戒律精嚴，青白傳家，不廢不興，神人胥悦。嘉慶十有七年，余師祖法號祖明字重光老和尚接持兹寺，戒品端方，勤儉度日，創建中客房三楹，復修東陪房三楹，緒置香火田地數畝。道光四年，合邑僧友慕其高潔，保舉本縣僧會司之職，作釋門領袖，三秋無恙，各寺安泰，年老告退，卓錫本寺。道光十六年季秋中旬，俄然奄化，一性歸空耳。當斯時也，寺内殷寔，粟米則陳陳相因，什物則多多益善，樹木則蔭蔭茂密，香火田地百有餘畝，固足祀神靈於無窮，養僧衆於無替矣。詎意余於師祖圓寂之後，出外不家，雖年年歸省，時還時往，寺内之事，一切不管。同治二年二月中旬，余回寺拜掃，本村護法善信到寺商議寺内之事，要依余作主。余詢其由來：寺内之地，典當青蚨九百餘千文，來往外欠百有餘千文，檢點粟糧升合，皆無兼之。天魔亂法，聖像損壞劇多，此時此情，寔慘然矣。合村公議，寺有柏樹，採賣辦公，先補神像，後度光陰。田地當賣，減價回贖，來往外欠，減半繳還。余不禁欣欣然曰：誠哉，斯言也，永慶寺係余根本之地，豈無香火之情，衆議無間，惟命是聽。幸余在外三十餘年，少有積蓄，但一時不便，捉襟肘見，採伐柏樹數株，選板五付，賣錢百有餘千文。於是，請畫工補神像，約當主贖香火，買耕牛置家具，糴粟糧度光陰，花費等等，數年之久，始苟合矣。既而思之，後世住持復蹈前轍，必負衆善之功德也。合村公議：舊香火地不許當賣，後世住持若能再置，當賣可也。余在外代回錢鈔千有餘千文，贖地還賬，侍奉香火，僧無凍餓，寺院之事，頗有可觀。或覽之曰：事可羨也。余應之曰：僧不可羨，可羨者本村、外村衆護法勸善之功德也。勸善之功德雖可羨，而更可羨者，當買債主仗義之疎財也。余幼而未學，壯而行遊，經書少讀，語義缺文，但親身所處之境，況冷暖自知，爰濡筆而訴其事，以爲後世之勸善者鑒焉，竊囑後世之住持者慎焉。是爲記。

邑儒學廪膳生員張若虚涵萬甫薰沐書丹，邑儒學生員陳豫章紹蕃甫薰沐篆額，邑後學方舟濟川甫薰沐檢校，風穴退居方丈本寺住持誠慈永忠謹識。

大清光緒二年歲次丙子律中□鐘上浣穀旦。

【一〇八】　道然和尚墓碑

年代：清光緒十六年

尺寸：高120釐米，寬62釐米

立石地點：伊川縣高山鎮穀瑶村大覺寺

師圓寂道然經公和尚之墓

〔碑首〕：□清

師，韓城人，趙姓，諱明經，道然其號也。想師經事伊始，正值饑饉之餘，寺□□□外債五百餘金，加以僧衆口多，度支難給。師以時勢至此，非大有振作，恐難光前裕後。因以儉律身，以勤率衆，爲寺中立規矩，嚴約束，使皆早作夜思，各司其事。數年之間，漸有饒裕，將所欠外債盡行歸□。又自出蓄□，創脩龍王廟一座、藥王殿數間，瞻拜之下，規模焕然。師年八十餘歲升遐，林始承事，於今寺中衣食無缺，諸項亦進退綽綽，皆師之賜也。兹值三周，慮師之功德久而就湮也，爰爲立石於墓，以垂不朽云。

徒紹林，孫隆禄、隆福，曾孫自德（立）。

大清光緒十六年季春月（穀旦）。

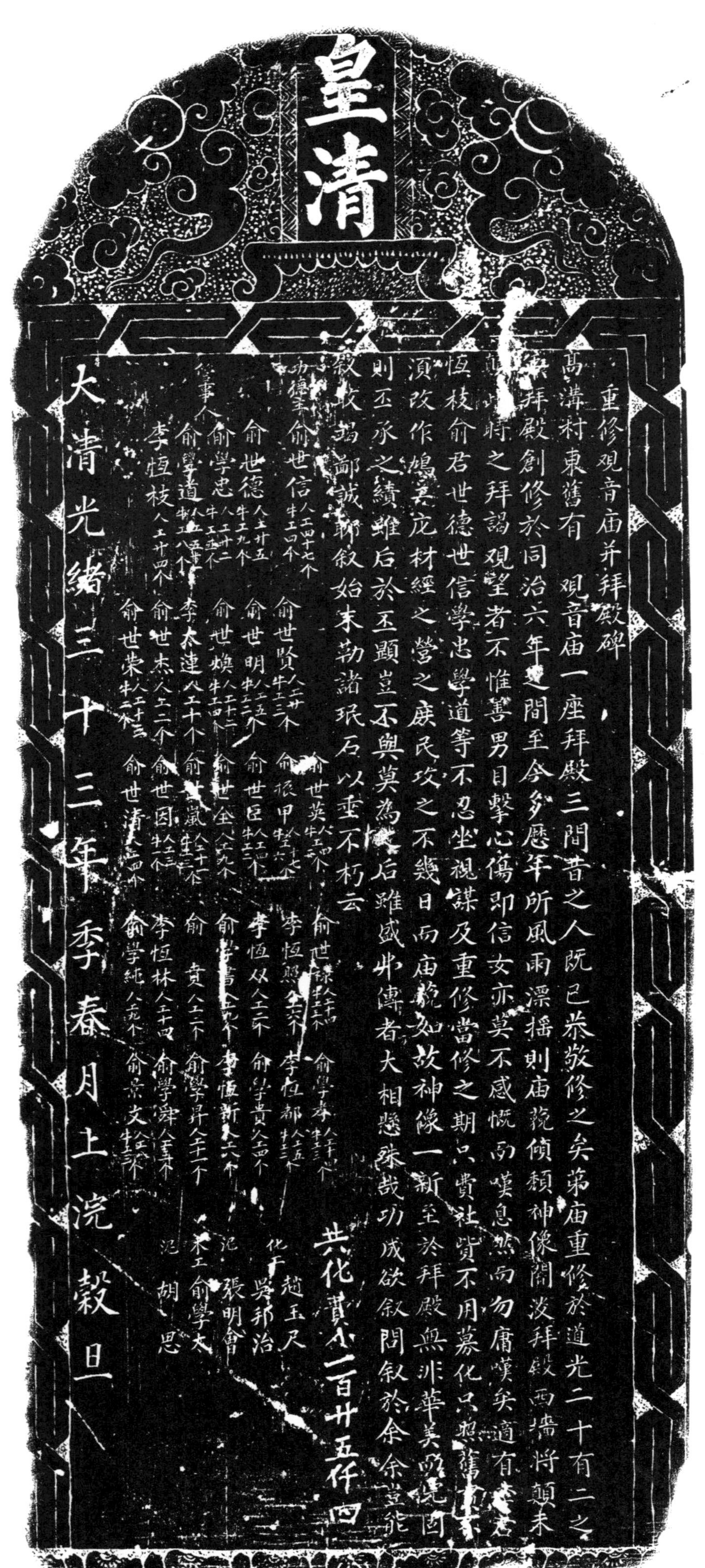

皇清

重修观音庙并拜殿碑

髙溝村東舊有　观音庙一座拜殿三間昔之人既已恭敬修之矣第庙重修於道光二十有二之歲拜殿創修於同治六年之間至今多歷年所風雨漂摇則庙貌傾頹神像闇淡拜殿西墻將頹未頹時之拜謁观望者不惟善男目擊心傷即信女亦莫不感慨而嘆息然而勿庸嘆矣適有李君恒枝俞君世德世信學忠學道等不忍坐視謀及重修當修之期只費社貲不用募化只照舊[illegible]須改作鳩工庀材經之營之庶民攻之不幾日而庙貌如故神像一新至於拜殿無非華美[illegible]固則丕承之績雖后於丕顯豈不與莫為之后雖盛弗傳者大相懸殊哉功成欲叙問叙於余余豈能叙敢竭鄙誠聊叙始末勒諸珉石以垂不朽云

功德主　俞世信人工四十七个牛工四个
俞世德人工廿五牛工九个
俞學忠人工廿二牛工五个
經事人　俞學道人工五十[illegible]牛工八个
李恒枝人工廿四个

俞世賢人工卅牛工三个
俞世明人工五牛工二个
俞世煥人工十二牛工四个
李太連人工十个
俞世杰人工二个
俞世榮人工十三牛工二个

俞世英人工四牛工二个
俞振甲人工十七牛工六个
俞世臣人工四牛工三个
俞世全人工九个
俞[illegible]嵐人工十一牛工三个
俞世图人工三牛工一个
俞世清人工四个

俞世祿人工十四牛工三个
李恒照人工六个
李恒从人工六个
俞學書人工九个
俞貴人工二个
李恒林人工十四
俞學純人工九个

俞學孝人工十四牛工三个
李恒都人工五牛工三个
俞學貴人工四个
李恒新人工六个
俞學昇人工十一个
俞學舜人工十个
俞景文人工六牛工六个

共化貫錢一百卅五仟四

化主　趙玉尺　吳邦治
泥　張明會
木工　俞學太
泥　胡思

大清光緒三十三年季春月上浣　穀旦

【一〇九】　重修觀音廟并拜殿碑

年代：清光緒三十三年

尺寸：高 123 釐米，寬 51.5 釐米

立石地點：伊川縣鴉嶺鎮高溝村觀音廟

〔碑首〕：皇清

高溝村東舊有观音廟一座，拜殿三間，昔之人既已恭敬修之矣。第廟重修於道光二十有二之年，拜殿創修於同治六年之間，至今多歷年所，風雨漂摇，則廟貌傾頽，神像闇淡，拜殿西墻將顛未顛。此時之拜謁觀望者，不惟善男目擊心傷，即信女亦莫不感慨而嘆息，然而勿庸嘆矣。適有李君恒枝、俞君世德、世信、學忠、學道等，不忍坐視，謀及重修。當修之期，只費社貲，不用募化，只照舊貫，不須改作。鳩工庀材，經之營之，庶民攻之，不幾日而廟貌如故，神像一新。至於拜殿，無非華美而完固，則丕承之績，雖后於丕顯，豈不與“莫爲之后，雖盛弗傳”者，大相懸殊哉！功成欲叙，問叙於余，余豈能叙？敢竭鄙誠，聊叙始末，勒諸珉石，以垂不朽云。

功德主：俞世信人工四十七個、牛工四個。管事人：俞世德人工廿五個、牛工九個。俞學忠人工廿二個、牛工五個。俞學道人工五十一個、牛工八個。李恒枝人工廿四個。俞世賢人工廿、牛工三個。俞世明人工五、牛工二個。俞世焕人工十二、牛工四個。李太連人工十個。俞世杰人工二個。俞世荣人工十三、牛工二個。俞世英人工四個、牛工二個。俞振甲人工十七個、牛工六個。俞世臣人工四個、牛工二個。俞世全人工九個。俞世嵐人工十一個、牛工三個。俞世因人工三個、牛(工)一個。俞世清人工四個。俞世禄人工十四個、牛工三個。李恒照人工六個。俞學書人工九個。俞貣人工二個。李恒林人工十四。俞學純人工九個。俞學孝人工十四個、牛工三個。李恒都人工五個、牛工二個。俞學貴人工四個。李恒新人工八個。俞學昇人工十一個。俞學舜人工五個。俞景文人工八個、牛工三個。

化工：趙玉尺、吴邦治。泥工：張明會。木工：俞學太。泥工：胡思。

共化費錢一百廿五仟四。

大清光緒三十三年季春月上浣穀旦。

萬善同歸

【一一〇】　重修觀音殿碑記

年代：清代

尺寸：高 172 釐米，寬 61 釐米

立石地點：伊川縣白沙鎮吴堂村

〔碑首〕：萬善同歸

……而不續，莫爲之助，則亦孤而無輔。蓋嘗統觀善事相承之緒，而知有爲之繼者，而善益彰，尤有爲之助善，而□□就也。兹有洛南八十里許，吴家堂東南隅有觀音殿一座，乃吴氏先人所創建也。厥後歷年久遠，廟貌傾頽，神光闇然，幾無以妥神靈而奉禋祀矣。乃有本村善士吴君士秀、鄭君國棟、吴君玉松慨發善念，輙以重修爲己任。于是各捐己貲，而又募化四方衆善士，以勷厥事。將見鳩工庀材，不數日而廟貌、神像焕然一新。此固吴君三人之負荷誠勤，而亦四方衆善士之贊勷可恃也。功成告竣，爰勒諸石，以爲將來之爲善者勸。

（以下功德化主略）

石匠：張克清、閆廷掄。木匠：閆學藝。塑匠：張孟儒。

【一一一】 重修普明寺暨金粧神像碑記

年代：清代

尺寸：高 145 釐米，寬 64 釐米

立石地點：伊川縣吕店鎮西河村普明寺

……金粧各殿神像碑序

凡善有所由來，必有所自始。誰謂奧作之繁，不於……樓峥嶸，巍巍乎鉅觀也。乃久歷風雨，殿宇摧殘，院墻傾圮，神像則而舞樓……道乎？衆善合衆作之善，求乎一善，捐金者既慷慨而不吝；董理者益鼓舞而……神靈默佑，亶其然乎。第見廢者興，舊者新，臺勢整，廟貌愈嚴，行人且不勝其歡，躍……利善善也，善善之始也，善善之成也。善不一善，蓋與人同也。然孔有僧貫一之募化經營，不及……也哉，故並誌之。

邑庠生張若□右文氏撰。

（以下功德化主略）

清涼寺山門記

清涼寺在夏保之東北峯[illegible]碧崢嶸林木葱欝又有甘泉清溪環匝其間洵[illegible]鎮之佳境也是地舊有釋祠

名為清涼寺迩來本鎮善[illegible]屢為脩葺由正㪚呂及傍廡莫不煥然一新惜山門未脩終屬闕典登臨者

民為憾歲次戊子善士姓[illegible]氏諱法文字望岐念先是清林大和尚在[illegible]謀及此門曾吕功德主相囑於

是决意叔脩自出囊中蚨[illegible]復請同閈化主蒋玉之張秉秀聶永太杜景銳四人各捐私財兼募衆貲吕

勷厥事繄夫相陰陽蓂時[illegible]市木石傭匠工營立山門三間座震向[illegible]夕陽喜其返照新月欣其光臨画

棟雕梁耀㾖集仙與集賢[illegible]盆丹堊粉辟灼哉清涼擬青瑣俱隆矣[illegible]閑步於茲適值落成爰叙其事兼綴

吕詞　鷲嶺雲霄近　行[illegible]偏借問　嶙峋何處忽歸來　峻峻[illegible]峻　顯節陵前　天台山内　拾得芳

信　鹿苑蓮燈爐　瑤琴[illegible]雅韻　香飄花雨未曾乾　潤潤[illegible]潤　徛愛梅牕　映浮明月　照人方寸

國子監太[illegible]生邢澄靜菴[illegible]甫撰并篆

乙酉中式[illegible]車邢新銘三[illegible]氏[illegible]丹繕寫

功德主王法文捐銀四拾[illegible]兩　管金塑匠石匠飯四月有零

募　蒋玉之捐銀一兩

化　張秉秀捐銀一兩

姓　聶永太捐銀一兩

氏　杜景銳捐銀一兩

金塑匠王其脩[illegible]

鐵筆工人陳[illegible]

住持[illegible]純徒　侄浄安　浄涵　孫澄灝　曾孫道椿

仝立石

【一一二】 清凉寺山門記

年代：清代

尺寸：高 160 釐米，寬 62 釐米

立石地點：伊川縣白元鎮夏堡村清凉寺

清凉寺山門記

〔碑首〕：録刻

清凉寺在夏保之東北，峰□峥嶸，林木蔥鬱，又有甘泉清溪環匝其間，洵□鎮之佳境也。是地舊有釋祠，名爲清凉寺。邇來，本鎮善□屢爲脩葺，由正敞以及傍廡，莫不焕然一新。惜山門未脩，終屬闕典，登臨者以爲憾。歲次戊子，善士姓□氏，諱法文，字望岐，念先是清林大和尚在□，謀及此門，曾以功德主相囑。於是，決意創修，自出囊中蚨□，復請同閒化主蔣玉之、張秉秀、聶永太、杜□鋭四人，各捐私財，兼募衆貲，以勷厥事。緊夫相陰陽，奠時□，市木石，傭匠工，營立山門三間，座震向□。夕陽喜其返照，新月欣其光臨，畫棟雕梁，耀虡集仙與集賢，□盛丹墀粉壁，灼哉清凉，擬青瑑俱隆。余閑步於兹，適值落成，爰叙其事，兼綴以詞：

鷲嶺雲霄近，行□偶借問。嶙峋何處忽歸來，峻峻峻。顯節陵前，天臺山内，拾得芳信。鹿苑蓮燈燼，瑶琴□雅韻，香飄花雨未曾乾，潤潤潤。猗愛梅牕，映浮明月，照人方寸。

國子監太□生邢澄静庵□甫撰并篆，乙酉中式□車邢聿新銘三氏瀣丹繕寫。

功德主：王法文捐銀四拾□兩，管金塑匠、石匠飯四月有零。

募化姓氏：蔣玉之捐銀一兩。張秉秀捐銀一兩。聶永太捐銀一兩。杜景鋭捐銀一兩。

金塑匠：王其脩。鐵筆工人：陳□□。住持：□純，徒：净涵，徒侄：净安，孫：澄灝，曾孫：道椿。仝立石。

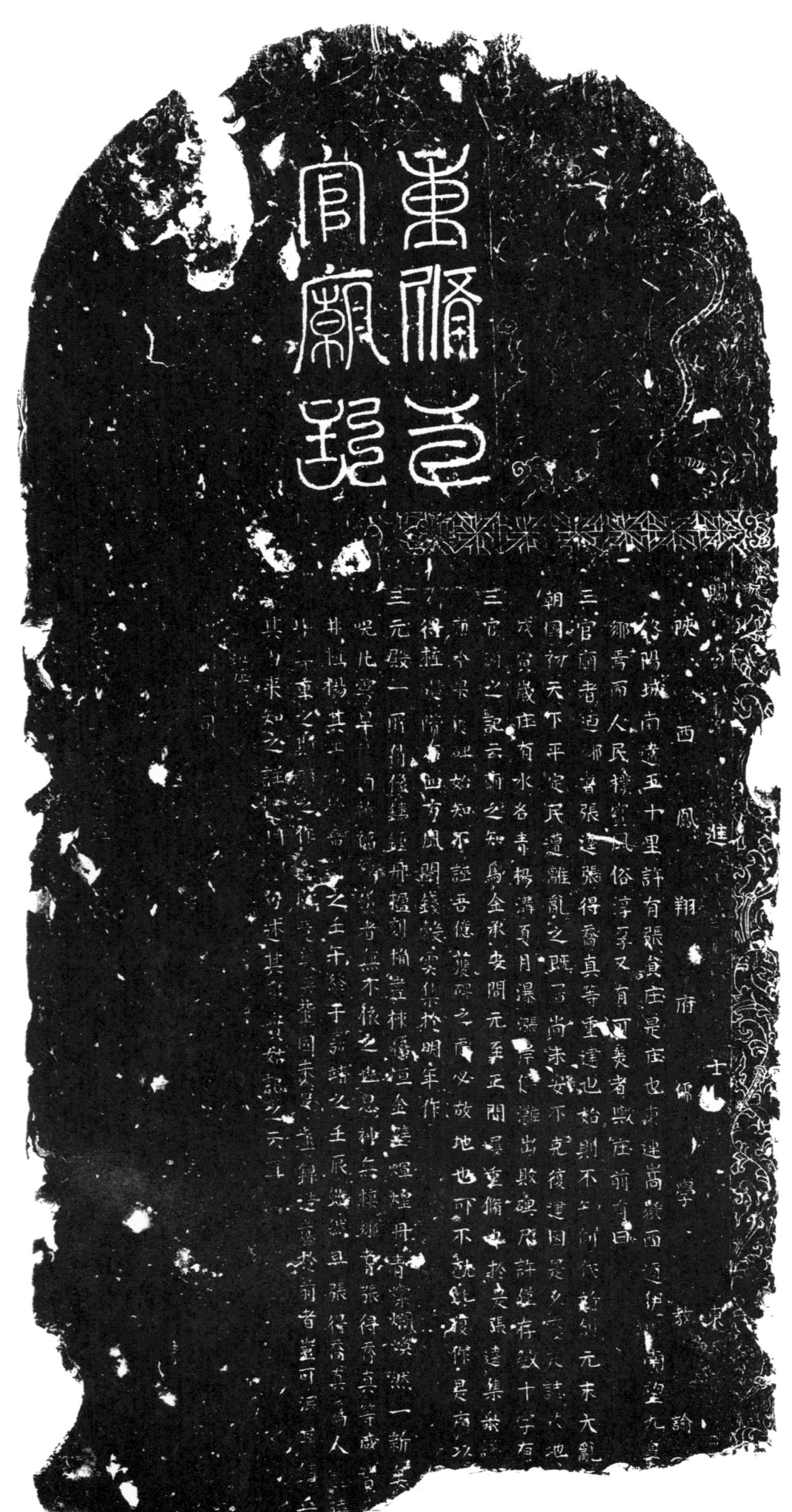
重脩三官廟記

【一一三】 重修三官廟記

年代：明嘉靖十一年

尺寸：高 139 釐米，寬 68 釐米

立石地點：伊川縣水寨鎮銀張村北溝三官廟

〔碑首〕：重修三官廟記

賜進士東……陝西鳳翔府儒學教諭……

洛陽城南違五十里許有張貟莊，是莊也，東連嵩嶽，西邇伊川，南望九臯，……鄉焉。而人民樸實，風俗淳厚，又有可美者歟！莊前有曰三官廟者，迺鄉耆張逵、張得、喬真等重建也，始則不知何代所創。元末大亂，……國朝初，天下平定，民遭離亂之既，居尚未安，不克復建，因是久廢。夫誌故地……戊寅歲，莊有水名青楊溝，夏月瀑漲，岸傍灘出，敗碑尺許，僅存十字有……三官廟之記云，知廟之知爲金承安間元至正間屢重修也。於是，張逵集衆議……廟，今果獲碑，始知不誣。吾億獲碑之處，必故地也，可不就此復作是廟，以……得柱礎階，而四方風聞，錢穀雲集，於明年作三元殿一所，俏像鑄鐘，丹楹刻桷，畫棟墻垣，金壁輝煌，丹青燦爛，焕然一新矣。……咒，凡雩旱禱雨祈，福族衆者，無不依之也。思神無棲，鄉耆張得、喬真等，咸實……井植楊。其工始於嘉靖之壬午，終于嘉靖之壬辰。雖然曰張得、喬真爲人豁達，……皆尊重之，斯廟之作□既竟矣。吾輩固未足齒録造竟於前者，豈可泯其績乎？……其由來知之詳，謹用□句述其事實，姑記之云耳。

嘉靖十一年壬辰孟夏之吉重建。

萬曆貳拾叁年立

【一一四】　泊頭鎮重修關王廟記

年代：明萬曆二十三年
尺寸：高 142 釐米，寬 64 釐米
立石地點：伊川縣高山鎮坡頭村關爺廟

泊頭鎮重修關王廟記

〔碑首〕：萬曆貳拾叁年立

萬曆乙未孟夏七日，關聖賢廟重修告完，請余爲記。余曰：卓乎！聖賢生在三國，漢世忠良，靈昭萬古。正直爲神，扶國祚，衛生民，忠魂義魄，如日中天，海内通祀，豈止一處？宜陽治南□十里許有公行祠，每尋創始，斷碑殘書，稍稍有記。雖舊有祀宇，歷年久，廢圮太甚。既内古柏徒存焉，耕夫、牧子、樵商所憩，土人指之曰：此關聖賢祠也。天順元年重修，迄今雖居民時祀，具香牲灌奠蔓草間，舉故事而已，亦未有興心修舉者。至萬曆甲午，民李雲見篤殿日頹，茂草荒穢，憮然嘆曰：聖賢老爺，古今稱名，將□朝衛社稷，凡我蒼生，孰不在化日中也，安忍坐視行祠之頹乎？安忍肖像荒穢□其乎？即會集鄉人李從金、李朝運、田應生、任國相等，經營重修。至明年乙未春正月，李雲同妻苗氏，盡心殫力，不避風雪，夙夜匪懈，刻苦修造，不數月内殿宇更新，金像輝煌。古柏之西，又栽桂柏一株，以壯偉觀。落成之日，刻石爲記。古云：立德、立功、立言，有一於世，皆謂可傳。李雲功德，垂記此編，碑立廟側，曰萬斯年。

時大明萬曆歲次乙未孟夏吉日立。

施財功德主。

明中憲大夫知陝西延安府事嵩陽少伊董選，宜陽縣省祭官任松，宜庠生苗遇春碑文。

修廟一應工匠：李添福、李廷霄、靳從福、穆一好、胡元知、王進禄、蔡濟用。

明朝重建

重[illegible][illegible][illegible]母廟[illegible]記

嘗[illegible][illegible][illegible][illegible]立廟祀神惟德配天地者祀之仁及萬民者祀之茲聖母也握造化生
成之柄掌生養繁育之權仁愛及物廣恩群生是以府州郡縣村落民無不仰之慕
之[illegible][illegible][illegible]之由是行祠遍天下而惟茲為最盛魏公故里所在乎魏公生于宋代
道禮仁[illegible]廟宇必為之立矣于今千有余年屢脩屢壞嘉靖三十六年河南衛舍人
陳君珮為之重修至今數十年風雨頹圮門墻殿宇悉皆[illegible]壞居民文辰儒首倡率
[illegible]晉事田士學陳[illegible][illegible]邑文登同謀共成是以村落之雲合响應富者願輸財貧
者[illegible]願輸力輻輳鱗[illegible]鳩工餙材撤舊易新為正殿三[illegible]間聖神粧塑煥然一新金碧交
輝文君需[illegible]獨施[illegible]又買地九畝三分以為住持焚香誦經日用之資工既告成不
可無[illegible]以記[illegible]曰廟本勅賜非曰淫祀廟貌重新非曰祈福嵗時瞻拜敢曰妄
[illegible]惟天為大[illegible][illegible]則之萬代[illegible]仰煙祀不絕神必默祐慶育功德敢以是垂不朽

鄉進士紫垣侯欽爵撰

[illegible][illegible]士梅羨李穎發書

龍飛萬曆三十六年歲次戊申夏四月丁巳吉日立

石匠王守政

石匠馬天全

田望雲

【一一五】 重修玉仙聖母廟碑記

年代：明萬曆三十六年

尺寸：高 170 釐米，寬 60 釐米

立石地點：伊川縣鴉嶺鎮韓窪村玉仙聖母廟

〔碑首〕：明朝重建

嘗聞古□□立廟祀神，惟德配天地者祀之，仁及萬民者祀之。兹聖母也，握造化生成之柄，肇長養繁育之權，仁愛及物，廣恩群生，是以府州、郡縣、村落，民無不仰之、慕之、愛之、□之，由是行祠徧天下，而雒土爲最繁，況魏公故里所在乎？魏公生于宋代，追禮仁□，廟宇必爲之立矣。于今千有餘年，屢脩屢覆。嘉靖三十六年，河南衛舍人陳君珮爲之重修，至今數十年，風雨頹圮，門墻、殿宇悉皆毁壞。居民文君儒首倡，率衆管事田士舉、陳錦用、巴文登，同謀共成。是以村落之衆，雲合響應，富者願輸財，貧者願輸力，輻輳鱗□，鳩工飾材，撤舊易新，爲正殿三間，聖像粧塑，焕然一新，金碧交輝。文君儒獨施□□，又買地九畝三分，以爲住廟焚香誦經日用之資。工既告成，不可無文以記，□□因曰：廟本敕賜，非曰淫祀。廟貌重新，非曰創始。歲時瞻拜，敢曰妄祭？惟天爲大，惟神則之。萬代瞻仰，煙祀不絶。神必默祐，慶育功德。敢以是垂不朽。

鄉進士紫垣侯欽爵撰，鄉進士梅羹李穎發書。

木匠：王守政。石匠：馬天倉、田望雲。

龍飛萬曆三十六年歲次戊申夏四月丁巳吉日立。

【一一六】 重脩婆婆廟碑記

年代：明崇禎二年

尺寸：高 123 釐米，寬 49 釐米

立石地點：伊川縣高山鎮鄭村婆婆廟村西廟

〔碑首〕：重脩碑記

宜陽縣治東南三十里，亘今以來，古有神廟一所，内院牛王廟之先經年既久，風雨損壞，未周矣。今村民王守倉同妻張氏，與男三敬、楊氏俱□發心，約衆資帛，於萬曆三十年正月吉旦，重立廟［愈］（宇），塑彩神像，以完之，次創立九龍廟一座。次矣，三敬□國賢、國俊已備財資，又創玄帝寶殿等。所俱以通完，有山必有靈，有神則爲主，其神無不應也。自古人能脩善，天必從之，種蘭得香，種粟得糧。神居之地，仗護國以安民，望芻牧之蕃壯，欲歲時之豐稔。境太安和，家家堅固，乃積乃倉，神格在上，鑒此芬芳，萬年不朽，立碑爲記。

本邑陰陽生馮正仙書。

功德主：王守倉同妻張氏，男三敬、楊氏、其氏，孫國賢、辛氏，國俊、王氏，重孫小白童、小黄童。

侯明、生員秦守禄、董世昌、谷三省、王應魁、王可政、境叟王守魁同男王俊、王賢、許希士、王友臻、鄭氏、王樓、王國祥、王國珍、王國禎、王國或、馬天究、馬天故、馬天聚、馬守記、馬一魁、馬天良、馬守元、馬守法、馬守禮、王齊、鄭簡、鄭月、馬魁圖、白思印、白汝坤、白汝庫、白汝剛、白汝寒、白汝節、白加官、白門郭氏、白加善、王的位、王自安、楊進化其氏、王三章、李庫、王自官、祝惟行、王其、王三策、王三元、王三有、王三濟、王三才、王國太、其九希、張進孝、景進才、王邦朱、何希文、周尚臣、王三正、王三完、王順、鄭友才、鄭友金、鄭友庫、鄭友良、樊門蘇氏、辛門李氏、馬天吉、牛光遠、白加禎、白加官、王三聚、王加成、王自落、胡應支。

本廟住持僧人：法權。泥水匠：靳祝福、樊守完。木匠：崔天禄、辛成、元朝□、王三林。塑繪匠：王松、耒同。蓋匠：王加□、王庭。石匠：楊守奉、薛守自、王守貴。木匠：如大營。

大明崇禎二年歲次己巳十月壬子朔越二十六日吉旦建□。

【一一七】　重修聚仙觀碑記

年代：清康熙二十四年

尺寸：高 162 釐米，寬 63 釐米

立石地點：伊川縣白元鎮雙頭村

□修聚仙觀碑記

□□□□□概去城八十里許，有聚仙觀者，北拱伊水，南倚惠明，東連洞府之巔，西接九臯之境。巍巖高聳，帶遶崧峰，□□□大觀也。且源泉環流乎左右，柏竹叢茂於上下。塵氛不到，清氣逼人，遠而黛抹，近而劍直。其中景況，真有精舍，□山多□奇，明窗流水適天機，寧非衆聖樂聚之所，群仙暢懷之區哉！且也觀之靈感，應空谷以傳聲，胥四方之祈求，庇遐邇之衍慶。及群生惠浹，萬彙啣負之感，草木皆然。稽其肇造之始，三清殿初創於元朝，相沿於明之弘治，重修於萬曆，又復修於崇禎。真武殿建立於崇禎之八年，三元殿失厥碑記，未審創造於何代，歷來重修，代不乏人。自兵燹之後，及清□□□以來，年深日久，殿宇腐壞，墻垣傾圮，目睹傷懷者，甚難其人。忽雙渠頭李君諱之莊與李君諱自醇者，觸目動念，坐視不忍，隨與住持道人景守存、門徒李太惠、化主趙士强等，竭蹶赴公，□□□□□□□厥衆，共輸貲財，興工修理，不日告竣，衆殿焕乎一新，燦□可觀也。山門之右舊有伽藍殿一座，既□□□□及其□尚缺其制，遂而新建靈官殿一座，以誌於後。今工俱已告成矣，之莊與自醇等丐余爲文，謝弗克，勉而□之，知□□譏大雅矣，謹具鄙俚，□工砥石，鐫名維善，永垂不朽云爾。

原任山西蒲州同知王廷璽撰並書。

功德主：李之莊、男小潤月，李自醇、男李廣。

大清康熙二十四年歲次乙丑仲春吉日立。

副功德主：史筆、史論、趙瑞、李國珍、王自强、李世貴、李奇、李自篤、史强、李自信、郭朝、李光德、吉宗禮、史治國、監生趙國相、李自樸、侯廷秀。

住持：景守存。門徒：李太惠、李太洪、韓太王、謝太興，孫：李清桂、李清虛。泥水匠：王國興。鐵匠：吉永福。山西壽陽縣木匠：吴懷仁，徒：侯廷棟、王廷現。汝州伊陽縣石匠：楊士弘，男楊作林，徒劉浩刻。

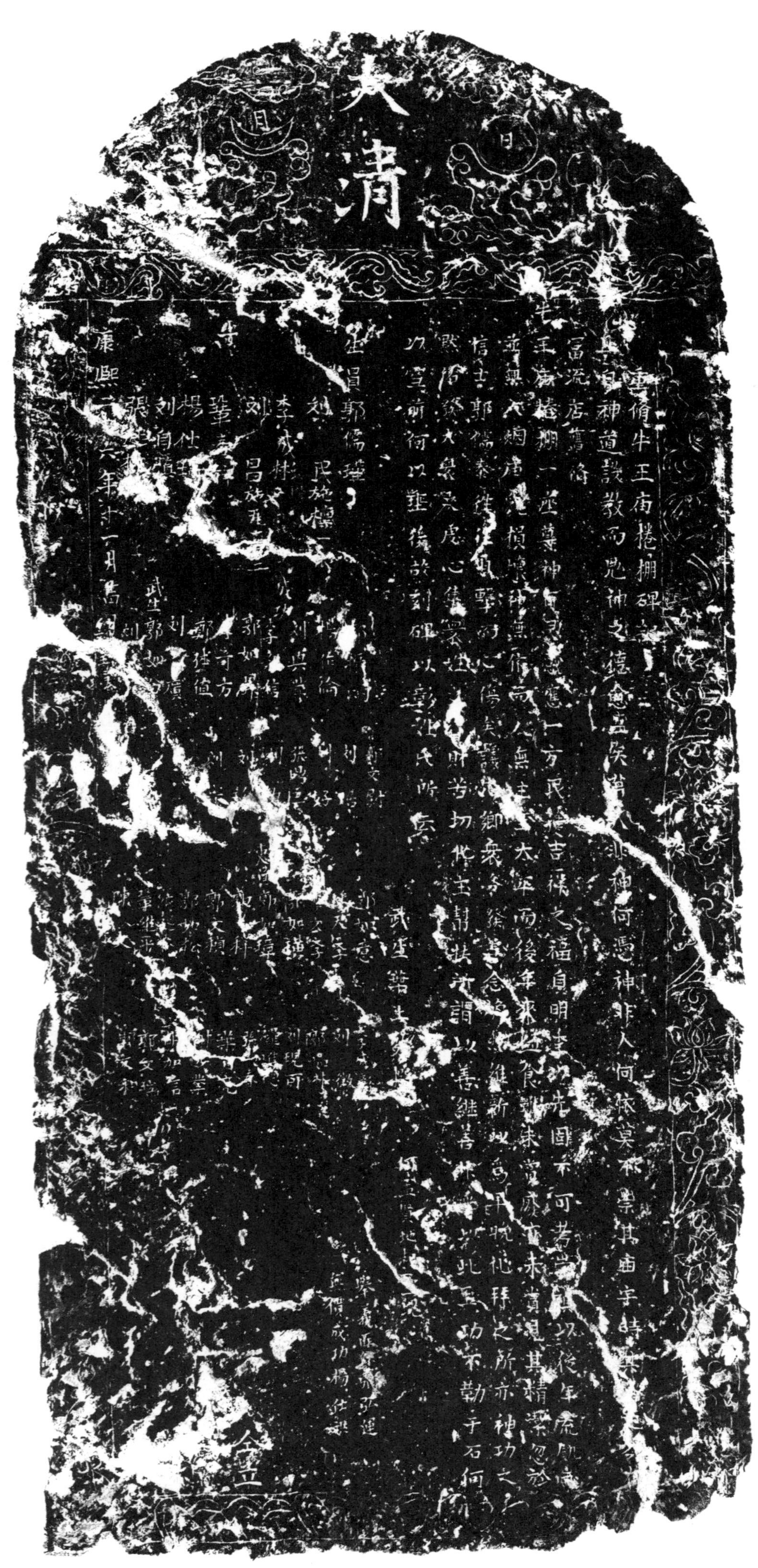

【一一八】　重脩牛王廟捲棚碑記

年代：清康熙二十六年

尺寸：高 114 釐米，寬 51 釐米

立石地點：伊川縣白元鎮富溜居村牛王廟

重脩牛王廟捲棚碑記

〔碑首〕：大清

且自神道設教，而鬼神之德愈盛矣。第人非神何憑？神非人何依？莫不崇其廟宇。時其洛邑今有富流店，舊修牛王廟捲棚一座，尊神百靈，感應一方，民獲吉祥之福。自明季於先，固不可考，崇禎以後，年荒饑歲，並無人煙，廟貌損壞，神無依而人無主。至太平而後，年來□食，雖未嘗廢，亦未嘗見其精潔。忽於信士郭儒泰，往往目擊而心傷矣，議□鄉衆，各發善念，焕然維新，以爲早晚禮拜之所，亦神功之默佑。發大衆之虔心，集衆姓之貲財，苦切化主幫扶，所謂以善繼善。□乎於此，至功不勒于石，何以空前？何以垂後？故刻碑以彰姓氏所云。

生員郭儒瑾、劉民施檁一根。李成彬、劉昌施瓦一百二。鞏壽祥、楊仕瑞、劉自鎮、張起振、郭振炳、楊作倫、劉興業、李名信、郭如昇、李可方、鄭體值、劉□廣、武生郭如紛、劉□□、郭文蔚、劉居、劉好、張鼎巨、劉□、劉□、劉宗、郭如意、張天學、李文學、郭如璜、吏員郭如璋、郭祥、郭文楨、郭如松、張起□、鞏繼平、陳弘文、李成彰、劉徽、郭如林、劉現可、羅進思、張春、葉日亮、謝成業、郭加言、郭文瑞、郭文和。

舉義匠作張弘運，無價成功楊仕洪。

武生葉土□撰。

康熙二十六年十一月十四日。

【一一九】 金塑南嶽聖像碑記

年代：清康熙三十三年

尺寸：高 142 釐米，寬 67 釐米

立石地點：伊川縣鳴皋鎮南嶽廟

金塑南嶽聖像碑記

〔碑首〕：南嶽廟記

古云：人之情面垢不忘洗，衣垢不忘澣。竊謂人固有之，神亦宜然。嵩治鶴鳴鎮北有南嶽離宮，坐鎮紅桃，歷唐、五代、宋、金、元、明，巋然山麓，莫知創始前代，重脩尚矣。粵大明萬曆，太監胡公施銀重脩、金粧後，以至於今，垂百年。其間風雨之所漂灑，香烟之所熏蒸，與夫雀角鼠牙之所鑿穿，寇亂流塵之所縱横，留寓而爨炊，年深歲久，於是嶽帝之冕旒黻黼、龍火文章以及四大元老、鎮殿將軍、墻閣户牖、棟宇榱桷，爲之熏黑彫敝，黯然無色。我朝國初以來，雖於宮殿、廡樓漸次脩葺，而大殿神像未及金粧，工遂告竣。至康熙辛未，士民乃謀金□，會旱蝗又止，壬申大疫又止。越明年歲稍稔，住持韓太玉與鄉耆吉舜英等，乃復謀金粧。時安□□泰聞之，慨然先以白金爲倡首，又爲募化本鎮及各村，而善信助貲者，遂翕然以百數。爰是具彩金、倩工畫，不數月而嶽帝之冕旒黻黼、龍火文章以及四大元老、鎮殿將軍、墻閣户牖、棟宇榱桷，無不躬工極研，焕然一新。入廟拜瞻，清麗森嚴，赫然驚人，寅敬之心，陡然而生，嗚呼盛矣！工竣，徵記於予，予謭陋，不善古文辭，特爲記其顛末，第不知後此數十年復有繼起如今日否？古今人不甚相遠，想亦各有感興也夫。

嵩庠生霞僊紀凌雲薰沐頓撰，嵩庠生東生李炯頓書並篆。

功德主：□泰施銀拾兩。經管諸事吉舜英，室人和氏施銀二兩。

化主：唐起鳳、楊世德、募化信女葉門聶氏、唐門張氏、郭光宗施銀三錢。王克勤施銀叁錢。傅門李氏施銀伍錢。王門王氏施銀叁錢。韓加道施銀三錢。趙心儒施銀三錢。楊門韓氏施銀五錢。李門陳氏施銀五錢。王世傑施銀三錢。

住持：王守心、韓太玉。徒：李清□。

時大清康熙三十三年歲次癸酉十二月十五日立石。

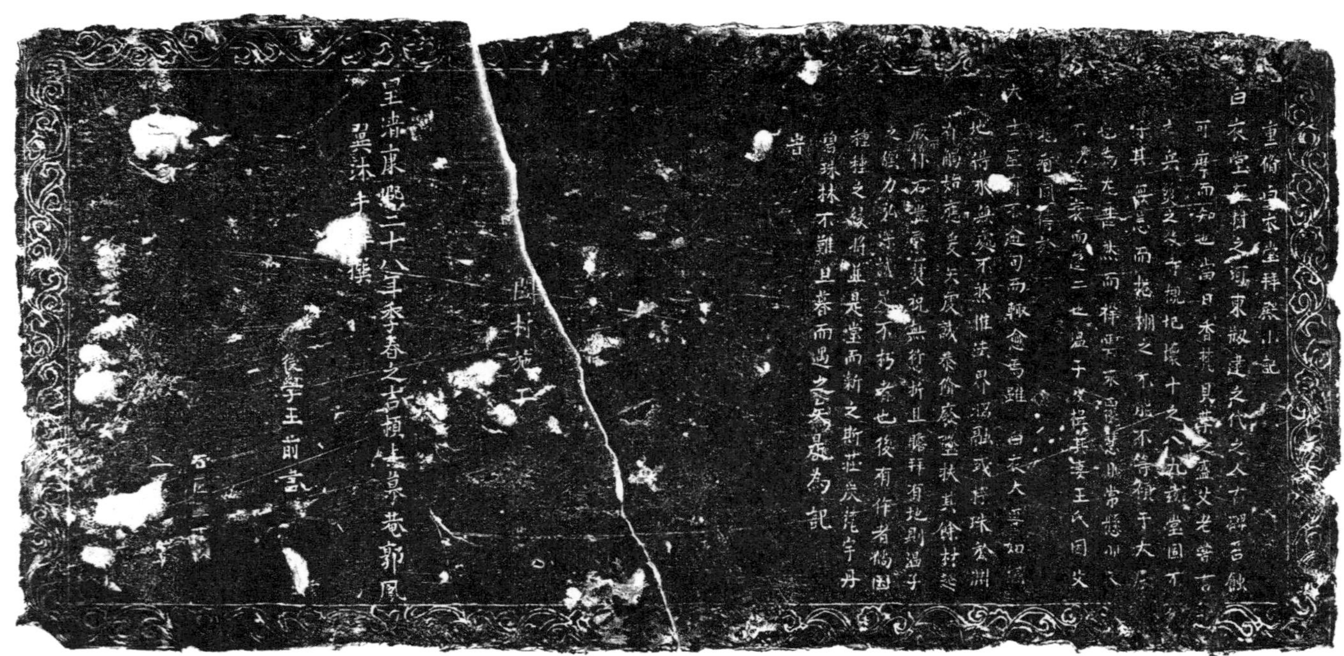

【一二〇】 重脩白衣堂拜殿小記

年代：清康熙二十八年

尺寸：高 37 釐米，寬 77 釐米

立石地點：伊川縣江左鎮温寨村觀音廟

重脩白衣堂拜殿小記

白衣堂在村之河東，創建之代之人，古碑苔蝕，可摩而知也。當日香梵貝葉之盛，父老嘗言之。兵燹之後，寺觀圮壞十之八九，兹堂固不于其無恙，而捲棚之不能不等傾于大□也。爲左甚然，而祥雲不覆，慧目常懸，□又不以□衰而道二也。温子及楫其妻王氏，因父抱痾，固禱於大士座前，不逾旬而輒愈焉。雖白衣大尊如□地得水，無處不然，惟法界昭融，或探珠於淵，有觸始應，爰矢虔誠，恭脩廢墜。扶其餘材，起厥僕石，豈緊焚祝無愆折，且瞻拜有地，則温子之傾力弘深，誠是不朽者也。後有作者倘因種種之緣，將並是堂而新之，斯莊炭梵宇，丹碧珠林，不難旦暮而遇之矣。是爲記。

時闔村施工。

潁上慕庵郭鳳翼沐手拜撰，後學王前書。

皇清康熙二十八年季春之吉。

石匠：……

重修碑記

重修金粧關聖碑記

聞之古人爲善雖日不足莫爲之前雖善弗美莫爲之後雖善不彰是則前有可創建不能日久不敝所賴後人之補修耳如我坡頭街東頭有

關聖賢行祠亘古及今其來舊矣不知創自何時前此烟火稠密士居多豐實增修者故不乏人邇來兵火凋殘十僅存一而且年歲凶荒居民徒有其意而財力不逮以致行祠風雨飄搖金神損壞廟貌傾頹豈所以妥神池嗟呼 聖賢扶國祐衛民生靈昭萬古如日貫天巍巍乎別有感而有應威振四境蒙恩豈止於一處群迷所被恩澤而閭閻之適有善自齊目興懷偶動善念善捐已財齊會鄉衆約定本村陳見福費昇任與道任明道等分任其責引進作善募化十方各樂虔誠或施銀錢或施米粮無論多寡不過共襄聖事今歲竭蹶焉故垂此篇立碑題名亦爲後世不朽云

康熙四拾年歲次辛巳夏四月二十八日吉時立

宜邑後學　　撰並書

【一二一】　重修金粧關聖碑記

年代：清康熙四十年

尺寸：高 104 釐米，寬 54 釐米

立石地點：伊川縣高山鎮坡頭村關爺廟

重修金粧關聖碑記

〔碑首〕：重修碑記

聞之吉人爲善，惟日不足。莫爲之前，雖善弗美；莫爲之後，雖善不彰。是則前有可創建，不能日久不敝，所賴後人之補修耳。如我坡頭街東頭有關聖賢行祠，亘古及今，其來舊矣。不知創自何時，前此烟火稠密，土居多豐，實增修者故不乏人。邇來兵火凋殘，十僅存一，而且年歲凶荒，居民徒有其意，而財力不逮，以致行祠風雨飄摇，金神損壞，廟貌傾頽，豈所以妥神也。嗟呼！聖賢扶國祚，衛民生，靈昭萬古，如日貫天，巍巍乎則有感而有應，威振四境，蒙恩豈止於一處，群迷所被恩澤而罔覺也。適有范自齊觸目興懷，偶動善念，善捐己財，齊會鄉衆，約定本村陳見福、爨昇、任興道、任明道等，分任其責，引進作善，募化十方，各發虔誠，或施銀錢，或施米糧，無論多寡，不過共襄聖事。今歲竭蹶焉，故垂此篇，立碑題名，亦爲後世不朽云。

康熙四拾年歲次辛巳夏四月二十八日吉時立。

宜邑後學爨昇撰並書。

賈士俊、陳國祥施捨地一段，坐落寨東，西南至路，東河，北溝。

木匠：孫芝蘭、金洪。畫匠：马俊。石匠：朱玉瑞。住持：齊太誾。仝立。

任興道、弘道、體道三人，仝施舍香火地一段十畝，坐落廟東嶺，南北至嶙，東西至嶺，東西畛。任得道、任平道二人，仝施舍香火地一段十畝，坐落打狗巖溝，南至嶙，北至苗從美，東至太山廟香地，西至嶙，東西畛。

王大信、吕遇銀六錢。郭文奎銀五錢。藍世芳銀四錢。周緒文銀二錢。劉國太銀二錢。李門栗氏樹一株。任悦道樹一株。帥中正、郭炳、穆國昌、李世傑、彭應時、穆世甫、穆道弘、梁貴、段門侯氏、葉國朋、賈守仁、李學詩、寧鋏、孫永福、張從亮、李可舉、段盡忠、寧鎮、賈玉楝、侯士俊、陳助、李文、梁臣、陳瑞、張從禮、馬如文、侯欽、侯正賢、董斌、陳國祥、寧森、劉蘭、賈守義、蘇名世、胡遇、王得正、李龍、劉弘、楊道明、李文林、寧鐸、狄養臣、賈玉柱、薛金星、程大如、柴鑄世、張復元、木道艮、陳寬、寧才、葉邦鶴、李祥、葉劉朝、薛隨、李邦本、寧英、張國仁、劉呈璋、李福壽、王奉禮、寧差、趙弘春、王明、馬成交、李大瑞、白進才、白加榮、霍國寧、陳義、秦自奇、王炳、寧遇會、陳世要、賈可寶、李文黄、金猷、苗國民、苗從信、常成會、王紹明、楊從新、侯自秀，本村楊從煥、徐弘祚、金可愛、金正、金洪、金之英、金之松、金之業、段則、劉國祥、李圻、唐世英、劉國甫、劉國平、狄有浩、李貴、任士遇、李小堂、苗從禮、苗從義、苗從智、李梁、狄斌、苗金聲、張鳳翼、王化□、孫永禄、仲遇祥、王大信、侯計先、□新瑄、□昇銀四錢。金青、金之顯、金之順、狄太宗、霍三英、王應甲、賈進忠。

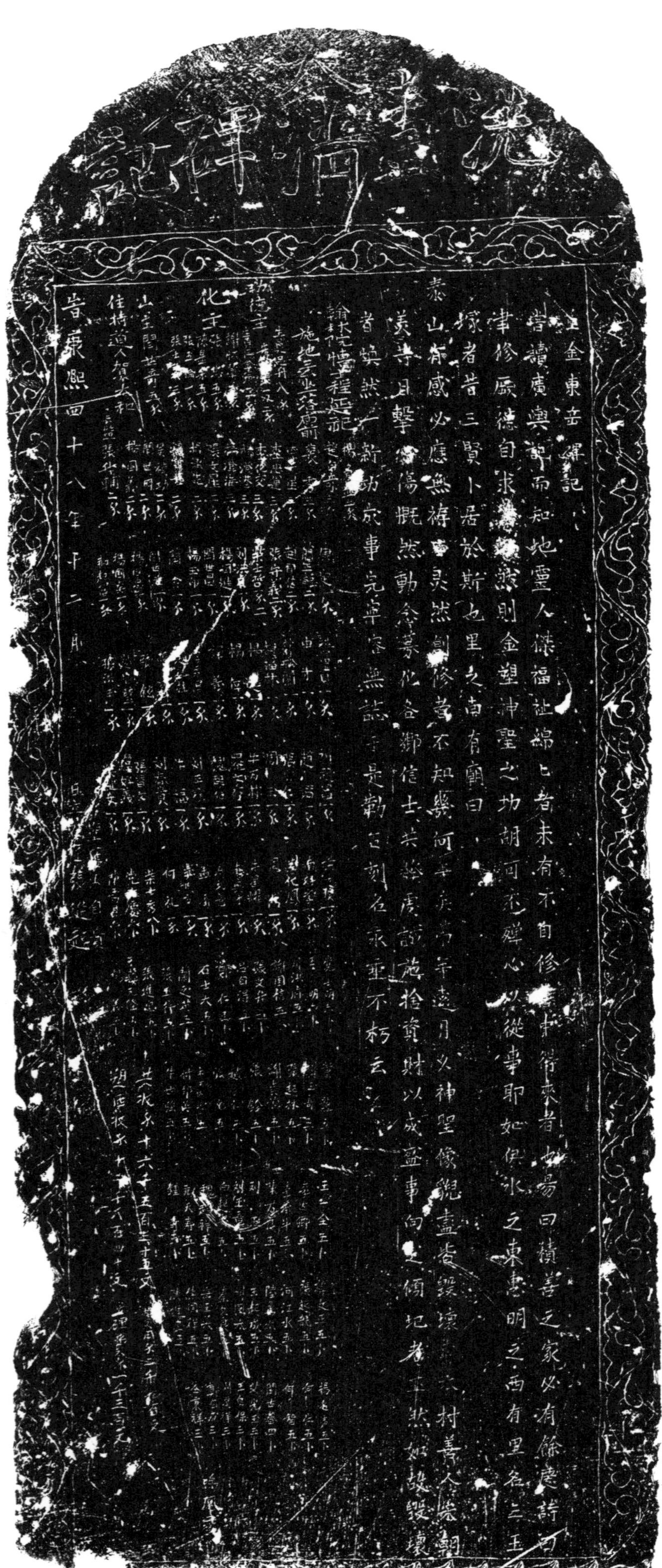

【一二二】　重金東岳碑記

年代：清康熙四十八年

尺寸：高 144 釐米，寬 57 釐米

立石地點：伊川縣酒後鄉三王村東嶽廟

重金東岳碑記

〔碑首〕：大清洗盡碑記

嘗讀《廣輿記》，而知地靈人傑，福祉綿綿者，未有不自修□中得來者也。《易》曰：積善之家，必有餘慶。《詩》曰：聿修厥德，自求□□。然則金塑神聖之功，胡可不殫心以從事耶？如伊水之東，惠明之西，有里名三王塚者，昔三賢卜居於斯也。里之南有廟曰泰山，有感必應，無禱不靈。然創修者不知幾何年矣，第年遠月久，神聖像貌盡皆毀壞。幸本村善人宋朝美等，目擊心傷，慨然動念，募化各鄉信士，共發虔誠，施捨資財，以成盛事。向之傾圮者，丕然如故；毀壞者，煥然一新。功成事完，寧容無誌？于是勒石刻名，永垂不朽云。

翰林院博士程延祀施地三畝，坐落廟前。

功德主：生員吕舟錢八錢。宋朝美一兩二錢。生員吕金聲五錢。謝懷輩五錢。

化主：張忠五錢。陳顯宗五錢。張五倫一錢。張士義三錢。

山主閆世奇五錢。住持道人：賀大和。楊名顯三錢。趙白奇三錢。李忠運三錢。李化交三錢。楊澄港三錢。張汝星二錢。楊承先二錢。吴禎功二錢。閆世明二錢。楊國義二錢。貢監張昇輔二錢。康定二錢。藺正龍二錢。趙邦信二錢。張守義二錢。柴士哲一錢二。劉洪貞一錢。楊國進一錢。閆世昌一錢。楊玉一錢。藺會一錢。閆世旺一錢。楊國忠一錢。楊國侯一錢。郝起富一錢。魏富貴一錢。申才一錢。薛松蘭一錢。趙福林一錢。楊遠一錢。楊位一錢。譚義一錢。李永昌一錢。趙□柱一錢。張銖一錢。張鉉一錢。趙首璧一錢。孫法玉一錢。劉起富一錢。趙諧一錢。張守仁一錢。周玉一錢。牛萬林一錢。羅文石一錢。魏起信一錢。劉玉璞一錢。牛福一錢。劉春貴一錢。張習文一錢。程好義一錢。柴繼安一錢。柴士俊一錢。南好學一錢。李化鳳一錢。牛星耀一錢。趙興才一錢。秦文善一錢。孟奇一錢。孟世方一錢。何禮一錢。柴世秀八分。黨大慶六分。陳易見六分。黨士明六分。王明六分。劉洪府五分。謝國信五分。張文昇五分。吕自得五分。鄭仁五分。石士大五分。藺之英五分。張玉行五分。張進忠五分。蘇元隆五分。楊義五分。董龍五分。樊玉奇五分。張起林五分。謝貞德五分。張鈐五分。趙仁五分。張克五分。李世香五分。付邦英五分。牛世强五分。王□全五分。李世卿五分。李承斗五分。陳萬良五分。劉玉五分。劉玉章五分。白起貴五分。魏起祥五分。亢天壽五分。鍾奇五分。蘇文正五分。張起龍五分。河江水五分。陸勇太五分。王起成五分。劉國太五分。秦文良五分。岳玉英五分。焦國祥五分。陳進忠五分。楊名聲五分。何仁五分。何智五分。閆世春四分。艾光玉五分。王自保三分。劉漢祥三分。鄭自成三分。仝秉祥三分。鳴鳳二分。

共收錢十六千五百三十五文，費用錢二千九百文。塑匠收錢十二千八百四十文，立碑費錢一千三百文。

塑匠：王自貴。石匠：張從起。

時康熙四十八年十二月六日立。

【一二三】 重修關帝廟碑記

年代：清康熙四十九年

尺寸：高 185 釐米，寬 65 釐米

立石地點：伊川縣彭婆鎮南衙村關帝廟

重修關帝廟碑記

〔碑首〕：大清　日月

洛城南四十五里許，其村名曰後衙，古稱馬盤莊，即其地也。大元萬户侯建府於兹，其稱名也已久，其取義也有，自是以北依伊闕，南望九皐，東接松山之峰，西連錦屏之翠，伊川環流於其右，順陽湍激於其前，山嵸水秀，人傑地靈，誠中州名勝之區也。其地有關帝廟一座，巍然□□□，□□□□相持，建立已久，重修非一。正尊有聖帝像配享，□平、周倉拱衛，有先鋒，有龍王，滿堂神明，洋洋如在。凡有□□，□□如此。若生蒙福有自，答報無由。兹因風雨飄零，殿宇□□，鄉中男女，無不目□心傷，各出囊金，共勷聖事。不數月而廟貌輝煌。大功告成，宜立石以誌男女姓氏，永垂不朽，以爲之同志者勸。

建立龍王廟一座。

首會張國興等。張國七銀一兩。張國英錢五百。張加餘錢五百。魏士俊錢一百。□永茂錢一百。李永正錢一百。首會周延昌等。周述昌錢一百。周景昌錢一百。周少昌錢一百。范可習錢一百。□國讓錢一百。張繼昌錢一百。首會張國體、張國如、張加禄、張繼旺、周際昌、張金舟、張爾選、張爾還、張繼明共錢九百。李如挺、張其彬錢一百。首會周永昌、周世昌、周維昌、李明海、李玉香、刘金昇共錢六百。韓明旺銀壹兩。袁英錢五百。王璽錢五百。首會張繼德、張定興、負守仁、曹顯福、趙大洪、陳順、王起榮、張廣俊、周可培等共錢一千。首會張國璞、張攀枝、張其文、張繼美、張繼隆、高配、張繼秀、張尔玄共錢一千。張□賢銀乙兩。王甫正錢五百文。首會張繼樊拾人等錢一千。

女會首周門司氏、張門王氏、喬門孫氏、魏門韓氏、張門朱氏、周門司氏、張門韋氏、張門張氏、張門趙氏、張門□氏、張門申氏、周門申氏、張門李氏、張門曹氏、負門張氏、魏門張氏、張門黄氏、張門張氏、李門刘氏、范門周氏、張門席氏、張門楊氏、張門黄氏、張門范氏、周門吴氏、張門王氏、吴門張氏。

申永禄錢一百。申永傑錢一百。張洪錢一百。周謹□錢一百。周國明錢一百。周國才錢一百。楊玉林煤四車。孫七煤四車。吴現煤四車。張尔璽煤四車。

粧修神像四尊，胡國民、喬世選施捨地貳畝，東路，西本主，南周國才，北水渠，作香火地。

庠生高年題選。

康熙四十九年戊寅月壬午日立。

石匠：張尔選、陳起龍、張天明。泥水匠：周可法、張尔圭。

【一二四】 重修聖公聖母殿碑記

年代：清雍正三年

尺寸：寬 51 釐米，高 72 釐米

立石地點：伊川縣江左鎮官莊村玉皇廟

重修碑記

〔碑首〕：萬善同歸

玉皇廟右有聖公聖母殿，但年久日深，風雨損壞，神無所棲，人心何安？時有善人陳相出焉，心欲重修，募化十方善男信女，各施其財，不數日而成。雖云人力，寔神爲之也。今廟貌巍峨，神像輝煌，時當刻碑記名永垂，千載不朽。

功德化主：陳相銀三錢。陳吏銀五錢。功德主：趙起交銀陸錢。李業美銀陸錢。劉奇銀一兩。王自省銀一錢。白貞銀一錢。白如璉銀一錢。白獻瑚銀一錢。郭滕林銀一錢。武加奉銀一錢。武加侯銀一錢。武應舉銀一錢。吏員陳可久銀一錢。陳可録銀一錢。生員陳可宗銀一錢。武加猷銀一錢。賈燦銀一錢。生員楊璽銀一錢。□弘銀一錢。武加宫銀一錢。李懷信銀一錢。王自好銀一錢。王秉恩銀一錢。王秉玉銀一錢。白起鳳銀一錢。王金昇銀一錢。王金斗銀一錢。李懷刑銀一錢。趙士傑銀一錢。趙世英銀一錢。陳可玉銀一錢。陳可忠銀一錢。陳可敬銀一錢。陳可恭銀一錢。陳可臣銀一錢。陳可興銀一錢。陳可師銀一錢。陳可安銀一錢。陳可□銀一錢。張文學銀一錢。陳喜□銀一錢。李業興銀一錢。李業俊銀一錢。李業章銀一錢。李業林銀一錢。李連銀一錢。高惟雲銀一錢。王自榮銀一錢。王建國銀一錢。王建勳銀一錢。賈珍銀一錢。郭德銀五分。王存義銀五分。趙秀銀一錢。李長富銀五分。白獻璋銀五分。白獻英銀五分。白起雲銀五分。王建熹銀五分。

匠人：高玉連工三個、宋廷良工一個。石匠：張龍銀二錢、白敏珮銀三分。鐵筆匠張璽□。

大清雍正叁年陸月吉日。

【一二五】 重建關聖帝廟功成碑記

年代：清雍正八年

尺寸：高 153 釐米，寬 62 釐米

立石地點：伊川縣鳴皋鎮邢莊村關帝廟

重建關聖帝廟功成碑記

〔碑首〕：關帝廟碑記

嵩邑樊店地方邢家莊，莊之南約二百步有砦，砦之上有寨，寨之中有關聖帝廟焉。創修自有明崇禎年間，當流寇肆虐之時，里民潛兵恒於是，蒙神佑保全性命者不少。厥後，里民水旱疾疫，凡有求必應焉。其神之靈應，顯彰報不爽。歷有餘年，以迄於今，經風雨、鳥鼠之憂，廟宇傾圮，神像毀敗。鄉善士張姓秩名慨然太息曰：關聖帝者，乃宇宙之正神，一方之保障也，創修者有自來矣，吾輩獨不能纘其事乎？但恐獨力難支，不能速就，因思人之好善，誰不如我？天下事一人獨爲之難者，衆人共爲之自易也。因謀諸鄉老養名李公，相與共議，願爲募化之舉。由是左右六村士民，各捐貲財，共成義舉，神像焕然改觀。事成，因刻石以示久遠，謀序於予，予故爲之記云。

伊西後學鳴臯鎮生員坦庵蔣氏蘭熏沐拜撰并書丹。

功德主：張秩施銀九拾兩，子學仁。

樊店化主白文金，乾河化主都京，上村化主姚化英、王士傑，窑□化主庠生童復施銀乙兩。化主李養名、生員閆相施銀乙兩。王世傑施錢乙兩。張雲弘乙兩。姚化英乙兩。張振施大梁兩掛。段欽五錢。生員韓英三錢。韓鋌二錢。生員楊德二錢。郭萬儀二錢。生員張士傑二錢。楊寬二錢。吴治國二錢。都相二錢。王訓二錢。□燕賓一錢。李爵一錢。韓作棟一錢。葛仁一錢。李禄一錢。庠生楊義二錢。李允□二錢。李旺二錢。都舉二錢。都拔二錢。都樂賓一錢。李紹法一錢。吴賢一錢。孫月一錢。李盛一錢。郭如玉一錢。庠生郭士選一錢。劉乾魁二錢。都華夏二錢。都克生二錢。陳啓哲二錢。都文一錢。段國璽一錢。段錦一錢。張起一錢。雷成光一錢。生員張松齡一錢。孟吉文二錢。張玉□一錢。李遵洛一錢。張玉一錢。李時中一錢。于信洪一錢。田中晶五分。徐從仁五分。生員張玉璣一錢。王汝新二錢。張□瑋一錢。李干一錢。張清一錢。張典一錢。張星耀一錢五分。郭福五分。□昌五分。張□翮乙錢五分。□天錫二錢。張廷舉一錢。袁紀一錢。尚玉孔一錢。楊天榮一錢。海朝富五分。單寧五分。□秉正五分。陳順五分。閆棟一錢。郭如玉一錢。張星炳一錢。李尊福五分。段序五分。王一鳳五分。申平一錢。董篪一錢。雷鳴昇一錢。王預勉五分。郭興五分。秦成家五分。孔旦福一錢。張文科一錢。王王氏一錢。王進福一錢。□成一錢。張文舉一錢。王玄英一錢。胡可名一錢。李景太一錢。張學孟一錢。胡可□一錢。□大成一錢。王□一錢。楊恭一錢。南朋霞一錢。胡宗貴五分。南朋禮五分。南朋信五分。王棟五分。王□五分。王進京五分。姚化鳳五分。王進□五分。袁起蛟五分。王進爵七分。王廷正一錢。馬虎五分。杜齊五分。牛光斐五分。王高彦五分。賈國英一錢。許自强一錢。孟吉賢一錢。謝文魁一錢。韋炳一錢。韋朝彦一錢。王應科一錢。謝光明一錢。賈國俊一錢。賈光斗一錢……

木匠：周安、□斗施錢二百。泥水匠：張文施銀一錢。畫匠：皮賢、高懷順五錢。窑匠：王青山二錢。

大清雍正捌年歲次庚戌仲秋吉日立。

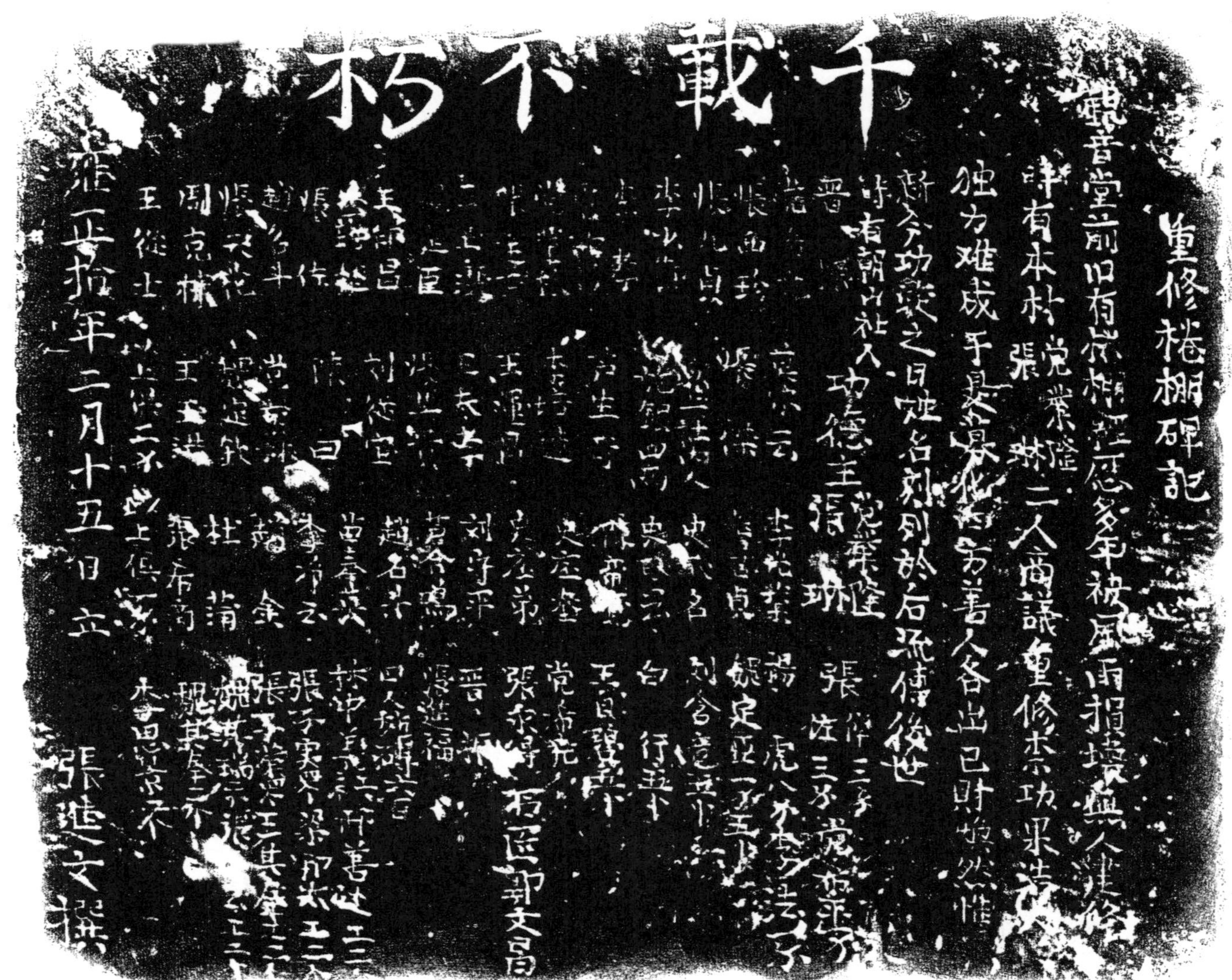
千載不朽
重修捲棚碑記

【一二六】　重修捲棚碑記

年代：清雍正十年

尺寸：高 38 釐米，寬 45 釐米

立石地點：伊川縣吕店鎮後莊村關帝廟奶奶廟

重修捲棚碑記

〔碑首〕：千載不朽

觀音堂前舊有捲棚，經歷多年，被風雨損壞，無人建修。時有本村黨業隆、張琳二人商議重修，奈功果浩大，獨力難成，于是募化四方善人，各出己財，焕然惟新。今功竣之日，姓名刻列於後，流傳後世。

時有朝山社人。功德主黨業隆、張琳。晉振、范希記、張西珍、張九貞、李少節、李孝、盧吉昌、黨業林、張廷士、□堅□、□定臣、王印昌、李增起、張□、趙名斗、張興花、周克林、王從士、莫宗云、張傑，以上社内人各施錢四兩。蘆生奇、李培連、王軍昌、王天孝、張其黄、劉從宣、陳曰、黄□林、魏定欽、王玉茫，以上俱二錢。李光業、詹召貞、史□名、史政云、陳帝□、史應魁、史應弟、劉守平、蘆合鳴、趙名斗、苗奉英、李净云、趙金、杜蒲、張希商，以上俱一錢。張倬三錢。張佐三錢。黨布平一錢。湯虎八錢。李法一錢。姬定臣一錢五分。劉含竟五分。白行五分。王自碧五分。黨希堯、張永得、晉振、張進福四人施磚六百。林中美工三個、張子實四個、張子蒼四個、魏其瑞二個、魏其奉二個、李思景二個、邢善述工二個、梁邦太工二個、王其年工二個、張□云工二個。石匠：郭文昌。

雍正拾年二月十五日立。

張進文撰。

【一二七】 創脩關帝廟碑記

年代：清雍正十年

尺寸：高 146 釐米，寬 58 釐米

立石地點：伊川縣江左鎮武寨關帝廟

創脩關帝廟碑記

〔碑首〕：大清

蓋聞德配天地，道冠古今者，人之贊至聖先師也；□□忠貫日月，義勇鎮乾坤者，人之頌關聖帝君也。是則孔夫子而後，莫如關夫子矣。以故累□疊封，保世滋大，而神威赫奕，歷千秋而不改；殿宇輝煌，宜亘古而常新。爲伏魔大帝遠鎮□尊鄉國累歲奉祀，備極享獻，非亡等也。竊思神固因地□□，廟必待人而興。忽武家寨有□士者，出觸於目而感於心，遂與衆村人等商議，欲本□□修關帝廟一座，於是募化衆□錢糧，以資修造。轉致比户盈門，各捐貲助，共爲經營，於康熙三十七年八月立起廟殿。□貌既新，極宇宙之壯麗；聖像顯赫，盡神人之崇觀。□是，神靈自集，繫馬臺前，時聞赤□□□，洗刀池畔，定有白猿叫月。神忻人悦，均沾潤浹於蓂階；瑞應祥徵，爰慶風調於鳳律。□□告竣，因勒碑刻銘，以誌不朽。

洛邑增廣生員段作衮頓首譔，受業門人陳斌書。

功德主：王自貴、武三樂、馬進槐、尹湯佐。

雍正十年七月吉日立。

【一二八】　創建龍王火神兩祠碑記

年代：清雍正十一年

尺寸：高 58 釐米，寬 38 釐米

立石地點：伊川縣酒後鄉三王村火神廟

創建龍王火神兩祠碑記

〔碑首〕：碑記

嵩治東北六十里莊名三郎□，龍王行神，多寄他廟，即鄉人祀火神，亦祗書其封號，祭畢焚之，而……無塑像也。雍正壬子，善士張君諱鯤，念龍王之附寄，而火神亦無專祠，乃慨然與鄉鄰閆世俊等時群議僉同，遂計日先捐己資，更募衆善，鳩工庀材，於本村西北隅並列特建龍王、火神二祠，擇癸丑之春，落成于癸丑之夏。祠成，更爲塑像以肖之。雖祠僅二楹，而金碧輝煌，光彩奪目，蓋前之所無，……今始有矣。工竣，徵記于予，予謂從古雨澤之淺深，回禄之有無，主之者天，而兩神寔司之。故祈禱雨澤於龍神，恐懼弭災者必於火神。果其祈禱而本于真誠，恐懼而痛改前愆，則二神達之。上帝而……爲之，立沛回禄，爲之永免。即望空懸拜，神且□之，而況建祠塑像，神有憑依乎？則兩祠之不可少……矣。爰記之，以告後之繼起嗣修者。

邑歲進士候選訓導紀凌雲霞仙頓首拜撰并書。

趙之貴、閆璞共施地四分，生員楊鐸施地三分，坐落廟前。洛陽豐李牛門郭氏施地三分，坐落廟後。

功德主：張鯤施銀二兩。申有才施銀五錢。薛松蘭施銀五錢。張士義施銀三錢。化主：閆世俊施銀五錢。吴從周施銀五錢。趙禎施銀五錢。蘇元隆施銀三錢。李守登施銀五錢。閻□施銀三錢。陳顯宗施銀三錢。邊文學施銀□□。商人王政施銀□□。楊自亮施銀三錢。楊珍施銀三錢。楊承道施銀三錢。楊承育施銀三錢。楊天福施銀三錢。張五覺施銀三錢。趙祥施銀三錢。閆璞施銀三錢。辛成道施銀三錢。景胡廣施銀三錢。商人詹福興施銀二錢。宋朝美施銀二錢。姜學禄施銀二錢。□起龍施銀二錢。許修佐施銀二錢。□日昌施銀二錢。□士攀施銀二錢。趙璧施銀二錢。趙璞施銀二錢。吉光法施銀二錢。張文會施銀二錢五分。李會施銀一錢五分。謝天明施銀二錢。周廣成施銀二錢。楊登□施銀二錢。王□□施銀二錢。李奉□施銀二錢。張文昇施銀二錢。趙仁義施銀二錢。楊東施銀二錢。譚仁施銀二錢……裴登霧施銀一錢。魏起祥施銀一錢。謝良玉施銀一錢。李九如施銀一錢。孫振福施銀一錢。苗化鳳施銀一錢。郝文足施銀一錢。楊天爵施銀一錢。楊天壽施銀一錢。趙邦信施銀一錢。林瑝施銀一錢。李奉雷施銀一錢。周世才施銀一錢。□大功施銀一錢。張文段施銀一錢。閆子明施銀一錢。郝福生施銀一錢。劉獻珍施銀一錢。李九思施銀一錢。裴還施銀八分。趙來儀施銀五分。黨喜官施銀五分。燕世金施銀一錢。

大清雍正十一年歲在□丑八月下弦吉□。

木匠：林煌。泥水匠：張都。塑匠：吴盡義。

千秋不朽
重脩白龍廟碑記
功德主
大清乾隆歲次丁巳季冬吉日

【一二九】　重脩白龍庙碑記

年代：清乾隆二年

尺寸：高 122 釐米，寬 49 釐米

立石地點：伊川縣吕店鎮後莊村白雀寺

重脩白龍庙碑記

〔碑首〕：千秋不朽

問世何善，行善爲善；行善何善爲善，凡脩寺蓋廟，莫非善？本地方白龍王廟，不知建創何時，世遠年湮，風雨損壞，人人切忝離之□，個個懷故址之悲。本村張其睿、王胤昌同衆協力，起而重修之，心不憚煩，身不憚勞，以致廟貌改觀，神容如舊。各被雨暘之澤，家蒙樂利之休，真所謂一方保障，一路福星者也。非二君之善，尚何善耶。余無以爲詞，特銘其善、誌其盛，永傳不泯云。是爲記。

邑庠生員張玉敬撰並書。

功德主：張其睿、子天花，王胤昌、子盡忠。

蘆孟元銀二兩。蘆孟成銀二兩。張問學銀一兩五錢。朱璉銀五錢。蘆生秀銀四錢。魏養蒙銀五錢。張文秀銀三錢。魏定官銀二錢。王九業銀三錢。黨守成銀二錢。梁三白銀一錢五分。史耿直銀一錢。張學曾銀一錢。張學智銀一錢。蘆景林銀一錢。劉從寶銀一錢。林□奉銀一錢。張林銀一錢。張然銀一錢。王孝銀一錢。魏眷昇銀五分。王玉洪銀五分。馮時化銀五分。李鳳鳴銀五分。黨業隆一錢。黨從恭一錢。何□振一錢。蘆德昌樹一科。宋璉、劉從寶、施樹一科（棵）。蘆珮鳴一錢。王富一錢。

陰陽官：尹辰。木匠：高玉蓮。塑匠：王甫成。石匠：張如武銀二錢。

官地一段共十八畝，東至魏□松，西至劉際太，南至蘆佩鳴，北至垎齊。

大清乾隆歲次丁巳季冬吉日仝立。

【一三〇】 丁留鎮創建關聖帝君閣記

年代：清乾隆五年

尺寸：高 150 釐米，寬 61 釐米

立石地點：伊川縣吕店鎮丁流溝村關帝廟

豫省河南府登西百里許古丁留鎮創建關聖帝君閣記

蓋聞神威赫奕，千秋壯毖祀之觀；廟貌巍峨，百世仰弘剛之重。忠扶末運，存鼎足之乾坤；義植阽危，□蠶食之日月。是以丹心炳青簡而常新，浩氣貫白虹而不朽。吾邑關帝閣創自予舅氏宋公大人，鳩工庀材，爰召考工之良；卜築維新，用肇崇宏之□。睹傑閣之美麗，文光直射斗牛；瞻飛亭之峭拔，秀柔凝聚山河。襟少室而帶伊水，長河收百里之文瀾；背萬安而面崆峒，疊嶂挹千重之秀色。崗巒環抱，關鎖狀類星羅；形勢靈奇，綿亘局如碁布。雕楹畫棟，□而成碧瓦丹題；計日而就，慶崙奐之聳翠。知科第之雲興，仰丹艧之崇隆，兆文人之鵲起。半石山前，時聞赤鬼微風；涇陽溪畔，□有白猿叫月。神顯人悦，均沾潤浹於蓂階；瑞應祥呈，爰歌風調於勝地。工成告竣，宜列瑱珉，爰爲之紀，以誌不朽云。

邑庠生程九郝鵬撰，邑庠生金章宋紫綬書。

功德主：宋永嗣，妻趙氏，子法成、法言。

吏員張景、生員宋汝翔、生員張□、宋遠昌、李相興、李景節、李景行，以上經管會銀。監生張廣太、鹽商關復漢、監生張廣識、裴禮、張廣文、宋瑞、宋法璟、李景貴、李□福、宋汝翊、李學富、薛明、李承良、李相思、李相道、李景臣、李景星、劉進盈、張廣卜、李景武、馬君輔、李相德、史學孟、傅興仁、劉起龍、王旻、翟國彦、翟國信、楊福邛，共積銀伍拾叁兩肆分肆厘。尹耀宇、王世成、王世祥、李景唐、李相道、李景行、姚玉美七人共施柿樹一株。

住持：道奎。張如武鎸字。

乾隆五年歲次庚申□月吉旦立。

【一三一】　重修聚仙觀殿宇碑記

年代：清乾隆五年

尺寸：高 148 釐米，寬 64 釐米

立石地點：伊川縣白元鎮雙頭村

重修聚仙觀殿宇碑記

〔碑首〕：□□聚仙□□宇碑

邑治東北七十里常峪里雙渠村，有觀名聚仙，□寧異之崑崙□彫之戲，太華簫玉之和，翠臺白鹿之騎，皆天地之大觀，古今之奇迹。其遊於斯，聚於斯，猶足述焉。□□崇山峻峰之壯麗，幽静清雅之逸致，亦云聚仙，仙豈聚於斯哉！迨予麗澤戾止，乃見兩山環抱左右，有拱向之態。茂林修竹，上下極參□之嘆；清流激湍，前後成映照之趣。殆亦畫圖中絶妙好處也。聞人達士，載酒披襟，馳目暢懷，遂成忘倦之樂。即予素性庸懶，亦曾屢聚言截，不思返轡，仙之聚想或然耳。但久而必敝者物理，壞而復整者人事。中三清殿、左玄帝宫、右三官廟，以及關帝靈宫、四聖諸廟，前人之功德遠矣，不有述者，誰嗣好音？然功崇而費廣，不得不翹首待也。雍正七年，不□李君、慎之李君、思山王君慨然自任，破己囊，募衆善，取材大小，兼收効力，强弱互用，量能巧拙並集。《易》曰：二人同心，其利斷金；三人合志，有不成始而成終乎。故勤工作於斯年季夏，告成功於斯年孟冬，迄今鐵馬鈃鐺、木魚遞度，清燈煌煌，白雲繞繞，道人念上乘經，樵夫竪子釋信而態廣，玄妙善儕，乘興至止，亦願爲七日之壞，不復問世上幾何年月日也。僅言以記，試再爲銘。銘曰：

座連臯山兮聽彼鶴鳴，雨邊侯以兮傾耳秋聲。蒼蒼雲樹兮霧之遥應，青青茂草兮春曉並榮。泉甘水曲兮猶源頭游動，名山峙立兮如疊翠七峰。□石壘壘兮堪比西巖雪叢，漣宜浄濯兮不殊曲裏佳城。同心協力，竣功告成，諸君之榮名，亦於是而俱永。

邑庠生張清尚薰沐拜撰，伊庠生史鳳臨薰沐書丹，伊庠生郭文錦薰沐鐫字。

功德主：吏員李廣思捐銀二兩。庠生李廣開捐銀五兩。化主：王坤捐銀三兩。何國廷捐銀一兩。

住持：郭太恒，門徒：孫清泰，門徒：□侯一成。

時大清乾隆五年歲次庚申季冬上浣穀旦仝立。

【一三二】 創建關帝廟拜殿碑記

年代：清乾隆十一年

尺寸：高 144 釐米，寬 54 釐米

立石地點：伊川縣江左鎮武寨關帝廟

創建關帝廟拜殿碑記

〔碑首〕：萬善同歸　日月

聞之燔祭之典，載於虞書；升中之文，詳於周誥。祀典之來，其已久矣。況關聖帝君，尤人人所欲以妥以侑者乎。登封縣西百里許武家寨，有關帝廟一座，創脩於康熙三十七年，棟宇巍峨者廟貌也，金碧輝煌者神像也。正殿乃以棲神，而拜殿亦以伸敬。本寨又有善人出焉，施一己之銀糧，化四方之貲財，共効經營，至乾隆十年，而拜殿功已告竣，勒之於石，以爲後之爲善者勸。

河南府學增廣生王箴薰沐撰并書。

功德主：武加德銀三兩。武應魁銀三兩。化主：李長富銀五錢。郭騰林銀五錢。武加俸銀三錢。武應選銀七錢。武克孝銀一兩。（以下功德化主姓名略）

龍飛乾隆十一年四月穀旦。

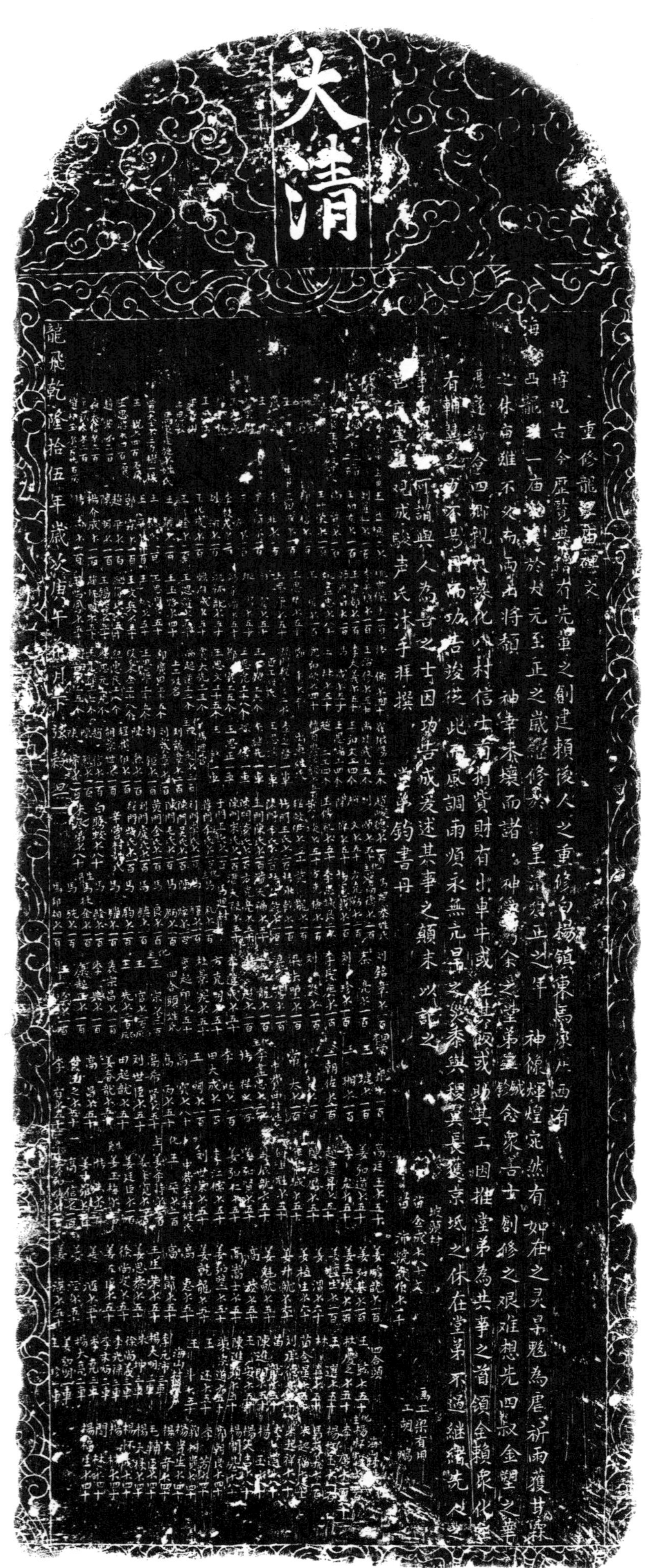

【一三三】　重修龍王廟碑文

年代：清乾隆十五年

尺寸：高 167 釐米，寬 68 釐米

立石地點：伊川縣鳴臯鎮季溝村

重修龍王廟碑文

〔碑首〕：大清

博觀古今，歷覽典籍，有先輩之創建，賴後人之重修。白楊鎮東馬家莊西，有海□凸龍王一廟，始建於大元至正之歲，繼修於皇清雍正之年。神像輝煌，宛然有如在之灵，旱魃爲虐，祈雨獲甘霖之休。廟雖不久而兩山將頹，神幸未壞而諸神受焉。余之堂弟王鉞、王鈖，念衆善士創修之艱難，想先四叔金塑之華麗，遂約會四鄉親友，募化八村信士，有捐貲財，有出車牛，或任其飯，或助其功。因推堂弟爲共事之首領，全賴衆化主有輔翼之力，不易月而功告竣。從此而風調雨順，永無亢旱之災，黍與稷長獲京坻之休。在堂弟不過繼緒先人之事，而衆善可謂與人爲善之士。因功告成，爰述其事之顛末以記之。

邑庠生王觀成駿聲氏沐手拜撰，堂弟鈞書丹。

首命：□□錢□□。思富、化主：□□施錢二百。□□施錢二百。馬家莊管飯姓氏：吴乾、師丙、王錕、張彦、王□、生員張雲□、生員王方成、楊□勳、王思沛、宋發財、王思敬。馬家莊施錢姓氏：賈大士錢三百、樹一株，王鋭錢四百、石灰，王思昭錢二百，郭太信錢二百，王弘太錢二百，趙懷玉錢一百廿、石灰，生員王益銀二錢，劉顯仁錢一百，王加友錢一百，尚質錢一百，王世榮錢一百，郭信錢一百，王觀成錢一百，李北錢一百，李之用錢一百，王鈞錢一百，李杖茂錢一百，劉沛錢一百，王化成錢一百，王銓錢一百，王鍍錢一百，王鋕錢一百，王平錢一百，鄭霖錢一百，趙平錢一百，陳明錢一百，楊介成錢一百，張傑錢一百，姚世傑錢一百，李天培錢一百，王建都錢一百，師永昌錢一百，姚進忠錢八十，王璘錢一百，王思平錢五十，王思康錢五十，鄭霧錢五十，姚宏錢五十，師永福錢五十，沈懷龍錢五十，韓自成錢五十，王思道錢五十，王玉路錢四十，王思豪錢五十，王松錢五十，王文英錢五十，紀得民錢五十，王錫醇錢五十，趙懷明錢五十，王鳴鳳錢五十，張偉錢五十，王治修錢五十，李大義錢五十，馮成錢五十，王林錢五十，黨弘欣錢五十，鄭重錢四十，孫門程氏銀二錢。匠工姓氏：王□鏡工六個，王思堯工十八個，鄭□雲工五個，王思文工十五個，賈大先工三個，尚起道工二個。土工姓名：邢廣田工十五個，王思年工十五個，段秉全工十八個，紀惠民工八個，李思元工九個，王才禄工七個，□昌宗工五個，崔振陽工五個，尚廷武工五個，王弘文工四個，王思端工四個，趙三工四個，韓自興捏歡錢五百。出車姓氏：李之隆一車，王思沛一車，李繼先一車，孫偉一車，王思正一車，王輅一車。馬迴營：化主陳起錢三百，劉龍章錢二百，劉藝章錢一百，劉鉅錢一百，陳勳錢一百，程攢伊錢一百，胡景世錢一百，趙信錢一百，陳烈錢一百，陳緯錢一百，趙峻德錢一百，劉順錢五十，趙文錢五十，陳倬錢五十，王傳禮錢五十，黄琰錢五十，程效伊錢五十，張門王氏錢二百，陳門李氏錢二百，王門陳氏錢一百，陳門蕭氏錢一百，陳門宋氏錢一百，于門王氏錢一百，蔣門李氏錢一百，劉門李氏錢一百，陳門吴氏錢一百，陳門毛氏錢一百，黄門金氏錢一百，劉門盧氏錢一百，程門粘氏錢一百。辛營村姓氏：白騰蛟錢八十，朱盡弟錢八十。馬回寨姓氏：化主趙尚德錢二百，方克勤錢二百，張憲載錢一百，李思誠銀二錢，方克儉錢一百，黃龍錢一百，張承乾錢一百，張□乾錢一百，潘天福錢五十，方克亮錢五十，潘天禄錢五十。馬迴村：馬禮錢一百，馬鐸錢一百，陳焯錢一百，馬鈉錢一百，馬良錢一百 ，馬鎮錢一百，馬鈞錢一百，馬鎧錢一百，馬銓錢一百，生員馬秋金錢一百，馬銑錢一百，馬邦相錢一百，劉銘章錢一百，秦亮錢一百，劉珍錢一百，李長庚錢一百，劉炎錢一百，梁法聖錢一百，梁溥錢一百，貟九龍錢一百，張超錢一百，李道成錢五十，方克明錢五十，杜景寔錢五十，曹起印錢五十。四合頭姓氏：化主王宗錢二百，王官錢二百、石灰，王先錢二百、石灰，裴宗昌錢一百，李典錢一百，康起正錢一百，王雲錢一百，國學常根錢一百，王璉錢一百，王瑚錢一百，王朝佐錢一百，王望錢一百，常太錢一百。中費西村姓氏：化主李孟忠錢二百，張祥錢一百，李旺錢一百，田大成錢一百，王明錢一百，高雲錢八十，高丙錢五十，高希賢錢五十，劉世臣錢五十，田起龍錢五十，姜春龍錢五十，高昌錢五十，黃玉之錢五十，李有錢五十，高廷玉錢五十，姜弘道錢五十，李允錢五十 ，趙建昇錢五十，陳起鳳錢五十，李進城錢五十，何士魁錢五十，姜辰龍錢五十，姜弘賢錢五十，姜弘仁錢五十，李江儒錢五十，劉世榮錢五十。中費東村姓氏：化主王平錢二百，姜學詩錢一百，姜學寬錢五百，姜廷臣錢一百，生員姜玉梅錢一百，張生錢一百，姜中昂錢一百，高信錢一百，姜弘德錢一百。坡頭村：苗金成錢八十文，苗沛燒獸作錢一千，姜鵬龍錢一百，姜弘基錢一百，姜玉璞錢一百，姜檀生錢一百，姜渭錢六十，姜植生錢六十，姜升龍錢六十，姜魁龍錢五十，高恭錢五十，高嵩士錢五十，姜弘璧錢五十，姜乾龍錢五十，高惠錢五十，高節錢五十，王生榮錢五十，姜思恭錢五十，徐尚友錢五十，姜五臣錢五十，姜滙錢五十，姜涇錢五十，姜湛錢五十。四合頭：王鉉錢五十，林慶之錢五十，王選錢五十，林喜錢五十，苗金星錢五十，劉承德錢五十，苗龍錢五十，陳進明錢五十，王安錢五十，陳進顯錢五十，裴宗道錢五十，王还錢五十，王斗錢五十。海山村車工：李元沛三車，楊大明三車，朱坤三車，徐尚義三車，李光禄三車，李文炳三車，季堯三車，楊大亮二車，姜弘明一車，王珍一車。海山村姓氏：化主楊懷智錢二百，李廣錢一百六十，楊文玉錢一百，馬友義錢一百，朱起福錢八十，朱起祥錢八十，李選錢八十，楊玉錢八十，楊大吉錢八十，楊開基錢八十，郭朝良錢四十，李芳錢四十，郭相貴錢四十，楊貴生錢四十，楊大奇錢四十，毛輔臣錢四十，楊天禄錢四十，楊懷成錢四十，楊林錢四十，閆林錢四十，楊福生錢四十。

画工：梁有用。□□工：胡鵬。

龍飛乾隆拾伍年歲次庚午花月下弦穀旦。

大局部

【一三四】　重修玉皇殿碑記

年代：清乾隆十七年

尺寸：高 162 釐米，寬 60 釐米

立石地點：伊川縣彭婆鎮西草店村玉皇廟

重修玉皇殿碑記

〔碑首〕：流芳百代

嘗讀祀典有云：天子祭天地，蓋取乾父坤母之義也，降而諸侯大夫不與焉。至於庶人，不過祭其先而已，更不與焉。此依古以來之定制也，而以人生秉彝之美，論則非分誼所能，限五行順布，而負陰抱陽，孰非大造之陶鑄，一元流行，而懷仁抱義，均屬洪鈞之毓秀理氣，既原於維皇愛敬，豈絶於人心？孟春祭魚，季秋祭獸，物類之微，且知根本。矧人爲物靈，雖不敢上擬短至之日，圜邱大典，而因時致敬，觸發於受中之良者，尤不學不慮之知能。此草店鎮有玉皇殿之建也，創始有年，繼修有日，迄今歲月久遠，不無風雨飄摇之傷。劉君諱璞，首任其事，衆善勸成，募化貲財，鳩工庀材，不數月而功告竣，殿宇而聿新也，金粧則滿座也，豈巍焕其制，壯四方之觀瞻哉！抑亦動於性之所固有，而情之不可遏也云尔。是爲記。

功德主劉璞、子天文施銀捌兩。總管范琮銀五兩。鈔琮施銀一兩。劉潤施銀一兩六錢。馬篤甫施銀一兩。管事：王繼銀五錢。王新貴銀五錢。何天興銀五錢。劉讓銀五錢。劉天龍銀五錢。楊家營許礼銀五錢。監生張學忠銀五錢。王敬銀五錢。鈔琚銀銀一兩。

監生范文郁、劉智、馬玉、鈔應武、鈔應禄，以上各一兩。張弘信、李可人、鈔應登、李應時、劉瑞、張蘭生、劉□，以上各錢四錢。鈔厥重一兩。鈔智金、王桂、胡加美、劉瑅、吉良特、劉天禄、吉星昭、陳六秋，以上各五錢。李貴儒四錢。王旅壽四錢。劉天眷、李應選、王應和，以上各三錢。生員李有敬、何其藴、何其美、何其和、馬其正、鈔永，以上各三錢。楊弘義、權□禄、劉保，以上各四錢。張保生、王榮、張祥生、李元祚、張弘道，以上各一錢。胡思敬、李璞、權榮、王太和、馬興、王倜、張繼生、劉羅奇、馬超家、劉天貴、馬文第，以上各二錢。張有錢半。張應圖一錢。張弘儒二錢。王彦二錢。陳生新、王維、王有安、鈔銀、鈔應福、王傑、張弘礼、王□建、李玉材、權貴、王太美、王太福、王昞生、劉天貞、劉天舉、王介、劉天順、劉天倫、劉君、劉天祚、劉天剛、鈔應時、張學宇、張瑞生、胡思瑞、王學文、王忠、鈔弘、何其福、馬士弘、鈔珍、鈔亮、馬興隆、鈔云、劉玉、馬廣福、馬文秀、馬文禮、馬文海、鈔此、劉順、馬文進、馬超類、馬其法、張松、王太祥、張彦，以上各錢一百。劉信一錢。孟富七分。鈔枝二錢。張順四錢。孫成德錢一百。王進禄錢一百。馬門邢氏一百錢。劉門郭氏三錢。張門李氏二錢。

住持李本祥栽三株。

補修子孫殿劉天龍、鈔應斌施錢一千八百八十。潞安府箱元縣窯匠馬文成銀五錢。泥木作賀國寧銀五錢。石匠李本順銀三錢。石灰匠張如岳銀五錢。

住持李本祥，徒鄭合慶、丁合立，孫李敬興。

後學生員薛寅撰文並書。

大清乾隆拾柒年歲次壬申葭月丁丑日仝立。

【一三五】 重修城隍廟寢宮並創建道房碑記

年代：清乾隆十七年
尺寸：高 178 釐米，寬 67 釐米
立石地點：伊川縣鳴皋鎮城隍廟

重修城隍廟寢宮並創建道房碑記
〔碑首〕：福禄喜慶

高媒祈嗣，自古重之，是以履帝武而歆，命元鳥而降，禱尼山而麟吐玉書，昭彰史册，燦日星也。鳴皐城隍聖廟有寢宫三楹，祈嗣者多靈異焉。國初，刑部主事李公諱和霖，嘗重新之，鎮之人群奉爲廣生殿云。及城隍聖廟移於南嶽行宫舊址，而此殿尚未及遷，鎮之善士咸欲厚其根基，高其樓閣，重建於大殿之後。特以年歲屢歉，未敢輕舉，遷延日久，風雨漸摧，時見空梁燕泥落耳。善士蔣君毓嶂、柴君振宗首倡其議，以爲與其俟諸異日，無寧仍其舊而葺之。因同余堂弟紱、胞弟荷及合鎮四方善士共爲修理，破者補，舊者新，一切神像、道房都美備也。行見神妥靈應，誕生愈奇。燕山五桂，將孕於鶴鳴之鄉；荀氏八龍，必産於伊皐之上矣。余祖居此鎮，自明迄今，鄰此祠者十餘世，少從先祖父課誦其中，於今年已七十矣，謹即所見誌之，以待後之重修是宫者。

邑庠生蘭若朱芝撰文，長男士申恩科舉人克閎邵庵篆額；邑庠生方來朱紱經理，長男邑庠增廣生員有臨上觀書丹。

邑庠生蔣泓暨子太學生朝鳳施地三畝，坐落中費村順陽河北，西至大路，南至河心，東至姬姓，北至大磷。

首事善人蔣毓嶂，室人康氏，子誠；首事善人柴振宗。

化主：貢生王希旦、生員陳維城、善士李燦二錢。謝天保、郭元普、張永謨一百。李作楷、孟希顔、王家相、孟明一百。宫秉戌二錢。張希湯、郭元賓二錢。

信士楊起祥暨子守禮、守印、慧壽等，施三水地二畝五分，坐落蔣家渠，東至李炯，南至都拔，西、北至王大吉。三旱地二畝七分，坐落順陽河邊，東至楊鴻儒，西至蔣毓奇，南至磷，北至河。

信士郝士俊一兩五錢。鹽商衛大有一兩五錢。當商高巍一兩。當商劉福禮一兩。監生王立賢一兩。鄉約蔣景石一兩。信士張廷鈐一兩。生員梁炳啓一兩。監生楊鏘五錢。監生王象賢五錢。監生王尊賢五錢。信士朱荷五錢。信士蔣□五錢。信士王珍五錢。信士康元暭五錢。貢生王麟三錢。生員紀曝三錢。監生王百全三錢。信士李茂三錢。生員朱學程二百。監生王敞二百。監生李絑二錢。監生王此武二錢。生員王定烈二錢。楊福禄、新泰號、新盛號、昌盛號、乾盛號、全義號、三盛號、永盛號、廷順號、興盛號、王命召、廣成號、泰盛號、臨新號、立基號、楊正雲、馬德、白鳳鳴、李作舟、武養□、朱景成一錢、趙世宗一錢、趙廷選、宫東智、李永禄，以上俱錢二百文。朱循程、朱衜、朱旃、楊懷仁、順興號、朱有序、朱有訓、張有義、三和號、郭天佑、李仁、張大成、李洞、李隆吉、郭仁、李孔蕃、寧起貴、馬伯用，上俱二錢。王眷、王義、李作樞、李子辰、監生李午戌、洛傑出、都衡陽、劉順、樊琳、泰興號、李瑞、陳國龍、劉漢佐、施自遂、王永禄、宫秉戌、段奎元、張汝學、申從信、王弘度、朱天佑、邢春、崇興號、戴世聰、蔚景召、鄉耆謝天爵……

石匠：王興周。

乾隆拾柒年歲次壬申拾壹月吉旦立。

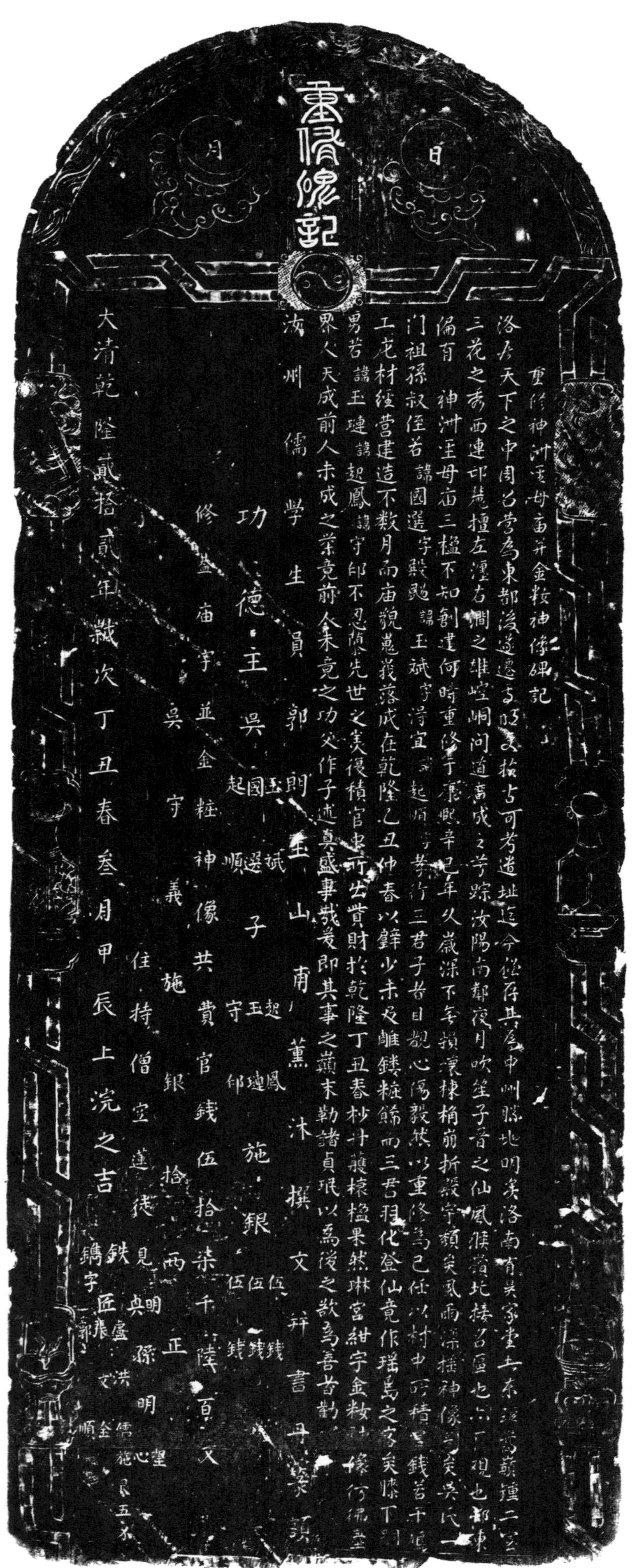

【一三六】　重修神洲聖母廟并金粧神像碑記

年代：清乾隆二十二年

尺寸：高 153 釐米，寬 57.5 釐米

立石地點：伊川縣白沙鎮吴堂村

重修神洲聖母廟并金粧神像碑記

〔碑首〕：重修碑記　日月

洛居天下之中，周召營爲東都，後遂遷焉。明文拈古可考，遺址迄今猶存，其爲中州勝地明矣。洛南有吴家堂者，東距嵩巔，鍾二室三花之秀；西連邙麓，擅左瀍右澗之雄。崆峒問道，廣成之芳踪，汝陽南鄰；夜月吹笙，子晉之仙風，緱嶺北接，名區也，亦巨觀也。村東偏有神洲聖母廟三楹，不知創建何時，重修于康熙辛巳，年久歲深，不無損壞，棟桷崩折，殿宇頹矣，風雨漂摇，神像訇矣。吴氏一門，祖孫叔侄，若諱國選字殿颺、諱玉斌字得宜、諱起順字孝行三君子者，目睹心傷，毅然以重修爲己任，以村中所積官錢若干，鳩工庀材，經營建造，不數月而廟貌嵬峨，落成在乾隆乙丑仲春。以壁少未及雕鏤粧飾，而三君羽化登仙，竟作瑶島之客矣。膝下嗣男若諱玉璉、諱起鳳、諱守印，不忍隳先世之美，復積官中所出貲財，於乾隆丁丑春杪，丹雘榱楹，果然琳宫紺宇，金粧神像，彷彿塵界人天，成前人未成之業，竟前人未竟之功，父作子述，真盛事哉。爰即其事之巔末，勒諸貞珉，以爲後之欲爲善者勸。

汝州儒學生員郭朗玉山甫薰沐撰文并書丹篆額。

功德主：吴國選、子玉璉施銀五錢。吴玉斌、子起鳳施銀五錢。吴起順、子守印施銀五錢。

修盖庙宇並金粧神像共費官錢伍拾柒仟陆百文。吴守義施銀拾兩正。

住持僧空蓮，徒見明、見興，孫明望、明心。鐵匠：盧洪儒施銀五錢。鐫字匠張文全、郭順。

大清乾隆貳拾貳年歲次丁丑春叁月甲辰上浣之吉。

萬古流傳

重脩三元宫叙並贊

三官凹郟鄏名勝區也枕山控嶺襟川帶河東鄰潁水巢父許由之遺風西接陸渾二程先師之故里南邇云夢之奇北倚龍門之秀諸山來朝勢若星拱乃中州之佳景也内有雙泉寺大明正德十二年創脩三官聖殿第世遠年湮風雨損壞不堪棲神之所良為浩嘆康熙四十六年王統秀募化信士慨然以重修為任奈何殿宇告峻勢處年荒金身不能彩画亦無如何矣曾日月之几何墻雖已鞏固而風不能預蔽於此有王統地王生明王生臣王盡忠四人並心齊力倡率經理前后兩村合相公修不數月殿宇金身輝煌維新休哉非王統秀為之于前雖美不彰非王統地四人等與前后兩村公脩為之于后雖盛不傳備哉功德宜勒之貞珉以耀後世永埀不朽於是乎書

葛天民撰書

中華民國

王統地施錢五千　趙進室施錢五千　趙進才施錢三千　王統信施錢三千　王進盡施錢二千五百　王□花施錢二千　王盡忠施錢二千　王□朝施錢二千　王生臣施錢二千

王進學施錢二千　王生龍施錢一千五百　王生奇施錢一千五百　王進業施錢一千五百　任宗鳳施錢一千　王生明施錢一千　王生花施錢一千　王生金施錢五百　王統才施錢五百　閆五□施錢五百

任宗□施錢二百　王進□施錢二百　王可□施錢二百　王可平施錢二百　王可公施錢二百　王可正施錢二百　王可行施錢二百　王可心做工四个

泥水匠師進才

石匠王智有

賣

三官殿前栢樹二株共錢一十三千

大清乾隆三十四年六月十五日穀旦立

【一三七】 重脩三元宫叙並贊

年代：清乾隆三十四年

尺寸：高 174 釐米，寬 63 釐米

立石地點：伊川縣白沙鎮三官窪村三官廟

重脩三元宫叙並贊

〔碑首〕：萬古流傳

三官凹郟鄏名勝區也，枕山控嶺，襟川帶河。東鄰潁水，巢父許由之遺風；西接陸渾，二程先師之故里。南迎云夢之奇，北倚龍門之秀，諸山來朝，勢若星拱，乃中州之佳景也。内有雙泉寺，大明正德十二年創脩三官聖殿，第世遠年湮，風雨損壞，不堪棲神之所，良爲浩嘆。康熙四十六年，王統秀募化信士，慨然以重修爲任，奈何殿宇告竣，勢處年荒，金身不能彩畫，亦無如何矣。曾日月之幾何，墻雖已鞏固，而風不能相蔽。於此有王統地、王生明、王生臣、王盡忠四人，並心齊力，倡率經理，前後兩村，合相公修，不數月殿宇金身，輝煌維新，休哉！非王統秀爲之于前，雖美不彰；非王統地四人等與前後兩村公脩爲之于後，雖盛不傳。偉哉功德，宜勒之瑱珉，以耀後世，永垂不朽。於是乎書。

葛天民撰書。

賣三官殿前柏樹二株，共錢一十三千。

王統地施錢五千。趙進宝施錢五千。趙進才施錢四千。王統信施錢三千。王進遊施錢二千五百。王花施錢二千。王進忠施錢二千。王進朝施錢二千。王生臣施錢二千。王進學施錢二千。王生龍施錢一千五百。王生奇施錢一千五百。王進孝施錢一千五百。任宗鳳施錢一千。王生明施錢一千。王生花施錢一千。王生全施錢五百。王統才施錢五百。閻玉文施錢五百。任宗選施錢二百。王進有施錢二百。王爾先施錢二百。王爾平施錢二百。王爾公施錢二百。王爾正施錢二百。王爾行施錢二百。王爾心做工四個。

泥水匠：師進丁。石匠：王智有。

大清乾隆三十四年六月十五日穀旦立。

宜治東南三十里韓梁婆廟村東首舊有
關帝聖廟一座，不知創自何年，無據[illegible]考。歷年
久遠，風雨飄損，至雍正年間棟折瓦解，僅
存正像，頹[illegible]暗淡，日曝雨淋。居士王[illegible]廷
召者目覩心傷，移像於廟北空房供奉。至
乾隆十二年頓起重修之念，謀諸兄子名
霖曰：[illegible][illegible]傾圮遺址僅存，余欲重興，獨
力難成，[illegible][illegible][illegible]維莫若再我少捐，漸積幾
有成數。[illegible][illegible]舉於是叔侄各捐谷數十
然雖有此項，經營無術，且本小利微，數年
無幾。適遇災荒，家非素裕，遂備麥將盡，迨
後廷召搆館，霖亦遷去，所以[illegible]寢其事。至
本年正月，廷召子名棠，循於[illegible][illegible][illegible]曰：我
生前之願未遂，[illegible][illegible]繼瞻目，[illegible]仰[illegible]
親志，苦力拮据，落成之日，物料人工合計
一切通盤合算，共[illegible]四十[illegible]金，是昔[illegible][illegible]
叔侄者有志未逮，今兄商於姪者[illegible][illegible]
成。余因族兄子姪未便負前[illegible]，僅書[illegible][illegible]
以誌始末云爾

功德主王廷召　孫[illegible]　曾孫[illegible]興
[illegible]生[illegible]歲考[illegible]登仕郎王建都[illegible]
王[illegible]元書丹
石匠[illegible]
龍飛乾隆三十七年歲次壬辰季夏穀日立

【一三八】　重修關帝廟碑記

年代：清乾隆三十七年
尺寸：高65釐米，寬92釐米
立石地點：伊川縣高山鄉鄭村婆婆廟村關帝廟

重修關帝廟碑記

宜治東南三十里許婆婆廟村東首，舊有關帝聖廟一座，不知創自何年，無據可考。歷年久遠，風雨飄損，至雍正年間，棟折瓦解，僅存正像，顏色暗淡，日曝雨淋。居士王諱廷召者，目睹心傷，移像於廟北空房供奉。至乾隆十二年，頓起重修之念，謀諸兄子名睿曰：聖廟傾圮，遺址僅存，余欲重興，獨力難成。再四思維，莫若爾我少捐漸積，俟有成數，或可□舉。於是，叔侄各捐谷數斗，然雖有此項，經營無術，且本小利微，數年無幾。適遇災荒，家非素裕，遂借支將盡。迨後廷召捐館，睿亦遷去，所以竟寢其事。至本年正月，廷召子名策商於弟傑曰：我父生前之願未遂，故父豈能瞑目？兄弟仰體親志，苦力拮据，落成之日，物料、人工、食用，一切通盤合算，共費五十餘金。是昔叔謀於侄者，有志未逮，今兄商於弟者，毅然告成。余因族兄子侄，未便贊誦，故僅書事寔，以誌始末云爾。

功德主：王廷召，侄謨、睿，子策、傑，孫一元、一榜，曾孫永興、隨興。

戊子歲考授登仕郎王建都撰，王一元書丹。

石匠：宋□儒、王如岱。

龍飛乾隆三十七年歲次壬辰季夏穀日立。

【一三九】 重脩拜殿碑記

年代：清乾隆四十年

尺寸：高 137 釐米，寬 56 釐米

立石地點：伊川縣高山鎮坡頭村關爺廟

〔碑首〕：重修拜殿碑記　日月

帝之爲靈昭昭也，垂于史、列于鑑，詳于三國誌書。加封于累朝，賢主明君，凡建祠立石，又皆言之累累，余亦無復贅。但以此廟之修，莫究其始，重修亦不知几經。據遺碑記，自有明天順元年至萬曆二十三年，又至國朝康熙四十年，重修蓋三次焉。廟之舊制，原寬廣高大，巍峨可觀，其中法像滿堂，繪塑燦爛，前有拜殿三間，亦極寬大。後因稽查匪類，不許村有殘堂破廟，恐爲藏奸之所。尔時，殿雖破損，繪塑尚全，居民畏法失慮，遂拆毀一空，僅存行像，殊爲可嘆。稽查事息，合村協力，急將正殿修起，雖體制逐舊，繪塑未復，而妥神較有地矣。然拜殿未修，事屬難緩。去年春，住持會衆議修，於是任君建法、范君琮者，慨然身主其事，先輸己貲，復募衆財，即擇吉起造，至冬而功告竣焉。從此四時將享，既可以展拜跪；兩殿竦峙，更足以壯观瞻。雖曰人力，豈非默感之有靈哉！功成鐫石，余忝爲記，略舉顛末，俚言以叙。

邑庠生員苗甲震拜撰，邑庠生員苗榮昌敬書。

首事：任建法銀四兩三錢。范琮銀四兩三錢。

勷事：生員苗甲震銀三兩六錢。狄世寵銀一兩三錢。金鑄銀八錢。金瑞銀八錢。李瑞銀二錢。苗淋銀二錢五分。苗湧銀一兩八錢。范有朝銀二錢。

施財：山西朝邑監生張效書銀一兩。苗法銀四錢。金法銀四錢。金平銀五錢。金炳銀三錢。馮有銀五錢。苗渙銀一兩。任建坊銀一兩四錢五分。金之誠銀一兩。李有財銀八錢。苗浦銀七錢。贊禮苗沛銀五錢。陳國忠銀九錢。任趙璧銀六錢。苗寬銀三錢。金生河銀三錢五分。金生水銀三錢五分。苗濬銀三錢。苗涓銀三錢。范瑞銀三錢。李思孔銀四錢。金鋭銀三錢。狄宏臣銀三錢。陳國棟銀三錢。郎耀文銀二錢。□輔臣銀二錢五分。段中舉銀二錢。任建章銀四錢。李祥銀四錢。金復興銀二錢。苗温銀二錢。劉進忠銀二錢。爨祥銀二錢。苗濱銀一錢五分。生員任萬松銀一錢五分。馬西川、范浴、狄世花、爨辛酉、苗浩、爨克賢、任萬忠、苗宗雙，以上各一錢。任建寅、陳希益、任報、陳福、高義、陳補、金萬選、董進寶、李富臣、金志、任萬年、孫執友、苗金松、孫太，以上各一錢。孫典、孫奇、金朝、王介、金生明、沈修德、金之信、任建中、金璉、苗秀、金虎、任進財、任建喜、金成寶，以上各一錢。李輔君銀一錢。和有平銀一錢。金浦銀一錢。金復振銀二錢。金生光銀二錢。唐萬全銀二錢五分。陳行銀八分。賈三文銀二錢。盧義銀一錢。李發財銀一錢。狄世隆銀一錢。

金之誠廟後施地一段，東至苗宗孟，西至路，南北兩至廟地。龍王廟官地一段，坐落村西大路北，東至金鏕，西南北三至墒，其地南北畛。

泥水匠：程選。石匠：王恭。

住持：張來修，徒：陳復全，徒孫：李本林。仝立。

大清乾隆肆拾年歲次乙未仲春吉旦。

【一四〇】　金粧南嶽正殿暨寢宮神像碑記

年代：清乾隆四十一年

尺寸：高 187 釐米，寬 67 釐米

立石地點：伊川縣鳴皋鎮南嶽廟

金粧南嶽□□暨寢宮神像碑記

〔碑首〕：金粧碑記

曾記予少時，□紅桃山巔，仰觀南嶽大帝像，冠冕□□，龍衮俯垂，黼黻文章，絢爛奪目。環視兩旁，列元老將軍，有衣元纁而温文，有戴韋弁而威武，服彩狀貌，皆甚魁梧，□予已心訝。及再至後寢，其藻繪莊麗，亦與前殿類，洵稱一邑巨觀焉。奈何延至於今，人與時遷，物以久蔽，昔日之□□繡飾，兹皆不可復睹矣。我兩元東村楊君守成等十人者，壬辰歲重脩殿寢，時工甫告竣，即謀所以更新之。而□□不給，荒旱頻仍，志未獲遂，鬱鬱弗能釋。閱四稔，而神像益爲垢弊，十人於是復不禁毅然興矣。因前事之□財積□□多寡，善信之捐施，補弊輔衰，而且各輸積貯之粟，均破珍囊之金，朱以丹漆，飾以金錫，將見帝座著文明之□，誠壯巍峨之觀，並兩宫以齊輝，合雙闕而一色，猗與盛哉，安見今昔之不相及哉。夫古者饗其德，必重其報，以□□食兹土，潛消癘疫，默化氛祲，方内乂安，民人靡疾，誠宜去其舊而新是圖也。然憑吊者有之，而鼎革者誰乎？若此（十）人者，志不衰於繼起，力益奮於半途，能使靈臺再峙，寶洞重開，非其樂善不倦，寧能始終如一乎？今而後垂裳端□朱旗，欣臨太虚之壇，洩霧噴雲，化雨時來，紅桃之巔，凡在宇下，莫不被潤澤，而慶豐美也。是爲記。

邑庠生楊崑源宿海薰沐敬撰，侄庠生楊敏時若薰沐敬書。

首事：劉琮施錢肆千。監生姬延敬施錢伍千。楊州芳伍千伍百。楊守成施錢肆千。姬延中叁千伍百。王建極施錢叁千。王惠施錢叁千。監生姬延和叁千伍百。凌大信施錢叁千。監生王廷瑩施錢叁千。

刻匾木匠：謝天成施錢五百。畫匠凌學卜、王星恭、張善、康元昞。石匠：王訓。住持：陳揚輝。

乾隆四十一年歲次丙申桃月穀旦立。

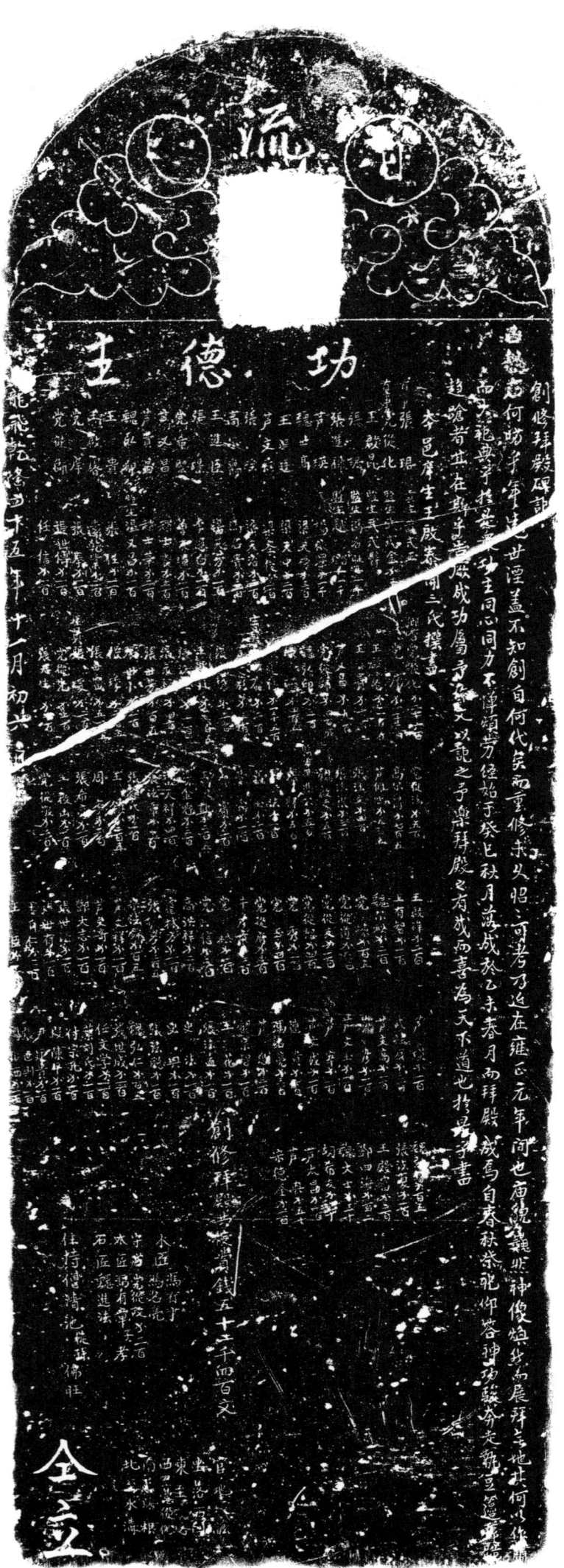

功德主

創修拜殿碑記

嘗聞[illegible]何妨乎年遠世湮。蓋不知創自何代矣，而重修未久，昭昭可考，乃迄雍正元年間也。廟貌巍然，神像煥然，而展拜之地，其何以[illegible]

而[illegible]祀典[illegible]功主同心同力，不憚煩勞，經始于癸巳秋月，落成於乙未春月，而拜殿成焉。自春秋祭祀，仰答神功，駿奔走[illegible]

追溯者其在斯乎。[illegible]成功，爲予[illegible]以記之。予樂拜殿之有成，而喜爲天下道也。於是乎書。

本邑庠生王啟泰[illegible]三代撰書

創修拜殿共費錢五十二千四百文

龍飛乾隆[illegible]十五年十一月初六[illegible]

【一四一】 創修拜殿碑記

年代：清乾隆四十五年

尺寸：高 178 釐米，寬 65 釐米

立石地點：伊川縣吕店鎮後莊村白雀寺

創修拜殿碑記

〔碑首〕流芳　日月

□□廟何昉乎？年遠世湮，蓋不知創自何代矣，而重修未久，昭昭可考，乃近在雍正元年間也。廟貌巍然，神像焕然，而展拜無地，其何以□□而大祀典乎？於是，□功德主同心同力，不憚煩勞，經始于癸巳秋月，落成於乙未春月，而拜殿成焉。自春秋祭祀，仰答神功，駿奔走，執豆籩，□□趨蹌者，其在斯乎？告厥成功，屬予作文以記之，予樂拜殿之有成，而喜爲天下道也，於是乎書。

本邑庠生王啓泰□三氏撰書。

功德主：首事張珺、首事黨從化、王啓昆、張琚、張進禄、盧瑛、魏世高、王進廷、盧文彩、張瑶、高爾爵、王進臣、張璟、黨希聖、盧義昌、盧貴昌、魏弘印、王貴、王啓睿、黨庠、黨從師、貢生武式正、監生武式金錢二千。監生武式璧、監生馮名旺錢一千。監生趙璐錢一千。楊根澤錢一千。梁天榜錢三百。梁天中錢二百。梁學俊錢二百。梁天治錢二百。馬名貴錢二百。梁天芳錢一百。李恩白錢一百。曾□道錢一百。趙士表錢一百。趙士華錢一百。監生温又昌錢一百。張任錢一百。遠乾業錢一百。張奉錢一百。張世傳錢一百。任信錢一百。鄉耆黨從化錢二千六百。黨庠錢一千二百。王啓睿錢二百。王貴錢六百。盧又昌錢九百。黨從師錢四百。魏弘印錢三百。張聯錢四百五。張進禄錢一千五百。生員王啓泰錢二百。盧文彩錢三百。張□錢二百。王進臣錢七百五。張褚□錢二百。張永禄錢四百。張世芳錢百五。張世卜錢二百。張琗錢二百五。張世富錢五百五。生員張瑗錢二百。黨從先錢二百。張居生錢一百。黨從法錢五百。高爾爵錢七百五。盧佩鳴錢五百五。張法文錢四百。張法熏錢三百。魏啓文錢五百。監生王進公錢五百。張祥錢五百。張丘法錢一百。張玉錢二百。□舜錢一百。王賓錢二百。王記錢二百五。張金魁錢三百。□天祥錢四百。張法章錢一百。張趙氏錢一百。王鎮錢二百五。周學錢二百。張希亳錢一百。王啓山錢一百。黨從敬錢二百。盧瑛錢一八。武桂辰錢二百。盧文高錢一百。盧彦錢一百。盧文玉錢一百。盧宰錢一百。盧文成錢一百。連貴錢三百。馮名亮錢三百。盧忠錢二百。魏宗智錢一百。王花錢一百。張法孟錢一百。史法錢一百。史興錢一百。張法聰錢一百。魏弘仁錢一百。張世成錢一百。任文學錢一百。葉劉氏錢一百。付宗孔錢一百。段陳平錢一百。尹廷貴錢一百。張世則錢一百。周振西錢一百。魏弘□錢百五。張法夏錢一百。王殿富錢二百。鄧四海錢百二。魏大士錢五十。胡希友錢五十。盧太昌錢一百。盧興錢五十。宋德全錢一百。

創修拜殿共使費錢五十二千四百文。

官地八畝，坐落西凹，東至□，西至黨從化，南至□根，北至水溝。

木匠：馮有才、馮名亮，守廟黨從政錢二百。木匠：馮有章，子孝。石匠：魏進法。

住持僧：清池，徒孫：佛旺。

仝立。

龍飛乾隆四十五年十一月初六日。

【一四二】 重修玉皇殿拜殿并建道房記

年代：清乾隆四十七年

尺寸：高 167 釐米，寬 65 釐米

立石地點：伊川縣江左鎮官莊村玉皇廟

重修玉皇殿拜殿并建道房記

〔碑首〕：大清

聞之善不積不足以成名，積善之家，必有餘慶。是知名與慶，非伊朝夕之故，其所由來者漸矣。我登邑西百里許半石之陽，古有玉皇殿，翠峰環拱，縈青繞□，嵩右一名勝也。創始遠□難考，復興代不乏人。奈歷年多，楹壁摧殘，丹漆減色□者，居者遑遑，目擊心傷焉。歲在辛丑，時和年豐，武君諱式玉、式金、式璧者，應□□自新等請，不作難色，慨然以重修爲己任，鳩工庀材，觸雪雨，冒寒暑，經終歲功成，而神儀廟貌，皆焕然一新。則是神得憑依以顯靈，人得觀瞻以慰心者，武□昆季之力也。夫武君兄弟，雅撫臺所旌善人遷之先生之子也，昔朝陽興修□宮，久爲士君子推許。兹復慨出囊金，致瓊臺增輝，可謂樂善不倦，無愧先德者□死生積善家乎！則其成名與有餘慶，理固可信也。爰□□事，以待後之興□□。

邑庠生王□修敬一氏沐手撰文，邑增廣生武永譽韜菴氏沐手書丹。

功德主：貢生武式玉；監生武式金；監生武式璧。子：雲逢、雲翔、生員雲鵬；監生雲程；生員雲衢；貢生雲慶、雲寓、雲瑞。

化主：李燦、王瑞生、陳自新、張遂生、賈□立、賈□崑、李吉生、陳天印。

助牛工：趙曄四個。趙明三個。陳□一個。李□一個。陳信四個。李宗路三個。李宗思二個。李懷景二個。李文貞二個。李文周二個。王建常一個。趙旺一個。趙瑄三個。李懷瑾三個。趙暐一個。李文選二個。張世則一個。李天成一個。

大清乾隆四十七年歲次壬寅五月下浣之吉。

【一四三】 重修玉皇廟山門垣墻碑記

年代：清乾隆四十七年

尺寸：高 138 釐米，寬 57 釐米

立石地點：伊川縣江左鎮官莊村玉皇廟

重修玉皇廟山門垣墻碑記

〔碑首〕：皇清　日月

孔子云：夫孝，此善繼人之志，善述人之事者也。兹於諸嗣君見之焉，蓋玉皇殿前有山門、垣墻，一妥神，一壯觀也。緣風雨頽落，善士張君振旺、李君懷德、趙君士華、陳君仁，捐貲募化，興工於乾隆廿四年，事未告竣，諸嗣君恐年久而没之也，續而完之，問記於余。余既喜其□□先德，又喜年不掩久善也，爰書其始末以誌之。

功德主：陳仁，子自新；張振旺，子遂生；李懷德，子宗孔、宗崇；趙士華，子明、暐。化主：陳可録、王建忠。

賈崑施錢一千、人工一個、牛工一個。趙士錦施錢六百、牛工五個、管飯一天。尹遠聖施錢二千、門框一付。馬良學施錢二百八十文。王建常施錢一百。本廟有官楊樹一株，修山門費用。趙暐廟前施地五厘。楊家溝合社出錢一千、銀十二兩。（其他功德主略）

石工：王進功、王進德、崔天章。住持僧：然□，徒：成□。

邑庠生王寅修敬一氏撰文，邑增生武永譽韜庵氏書丹。

大清乾隆四十七年歲次壬寅夏六月吉旦。

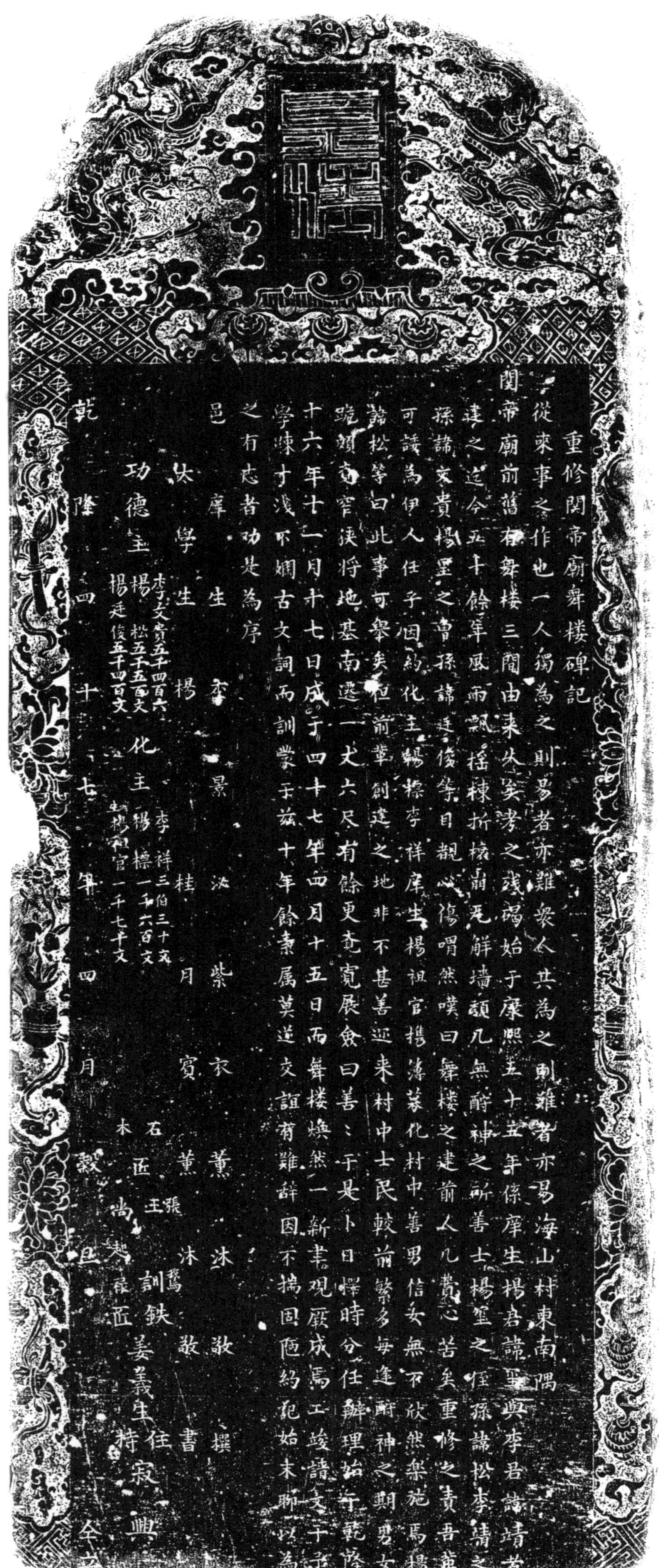
重修關帝廟舞樓碑記
從來事之作也一人獨為之則易者亦難衆人共為之則難者亦易海山村東南隅
關帝廟前舊有舞樓三間由来久矣滲之殘碣始于康熙五十五年係庠生楊君諱要與李君諱靖者
建之迄今五十餘年風雨飄搖棟折榱崩瓦解墻頹几無蔽神之所善士楊璽之侄孫諱松李靖之
孫諱文貴楊璽之曾孫諱廷俊等目覩心傷喟然嘆曰舞樓之建前人几費心苦矣重修之責吾輩
可諉為伊人任乎因約化主楊標李祥庠生楊祖官携簿募化村中善男信女無不欣然樂施焉楊
諱松等曰此事可舉矣但前輩創建之地非不甚善迩来村中士民較前繁多每逢酬神之期男女
跪顯甚窄須將地基南遷一丈六尺有餘更覺寬展僉曰善善于是卜日擇時分任辦理始于乾隆
十六年十一月廿七日成于四十七年四月十五日而舞樓煥然一新堯觀厥成焉工竣請文于予
學陳才淺不嫻古文詞而訓蒙于茲十年餘素屬莫逆交誼有難辭因不揣固陋約叙始末聊以為
之有志者劝是為序
邑庠生李景泌 紫宸 董沐敬撰
太學生楊桂月 賓 董沐敬書
乾隆四十七年四月穀旦

【一四四】 重修關帝廟舞樓碑記

年代：清乾隆四十七年

尺寸：高160釐米，寬61釐米

立石地點：伊川縣鳴皋鎮楊海山關帝廟

重修關帝廟舞樓碑記

〔碑首〕：皇清

從來事之作也，一人獨爲之則易者亦難，衆人共爲之則難者亦易。海山村東南隅關帝廟前舊有舞樓三間，由來久矣。考之殘碣，始于康熙五十五年，係庠生楊君諱璽與李君諱靖者□建之。迄今五十餘年，風雨飄搖，棟折榱崩，瓦解墻頹，幾無酎神之所。善士楊璽之侄孫諱松、李靖之孫諱文貴、楊璽之曾孫諱廷俊等，目睹心傷，喟然嘆曰：舞樓之建，前人幾費心苦矣，重修之責，吾輩□可諉爲伊人任乎？因約化主楊標、李祥、庠生楊祖官攜簿募化，村中善男信女無不欣然樂施焉。楊□諱松等曰：此事可舉矣。但前輩創建之地，非不甚善，邇來村中士民較前繁多，每逢酎神之期，男女□跪，頗覺窄狹，將地基南遷一丈六尺有餘，更覺寬展，僉曰“善、善”。于是，卜日擇時，分任辦理。始于乾隆□十六十一月十七日，成于四十七年四月十五日，而舞樓煥然一新，聿觀厥成焉。工竣，請文于予，□學疏才□，不嫻古文詞，而訓蒙于兹十年餘，素屬莫逆交，誼有難辭，因不揣固陋，約記始末，聊以□□之有志者劝。是爲序。

邑庠生李景泌紫衣薰沐敬撰，太學生楊桂月賓薰沐敬書。

功德主：李文貴五千四百六。楊松五千五百文。楊廷俊五千四百文。

化主：李祥三百三十文。楊標一千六百文。庠生楊祖官一千七十文。

石匠：張鵝、王訓。木匠：尚起禄。鐵匠：姜義生。住持：寂興。

乾隆四十七年四月穀旦仝立。

聖公聖母殿碑記

蓋聞天曰大生地曰廣生則生生之德未嘗一日而或息者也然而體天地好生之心以爲心者則莫
聖公聖母余嘗讀二南關雎之化起於宮幃麟趾之應兆於一家其深仁厚澤至今猶稱頌弗衰
者蓋聖公聖母之德化遠矣則謂好生之心與天地合其德可也登邑西　玉皇廟側舊有聖
廟士民感聖之靈奉祀弗輟但年久月深屢蝕風雨廟貌幾於頹敗顏色爲之剝落遠近行人過而
傷之適有尹君諱璇者應陳君自新等請慨然有重修之志獨出己囊起工於乾隆庚子春落成於乾
隆壬寅夏廟貌神像遂煥然一新焉夫有善不錄何以勸後於是功已告竣諸君問記於余余嘗過
其地見遺碑所載尹君先人諱尚仁諱湯佐曾於玉皇大殿募修二次今尹君獨以重修廣生
殿爲己任是以善繼善誠所謂世濟厥美先後輝映者矣予既喜尹君之樂善不倦又喜陳君等之
從人善也於是乎書

邑廩生員武永譽韶菴氏沐手撰文

偃邑庠子舉人楊炳射斗氏沐手書丹

功德主監生尹璇　子監生周卿　孫紹祖[illegible]

化主　監生趙呈　李吉生　張達[illegible]　賈[illegible]　陳自新　王瑞生

塑匠　郝其昌

石工　王進功　王進德　崔天章

木匠[illegible]

乾隆四十七年歲次壬寅五月吉日

【一四五】 聖公聖母碑記

年代：清乾隆四十七年

尺寸：高 166 釐米，寬 64 釐米

立石地點：伊川縣江左鎮官莊村玉皇廟

聖公聖母碑記

〔碑首〕：皇清

□聞天曰大生，地曰廣生，則生生之□，未嘗一日而或息者也。然而體天地好生之心，以爲心者，則莫如聖公聖母。余嘗讀二南關雎之化，起於宫幃麟趾之慶，兆於一家，其深仁厚澤，至今猶稱頌弗衰者，蓋聖公聖母之德化遠矣。則謂好生之心，與天地合，其德可也。登邑西玉皇廟側，舊有聖公聖母廟，士民感聖之靈，奉祀弗輟。但年久月深，屢蝕風雨，廟貌幾於頹敗，顏色爲之剥落，遠近行人過而傷之。適有尹君諱瑽者，應陳君自新等請，慨然有重修之志，獨出己囊，起工於乾隆庚子春，落成於乾隆壬寅夏，廟貌神像遂焕然一新焉。夫有善不録，何以勸後？於是功已告竣，諸君問記於余。余嘗往過其地，見遺碑所載，尹君先人諱尚仁、諱湯佐，曾於玉皇大殿募修二次，今尹君復以重修廣生殿爲己任，是以善繼善，誠所謂世濟厥美，先後輝映者矣。予既喜尹君之樂善不倦，又喜陳君等之□没人善也，於是乎書。

邑增廣生員武永譽韜庵氏沐手撰文，偃邑庚子舉人楊炳射斗氏沐手書丹。

功德主：監生尹瑽，子監生周卿，孫紹祖、耀祖。

化主：監生趙昱、張遂生、賈巍、陳自新、李吉生、李燦、陳天齊、汪瑞生、陳信、牛二和。

塑匠：郝其昌。石工：王進德、崔天章。木匠：吴香□。

乾隆四十七年歲次壬寅五月吉旦。

【一四六】 重脩山神廟碑記

年代：清乾隆五十三年

尺寸：高 157 釐米，寬 62 釐米

立石地點：伊川縣鳴皋鎮

重脩山神廟碑記

〔碑首〕：大清

神無定在，廟無大小，□所憑依，斯靈爽於是乎棲，而人之報享有地。鎮之西堤外旁□清□□橋之畔，舊有山神廟一楹，亦古者邇貓興虎之□□意非同淫祀。後以其瀕於水也，□□傾頽，遂移建於長嶺之麓。去鎮二里許。享祀不便，且歲久敝壞，□□脱落，不蔽風雨，遊者傷之，咸欲重爲營建，以年歉而未果。□□歲□稔，家給人足，百廢俱興。戊申之正月，鄭□學詩等，各捐己貲，撤其材木、瓦石，復還于舊址，不旬日而工告竣。其□模雖未宏大，而下砌以石，高八尺許，堅固可歷久遠。自是神有所憑，人便□祀。予更□夫年歲□豐，而諸君之勇于義也，遂誌之。

□庠增廣□□楊中選曲江氏沐手撰文，邑庠□楊超選玉堂氏沐手書丹。

（以下功德化主略）

清乾隆五十三年歲次戊申蒲月吉日□□。

登封縣宗西里崗上村重修 七聖殿誌石

本村西頭舊有 七聖殿創立不知始於何時近來廟宇破

損神像暗淡合村素蒙福佑不忍貞觀鳩工庀財協力復

新因見廟壁內木柱上記有康熙四十三年三月 王一魁

王一德 王世傳 王心純 王一級 董永 魏光宗

王寧國 魏光仕 董奇 王世興 董文 王長安

王心勻 王心愁重修遺跡不敢掩沒謹序於前乃將今日

重修姓氏刻諸貞珉以待後之興者

功德主監生王守叙施錢六千文又施錢一千六百文

化主王守朝施錢六百 耆民王附益施錢四百 王克亮施錢三百 王季丹施錢二百

化主王附魁施錢二百 王麦壽施錢二百 王正脩施錢二百 王公培施錢二百

生員王寅脩施錢二百文沐手書丹

王季占施錢六百 王廷吉 王附安 王登山

王進武施錢六百 王安彬 王進京 王附全

王守柄施錢五百 王元脩 王進朝 王賓

魏名祿施錢五百 王附杈 王天位 王公府

王守度 王鎮 王守義 王附卿

王克敏 王克臣 王守良 王應楙

王克生 王公路 王克舉 王長書

王克脩以上各施錢四百 王嘉玉 王克甲 王克斌

王守連 王永年以上各施錢二百 王克太 魏林 魏興以上各施錢一百文

王守林 王守法 王金玉 王附興施工二十

王克寬以上各施錢三百 王守憲 王公顯 王欽施工三十

王守謙 刘興沛 王錫

刘興汴 王附車 王天祥

王附嵩以上各施錢二百 王附山以上各施錢一百五十文 王化以上各施錢一百

木匠傅世祿施錢一百 陶匠耆民張起英施脊獸 石匠賈雨施錢一百文

大清乾隆五十五年二月二十五日重脩同立誌石

【一四七】 重修七聖殿誌石

年代：清乾隆五十五年

尺寸：高 49 釐米，寬 73 釐米

立石地點：伊川縣江左鎮遵王村

登封縣余西里嘴王村重修七聖殿誌石

本村西頭舊有七聖殿，創立不知始於何時。近來廟宇破損，神像暗淡，合村素蒙福佑，不忍目睹，鳩工庀財，協力復新。因見廟壁内木柱上記有康熙四十三年三月，王一鳩、王一心、王世傳、王心純、王一級、董永、魏光宏、王寧國、魏光仕、董奇、王世興、董文、王長安、王心白、王心懋重修遺迹，不敢湮没，謹序於前。乃將今日重脩姓氏刻諸貞珉，以待後之興者。

功德主監生王守叙施錢六千文，又施錢一千六百文。化主王守朝施錢六百。老民王附益施錢四百。王克亮施錢三百。王學彦施錢二百。化主王附魁施錢二百。王凌霄施錢二百。王正脩施錢二百。王公培施錢二百。生員王寅脩施錢二百文，沐手書丹。

王學占施錢六百。王進武施錢六百。王守柄施錢五百。魏名禄施錢五百。王守度、王克敏、王克生、王克脩，以上各施錢四百。王守連、王守林、王守寬，以上各施錢三百。王守謙、劉興汴、王附嵩，以上各施錢二百。王廷吉、王守彬、王元脩、王附權、王鎮、王克臣、王公路、王嘉玉、王永年，以上各施錢二百。王守法、王守憲、劉興沛、王附車、王附山，以上各施錢一百五十文。王附安、王進京、王進朝、王天位、王守義、王守良、王克舉、王克甲、王克太、王金玉、王公顯、王公錫、王天祥、王化，以上各施錢一百。王疊山、王附全、王賓、王公府、王附卿、王應脩、王辰書、王克成、魏文煥，以上各施錢一百文。王附興施工二個。王欽施工二個。

木匠傅世禄施錢一百。陶匠老民張起英施脊獸。石匠賈雨施錢一百文。

大清乾隆五十五年二月二十五日重脩同立誌石。

皇清

重修海凸峪龍神祠碑記

嘗聞天□□瀆大江之瀆有神龍焉興雲致雨不崇朝而澤徧天下何其盛歟然鬼神無常享享於克誠苟有慷慨負義後先濟美者為建祠于□□□□□靈又隨地而著見也故龍之為神可以祀之於澤可以祀之於川亦可以祀之於山嵩邑馬庄村西距十里許有峪然雄踞羣山之中□伊川環其左湖水繞其右南望九皐煙嵐聳崒西望半壁岩岫參差東瞻玉砦風流不減汝州北顧龍門奇景宛開又巍巍乎鉅觀哉□□者以為伊闕未鑿時洪波如海吾嵩惟此峪凸出□□呼為海凸峪理或然也且夫山之秀者其神必靈茲峪也上有龍神祠一楹鄉人每逢亢旱有禱輒興霖雨記曰能捍大患則祀之能禦大災則祀之斯固不同於江東之杜九娘粵南之黃七郎與夫美而□者曰姬少而□者曰姑一切淫祀比也雖世遠年湮不知創始何人𨁝嘗從登眺之餘摩挲古碣自大元至正三年河南淮北蒙古軍□萬戶□禮□吉駐札孔城重修於前迄皇清雍正甲寅□王公諱廷琚又重修焉乾隆庚午廷琚之子諱□孫諱思富又重修焉越於今已三次矣此皆前人之慷慨負義者也乾隆戊戌暴雨□作風起雷鳴漂搖動盪之餘鴛瓦盡崩神像漸就頹壞曩所謂金碧璀燦者不可復覩矣耆老王公諱思貴思富之胞弟也目心傷之□重修之志奈獨力難於成功於是約會衆村信士相與募緣越辛亥之歲四月興作不數日而崇功告竣行見棟宇輝煌神彩發越恍於□闕珠宮中瞻端冕垂笏像焉是固神之為靈昭昭抑亦王公之慷慨負義至誠之所孚也王公洵可謂善承先烈者也自此以後普施膏澤阿香運夜半之車徧沐甘霖龍馬揺天空之鬣灑開三徑不數曇鉢之興雲潤濟千家宛同仙潭之飛霈將無緼隆之苦民有豐穰之□雍容和樂永享太平而王公之福澤尤當綿歷無窮云余家此峪側四五世矣習聞王公先代重修之功又目覩王公再造之善敢為之詳其顛末勒諸貞珉庶幾後世之慷慨負義者亦將有感於斯文嗚呼試聽夜來風雨聲遙知呂上紫帆飛

季文魁率子庠生學製　薰沐拜撰　　木匠尚其孝

邑增生李南宮薰沐書丹　　金塑匠蔣任

功德主耆老王思貴　　石匠王訓

乾隆五十六年歲在辛亥律中夷則谷旦　立石

【一四八】　重修海凸坡龍神祠碑記

年代：清乾隆五十六年

尺寸：高189釐米，寬69釐米

立石地點：伊川縣鳴皋鎮季溝村

重修海凸坡龍神祠碑記

〔碑首〕：皇清

嘗聞天池之濱、大□之濆有神龍焉，興雲致雨，不崇朝而澤徧天下，何其盛歟！然鬼神無常享，享於克誠，苟有慷慨負義，後先濟美者，爲□建祠宇、嚴法像，則□靈又隨地而著見也。故龍之爲神，可以祀之於澤，可以祀之於川，亦可以祀之於山。嵩邑馬莊村西距十里許有坡□，然雄距群山之中，□川環其左，湖水繞其右。南望九皐，煙嵐聳崒；西望半壁，巖岫參差；東瞻玉砦，風流不減汝州；北顧龍門，奇景宛開□□。巍巍乎鉅觀哉！□者以爲伊闕未鑿時，洪波如海，吾嵩惟此坡凸出，□呼□海凸坡，理或然也。且夫山之秀者，其神必靈。兹坡也，上有龍神祠一楹，鄉人每逢亢旱，有禱輒興霖雨。記曰：能捍大患則祀之，能禦大災則祀之。斯固不同於江東之杜九姨，粵南之黄七郎，與夫美而□者曰姬，少而□者曰姑，一切淫祀比也。雖世遠年湮，不知創始何人，間嘗從登眺之餘，摩挲古碣，自大元至正二年，河南、淮北蒙古軍副□萬户惜禮□吉駐扎孔城，重修於前。迄皇清雍正甲寅，□公諱廷琚又重修焉。乾隆庚午，廷琚之子諱□、孫諱思富又重修焉。越於今已三次矣，此皆前人之慷慨負義者也。乾隆戊□夏，暴雨□作，風起雷鳴，漂摇動蕩之餘，鴛瓦盡崩，神像漸就頹壞，曩所謂金碧璀璨者，不可復觀矣。耆老王公諱思貴，思富之胞弟也，目睹心傷，遂起重修之志。奈獨力難於成功，於是約會衆村信士，相與募緣。越辛亥之歲四月興作，不數日而崇功告峻（竣），行見棟宇輝煌，神彩發越，恍於見闕珠宫中，瞻端冕垂笏像焉，是固神之爲靈昭昭，抑亦王公之慷慨負義至誠之所孚也，王公洵可謂善承先烈者也。自此以後，普施膏澤，阿香運夜半之車；徧沐甘霖，龍馬摇天空之鬣。灑開三徑，不數曇鉢之興雲；潤濟千家，宛同仙潭之飛霈。時無蘊隆之苦，民有豐穰之歌，雍容和樂，永享太平。而王公之福澤，尤當綿歷無窮云。余家此坡側四五世矣，習聞王公先代重修之功，又目睹王公再造之善，敢爲之詳其顛末，勒諸貞珉，庶幾後世之慷慨負義者，亦將有感於斯文。嗚呼！試聽夜來風雨聲，遥知凸上紫帆飛。

季文魁率子庠生學製薰沐拜撰，邑增生李南宫薰沐書丹。

功德主：耆老王思貴。

木匠：尚其孝。金塑匠：蔣任。石匠：王訓。

乾隆五十六年歲在辛亥律中夷則穀旦立石。

金粧神像碑記

壬戌之冬治頭
關帝廟塑 神事告竣亟求余作 關帝廟記曰凡廟之記廟與神兼記之也茲之記曰記塑 神一事余曰
此廟之修不知創於何年惟有明及 清俱係重修碑文究在彰彰可考當尔時廟貌焜燿 神像光輝
父老輩至今嘖嘖稱道不衰後甲長奉官令毀之衆皆愴然旋即修廟而 神馬既又塑 神一尊稍
可昔慰而衆心終以為未安也住持默體衆意客歲冬請 公議莫不樂從今歲夏功德主化主以及住
持等慫慂料理月餘之間 神像滿堂彩色盈室子思子曰洋洋乎如在其上如在其左右引以為斯廟
贊之也可至 帝之神聖威武充塞天地作廟記者類皆詳言之也余不贅所欲贅者從 帝之靈慕化
甚殺餘金又修 山神 土地廟一座照碑一堵因並記之以永垂不朽云
宜邑儒學生員任金三熏九氏沐手撰文
國子監太學生苗呈瑞徵麟氏沐手書丹

大清嘉慶七年十一月下浣谷旦
全 立

【一四九】　金粧神像碑記

年代：清嘉慶七年

尺寸：高 140 釐米，寬 58 釐米

立石地點：伊川縣高山鎮坡頭村關爺廟

〔碑首〕：金粧神像碑記

壬戌之冬，泊頭關帝廟塑神事告竣，亟求余作關帝廟記，曰：凡廟之記，廟與神兼記之也。兹之記，只記塑神一事。余曰：此廟之修，不知創於何年，惟有明及□清，俱係重修，碑文宛在，彰彰可考。當爾時，廟貌焜耀，神像光輝，父老輩至今嘖嘖稱道不衰。後甲長奉官令毀之，衆皆愴然。旋即修廟，而乏神焉。既又塑神一尊，稍可共慰，而衆心終以爲未安也。住持默體衆意，客歲冬，請之公議，莫不樂從。今歲夏，功德主、化主以及住持等慇懃料理，月餘之間，神像滿堂，彩色盈室。子思子曰：洋洋乎如在其上，如在其左右。引以爲斯廟贊之也。可至帝之神聖威武，充塞天地，作廟記者，類皆詳言之也。余不贅所欲贅者。仗帝之靈，募化甚夥，餘金又修山神土地廟一座，照碑一堵，因並記之，以永垂不朽云。

宜邑儒學生員任金三貢九氏沐手撰文，國子監太學生苗呈瑞徵麟氏沐手書丹。

功德主：監生苗宗元銀五兩。趙狄宏銀一兩。

化主：監生苗潤銀二兩。生員苗震川銀一兩。任萬策銀一兩。苗宗邵銀一兩。苗宗顔銀二兩。耆□苗宗文、苗英發、千總苗得甲（各）銀二兩。苗宗彭莊木五根。耆壽苗宗舜銀一兩。金復興銀一兩。陳國孝銀一兩。金生魁銀一兩。陳經一兩二錢。金玠一兩五錢。苗旺發銀二兩。苗廷發捐地四厘。施財：任獻璧一兩。狄宏全一兩。任萬年一兩。李思敬八錢。閆崧嶽八錢。金生水六錢。賈玉成六錢。程爾功、金生明、金生澤，以上各五錢。唐萬全、唐有敬、任萬田、李思孟、馮承德、馮有、苗宗孟、苗宗武、陳平、寨上陳萬生二錢。金松、金生萬、金復旺、狄宏澤、金辛，以上各四錢。金卯、金復明、金銑、陳榮、苗宗聖、馬有、范璞、閆進成、金温、金秀、李明、金成寶、聶福、金生有、金璞、狄宏圖、金生和、金朝、孫執文、陳珩、任良璧、陳恭、劉盡孝、狄宏臣、金生燦、苗宗堯、任萬成、苗宗周、苗延平、苗宗富、苗宗有、苗温、苗昌、苗宗旺、苗宗湯、段宗有、爨興、王玠、范瑜、任萬全、蘇中惠、金盤、陳廉、范琳，以上各二錢。陳潤一百。永開行、姜宏讓、和永發、金生玉、金生多、苗宗程、翟可忠、苗旺、苗沄、金成珠、董安，以上各一錢。

泥工：程爾功。塑工：張九如。石工：楊芳、王一鳳。

住持：陳復全、徒常本裕二兩。

大清嘉慶七年十一月下浣谷旦仝立。

【一五〇】　創修伊河大王廟碑記

年代：清嘉慶七年

尺寸：高 123 釐米，寬 55 釐米

立石地點：伊川縣平等鄉四合頭村

□修伊河大□廟碑記

時治東北距城七十五里許村庄曰西河頭，其人耕讀爲業，多醇厚風。但清初以來，並無稻田。今於乾隆三十年間，稻禾盈積，詢其故，雖屬人力之勤，實蒙神聖之大王之爲靈昭昭矣。僉曰蒙福者酬德，被澤者報功，秋冬報賽，固其禮也。第延河致祭，非瞻仰無從，亦且並無定所。至嘉慶壬戌，忽有王君諱習武、林君諱有福、常君諱學孟、常君諱登鰲者，以創修爲念，並募化鄉衆，或施地基，或輸人工，或捐貲財，人人争先恐後，不日而廟貌巍峨，神像輝煌，又何苦於瞻仰無從，而享祀之無定所哉！功竣，求記於余，余不文，僅叙顛末，以誌不朽云。

邑後學壽山氏□松撰文並書。

王永慶施地基一所。王孫鼐施錢一百文。王習武施錢五百文。林有福施錢一千、牛工一個。常學夢施錢五百文。常登鰲施錢一百文。□常□施錢一千文。林貴福施錢五百文、牛工一個。王克勤錢五百、牛工一個。王有顯錢三百文、牛工一個、化錢五百五十文。陳□施錢二百文。王興周錢二百、牛工一個。□儒華施錢二百文。王□行施錢二百文。王傑施錢二百文。王百壽施錢二百文。□鵬錢二百、牛工一個。王乾錢一百五十文。王興施錢一百文。常登□錢一百文。常學程錢一百文。王習文錢一百、牛工一個。陳廷珍錢一百文。王橘錢一百、牛工一個。王儒錢一百文。王有禄錢一百文。常棟錢一百文。王荷錢一百文。王進錢一百、牛工一個。王移錢一百文。裴坤錢一百文。裴世魁錢一百文。裴世武錢一百文。唐文錢一百文。裴世舉錢一百文。裴世重錢一百文。胡友錢一百文。林有花錢一百文。林有壽牛工一個、錢一百文。王玉錢一百文。王聚錢一百文。王瑯錢一百文。黄榜牛工一個、錢一百文。王協錢一百文。陳友全錢一百文。楊禮錢一百文。陳梅錢一百文。陳廷相錢一百文。陳廷貴錢一百文。陳廷顯錢一百文。陳□錢一百文。常登元錢一百文。王宗文錢一百文。王興唐錢一百文。王新錢一百文。裴世進錢一百文。王莪錢一百文。李恭錢一百文。王宗武錢一百文。

使官磚二百八十四個。

大清嘉慶七年歲次壬戌□□□□□。

【一五一】 創修玉皇廟火神殿内山門禪房碑記

年代：清嘉慶十二年

尺寸：高 165 釐米，寬 62 釐米

立石地點：伊川縣彭婆鎮西草店村玉皇廟

創修玉皇廟火神殿内山門禪房碑記

〔碑首〕：萬善同歸

洛邑正南路草店村，東枕嵩山，西帶伊水，名勝區也。村内舊有玉皇廟、火神殿，誠萬古之英靈，而一方之保障。但山門不立，無以肅觀瞻；禪房不修，無以安住持。兹有王君諱天佑者，慨然以添修爲己任，捐貲財、募衆善，共襄厥事。鳩工庀材，修廢補闕，遂立山門一座，禪房兩間，不數日而工告竣，而墻垣之頽圮者，亦於此完固焉。一時廟貌巍峨，殿宇輝煌，焕然維新，觀者咸道王君之盛德於勿衰，是誠所謂"莫爲之前，雖美弗彰；莫爲之後，雖盛弗傳"也。爰勒於石，以誌不朽云。

功德主王天佑、子虎銀五兩。

管事：鈔如岳銀六兩整。王紱銀二兩九錢。劉修銀二兩一錢。王廣寅銀二兩四錢。馬振福銀一兩六錢。張顯銀一兩二錢。劉全樂銀四兩一錢。范大相銀一兩整。王治河銀一兩整。劉全建七兩五分。王得禄四兩七錢。馬全酉三兩二錢。王得位三兩二錢。王來英三兩。王永錫三兩。鈔如學二兩八錢。張榜二兩五錢。王治斌二兩三錢五分。李明智二兩三錢。張興二兩。鈔明成二兩三錢。王始旦一兩九錢。陳生輝一兩九錢。王治朝一兩零五分。李經二兩一分。張茂一兩六錢九分。王景富一兩六錢。李明科一兩六錢。張粲一兩六錢。陳六群一兩六錢。劉全德一兩六錢。王治庭一兩五錢。王萬山一兩六錢。劉全才一兩三錢。寺溝李和一兩三錢。鈔如秀一兩三錢。王廣富一兩二錢。王太和錢一千文。王來同一兩一錢。王來聘一兩一錢。王天保一兩一錢。張如源一兩。張旺、張如天、張如竹、劉法、王魁、張永世，以上各一兩。王治邦一兩二錢。李有禄一兩。范大興九錢。王囗隆九錢。陳生學八錢。鈔如和八錢。高周魁八錢。王綱八錢。劉全禄七錢二分。李振甲一兩。張有八錢。馬萬户七錢。劉思孔七錢。鈔如錫六錢。范有中六錢。鈔大用六錢。張永祚六錢。王廷璽錢五百文。王裕錢五百文。王萬順、張玉麟、張如璧、張如辛各五錢。張弘才八錢。劉萬全九錢。張平五錢。李敬五錢。鈔如君五錢。李秋貴五錢。劉典五錢二分。劉全喜五錢。姬大章五錢。鈔德五錢。李有厲六錢。劉思柴七錢。劉永貴六錢五。馬振京四錢。王振官四錢。馬振魯錢三百五十。張金錫三錢。鈔志五錢。鈔門王氏七錢。王業義四錢。任國柱四錢。張哲四錢。劉永演三錢。李富三錢。王四順三錢。張澤三錢。馬進寶三錢。馬旺二錢。王萬州三錢。王九州三錢。劉廣三錢。范大官三錢。王萬禄二錢半。鈔顯二錢。張如澤三錢二分。鈔法祥三錢。王來賓三錢五分。劉傑錢二百文。王萬相三錢。張弘志二錢。王萬寧二錢。鈔萬錢二百文。馬振喜錢二百文。馬德水錢二百文。范大成錢二百文。王富二錢。王秀二錢。劉全功二錢。陳六經二錢。劉全玉二錢。鈔用二錢。馬萬順銀二錢。馬振甲二百文。賀登科錢……

住持：李教興。泥水匠：高中魁。石匠：陳生元。

洛陽縣邑庠生王雲漢撰文。

大清嘉慶十二年歲在强圉單閼辜月穀旦立。

重修三官例梁廟碑記
神道精微聖人知而不言術士言而不知先王不愚民以術而特借以立教者豈有他哉俾天下之人無所不用其誠敬而已[illegible]庄舊有
三官例梁廟時宛季淫霖雨濟蝕棟榱折崩丹青湮滅此又所宜重建之繼也今西邨[illegible]事萬日瑜[illegible][illegible]共恢[illegible][illegible]募韋故鼎新[illegible]善大壯[illegible]
聊造配廡正東　天尊龍王殿正西　聖公聖母殿南豎山門西北禪房週圍繞以垣墉[illegible][illegible]材黝堊丹艧於芳[illegible][illegible][illegible]經始[illegible]維大荒落
落成滔虜事藏防石欲得其詳而碑殘碣斷古蹟闕如僅誌所聞見之欲奇者五其一曰例梁廟專攷其[illegible][illegible]於東嶺詠吉啓[illegible][illegible]阜歲臨梁
棟俱失卒集寸許遺跡僅欠餘[illegible]踪在爾方位[illegible]正門應南[illegible]梁共北辰遐通傳遂以例名其二曰五龍口相其陰陽測其流水東西湖
南北派環擁廟俾其內宛然度中其三曰飲馬池　神有顯道肩道南阜池踞其巔夫旱不希四時湛澄者年時語夜靜每聽鈴聲錚錚以爲　神[illegible]
龍馬數飲于斯其四曰馬尾溝出廟東[illegible]縣崖入望西岸對峙狀由馬背值夫雨後衆流直下砰湃激鳴瀑布疑似馬尾過真其五曰　神[illegible]
穿太窯之月詢謀僉同廼興是役適水[illegible][illegible]擇歸上拯倐發炊沸涌而上汲之不竭雖曰人事豈非　神哉此五者志奇之足誌者也以志若
富貴貧賤吉凶禍福惟天陰隲是舉也泥[illegible][illegible]之譏或曰某有益某無益皆絶口不道愚惑也
邑庠生杜蘭芳馨薰沐撰并書
功德主
大清嘉慶十四年[illegible]月吉日　穀旦

【一五二】 重修三官倒梁廟碑記

年代：清嘉慶十四年

尺寸：高 180 釐米，寬 68 釐米

立石地點：伊川縣江左鎮張莊村倒梁三官廟

重修三官倒梁廟碑記

神道精微，聖人知而不言，術士言而不知。先王不愚民以術，而特借以立教者，豈有他哉！俾天下之人，無所不用其誠敬而已。張莊鄉有三官倒梁廟，時宛年湮，飄雨薄蝕，棟榱折崩，丹青漶滅，此又所宜重建之秋也。今兩村首事，蒿目渝泐，尸志恢復，蠠没鐲募，革故鼎新，較昔大壯。兼創造配廡，正東天尊、龍王殿，正西聖公聖母殿，南竪山門，西北禪房，周圍繞以垣墉。鳩工庀材，黝堊丹雘，於著雍執徐經始，屠維大荒落落成，洎虡事蕆防石，欲得其詳，而碑殘碣斷，古迹闕如，僅誌所聞見之斅奇者五：其一曰倒梁廟，粵考其繇，肇於東嶺，諏吉啓槃，翌早咸臨，梁棟俱失。幸集雪寸許，遺迹偉尺餘，尋踪在兹，方位孔正，門應南極，梁共北辰，遐邇遞傳，遂以倒名。其二曰五龍口，相其陰陽，觀其流水，東西朔南，群派環擁，廟傳其内，宛然度中。其三曰飲馬池，神有顯道，前通南阜，池踞其巔，大旱不希，四時湛澄，耆年時語，夜静每聽，鈴聲錚錚，以爲龍馬數飲于斯。其四曰馬尾溝，出廟衺視，懸崖入望，兩岸對峙，狀由馬臀。值大雨後，長流直下，砰湃激鳴，瀑布疑似馬尾逼真。其五曰神異穽，去窗之月，詢謀僉同，迺興是役，□水虞艱，擇師卜掘，倏投舊坎，沸涌而上，汲之不渴。雖曰人事，豈非神哉。此五者悉奇之，足誌者也。他若富貴貧賤，吉凶禍福，惟天陰隲，是舉也，泥堪輿之譚，或曰某有益，某無益，皆絶口不道，懼惑也。

功德主：杜永新錢十五千七百、施地一分。杜其咎錢十千四百。石可式錢廿千零四百。張忠錢九千四百。張懷信錢十一千四百。監生杜其敏錢七千四百。石可法錢廿五千六百。監生杜其苞錢十七千一百。處士杜際干錢六千五百。杜際虞錢六千五百。張懷龍錢六千。鄉耆杜中傳錢五千、施地一分。化主杜秀生錢十五千四百。杜可用錢十四千四百。杜朝連錢十二千。化主杜朝英錢八千。杜威才錢七千一百。杜成己錢六千三百。杜其損錢四千六百。杜元松錢四千。杜同錢四千。杜永成三千七百。杜永明錢三千五百。化主杜房錢三千二百。杜孔傳錢三千。杜玉生錢三千。杜道傳錢二千。杜常有錢二千。杜元相錢一千八百。杜元信錢一千五百。杜常全錢一千五百。杜際全錢一千四百。杜朝□錢一千二百。杜朝生一千二百。李樹賢錢一千二百。杜成見錢七百。杜朝室錢一千。杜元章錢一千。杜際章錢一千。杜得湯錢一千。張永善錢一千。張光□錢一千。□行素錢八百。杜朝廣錢七百。杜陵錢五百。杜其愚錢五百。杜朝君錢五百。杜喜林錢五百。杜際明錢五百。杜永安錢五百。杜全錢五百。杜舜傳錢五百。張光□錢五百。張光禄錢五百。杜忠錢五百。杜其慾錢三百。杜其怠錢三百。杜禹傳錢三百。杜永建錢三百。杜長庚錢三百。杜得洺錢三百。杜元竹錢三百。杜元登錢三百。杜元科錢三百。杜際□錢二百。杜元光錢二百。杜朝寅錢二百。杜永禄錢二百。杜廣泰錢二百。杜行中錢二百。張進堂錢二百。張□成錢二百……

繪畫：□鳴鶴、周天章。石匠：史登傑。

邑庠生杜蘭芳馨萬氏薰沐撰并書。

大清嘉慶十四年十月吉日穀旦。

【一五三】　大王廟并茶亭創修碑記

年代：清嘉慶十八年

尺寸：高 165 釐米，寬 59 釐米

立石地點：伊川縣城關鎮小莊村

大□廟并茶亭創修碑記

〔碑首〕：千載流芳

嘗觀天地間，神人一理也。敬神濟人，一義也。於何見之？於閔店鋪茶亭、韓家橋中大王廟見之。蓋閔店鋪者，南北通道也，往來行人最多，且四無鄰村，時逢盛夏，行人□□，渴無所飲，宜設茶亭以□之，此濟人義以也。至於韓家橋者，乃近水臨河之地也，凡有低田灘地，莫不懼有水患，時時賴神護佑，因建大王廟，以奠祝之，此敬神義也。合而觀之，同歸於善而已。然斯舉也，大小莊、閔店寨三村人等，久有此願，苦於承領無人。今小莊村適有任公諱□貴者，亶發善念，不憚勞苦，酌酒燕賓，既出己資，復約衆善，各捐貲財，共勸盛事，經營謀畫，建廟設亭，更置田數畝，以備施茶之費。四至坐落並列在後，因誌之，以垂不朽云。

洛邑後學李元亮撰文，洛邑後學任式丹書丹。

功德主任郭氏率子士顔、孫伯慶施錢捌千文。

（以下功德化主略）

大清嘉慶拾捌年七月朔旦立。

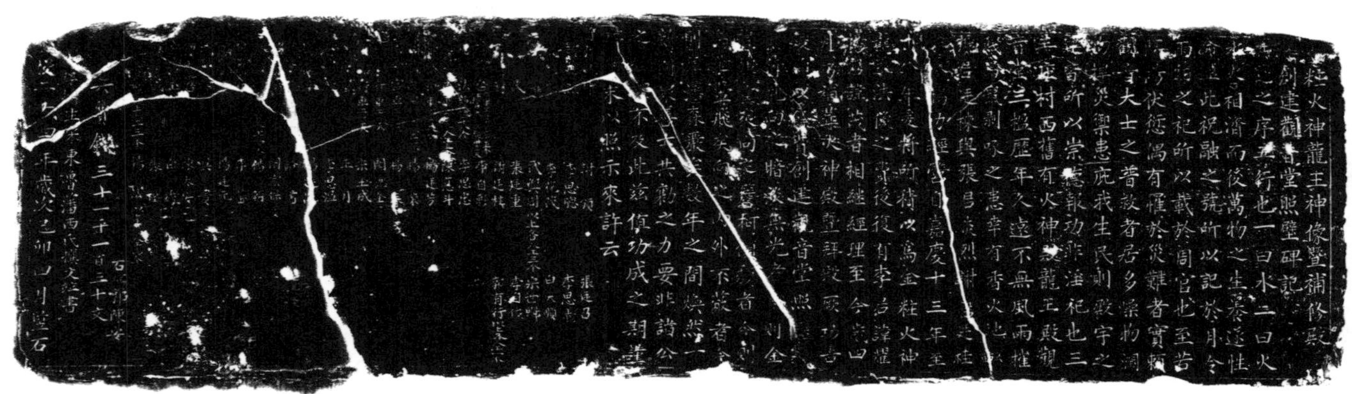

【一五四】 金粧火神龍王神像暨補修殿宇創建觀音堂照壁碑記

年代：清嘉慶二十四年

尺寸：高 39 釐米，寬 136 釐米

立石地點：伊川縣酒後鄉三王村火神廟

□粧火神龍王神像暨補修殿□創建觀音堂照壁碑記

洪範之序五行也，一曰水，二曰火，水火相濟，而後萬物之生養遂，性命正。此祝融之號，所以記於《月令》；雨師之祀，所以載於《周官》也。至若陰陽伏愆，偶有罹於災難者，實賴觀音大士之普救者居多。燥物潤物，捍災禦患，庇我生民，則殿宇之建，皆所以崇德報功，非淫祀也。三王莊村西舊有火神殿、龍王殿、觀音堂三楹，歷年久遠，不無風雨摧殘，鳥鼠剥啄之患。幸有香火地畝，張君廷棟與張君炎烈、謝君廷桂，□□協力經營，自嘉慶十三年至十八年，爰將所積以爲金粧火神、龍王法像之費。後復有李君諱耀、楊君諱茂者，相繼經理，至今歲四月，乃補葺火神殿暨拜殿。厥功告竣，即以餘貲創建觀音堂照壁一座。行見向之暗淡無光者，今則金碧輝煌矣；向之簷柯傾頽者，今則鳥革翬飛矣；向之内外不蔽者，今則屏藩森嚴矣。數年之間，焕然一新，固衆善士共勸之力，要非諸公之經理不及此。兹值功成之期，謹序巔末，以照示來許云。

首事：張廷棟、張炎然、謝廷桂、李耀、楊茂、□則、楊合車工一個、匠工五個、管大匠飯三十三天。史法石工二十八個。趙克□車工一天、人工五個。□德政車工一天、人工一個。□廷富車工一天。□□花車工一天。周□華、張□碗、□廷叙、張□昌、□□德，以上各人工四個。閆□芳、陳應召、白如玉、白成、閆德順，以上人工各三個。謝頒、李思聰、李花茂、武興周，以上各人工三個。張廷重、謝廷柱、李自彩、李思忠、陳應斗、楊廷芳、楊榮、楊春、閆德全、宋玉成、王月、李思温、楊建花、路書、閆宗保、楊朝、李蕃、楊廷元、吴貴、陳太安、白秀、張福、楊法，以上各人工兩個。張廷召、李思義、白天順、宋世魁、李自俊、郭有行，以上各人工一個。石匠：郭陳安。

共費錢三十一千一百三十文。

邑庠增生宋東魯藩西氏撰文並書。

嘉慶二十四年歲次己卯四月竪石。

流芳百世

創修老君洞並金塑神像碑記

邢家庄西南里許有澗谷焉舊傳有　老君洞一所歷年久遠山裂土崩道跡因無復存乃數十年来夕遇天旱都人士祈禱其间往亡膏雨時降焉意者　神所凴依在是故靈應不爽歟玄歲夏月餘不雨田禾枯槁楊君諱溥因約村中信士十餘人懇為禱祝倏忽间油然興雲雨甘霖遍被夫　神有靈應者宜思酬厥功楊君慨然樂施欲藝其名而建修之遂自出己財並募化衆善由是鳩工庀材不數日而功告竣行見基址鞏堅不啻竹苞而松茂金像赫濯儼若臨上而質旁從此民康物阜而　神恵於以永享矣是為序

邑庠生段心田撰文並書丹

功德主太學生楊溥施錢伍仟

以上各小一百文

泥水匠張泉棟

石匠王文洛

土工刘林

塑匠王福貴

大清道光四年應鍾月吉日

村首楊家桐　住持[illegible]來　仝立

【一五五】 創修老君洞並金粧神像碑記

年代：清道光四年

尺寸：高 160 釐米，寬 60 釐米

立石地點：伊川縣鳴皋鎮邢家莊老君洞

創修老君洞並金粧神像碑記

〔碑首〕：流芳百世

邢家莊西南里許有澗谷焉，舊傳有老君洞一所，歷年久遠，山裂土崩，遺迹因無復存。乃數十年來，每遇天旱，都人士祈禱其間，往往膏雨時降焉，意者神所憑依在是，故靈應不爽歟。去歲夏，月餘不雨，田禾枯槁，楊君諱溥因約村中信士十餘人，懇爲禱祝，倏忽間油然作雲，而甘霖遐被。夫神有靈應者，宜思酬厥功，楊君慨然樂施，欲襲其名而建修之。遂自出己財，並募化衆善，由是鳩工庀材，不數日而功告竣。行見基址鞏堅，不啻竹苞而松茂；金像赫濯，儼若臨上而質旁。從此民康物阜，而神惠於以永享矣。是爲序。

邑庠生段心田撰文並書丹。

功德主太學生楊溥施錢伍仟。

化主：庠生段萬壽、生員段心田、吴琦各一千五百文。武生楊家楝一千。葛文元五百。楊洺一千八百。楊家魁元銀一兩。張春、杜天福一千七百。楊渭六百。段良田、監生許登高、監生張楝、賈有□□□各錢五百。劉新太、張成道、謝丹書各錢五百。張成樂、楊濂、張燦、張明、張世科各錢四百文。姬有生、張智、張宗彦各四百。杜珍三百五十。監生李淳、張成業、楊渠、貢生楊沁各三百。孫振已錢三百、工一天。楊泌、張梓、張天順、徐升、王化新、劉全德、姬文香各二百。段玉璧二百。段煥文二百五。武生張金章、王心寬、耆老楊湛、孫永發、耆老李福、張超、典史楊家枚、張有成、張瑞、張升、苗全、楊家花、吴玉、李杰、樊店郭朋祥各錢二百。張六順、李萬興、劉林、李莒、王有金、王福全、王貞各一百五十文。庠生楊涑一百。張容觀、振占元、李江、楊家中、楊法、劉珍、楊家芳、張法、楊家格、李名、張成玉、葛臣、王作堯、李鳳珍、耆老張正、張蘭、段有德、黄廷寶、張獻玉、張六義、柳順、張萬有、段六行、楊保同、李成、張瑞生、張大林、張六禮、張山林、王枚、郭天貞、郭松、韓正義、徐根、吴朋、柳澤，以上各錢一百。張一元工五天。楊家柳工四天。賈全工三天。楊興工三天。杜玉工二天。楊生工二天。楊家全工一天。張玉有工一天。王全禮工二天。王貴工一天。王有才工一天。郭玉工一天。張六文工一天。楊家林工一天。

化主：劉王氏五百文。楊秦氏一百。張高氏一百。柳高氏五百文。吴孫氏、楊王氏、柳田氏各一百。

渡口村：化主：田梁氏、田沈氏各二百。田張氏、田劉氏、田趙氏、郝孫氏、梁劉氏、蔡武氏、蔣陳氏、武杜氏、陳鄭氏、戴李氏，以上各錢一百。

上桑坡村：化主：胡周氏、姜李氏、王王氏、鄭高氏、王邢氏、王申氏、王李氏、王孫氏、王孫氏、王葛氏、王王氏、李孫氏、張陳氏、張都氏、王高氏、邢賈氏、王張氏、鄭李氏、鄭李氏、王姬氏、王施氏、王趙氏、王郭氏、姚楊氏、姚曾氏、張雷氏、王劉氏、劉洪氏、李張氏、王余氏、王賀氏、胡張氏、李齊氏、胡宋氏、胡胡氏、王崔氏、王郝氏、武胡氏、李李氏、南弓氏、李李氏、李禄氏、王王氏，以上各錢一百。馬桑坡：胡謝氏、張張氏、張楊氏各錢一百。

鳴皐街：化主：范陳氏、謝趙氏、李武氏、李陳氏、范班氏、范田氏、鄭聶氏、謝梁氏、陳任氏、宫寧氏、朱杜氏、鄭高氏、張王氏、朱吴氏、武王氏、鄭韓氏、鄭牛氏、劉雷氏、劉茹氏、趙姬氏、王李氏、馬白氏、張郝氏、張李氏、李張氏、謝王氏、朱李氏、寧李氏、謝許氏、白馬氏、侯阮氏、魏孫。沙貨村：齊申氏、温陽氏、李任氏。樊店：化主：張李氏、王郭氏、李郭氏、李張氏、韓牛氏、凌王氏、張楊氏、韓蔡氏、王李氏、張蔣氏、張李氏、王都氏。窑上：張方氏、靳高氏。曾窩：化主：王白氏、趙李氏、曾姜氏、王楊氏、史劉氏、王陳氏、郝都氏、王楊氏、王陳氏、曾李氏，以上各錢一百。王李氏、韓王氏、李蔣氏、王郭氏、沙貨郭常氏，以上各錢一百。郭窑頭村：化主：劉馬氏、劉汪氏、賈馬氏、徐劉氏、徐楊氏、王謝氏、韋王氏、趙宋氏、辛孟氏、許李氏、楊趙氏、王王氏、謝趙氏、王李氏、王王氏、趙閆氏、賈劉氏、康崔氏、趙韓氏、趙朱氏、徐甄氏、賈韋氏、賈劉氏。賈嶺：家崔氏、賈張氏、賈李氏、賈白氏、辛王氏、辛馬氏、趙王氏、趙韋氏、趙秦氏、謝趙氏、關郭氏、趙韓氏、彭馬氏、崔董氏、趙李氏、趙賈氏、賈楊氏，以上各錢一百文。

泥水匠：張梁棟。石匠：王文洛。土工：劉林。塑匠：王富貴。村首：楊家桐。住持：本來。仝立。

大清道光四年應鍾月吉日。

老君洞一所歷年久遠山裂

靈應不爽癸亥歲夏月餘不

宜思酧厥功楊君慨然樂施

而松茂金像赫濯儼若臨上

田撰文並

大局部

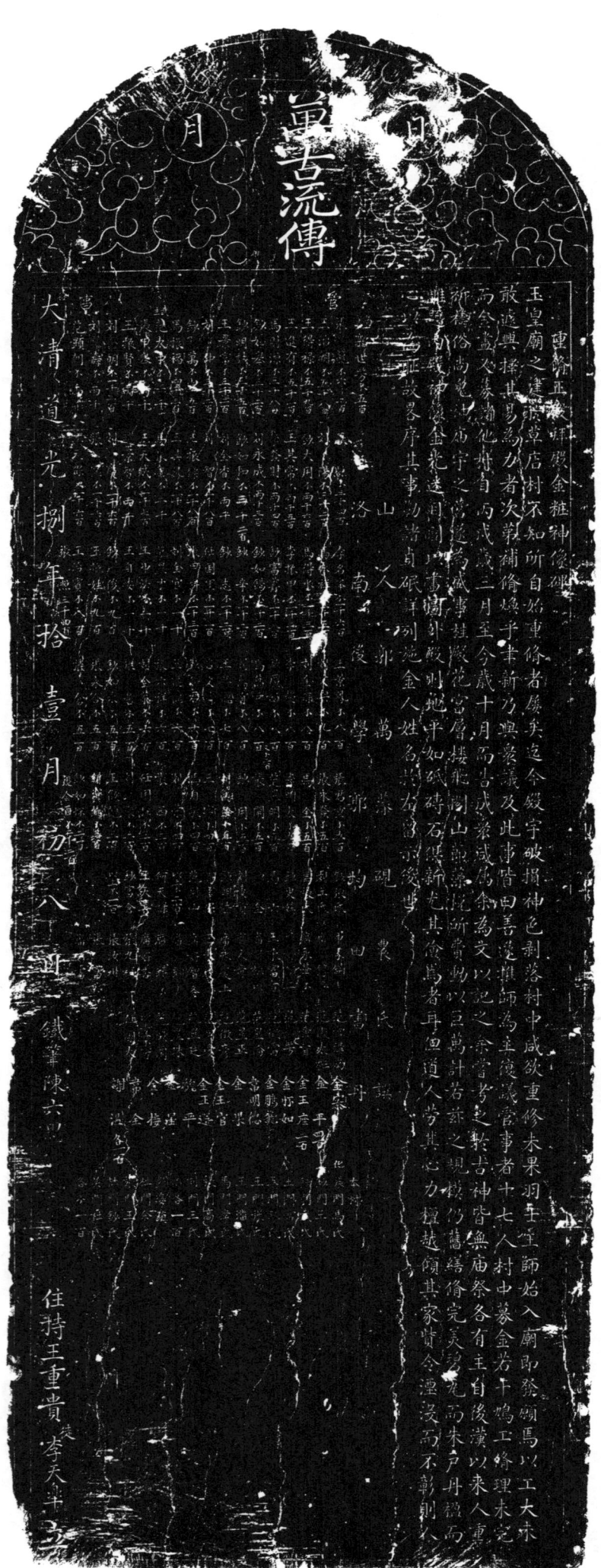

萬古流傳

月　日

重脩正殿拜殿金粧神像碑

玉皇廟之建□草店村不知所自始重脩者屢矣迄今殿宇破損神色剝落村中咸欲重修未果羽士王師始入廟即發願焉以工大未敢遽興擇其易為力者次第補脩煥乎聿新乃與衆議及此事皆曰善遂推師為主復議管事者十七人村中募金若干鳩工脩理未完而含蓋又募施他村自丙戌歲三月至今歲十月而告成衆咸屬余為文以記之余嘗考之於古神皆無廟祭各有主自後漢以來人重祈禱俗尚鬼神而廟宇之盛遂為盛事桂殿花宮層樓飛閣山節藻棁所費動以巨萬計若茲之規模仍舊繕脩完美則飛而朱戶丹楹而雕[illegible][illegible]飾神像金花遂用[illegible]畫圖於殿則地平如砥磚石俱新尤其偉焉者耳但道人勞其心力檀越傾其家貲令湮沒而不彰則人已[illegible][illegible]故畧序其事勒諸貞珉詳列施金人姓名以垂示後世

山人[illegible]萬[illegible]硯[illegible]

洛南後學郭[illegible]

大清道光捌年拾壹月初八日

鐵筆陳六[illegible]

住持王重貴　李天平

【一五六】 重修正殿拜殿金粧神像碑

年代：清道光八年

尺寸：高 172 釐米，寬 60 釐米

立石地點：伊川縣彭婆鎮西草店村玉皇廟

重修正殿拜殿金粧神像碑

〔碑首〕：萬古流傳　日月

玉皇廟之建於草店村，不知所自始，重修者屢矣。迄今殿宇破損，神色剥落，村中咸欲重修未果。羽士王師始入廟，即發願焉，以工大未敢遽興，擇其易爲力者，次第補修，焕乎聿新。乃與衆議及此事，皆曰善。遂推師爲主，復議管事者十七人，村中募金若干，鳩工修理，未完而金盡，又募諸他村。自丙戌歲三月，至今歲十月而告成，衆咸屬余爲文以記之。余嘗考之於古神，皆無廟，祭各有主。自後漢以來，人重祈禱，俗尚鬼神，廟宇之營，遂爲盛事。桂殿花宫，層樓飛閣，山節藻棁，所費動以巨萬計。若兹之規模，仍舊繕修完美，碧瓦而朱户，丹楹而雕題。内殿神像，金光迷目，圍以畫圖。外殿則地平如砥，磚石俱新，尤其儉焉者耳。但道人勞其心力，檀越傾其家貲，令湮没而不彰，則人心以爲耻。故略序其事，勒諸貞珉，詳列施金人姓名於左，留示後世。

山人郭萬藻硯農氏撰，洛南後學郭均田書丹。

管事：張龍錢六千二百。王治朝錢五千八百。王得禄錢五千九百。王進有錢五千一百。馬財源錢三千八百。鈔如舉錢三千二百。鈔明誠錢三千五百。王景富錢三千二百。劉仲錢三千二百。鈔萬錢兩千五百。馬振福錢四千三百。武生范太中錢二千。張甲舉錢兩千。王振賢錢兩千。劉全明錢一千二百。劉壽錢兩千。范顯朝錢兩千。

□照錢三千四百。劉陽錢三千二百。鈔大用錢兩千六百。王其常錢兩千五百。李發財錢兩千四百。劉永成錢兩千三百。鈔如和錢三千二百。劉全香錢兩千。劉智錢一千八百。王振標錢一千八百。王其鳳錢一千八百。馬振魯錢兩千。王天成錢一千七百。趙景智錢兩千。劉慶錢一千六百。張璽錢一千六百。王天保錢一千六百。李名學錢一千六百。馬永祥錢一千五百。馬得水錢一千三百。李振甲錢一千二百。鈔富尊錢一千二百。鈔如錫錢一千二百。鈔辛錢一千二百。鈔志錢一千二百。任國璽錢一千一百。張田科錢一千三百。劉全官錢一千。范顯才錢一千。王中法錢一千。王自安錢一千。鈔俊錢九百。王振娃錢九百。王治賓錢八百。張照錢三千四百。王景鳳錢八百。劉文興錢九百。劉全保錢八百。李超錢八百。鈔廣西錢八百。馬萬户錢八百。劉萬有錢八百。王其德錢七百。吉文燦錢七百。鈔如君錢六百。王進德錢六百。張六祥錢六百。劉全恭錢六百。張哲錢五百。鈔如太錢五百。張永合錢五百。張倉錢五百。張君重錢五百。張永發錢五百。馬全錢五百。李明太錢五百。范顯明錢五百。張鬧錢五百。鈔用錢五百。□萬□錢五百。王字錢四百。馬自敬錢四百。劉榮錢四百。張西錢三百。任國柱錢三百。劉聚錢三百。王飯飽錢三百。胡□卿錢三百。張金酉錢二千二百。鈔張氏、劉王氏、馬張氏、鈔更娃、馬六、鈔全、劉麥貴、鈔明法、馬官保、范用山，以上錢二百。何天禄、王天喜、鈔富倉，以上各一百……

大清道光捌年拾壹月初八日。

鐵筆：陳六思。住持：王重貴、徒李天阜立。

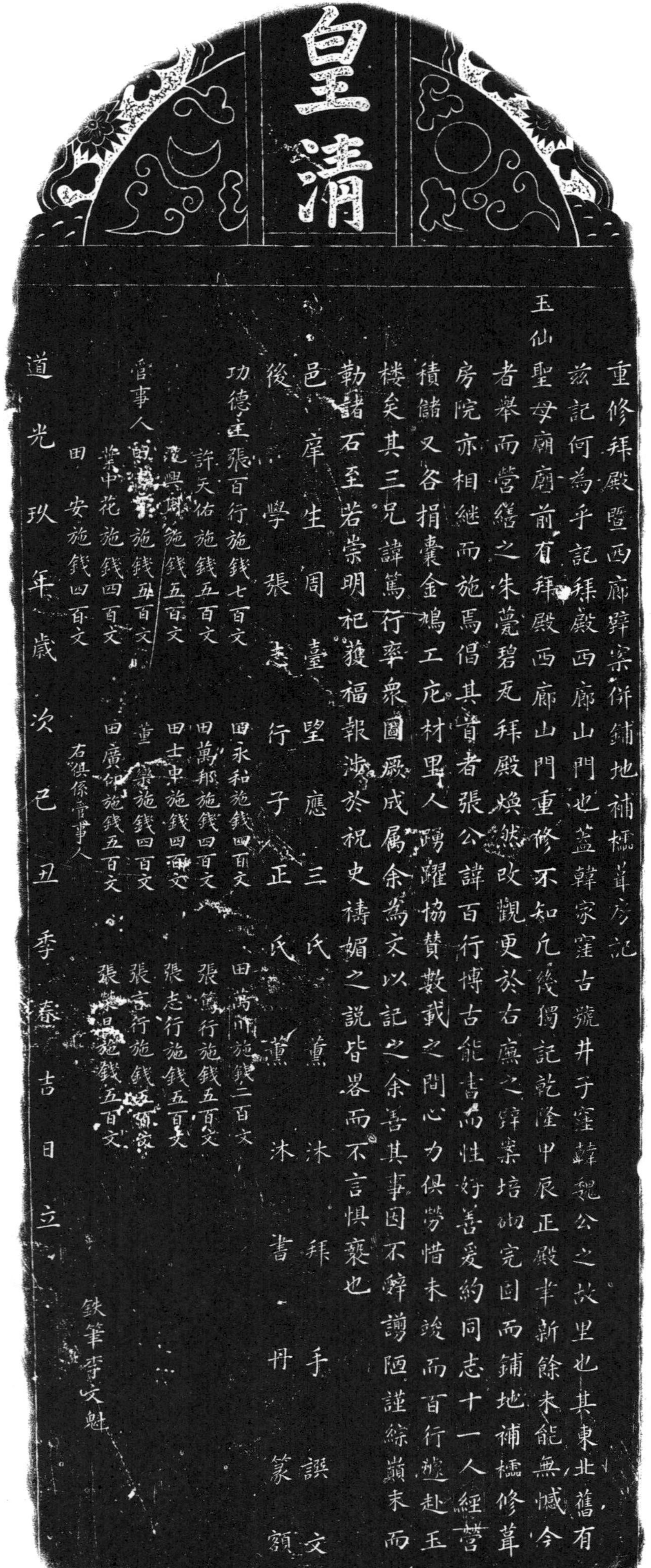
皇清

重修拜殿暨西廊辟案併鋪地補檽葺房記

玆記何為乎記拜殿西廊山門也蓋韓家窪古號井子窪韓魏公之故里也其東北舊有
玉仙聖母廟廟前有拜殿西廊山門重修不知凡幾獨記乾隆甲辰正殿聿新餘未能無憾今
者舉而營繕之朱甍碧瓦拜殿煥然改觀更於右廡之辟案培砌完固而鋪地補檽修葺
房院亦相繼而施焉倡其首者張公諱百行博古能書而性好善爰約同志十一人經營
積儲又各捐囊金鳩工庀材里人踴躍協贊數載之間心力俱勞惜未竣而百行遽赴玉
樓矣其三兄諱篤行率衆圖厥成屬余為文以記之余善其事因不辭譾陋謹綜巔末而
勒諸石至若崇明祀獲福報洊於祝史禱媚之說皆畧而不言惧褻也

邑庠生周臺望應三氏熏沐拜手譔文
後學張志行子正氏熏沐書丹篆額

功德主張百行施錢七百文
許天佑施錢五百文
張興[illegible]施錢五百文
管事人[illegible]施錢五百文
葉中花施錢四百文
田安施錢四百文

田永和施錢四百文
田萬邦施錢四百文
田士忠施錢四百文
董[illegible]施錢四百文
田廣印施錢五百文
右俱係管事人

田萬[illegible]施錢二百文
張篤行施錢五百文
張志行施錢五百文
張言行施錢五[illegible]
張[illegible]施錢五百文

道光玖年歲次己丑季春吉日立

鉄筆李文魁

【一五七】 重修拜殿暨西廊壁案并鋪地補檽葺房記

年代：清道光九年

尺寸：高 146 釐米，寬 57 釐米

立石地點：伊川縣鴉嶺鎮韓窪村玉仙聖母廟

重修拜殿暨西廊壁案并鋪地補檽葺房記

〔碑首〕：皇清

兹記何爲乎？記拜殿、西廊、山門也。蓋韓家窪古號井子窪，韓魏公之故里也。其東北舊有玉仙聖母廟，廟前有拜殿、西廊、山門，重修不知凡幾，獨記乾隆甲辰，正殿聿新，餘未能無憾。今者舉而營繕之，朱甍碧瓦，拜殿焕然改觀，更於右廡之壁案，培砌完固，而鋪地、補檽、修葺房院，亦相繼而施焉。倡其首者張公諱百行，博古能書，而性好善，爰約同志十一人經營積儲，又各捐囊金，鳩工庀材，里人踴躍協贊，數載之間，心力俱勞，惜未竣而百行遽赴玉樓矣。其三兄諱篤行，率衆圖厥成。屬余爲文以記之，余善其事，因不辭譾陋，謹綜巔末而勒諸石。至若崇明祀、獲福報，涉於祝史禱媚之説，皆略而不言，懼褻也。

邑庠生周臺望應三氏薰沐拜手譔文，後學張志行子正氏薰沐書丹篆額。

功德主：張百行施錢七百文。

管事人：許天佑施錢五百文。沈興周施錢五百文。田富□施錢五百文。葉中花：施錢四百文。田安施錢四百文。田永和施錢四百文。田萬邦施錢四百文。田士中施錢四百文。董樂施錢四百文。田廣印施錢五百文。右俱係管事人。

田萬川施錢二百文。張篤行施錢五百文。張志行施錢五百文。張言行施錢五百文。張榮昌施錢五百文。

鐵筆：李文魁。

道光玖年歲次己丑季春吉日立。

【一五八】 創修伊河大王拜殿并金粧神像繪畫墻壁碑

年代：清道光十年

尺寸：高 140 釐米，寬 57 釐米

立石地點：伊川縣平等鄉四合頭村

創修伊河

大王拜殿并金粧神像繪畫墻壁碑

嘗思神以廟宇爲妥侑，廟以拜殿爲藩屏，況又供獻之所，拜跪之地也，而顧可無以增修乎？吾村東偏舊有大王廟在焉，乃吾村食德報功，慮瞻仰之無從，募化衆善以創之者也。然瞻仰有所，而拜跪無地，亦豈所以將禋祀哉。適有復興渠出□，蓋其地已熟，忽被水沖。於道光元年，復爲改□，故其渠號復興，于田之時，往來於廟前，嘖嘖以拜殿爲念，遂□出心願，慨然以創修爲己任。數年以來，水不揚波，五谷豐登，神之爲靈昭昭也。即於是年秋，鳩工庀材，不數日而功告竣焉。行見拜殿崔嵬，神像輝煌，墻壁、棟宇焕然一新，不惟瞻仰有所，而拜□亦有其地矣。自兹以往，□其永薦，馨香於不替，神將長降福禄於無窮也。是爲序。

後學陳安静齋氏沐手撰文並□□。

監工陳□□、首事陳□□各捐錢三千文。渠丁卯長□人□青選捐錢六千文。渠上王文敬、首事黄全各捐錢三千文。陳廷貴捐錢六千文。□興□捐錢四千五百。唐進玉、王廷用各捐錢三千文。□鼎、陳□、陳法朝、黄貴、杜世元各捐錢三千文。監生陳範、王宗孔、林蔚、王興孝、張世傑、王印、常秀、常富、王進朝、高三元、黄如璨、王金□、王王氏，以上各捐錢乙千五百文。

木工：王□、王□，畫工：李□、王文□，以上各捐錢二百文。

附記：復興渠地界。

其地東界南頭至陳廷貴，北頭至灘；西界南頭至王亮，北頭至王登朝，東頭至王玄棒，西頭至王延貞；北至姓。東横二百五十弓，西横二百弓，中長三百二十弓。

大清道光拾年歲次庚寅日纏析□之次。

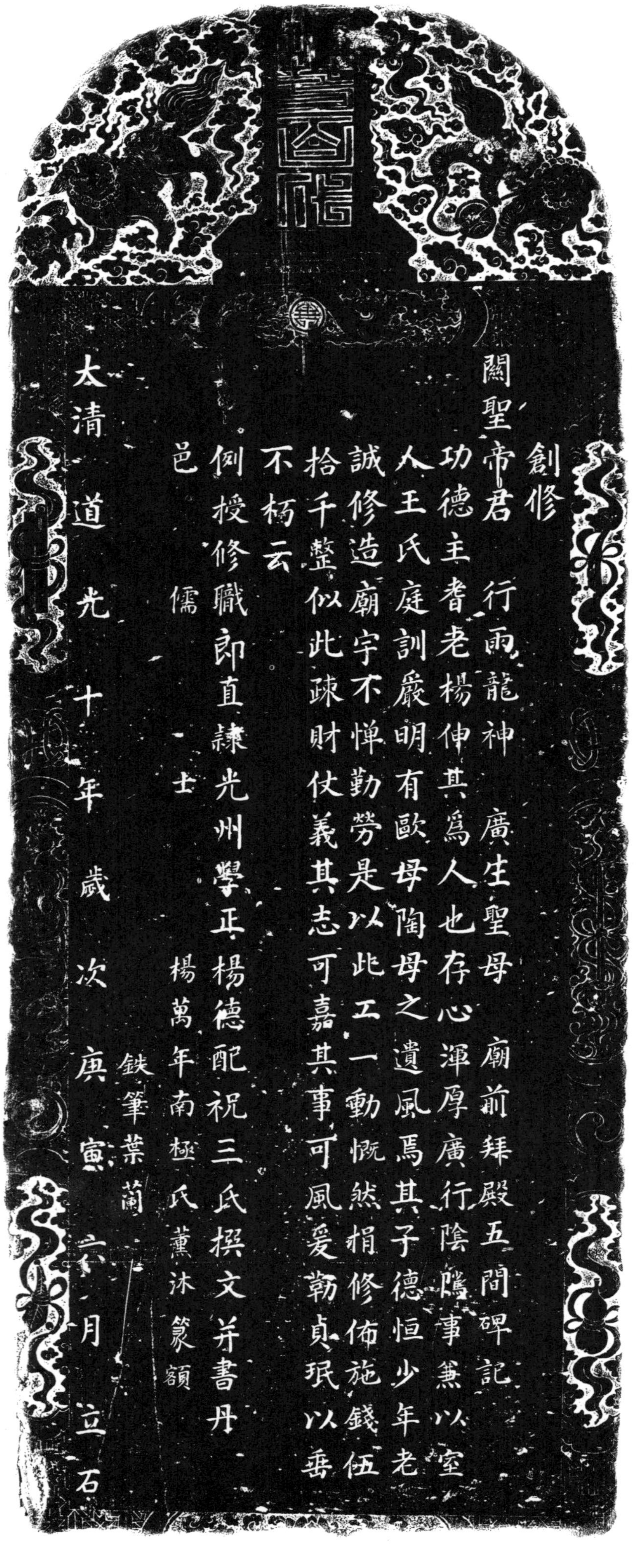

創修
關聖帝君　行雨龍神　廣生聖母　廟前拜殿五間碑記
功德主耆老楊伸其爲人也存心渾厚廣行陰隲事兼以室
人王氏庭訓嚴明有歐母陶母之遺風焉其子德恒少年老
誠修造廟宇不憚勤勞是以此工一動慨然捐修佈施錢伍
拾千整似此踈財仗義其志可嘉其事可風爰勒貞珉以垂
不朽云
例授修職郎直隸光州學正楊德配祝三氏撰文并書丹
邑　儒　士　楊萬年南極氏薰沐篆額
鉄筆葉蘭
大清道光十年歲次庚寅六月　立石

【一五九】 創修關聖帝君行雨龍神廣生聖母廟前拜殿五間碑記

年代：清道光十年

尺寸：高 186 釐米，寬 70 釐米

立石地點：伊川縣鳴皋鎮楊海山關帝廟

創修關聖帝君行雨龍神廣生聖母廟前拜殿五間碑記

〔碑首〕：流芳百代

功德主耆老楊伸，其爲人也，存心渾厚，廣行陰隲事。兼以室人王氏庭訓嚴明，有歐母陶母之遺風焉。其子德恒少年老誠，修造廟宇，不憚勤勞，是以此工一動，慨然捐修布施錢伍拾仟整。似此疏財仗義，其志可嘉，其事可風，爰勒貞珉，以垂不朽云。

例授修職郎直隸光州學正楊德配祝三氏撰文并書丹，邑儒士楊萬年南極氏薰沐篆額，鐵筆葉蘭。

大清道光十年歲次庚寅六月立石。

關聖帝君　行雨龍神　廣生聖母廟前創修拜殿五間碑記

大凡天下事繼起者易，創始者難。何也？繼起者襲前代之舊規，施後人之補葺，不煩經營而功以就。至於創始，大費竭
在過人之識、豁達之度、仗義疎財、樂善好施，烏能成莫大之功，建不朽之業者乎？蘇於族叔楊伸、楊萬箱，從堂弟楊德
遇之矣。蓋吾鄉　關聖帝君廟　廣生聖母殿　行雨龍神廟居邨震方，舊無拜殿。庚寅春，伸等倏發善念，重捐己貲
布施創修拜殿五間。吁嗟乎！莊繆關夫子生漢末世，自桃園一盟，義重山河，樹臣節於奔走流離之時，立戰功於時
難之會，左右昭烈，始終不移，使漢室四百年之天下綿延一綫，猶能戰勝攻取，建鼎足於魏吳交横之日，公之力居
武鄉侯贊公曰美髯公絶倫軼羣，是言豈不誠然乎哉！至於　廣生聖母佑善人産，遺種於積善之家，毓玉麒於修
門冥冥之中，儼與主宰祁男郊禖，非虚語也。若　龍神職司雨澤，夏麥秋禾，天不亢旱，人慶豐年，非其飛甘洒潤之力
此均當奉祀，而獨是此拜殿之舉，工程浩大，昔□邨中父老欲興是役，亦以爲工程浩大事，遂中止。而伸等獨慷慨好
衆人以成此功，是其度量相越，豈不遠哉！功竣，囑余爲文，遂據所見，摛管而作記焉。

特授修職郎直隸汝州儒學訓導□德懋神昭氏薰沐撰文
邑儒士楊萬年南極氏薰沐書丹

功德主　楊德全捐錢叁拾伍千文，又繪畫樂舞樓施錢伍千整
楊萬箱捐錢拾千，廟東施地基壹丈
楊德元捐錢陸千伍百文　□廷朝捐錢弍千文　趙景耀捐錢一千伍百文　鐵筆王泰
衆化主　楊惠捐錢叁千文　楊永法捐錢弍千文　楊德配捐錢一千文　葉蘭共施錢壹串文
葉有生捐錢叁千文　李秉東捐錢一千五百文　李東成捐錢三百文　住持僧人遠成徒證官
楊暭捐錢貳千伍百五十文　楊□炊捐錢一千五百文

大清道光十年歲次庚寅六月上浣穀旦立

【一六〇】 關聖帝君行雨龍神廣生聖母廟前創修拜殿五間碑記

年代：清道光十年

尺寸：高 186 釐米，寬 70 釐米

立石地點：伊川縣鳴皋鎮楊海山關帝廟

關聖帝君行雨龍神廣生聖母廟前創修拜殿五間碑記

大凡天下事，繼起者易，創始者難。何也？繼起者襲前代之舊規，施後人之補葺，不煩經營而功以就。至於創始，大費竭□，□有過人之識，豁達之度，仗義疏財，樂善好施，烏能成莫大之功，建不朽之業者乎？玆於族叔楊伸、楊萬箱，從堂弟楊德元□□遇之矣。蓋吾鄉關聖帝君廟、廣生聖母殿、行雨龍神廟，居村震方，舊無拜殿。庚寅春，伸等倏發善念，重捐己貲，□□布施，創修拜殿五間，吁嗟乎壯繆。關夫子生漢末世，自桃園一盟，義重山河，樹臣節於奔走流離之時，立戰功於時□□難之會，左右昭烈，始終不移，使漢室四百年之天下，綿延一綫。猶能戰勝攻取，建鼎足於魏吴交横之日，公之力居□，□武鄉侯。贊公曰：美髯公絶倫軼群。是言豈不誠然乎哉。至於廣生聖母，佑善人産邁種於積善之家，毓玉麒於修□□門，冥冥之中，儼與主宰祁男郊禖，非虚語也。若龍神職司雨澤，夏麥秋禾，天不亢旱，人慶豐年，非其飛甘灑潤之力□□此，均當奉祀。而獨是此拜殿之舉，工程浩大，昔年村中父老欲興是役，亦以爲工程浩大，事遂中止。而伸等獨慷慨好施，□衆人以成此功，是其度量相越，豈不過人遠哉。功竣，囑余爲文，遂據所見，搦管而作記焉。

特授修職郎直隸汝州儒學訓導楊德懋仲昭氏薰沐撰文，邑儒士楊萬年南極氏薰沐書丹。

功德主：楊德全捐錢叁拾伍千文，又繪畫樂舞樓施錢伍千整。楊萬箱捐錢拾千，廟東施地基壹丈。

衆化主：楊德元捐錢陸千伍百文。楊惠捐錢叁千文。葉有生捐錢叁千文。楊暭捐錢貳千伍百五十文。楊廷朝捐錢貳千文。楊永法捐錢貳千文。李秉東捐錢一千五百文。監生楊榮殿捐錢一千五百文。趙景耀捐錢一千五百文。光州教諭楊德配捐錢一千文。李秉成捐錢三百文。

鐵筆：王泰、葉蘭共施錢壹串文。

住持僧人：遠成，徒：證官。

大清道光十年歲次庚寅六月上浣穀旦立。

皇帝萬歲

移建關帝廟序

已丑春余古耕斯鄉見西南半里許古廟孤立訪之舊有殿三間久頹前輩為廟宇殿且去村稍遠欲遷未果今周君化南杜君岩等

体先人遺意與合村約各捐粟財又募化四方移建於兹規模較前愈覺廣大山水蛟彼更為迴抱作廟以妥九人功事功與匠之功皆

費用皆村中量力輪流支應余為功興德之大莫加於此矣工竣請曰斯舉也不敢言功德特以表

忠義仁勇大帝之威用可也夫 帝之威用豈管見之所能識哉自黃巾破後董卓起時卓卓者雄霸或據一方或僭首稱好致劉氏不

絕若髮至歸漢如武侯等釧非權吞吳伐魏扶蜀漢而正統猶尚已惟 帝則絕乎天不愧以人率性而行之無曲姿故功業重於當代

俎豆永於後世千數百年於茲矣而上之屈往伸來為天地助化育之功次之顯聖著靈為國家永治平之化下之警愚銀德樂俗驗上

質旁使四民各安於敬蓋以 帝之靈如日在天如水在地至誠所感試在廟乎而神道設教有形像以示威則有位號以彰尊古木

鴉廟貌於以盈天下焉茲村鄉條鄉曲而有 帝斯廟無論何天下者知功德所重幽可以質鬼神明可以興禮樂也故誌

儒師縣庠生周化南薰沐撰文

邑後學周慶雲薰沐書丹

大清道光拾貳年歲次壬辰閏 月

【一六一】 移建關帝廟序

年代：清道光十二年

尺寸：高196釐米，寬60釐米

立石地點：伊川縣江左鎮東周村關帝廟

移建關帝廟序

〔碑首〕：皇帝萬歲

己丑春，余舌耕斯鄉，見西南半里許古廟孤立，訪之：舊有拜殿三間，久頹，前輩爲廟宇殘缺，且去村稍遠，欲遷未果。今周君、張君、杜君等體先人遺意，與合村約，各捐粟財，又募化四方，移建於兹，規模較前愈覺廣大，山水較彼更爲回抱。作興以後，凡人功、車功與匠之飲食費用，皆村中量力輪流支應，余爲功與德之大，蔑加於此矣。功竣，請曰：斯舉也，不敢言功德，特以表忠義仁勇大帝之威用可也。夫帝之威用，豈管見之所能窺哉！自黄巾破後，豪俊蠭起，時卓卓者靡數，或竊據一方，或俛首權奸，致劉氏不絶若髮。至歸漢，如武侯等鋤非種，吞吴伐魏，扶蜀漢而正統復尚已。惟帝則純乎天，不参以人，率性而行，毫無曲委，故功業垂於當代，俎豆永於後世，千數百年於兹矣。而上之屈往伸來，爲天地助化育之功；次之顯聖著靈，爲國家永治平之化；下之警愚氓、懲弊俗，臨上質旁，使四民各安於敬，盖以帝之靈如日在天，如水在地，至誠可感，詎在廟乎？而神道設教，有形象以示威，即有位號以彰尊，古木寒鴉，廟貌於以盈天下焉。兹村雖係鄉曲，而有帝斯廟，庶徘徊其下者，知功德所垂，幽可以質鬼神，即明可以興禮樂也。故誌。

首事人：周永清捐錢十八千。張福星捐錢十六千。張平捐錢十四千。周文舉捐錢十三千。周文茂捐錢十三千。張景星捐錢十二千。周定邦捐錢十千。周士久捐錢九千。張福捐錢九千。周文慶捐錢七千。張鑄捐錢五千。杜永彦捐錢五千。周岱雲施地一段、施錢三千。杜永泰施地一段、施錢四千五百文。周林捐錢十二千。張章捐錢八千。周文標捐錢八千。張鳳書捐錢六千。周文郁捐錢六千。周興坤捐錢六千。張明捐錢六千。杜傑捐錢五千五百文。杜永旺捐錢五千五百文。周士盛捐錢五千。周建常捐錢五千。張信捐錢四千五百文。周士振捐錢四千五百文。周士得捐錢四千五百文。周法雲捐錢四千五百文。周憲章捐錢四千五百文。張鳳臺捐錢四千五百文。周發科捐錢四千五百文。張盡倫捐錢四千。周士華捐錢四千。周士心捐錢四千。周建法捐錢四千。張鳳衢捐錢四千。張鳳崗捐錢四千。周六捐錢四千。杜永魁捐錢四千。周身旺捐錢三千五百文。杜文捐錢三千五百文。周士友捐錢三千。周文學捐錢三千。周浦雲捐錢二千五百文。郭明海捐錢一千五百文。張天升捐錢一千。張門楊氏捐錢三千文。杜門劉氏捐錢二千五百文。

泥木匠：段書成施錢一千。木匠：劉大定施錢五百文。石匠：王振常施錢五百文。

偃師縣庠生周化南薰沐撰文，邑後學周慶雲薰沐書丹。

大清道光拾貳年歲次壬辰閏□月。

【一六二】　重修廣生廟前拜殿金粧廟中暨泰山廟神像碑記

年代：清道光十二年

尺寸：高 150 釐米，寬 64 釐米

立石地點：伊川縣平等鄉平等村

重修廣生廟前拜殿金粧廟中暨泰山廟神像碑記

□傳文王百子，太史公曰大姒十子。周以宗强，似文王止十子矣。然伯邑考早逝，及武王定天下，封兄弟之國十三人，則文王惟十七子□□□□□百□□□詩人溢美之詞，亦以后妃之德，幽閑貞静，足爲巾幗中之姆儀。而又有文王型于之化，是以螽斯事慶，麟趾呈祥，□而爲聖，没而□□，用爲聖公聖母，洵不誣也。至泰山之祀，肇于唐虞，成於成周，位列王公，職司冥府。凡郡邑鄉村，罔不祠而祀之，崇而奉之，而莫之或禁潛亦以□□而□，足以福善禍淫，亦先王神道設教之意，與周之文王並隆也。我莘里紫微宫、泰山廟之東，舊有廣生廟，而拜殿缺如，無以肅觀瞻而展人咸心焉，憫之。辰歲春，善男勸捐于外，信女募化于内，得錢百餘千，住持杜復性以爲勷成之，神像宜新，僅若此未足以蕆厥事而建功也。於是，設□□，又得金若干，以爲鳩工庀材之資，無者創之，故者新之，廣生廟之拜殿巍然而起，其廟中及泰山廟之神像焕然歟。不數月而工竣，諸□□及合村人士踴躍募化，及道人之樂助□功，永□□□□誌□□□云。

大清道光十二年歲次壬辰六月上浣穀旦。

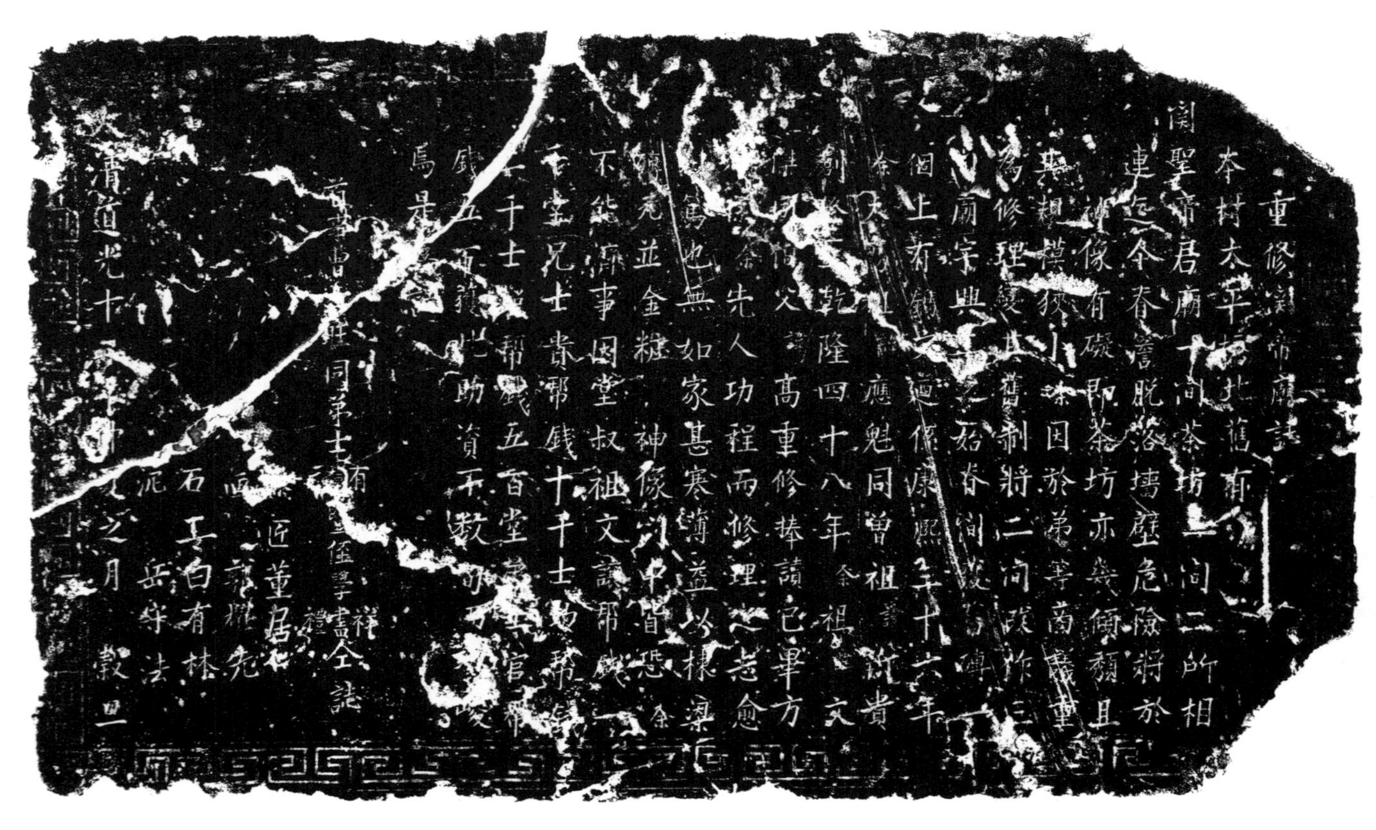

【一六三】 重修關帝廟誌

年代：清道光十二年

尺寸：高 51 釐米，寬 86 釐米

立石地點：伊川縣白沙鎮朱嶺村關帝廟

重修關帝廟誌

本村太平橋北，舊有關聖帝君廟二間，茶坊一間，二所相連。迄今脊簷脱落，墻壁危險，將於神像有礙，即茶坊亦幾傾頽，且其規模狹小。余因於弟等商議重爲修理，變其舊制，將二間改作三間。廟宇興工之始春，間獲舊磚一個，上有鐫文，迺係康熙三十六年，余太高祖諱應魁同曾祖諱新貴創修；至乾隆四十八年，余祖諱文傑同伯父諱高重修。捧讀已畢，方知係余先人功程，而修理之志愈以篤也。無如家甚寒薄，益以棟梁、磚瓦並金粧神像，門中皆恐余不能濟事，因堂叔祖文讓幫錢一千，堂兄士貴幫錢十千，堂弟士勛幫錢二千，士超幫錢五百，堂弟士官幫錢五百，獲此助資，不數旬而功竣焉。是爲記。

首事曹士旺同弟士有、士富、士口暨侄學祥、學書、學禮仝誌。

漆匠：董居。畫匠：郭耀先。石工：白有林。泥工：岳守法。

大清道光十二年仲夏之月穀旦。

【一六四】　重修玉皇廟靈官殿碑記

年代：清道光二十一年

尺寸：高 157 釐米，寬 61 釐米

立石地點：伊川縣江左鎮官莊村玉皇廟

重修玉皇廟靈官殿碑記

〔碑首〕：皇清

蓋聞皇天無親，惟德是輔。是知從善如流者，誠天道之所福也，予於邑西官莊村深有感焉。斯村也，距城百里，依山狐丘，狐丘之陽，鐘磬號風，香煙含樹者焉。玉皇廟其創始無可考，其重修有數次。辛亥之春，過其遺址，見夫棟宇臥草而棲煙，神像吞風而飲雨，因慨然曰：此以鎮西北龍脉，供遊人歇足，而爲行僧息肩處也。即賴有重修之舉，豈易告厥成功哉！至秋，復遊其地，棟宇之臥草棲煙者，依然停雲而凝日；神像之吞風飲雨者，忽焉佩玉而披金。驚其告竣之速，訪其故於住持，住持曰：此皆官莊一村之績也。吁嗟乎！局勢軒敞，非若一本之足以資大廈也。而一村不辭其勞瘁，氣象峥嵘，非若作室之僅以塗墍茨也。而一村不吝夫貲財，是所謂惟善是從也，是所謂樂善不倦也。以視往日之募化十方，借衆力以襄盛事者，其功德爲何如也。明明上天，能不保佑命之，而爲之降福無疆乎？時住持陳道謀勸其善，請予言以誌之，予不揣固陋，遂援筆而爲之誌。

功德主：李永純捐錢四千六百文。王道正捐錢一千一百文。李永華捐錢三千五百文。李永寬捐錢七千七百文。趙岐山捐錢四千一百文。李正義捐錢二千五百文。李梅捐錢四千五百文。趙曰亮捐錢五百八十文。李琴鳴捐錢一千二百文。

李傑十千三百文。李合八千五百文。李永成八千三百文。李得六千七百文。李茂華三千七百文。趙青山三千七百文。李永新二千七百文。李鶴鳴二千七百文。李有功二千二百文。李森二千二百五十文。李雲交二千文。李秀一千八百二十文。李斌一千七百文。趙進卿一千七百六十文。趙國士一千五百一十文。李科法一千三百七十文。李魁名一千一百文。李永明一千一百文。李沂一千一百文。李連一千五十文。李榮一千文。王道平一千文。李正秀一千文。趙重安九百六十文。趙元祥九百五十文。李林鳴八百五十文。趙全德九百二十文。李永式八百一十文。李正名八百二十文。趙中山八百一十文。王光武七百文。李河清七百文。趙重德六百文。趙重信五百八十文。趙百法五百三十文。趙重喜五百三十文。李立性五百七十文。李正環五百二十文。李含王四百五十文。王光朝四百五十文。李興四百三十文。王新科四百二十文。王大舉四百七十文。李正國四百文。李含英四百文。趙國一四百三十文。趙光臨四百三十文。李正家三百六十文。王仁三百五十文。王心安三百五十文。趙全安三百一十文。趙大元三百一十文。李□□二百五十文。趙恒山二百二十文。李襄二百文。王生□二百文。李正法一百二十文。李鳳鳴一百一十文。李玉蘭一百三十文。李金榜一百三十文。王天才一百二十文。王光同一百文。李海一千文。王天福九千文。王喬氏五百五十文。

木匠：李琴鳴。石匠：張金榮。塑匠：劉慎先。住持：李本瑞，徒：陳合德。同立。

萬安山居士李士金備萬氏撰文，潁谷葉光祚耀祖氏書丹。

大清道光二十一年仲秋月吉日。

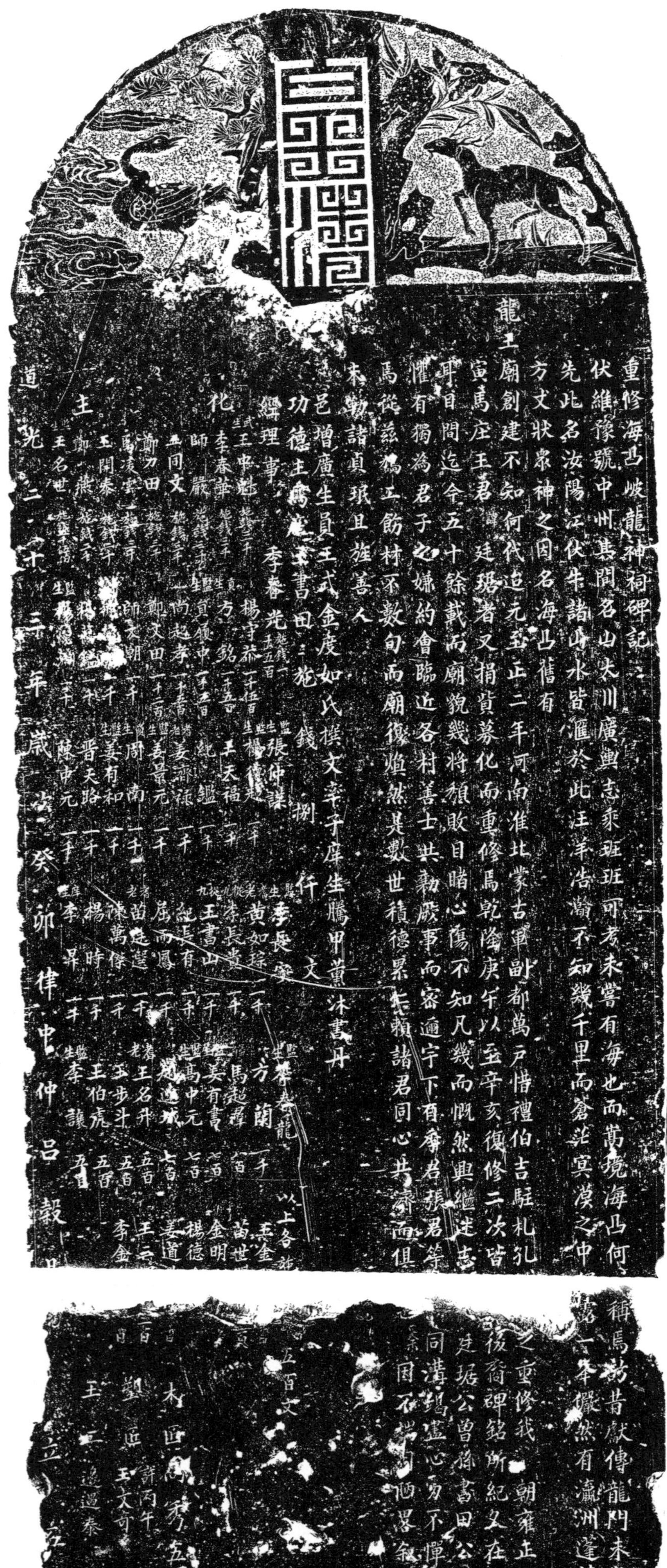

【一六五】　重修海凸坡龍神祠碑記

年代：清道光二十三年

尺寸：高 179 釐米，寬 69 釐米

立石地點：伊川縣鳴皋鎮季溝村

重修海凸坡龍神祠碑記

〔碑首〕：皇清

伏維豫號中州，其間名山大川、廣輿志乘，班班可考，未嘗有海也。而嵩境海凸何稱焉？訪昔獻傳，龍門未鑿先此名，汝陽江、伏牛諸山水，皆匯於此，汪洋浩瀚，不知幾千里。而蒼茫冥漠之中露一峰，儼然有瀛洲蓬萊方丈狀，衆神之，因名海凸。舊有龍王廟，創建不知何代，迨元至正二年，河南、淮北蒙古軍副都萬户惜禮伯吉駐扎孔之重修。我朝雍正甲寅，馬莊王君諱廷琚者，又捐貲募化而重修焉。乾隆庚午以至辛亥，復修二次，皆後裔碑銘所紀，又在人耳目間。迄今五十餘載，而廟貌幾將頹敗，目睹心傷，不知凡幾。而慨然興繼述志，廷琚公曾孫書田公，猶懼有獨爲君子之嫌，約會臨近各村善士，共勷厥事，而密邇宇下，有李君、張君等同溝竭盡心力，不憚勞焉。從兹鳩工飭材，不數旬而廟復焕然，是數世積德累仁，賴諸君同心共濟而俱也。余因不揣固陋，略叙顛末，勒諸貞珉，且旌善人。

邑增廣生員王式金度如氏撰文，率子庠生騰甲薰沐書丹。

功德主：馬莊王書田施錢捌仟文。

經理事：季春光施錢一千五百。監生張仲謀、監生季長安、監生季春龍，以上各施錢五百文。

化主：武生王中魁施錢三千。李春華施錢三千。師嚴施錢三千。王同文施錢三千。鄭力田施錢三千。馬凌雲施錢三千。王開泰施錢二千。鄭燕施錢二千。王名世施錢一千五百。楊守恭一千五百。貢生方銘一千五百。監生員履中一千五百。尚起孝一千五百。鄭文田一千二百。師文朝一千。楊□□一千。楊萬鎰一千。監生楊德淵一千。監生楊德超一千。王天福一千。紀鑑一千。耆老姜濟禄一千。監生姜景元一千。生員周南一千。監生姜有和一千。晋天路一千。陳中元一千。耆老黄如琮一千。從九李長貴一千。從九王書山一千。紀長有一千。屈而鳳一千。耆老苗廷選一千。陳萬傑一千。楊時一千。庠生李昇一千。方蘭一千。馬超群八百。監生姜有書七百。監生高中元七百。趙連城七百。耆老王名升五百。王步斗五百。王伯虎五百。監生李讓五百。王金□、苗世□、金明□、楊德□、姜道□、王三□、李金□二百。

木匠：高修五百。塑匠：許丙午、王文奇。玉工：邊遇泰。

道光二十三年歲次癸卯律中仲吕穀旦立石。

【一六六】 重修聚仙觀碑

年代：清道光二十四年

尺寸：高 180 釐米，寬 67 釐米

立石地點：伊川縣白元鎮雙頭村

重修聚仙觀碑

昔□武帝好方士羽流，如曼倩輩接迹於天下，凡有山水名秀、地勢幽奥之處多棲鶴其中。於時，背惠明，面伊水，左茂林，右修竹，而建聚仙觀，以控其盛，不知以仙人曾聚於斯，而後名其觀耶。抑先有觀，而仙人來聚於斯，而因以名之耶。自漢歷唐，以迄於今，上下二千餘年，其間或重修，或添建，難遍以枚舉，非略也。嘗讀韓文公《滕王閣記》，狀其樓臺之巍峨，繪其控馭之雄丽，人人驚其追漢軼史，而並忘其身未歷閣之地，目未睹閣之形，意構之如親見之也。余與觀相距密邇，而邈若山河，觀之緣起，不問之不知也；觀之坐落，不問之不知也；觀之溪水繚繞，不問之不知□；□之地勢俊偉，不問之不知也。尤可異者，觀後飛泉掛流數丈，穿苑繞欄，而出殿前。又有聖井一區，甃以磚石，四季水清如鏡，羽□□汲於是焉。蓋自有觀以來，即有是井，井固爲觀而生也，亦奇矣哉！觀内中爲三清殿，康熙九年新設拜殿三楹。前爲四聖龍虎殿，今者爲其圮敝漫滅重修之，并金粧神像，繪畫殿壁。功竣，諸首事求記于予，予未能以意構也，詳稽之西席嵩厓史老夫子，而得其概焉。是爲記。

特授江南通州直隸州公州代理海門府前候補主事戊午科舉人朱銓成伯衡甫薰沐撰文，邑庠生嵩厓史步雲晉丹甫薰沐書丹。

觀中柏樹七株、楸樹五株，共賣錢貳佰零五仟，盡入修觀費用。

功德主、化主及衆善士布施刻列左石，衆善女布施刻列兩石碑陰。

泥水匠：何繼成。西繪工：朱遴選、朱振朝，東繪工：陳周。住持：劉本順，徒：張合升。

龍飛道光歲次甲辰二十四年十一月穀旦。

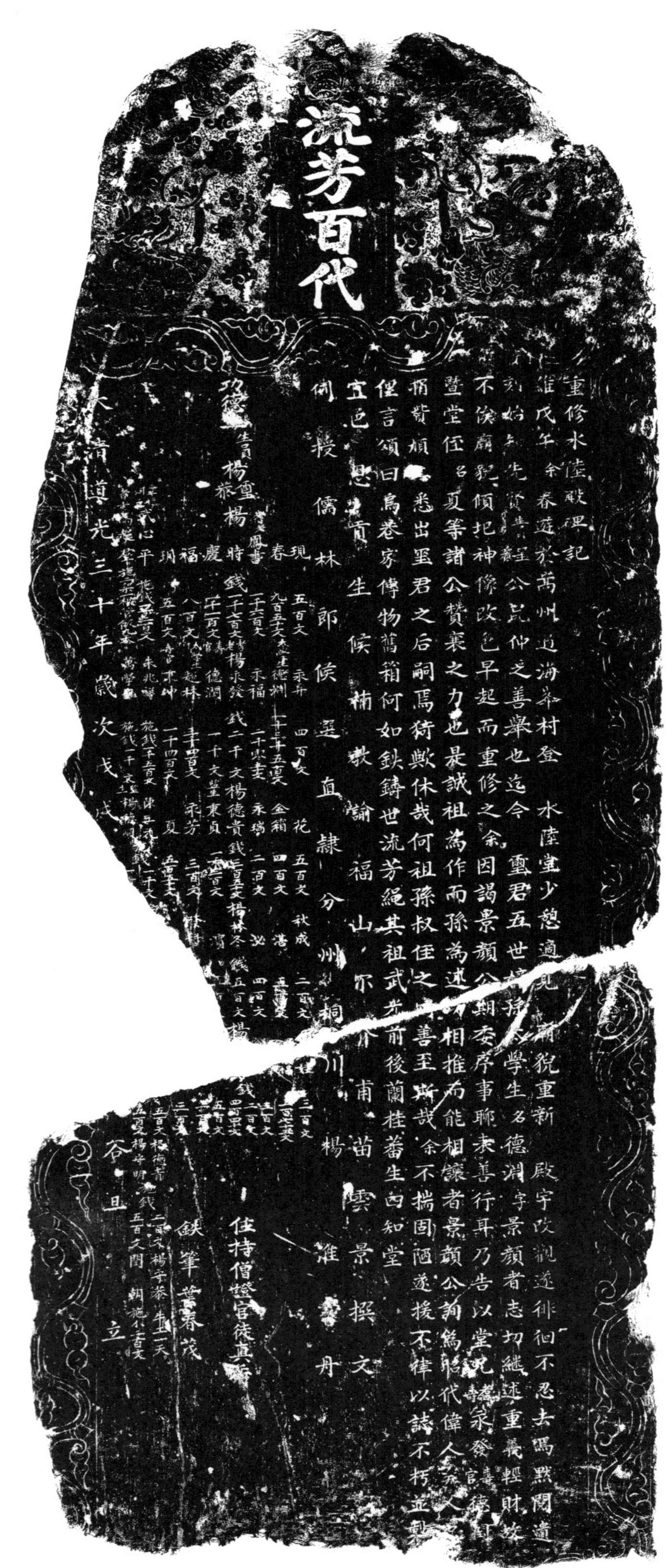
流芳百代
重修水陸殿碑記

【一六七】　重修水陸殿碑記

年代：清道光三十年

尺寸：高 175 釐米，寬 66.5 釐米

立石地點：伊川縣鳴皋鎮楊海山村

重修水陸殿碑記

〔碑首〕：流芳百代

維戊午，余春遊於嵩州，過海峰村，登水陸堂少憩，適見廟貌重新，殿宇改觀，遂徘徊不忍去焉。默閱遺刻，始知先賢生員璽公、恭公昆仲之善舉也。迄今璽君五世□孫太學生名德淵，字景顏者，志且繼述，重義輕財，故不俟廟貌傾圮、神像改色，早起而重修之。余因謁景顏公，期委序事，聊表善行耳。乃告以堂兄耆壽永發、壽官德潤暨堂侄名夏等諸公，贊襄之力也。是誠祖爲作而孫爲述，□相推而能相讓者，景顏公洵爲昭代偉人矣。又知捐貲鳩工，悉出璽君之後嗣焉。猗歟休哉！何祖孫、叔侄之□善至斯哉！余不揣固陋，遂援不律，以誌不朽。並製俚言頌曰：烏巷家傳物舊箱，何如鐵鑄世流芳。繩其祖武光前後，蘭桂蕃生四知堂。

宜邑恩貢生候補教諭福山爾介甫苗雲景撰文，例授儒林郎候選直隸分州桐川楊淮書丹。

功德主：生員楊璽、楊恭。

楊現錢五百文。楊春錢九百五十文。耆老楊鳳書錢一千六百文。楊時錢一千七百文。楊慶錢一千一百文。楊福錢八百文。楊玥錢五百文。覃懷河□武心平施錢一千二百文。耆老馬超群施二梁一根、管飯九天。楊永升錢四百文。太學生楊德淵一十三千五百文。楊永福二千零五十文。耆老楊永發錢二千文。壽官楊德潤錢一千文。太學生楊超林錢三千四百文。壽官楊秉坤錢一千四百文。朱兆祥施錢一千五百文。萬學□施錢一千文。楊花錢五百文。楊金箱錢四百文。楊永瑞錢二百文。楊德貴錢三百五十文。監生楊秉貞錢一千三百文。楊永芳錢三百文。楊夏錢五百五十文。陳三元錢一千文。監生楊德順錢一千文。楊秋成錢二百文。楊湛錢五百文。楊泌錢四百文。楊林冬錢五百文。楊濱錢五百文。楊發科……楊德青施錢二百文。楊守明施錢五百文。楊守恭牛工一天。閆朝施錢二百文。

住持僧：證官，徒：真秀。鐵筆：葉春茂。

大清道光三十年歲次戊戌□□□□穀旦立。

萬善同歸

【一六八】 重修東嶽廟正殿拜殿暨道房碑記

年代：清咸豐四年

尺寸：高 170 釐米，寬 68 釐米

立石地點：伊川縣酒後鄉三王村東嶽廟

重修東嶽廟正殿拜殿暨道房碑記

〔碑首〕：萬善同歸

茲舊有□嶽行宫，其重修數次，顧周寺功德爲多。而燕王寨、吕家寨、三王莊三村出貲以□之者，□其賽神□例，三王莊每年一舉，而吕家寨、燕王寨、顧周寺三村，輪流以當之者也。今雖他無足慮，而□殿、拜殿屋瓦參差，畫簷剥落矣，四村集議欲重新之。□道房有回禄變，議遂決焉。每村之内，各舉首□數人，蓋統事不可無人也；即賽神舊例以募財，不必俟有功德主，蓋作事惟視乎時也。三王莊出錢□十千，吕家寨出錢二十五千，燕王寨出錢十七千，顧周寺出錢八千。所謂以賽神爲例者，與鳩工庀□，刻期舉事，正殿、拜殿鳥革翬飛，道房亦焕然一新，非衆首事趨事之勤，諸村人急公之力與，□未及□壞而爲之，其事若緩，然使爲之而無及，又何望以妥而以侑乎？詩曰：豈弟君子，神所勞矣。

邑廩膳生員李西庚蓮峰氏沐手拜撰，嵩峰居士趙英華粲三氏沐手書丹。

吕家寨：首事牛渠□施錢一千。吕□奉施錢一千。李百林施錢五百。牛發全施錢一千。監生李自嚴施錢一千。監生吕重陽施錢一千。吕振魁施錢五百。吕宇著施錢五百。李長林、王國慶、吕永和、吕永樂、王國楨、李夢卜、翟□英、李玉珮、郭象賢、賀凌斗、吕宗望、王子俊、王子玉、李焕林、李旺林、□景海、翟焕興，以上各施錢五百文。楊春□、王安國各施錢四百文。牛朋、牛永魁、金維德、田興、田英、王安、喬振、王泰來、劉天成、王書文、苗秀，以上各三百文。吕行陽、楊□安、李文林、牛安、王得禄、牛信、張心安、秦占魁、司漢文、牛興、翟焕元、翟焕書、翟焕經、翟焕學、陳萬業、楊宣、栗中和、何其俊、李成材、何心清、仝維道、陳萬興、李天福、吕心廣、翟焕雲、王世法、何心鏡，以上各錢二百文。

龍飛大清咸豐四年歲次甲寅律中黄鐘上浣穀旦。

萬善
同歸
重修大王廟　聖母廟　瘟神廟記
大清咸豐五年歲次乙卯季冬上浣　穀旦　立

【一六九】 重修大王廟聖公聖母廟瘟神廟記（碑陽）

年代：清咸豐五年

尺寸：高 185 釐米，寬 60 釐米

立石地點：伊川縣彭婆鎮南衙村

重修大王廟聖公聖母廟瘟神廟記

〔碑首〕：萬善同歸

南衙，即古後衙馬盤莊地也。其村之坤隅有古廟一座，大王位乎中，聖公聖母列於左，瘟神居於右，實一方之保障也。粤稽昔者，自張君爾通□化經營，創建以來，至於今百有餘歲矣。然歷年益久，物質已朽，殿宇有傾頽之勢，神像有殘敝之迹，苟非革故鼎新，以妥以侑，恐怨恫未免，誰爲斯民鎮百川？誰爲斯民護嬰兒？誰爲斯民逐疫癘乎？幸也！爾通之裔孫有繼志述事之善焉。於是，諧謀住持，募諸善士，勤忙辛苦，而補葺之，此可見樂善之誠，人心所同，然也。尤可嘉者，張君正周幼而好善，慨然以聖公之廟獨重修焉。時際功竣，刻石旌善，道士屬予作文以誌之，予不敏，亦不敢辭，謹序其事，以勸善於來世。後之覽者，誠思聖德如天，血食萬載，因重修而重修不已，庶斯廟與世并永矣，豈非予所厚望也哉！

功德主：張思宿、張思賓、張思泰、張思璧、張元秀、張元山、張正位。

化主永興廠捐錢五千文。嵩邑監生趙金榜捐錢二千文。朱明宗捐錢一千文。孫繩宗捐錢一千文。楊同秀捐錢一千文。盧邑屯田司楊廷棟捐錢一千文。化主隆興廠捐錢五千文。嵩邑監生李金柱捐錢一千文。胡鳳山捐錢一千文。朱孟林捐錢五百文。章致舟捐錢一千文。太和禮捐錢五百文。泰和永捐錢五百文。賈鳳臣捐錢五百文。趙慶捐錢五百文。王有捐錢五百文。霍登科捐錢五百文。忠和號捐錢二百文。泰合成捐錢二百文。王殿成捐錢二百文。嵩邑益泰號捐錢五百文。益興元捐錢五百文。隆盛號捐錢五百文。劉俊捐錢五百文。趙春花捐錢五百文。恒興號捐錢五百文。庚子耿蘭、登邑趙朝富、孟津李麥、廟子楊景秀，以上各捐錢一百文。王明珠捐錢五百文。鄭金太捐錢五百文。鄭金平捐錢五百文。徐永禄捐錢五百文。段福元捐錢五百文。魏同捐錢五百。三益恒、李太順、王振國、崔鳳池，以上各捐錢一百文。曹士拔捐錢五百文。姬廣俊捐錢三百文。孔照武捐錢三百文。張超捐錢三百文。趙名昇捐錢五百文。張金斗捐錢三百文。張士法、張中元各捐錢一百文。朱有合捐錢一千文。馮壽捐錢一千文。本鎮：郭文太捐錢三百文。賈之祥捐錢三百文。太平渠捐錢五千文。福順渠捐錢五千文。義興渠捐錢五千文。復興渠捐錢五千文。長興渠捐錢三千文。永濟渠捐錢三千文。化主申元如、劉嵩高、楊升各捐錢二百。泰昇恒號捐錢五百文。于俊捐錢三百文。于祺捐錢三百文。于鳳鳴捐錢三百文。楊太順捐錢三百文。吴進職捐錢三百文。申志明捐錢三百文。申九標捐錢一百文。申忠有捐錢二百文。張□福捐錢二百文。申質□、王天順、申九□、□三合、申和堂、申宦、翟温，以上各捐錢二百文。公盛號、薛鳳山各捐錢二百文。

鐵筆陳六師捐錢一千文。畫匠司馬天敕錢一千文。泥水匠：周大慶。

洛邑龍山南伊川居士申榮錫堯封氏薰沐拜撰書。

大清咸豐五年歲次乙卯季冬上浣穀旦立。

流芳百代

【一七〇】　重修大王廟聖公聖母廟瘟神廟記（碑陰）

年代：清咸豐五年

尺寸：高 185 釐米，寬 60 釐米

立石地點：伊川縣彭婆鎮南衙村

〔碑首〕：流芳百代

化主趙先捐錢三百文。張宗和捐錢三百文。劉世文捐錢二百文。張登玉捐錢五百文。張學仁捐錢二百文。張思忠捐錢三百文。張篤甲捐錢二百文。黄純信捐錢二百文。文登第捐錢二百文。張長太捐錢二百文。劉長清捐錢五百文。左春龍捐二百文。三盛號捐二百文。文廣福捐錢二百文。潘振彪捐錢三百文。文玉書捐錢二百文。申永茂捐錢五百文。張思秋捐錢三千文。化主郭張氏、于張氏、方宋氏共捐錢一千三百文。方左氏、牛趙氏、陳郭氏、趙許氏、趙徐氏、趙張氏、張蔡氏、申杜氏、申閆氏、申蔡氏、申胡氏、申席氏、申韓氏、申方氏共捐錢二千二百文。楊營翟有福捐錢三百文。協義號捐錢三百文。吴百選捐錢四百文。王昇號、金福盛、慶興店、毛村李法松、范循逵、和盛號、宣興號、全盛永、王嶺王永樂、文玉聚、張克和、趙梅，以上各二百文。靈邑錦太興捐錢五百文。陝西郝長泰捐錢三百文。雙興太捐錢一百文。王嶺村共捐錢一千二百文。曹溝張百萬、侯崧山、侯興山、侯寶山、梁大奇各捐錢一百文。申范氏、申王氏共捐錢一百文。化主申許氏、申范氏、申王氏共捐錢九百文。南寨化主曹申氏、馮周氏、王張氏、黄張氏共捐錢一千五百七十文。申鋪化主席萬氏、席宫氏、王王氏、張□氏、張□□捐錢三千一百文。張友合捐錢一千文。張友傑一千文。張正周捐錢二千四百文。張友俊捐錢二千文。張友賢捐錢七百文。張名元捐錢一百文。張友□捐錢九百文。張元法捐錢三百六十文。張思喜捐錢五百文。周十三捐錢五百文。周大慶一千文。張思洛捐錢一百文。閆宗道捐錢一百卅文。張名魁捐錢五百文。黄合傑捐錢六百文。黄合順捐錢二百文。周世壽捐錢一千文。宋村共化錢一千四百文。化主：張富氏、張宋氏、閆周氏、張張氏、張周氏、張李氏、郭鈔氏、張朱氏、張文氏、張智氏、張申氏、張□氏、寨内申□、掠首申□、周□、周保□、張潘氏、周□、周□、周□、張守□、周宗宰、周宗心、張正、張步□、張步習、申福捐錢一千零四十文、王天良捐錢二百文、王振合捐錢一百、申榮錫捐錢一千文。張長山捐錢三百文。周申氏、張楊氏、周郭氏、黄麻氏、張丘氏、張申氏、張申氏、廟門張友西捐錢五百。張正倫捐錢五百文。張正立捐錢五百。張師氏、張時氏、張趙氏、張智氏、李□氏、張名標捐錢一百文。張正祥捐錢二百六十文。張正分一百文。申張氏、申李氏、李高氏、申方氏各捐錢一百文。張□民捐錢四百文。張□合捐錢一百五十文。周世禄捐錢五百文。張元英捐錢一百卅文。張正策捐錢二百文。張忠讓捐錢一百文。□長安捐錢一百文。張元星捐錢一百文。張元德捐錢一百文。張思興捐錢三百文。張正昇捐錢五百文。嵩邑流廣德捐錢二千文。□六選捐錢三百文。……張正方捐錢三百文。□□法捐錢一百文。張友安捐錢三百文。張名揚捐錢一百文。張正德捐錢三百文。張元德捐錢一百文。張元修捐錢二百文。李學聚捐錢二百文。張正一捐錢三百文。張元彪捐錢五百文。張□俊捐錢二百文。張元魁捐錢二百文。周大美捐錢二百文。

皇清

重修關帝聖廟碑記

從來創修難重修亦難重修而 史高大其規模爲尤難若肉庄村重修關帝廟則
無難非易也不見夫基趾卑局 度隘每爲人所浸成次千跪無地乎不見夫墻屋
傾頽神像闇淡與青龍埜 山門同一廢壞無以妥神靈申祈報爲一村之瞻
仰乎今有村主李君丹霄者 然有重修志謀諸村中衆西無異詞於是鳩工庀材
不以因循敗廢始覔匠募貲 以勞瘁息厥終慮田水之易浸而卑者高之處存跪
之無地而隘者廣之慮山 壞而終完補葺之不一日廟貌巍峩神像輝煌
山門改觀將神靈 報於此申一村之瞻仰於此寄而重修之功於以
告竣矣吾云何難之有待 後行豈不信哉
庠生張文思 氏薰沐拜撰
問心堂何文璜 薰沐拜書
太學生張文仲 薰沐拜篆
住持昌行徒隆慶立石
咸豐歲次丙辰 二月吉日 合日

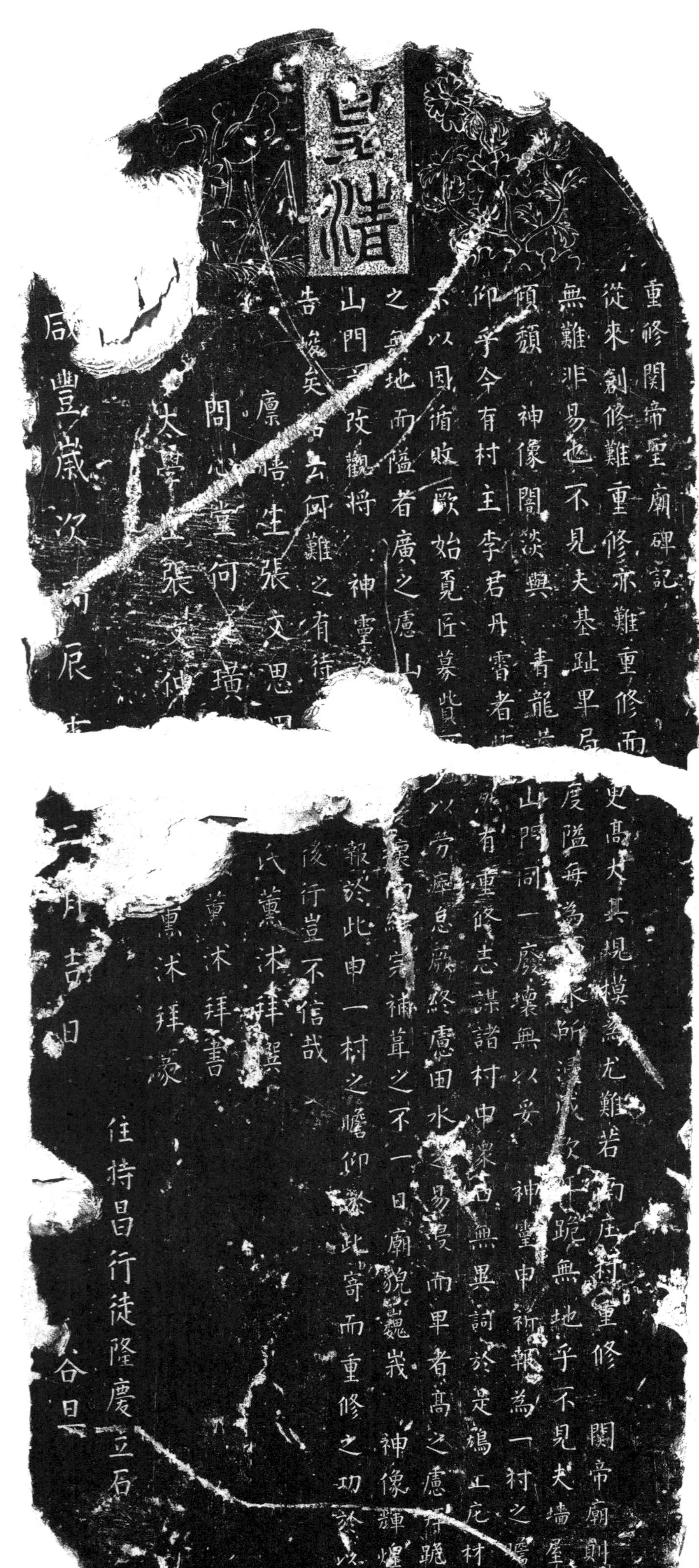

【一七一】　重修關帝聖廟碑記

年代：清咸豐六年

尺寸：高 154 釐米，寬 66 釐米

立石地點：伊川縣酒後鄉南莊村青龍庵

重修關帝聖廟碑記

〔碑首〕：皇清

從來創修難，重修亦難，重修而更高大其規模爲尤難。若南莊村重修關帝廟，則無難非易也。不見夫基趾卑局度隘，每爲□水所浸，咸款拜跪無地乎？不見夫墻屋傾頽，神像闇淡，與青龍巷山門同一廢壞，無以妥神靈、申祈報，爲一村之瞻仰乎？今有村主李君丹霄者，□然有重修志，謀諸村中，衆口無異詞。於是，鳩工庀材，不以因循敗，厥始覓匠募資，□以勞瘁怠，厥終慮田水之易浸，而卑者高之；慮拜跪之無地，而隘者廣之；慮山□□□壞，而繕完補葺之。不一日，廟貌巍峨，神像輝煌，山門□改觀，將神靈□□□報於此，申一村之瞻仰於此，寄而重修之功，於以告竣矣。□云何難之有，待□□□後行，豈不信哉！

廩膳生張文思□□氏薰沐拜撰，問心堂何建璜□□□薰沐拜書，太學生張文仲□□薰沐拜篆。

住持昌行、徒隆慶立石。

咸豐歲次丙辰十二月吉日穀旦。

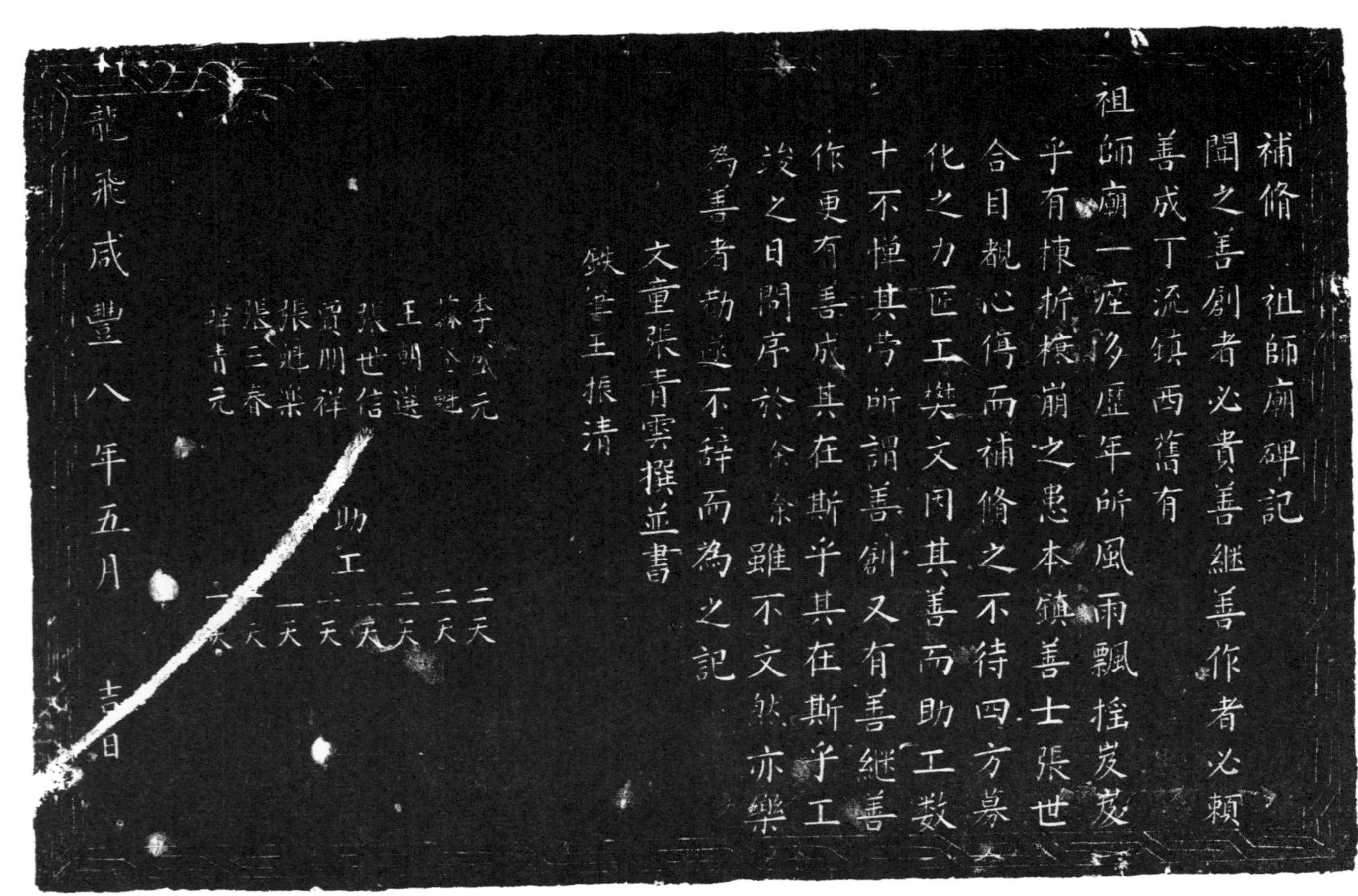

補脩　祖師廟碑記

聞之善創者必貴善繼善作者必賴善成丁流鎮西舊有

祖師廟一座多歷年所風雨飄搖岌岌乎有棟折榱崩之患本鎮善士張世合目觀心傷而補脩之不待四方募化之力匠工樊文同其善而助工數十不憚其勞所謂善創又有善繼善作更有善成其在斯乎其在斯乎工竣之日問序於余余雖不文然亦樂為善者勸遂不辞而為之記

文童張青雲撰並書

鐵筆王振清

助工

李盛元　二天
孫金魁　二天
王朝進　二天
張世信　二天
賀朋祥　一天
張廷樂　一天
張三春　一天
韓青元　一天

龍飛咸豐八年五月　吉日

【一七二】 補修祖師廟碑記

年代：清咸豐八年

尺寸：高 38 釐米，寬 58 釐米

立石地點：伊川縣吕店鎮丁流小學

補修祖師廟碑記

聞之善創者必貴善繼，善作者必賴善成。丁流鎮西舊有祖師廟一座，多歷年所，風雨飄摇，岌岌乎有棟折榱崩之患。本鎮善士張世合目睹心傷，而補修之，不待四方募化之力。匠工樊文因其善而助工數十，不憚其勞。所謂善創，又有善繼善作，更有善成，其在斯乎！其在斯乎！工竣之日，問序於余，余雖不文，然亦樂爲善者勸，遂不辭而爲之記。

文童張青雲撰並書，鐵筆王振清。

李盛元助工二天。蘇登魁助工二天。王朝選助工二天。張世信助工一天。賈朋祥助工一天。張魁樂助工一天。張三春助工一天。韓青元助工一天。

龍飛咸豐八年五月吉日。

【一七三】 重修高廟院墻創修藥王聖殿碑記

年代：清咸豐十一年

尺寸：高 65 釐米，寬 109 釐米

立石地點：伊川縣鳴皋鎮徐陽村高廟

重修高廟院墻創修藥王聖殿碑記

竊聞高廟者，相傳爲總嗣聖母祠也，徐陽、沿村、董坡、牛凹諸村咸虔祀焉。第斯廟不知始於何代，創自何人，而屢經重修，遺碑可考。迄今世遠年湮，風雨漂摇，墻垣傾圮。合社之人目擊心惻，方欲公議而補修之。適道士吴鳴泰敦請同社會集廟中，公議間道及廟内舊有藥王廟一座，卑狹鄙陋，無以壯觀。衆經理咸云爲之改作，以光大之。於是同心協力，各捐己貲，兼募化衆善，鳩工庀材，塑神繪壁，不踰月而功已告竣。行見墻垣鞏固，堪媲竹苞松茂之盛；廟貌輝煌，不殊翬飛鳥革之華。庶神有所憑，而人心差堪少慰矣。爰勒貞珉，以誌不朽。

邑府學生員孟維翰撰並書。

沿村：周法禹捐錢□□文。劉松喬捐錢一千文。劉大庸捐錢一千文。劉建庸捐錢一千文。劉扶庸捐錢八百文。劉學創捐錢八百文。劉松太捐錢六百文。劉繼庸捐錢六百文。劉松翰、劉松崗、張學平、齊景明，以上各捐錢五百文。劉松會、劉松壘、劉牛氏、劉道生、王才、王德朝，以上各捐錢四百文。劉松南、劉松景、劉松善、劉松□、劉法庸，以上各捐錢三百文。劉張氏、劉宗庸、劉式庸、王青化、劉道正、劉貴庸、曹建榮、李銑、劉道行、劉道新、劉道揆、劉□育，以上各捐錢二百文。劉松成、劉任禹、劉□庸、劉道南、李□元、趙清□、劉松超，以上各捐錢二百。劉邦俊、劉邦彦、劉道合、劉九皋，以上各捐錢一百文。趙生太、趙□興、□大□、劉松都、劉仁庸、李□才、李會元、李□山、李大士、周□忠、李大順、劉松林，以上各捐錢一百文。李有書、劉萬均、柳金銘、劉松周、劉道山、劉松明、劉式金、劉道樂、王福興、劉才庸，以上各捐錢一百文。

徐陽：姜逢旺捐錢□□文。龔義捐錢一千文。張廷魁捐錢一千文。梁金魁捐錢八百文。苗逢霖捐七百文。苗應連捐六百文。周喜捐錢五百。王振魁捐四百。王問捐錢四百。姜建寶捐錢四百。陸合、王清、董福昇、位金斗、龔法、王征行、羅占魁、董西湖，以上各捐錢三百文。武宗元、陳洛圖、王澤、董福興、鄭林奇、布青林、龔燦、武宗禹、徐興、苗應瑞，以上各捐錢一百文。陳國源捐錢一百。晏有法捐二百文。□璜、陳東升、羅大黑、侯金茹、□長安、侯□、張百林各錢一百文。韋琠、董書林、侯焕章、孫順、張□清、董西岐、王榮、郭□尉、董福盛各錢一百文……

牛凹：馮萬虔捐錢四百。盧慶捐錢四百文。王萬倉捐錢五百文。牛景貴捐錢四百文。馮萬興捐錢□□文。牛廣太捐錢□□文。蔚楝樑、吉庭選、馬萬和各捐錢□百文。陳有才、王顯各捐錢二百文。王楝八□百文。□有大、馮超□各捐錢一百文。

董坡：合村共捐錢五千文。

經理：劉大庸捐錢一千五百文。何天才捐錢伍佰文。生員王維翰捐錢伍佰文。劉松靈捐錢壹仟文。李珍捐錢壹仟文。監生梁福榮捐錢兩仟文。王元泰捐錢貳佰文。侯樂捐錢壹仟文。馮占禄捐錢三百文。劉智庸捐錢伍佰文。侯金玉捐錢伍佰文。劉世合捐錢三百文。劉承斐捐錢貳佰文。董世興捐錢伍佰文。劉振庸捐錢伍佰文。李大德捐錢貳佰文。

玉工：張百式、王才。泥匠：劉海庸、王旺。住持：吴鳴太。

咸豐拾壹年歲次辛酉律中應鐘中浣之吉穀旦。

皇清

日　月

創修拜殿并道房碑

聞之莫為之前雖美弗彰莫為之後雖盛弗傳則丕顯必復丕承焉而龕禪之經營庶可繇綿弗替也吾里震方故有

聖母廟前命[illegible]守業者既廟貌之頹圮急欲修營遂協衆信士捐麥為貲儲積數載而正殿重修偉業已勒貞珉矣時尚遺

貲十五千零餘可貲不致棄還後復有[illegible]有業等將前餘貲又儲積數載約百有六十餘千遂買廟東地基暨廟前地基

價錢四至已載在文契并列碑石其餘貲又可列為增補於是僉謀共議昔道房之未營也今已立垣墉而壁袱椽昔拜殿之

未建也今已屹削桌而繼赫巠美輪美奐固已不勝其屈指然非堂構相繼奚克至斯耶茲當落成懿德堪識因屬序於余

[illegible]不辭并白庶渠瀚勒石以誌不朽焉

洛邑張蓬瀛仙島氏撰并書

泥工　王順

木工　郭鶴位

石工　李元祥

共化錢壹百伍拾弍千文

大清同治六季十一月穀旦

【一七四】 創修拜殿并道房碑

年代：清同治六年

尺寸：高 160 釐米，寬 62 釐米

立石地點：伊川縣鴉嶺鎮高溝村觀音廟

創修拜殿并道房碑

〔碑首〕：皇清　日月

聞之莫爲之前，雖美弗彰；莫爲之後，雖盛弗傳。則丕顯必復丕承焉，而龕禪之經營，庶可綿綿弗替也。吾里震方，故有觀音聖母廟，前俞君諱守業者，睹廟貌之頹圮，急巽修營，遂協衆信士，捐麥爲貲。儲積數載，而正殿重修，偉業已勒貞珉矣。時尚遺貲十三千零，餘勇可嘉，不敢棄遺。後復有俞君有業等，將前餘貲又儲積數載，約百有六十餘千，遂買廟東地基暨廟前地基，價錢、四至已載在文契，并列碑右，其餘貲又可别爲增補，於是，僉謀共議，昔道房之未營也，今已立垣墉而竪棟椽；昔拜殿之未建也，今已先削築而繼赫塈，美輪美奂，固已不勝其屈指，然非堂構相繼，奚克至斯耶？兹當落成，懿德堪識，因囑序於余，余深贊襄，不辭井臼，染瀚勒石，以誌不朽焉。

洛邑張蓬嵐仙島氏譔并書。

功德主：俞有業、俞天永。管事人：李太云、俞天德、俞世貴。

買梁文善廟東地基暨廟前地基，時價六千整。東至賣主，西至俞，南至賣主，北至俞。其地無糧。

俞有業牛工十五個、人工二十五個。俞天德牛工十一個、人工二十五個。俞天叙牛工十個、人工二十個。俞天樂牛工二個、人工十六個。俞天全牛工十個、人工十八個。俞天合牛工十一個、人工十八個。俞天安牛工八個、人工八個。俞天福牛工八個、人工十二個。俞世德人工十四個。俞世貴牛工六個、人工三個。李進德牛工三個、人工二個。李太云牛工五個、人工十四個。李永義牛工六個、人工十一個。梁文善人工十四個。俞世印人工十個。俞學禮人工十個。俞世法人工六個。俞天寬人工二個。俞自智人工八個。俞世富人工二個。周仁人工二個。共化費錢壹佰伍拾貳千文。

泥工：王順。木工：郭朝位。石工：李元祥。

大清同治六年十一月穀旦。

金粧神洲聖母神像并拜殿

從來四方清泰多蒙神佑人民安樂恒賴聖功雖然人依神以安其居神亦因人以妥其靈吳堂村東

神洲聖母廟由來已久廟室雖甚堅固而神像業已缺殘棟梁雖云完善而鋼畫已既消泯暗淡無色

人觸目傷心惜無人以興其功焉己巳春衆信女善念勃興欲成厥事奈功程浩大囊資莫給因募化四方

捐資財以襄厥功踴躍從事不數日而破者復果故者忽新焉煥然可觀雖曰人力豈非神佑乎功成

合村信士議設其善囑余作文以記之余因聊抒俚句勒諸貞珉以誌不朽云

功德主吳振太

住持僧本生 徒雜清 孫悟真

大清同治八年秋九月 穀旦

【一七五】 金粧神洲聖母神像並拜殿碑記

年代：清同治八年

尺寸：高 143 釐米，寬 70 釐米

立石地點：伊川縣白沙鎮吴堂村

金粧神洲聖母神像並拜殿

從來四方清泰，多蒙神佑；人民安樂，恒賴聖功。雖然，人依神以安其居，神亦因人以妥其靈。吴堂村東□神洲聖母廟，由來已久。廟室雖甚堅固，而神像業已缺殘；棟梁雖云完善，而雕畫已既消泯。暗淡無色，□者傷心，惜無人以興其功焉。己巳春，衆信女善念勃興，欲成厥事，奈功程浩大，囊資莫給。因募化四方，各捐資財，以襄厥功，踴躍從事。不數日，而破者復舉，故者忽新焉，焕然可觀。雖曰人力，豈非神佑乎？功成之日，合村信士恐没其善，囑余作文以記之，余因聊抒俚句，勒諸貞珉，以誌不朽云。

首事六人：梁朱氏捐錢四百，吴王氏捐錢一千，吴薛氏捐錢二千五百，吴宋氏捐錢三千八百，吴李氏捐錢十千三百。

化主六人：吴韓氏捐錢一千一百，吴趙氏捐錢一千，吴翟氏捐錢七百，吴趙氏捐錢一千二百，吴遠氏捐錢二百，吴蘇氏捐錢十千。

□吴氏捐錢四千。吴程氏捐錢一千。吴張氏捐錢一千。姚吴氏捐錢一千。吴楊氏捐錢七百。遠吴氏捐錢五百。吴宋氏、白王氏、吴趙氏、韓楊氏、李趙氏、杜黄氏，以上各五百。□朱氏、吴王氏、李吴氏，以上各四百。吴史氏捐錢三百。吴天德、張富成、楊生華、王自成、趙石林、李慶雲，以上各五百。張建封、范顯忠、王自平、張建秋、范貞云，以上各三百。趙含壽、趙連元、趙安桂、趙金河、趙喜、趙林東、趙鳳翔、趙鳳岐、趙九成、趙金用，以上各二百。關郭氏、王吴氏、吴李氏、吴熊氏，以上各三百。鄭孫氏、鄭裴氏、鄭薛氏、鄭劉氏、白李氏、白宋氏、吴郝氏、吴李氏、吴郝氏、朱姚氏、吴李氏、李吴氏、王吴氏、曹吴氏、吴王氏、王温氏、吴楊氏、吴王氏、宋王氏、吴李氏、吴程氏、遠吴氏、吴遠氏、吴郭氏、吴孫氏、白朱氏、宋曹氏、吴李氏、吴曹氏、吴薛氏、吴張氏、吴趙氏、吴楊氏，以上各二百。鄭龐氏、鄭趙氏、鄭任氏、鄭王氏、鄭趙氏、閆張氏、吴楊氏、白吴氏、吴趙氏、吴遠氏、吴張氏、吴尤氏、王吴氏、吴趙氏、吴翟氏、吴孫氏、吴豆氏、吴程氏、吴姚氏、吴李氏、吴趙氏、吴李氏、吴智氏、關吕氏、吴趙氏、吴張氏、吴趙氏、吴曹氏、吴王氏、吴遠氏、吴郭氏、吴鄭氏、吴孫氏、白朱氏、宋曹氏、吴李氏、吴曹氏、吴薛氏、吴張氏、吴趙氏、吴楊氏，以上各一百。姚吴氏、林吴氏共化錢四千四百五十。趙吴氏化錢二千。宋羅氏化錢二千五百。趙吴氏化錢一千五百。杜吴氏一千六百。吴常氏化錢化錢一千四百。程閆氏化錢一千四百。張程氏化錢一千七百。葛吴氏化錢一千二百。張韓氏化錢一千九百。趙張氏、朱豆氏共化錢二千九百。吴翟氏化錢一千一百。王楊氏化錢二千。關王氏化錢六百五十。王吴氏歡慶三千二百。杜黄氏化錢三千三百。尤許氏化錢二千。薫圍寶化錢一千。焦溝化錢五百。宋楊氏化錢一千六百。孫吴氏化錢二千。香門信女湖區五千三百。董門王氏、董門閆氏化錢一千三百。武陳氏化錢一千。

功德主：吴振太。住持僧：本生，徒：維清，孫：悟真。

大清同治八年秋九月穀旦。

重修九龍聖母廟並金粧神像布施碑記

今夫不有作者則不興，不有繼者則不永。凡事類然，而廟宇其顯焉者也。村東舊有九龍聖母廟一座，其創自何年，始自何人，俱無碑可考。但每逢天旱之時，虔求雨澤，罔不靈應。奈同治元年捻匪迭廟，遂因是以廢。馮村人目覩心惻，於是各捐己囊，募化衆善，鳩工庀材，不數日而工告竣，庶几哉神靈可以而一村士民永獲福庇於無暨矣。功成，囑余為文。予不揣固陋，因述其巔末而為之記。

邑後學孫廷魏譔文 孫廣智沐手書丹

首事：監生孫廷璧 六千文 農官馮書曲 捐四千文 孫大文 一千五百文 壽民孫蔚文 二千文 壽民符清連 一千文

監生孫自榮 捐錢七千文 孫燦文 亦四千文 監生孫燦學 二千五百文 孫宗文 二千五百文 孫廣進 六百文

人：壽官馮書選 五千文 監生魏□直 三千五百文 孫紹文 三千文 生員秦鹿鳴 二千文 監生符清源 二千文

魏統 三千文 □□ 一千二百文 魏經 孫洛文 孫天順 四百五十文 王恩科 魏純 三百文 孫光三 孫自仁 孫有智 郭成

孫天□ 二千四百文 孫有信 一千□百文 孫榮本 魏士奇 孫景声 孫天錫 孫有倫 一千文 符清海 魏樂 孫海 孫王氏

監生孫太來 二千五百文 孫有□ □百文 魏金□ 孫天德 上各七百文 孫福成 孫景賢 孫福元 三百五十文 趙永太 孫胡子 符須子 孫江娃 各一□

壽官孫珊 壽民孫廣通 □□成 上各一千文 孫天崇 孫□福 孫三祝 趙永禄 三百三十文 孫景隆 孫學聖 劉法 孫有興 施栢

孫九數 孫輝林 符清華 孫邦棟 孫景和 符清山 孫三奇 孫景春 軒潤 孫廣春

壽民孫景法 □□ 孫廷建 孫天壽 魏紀 趙金声 任登選 張天枝 魏紳 孫根上

劉□ □□ 魏士科 孫洪文 軒起 趙喜重 孫廷爵 孫廣禄 孫廷林 孫六成

孫□□ 上各二千文 壽民孫□和 戰員孫廷寶 劉大成 上各六百文 孫有常 上各五百文 孫三元 孫有舜 孫同昇 上各三百文 孫萬成 孫心寬

馮書紳 一千七百文 壽官趙永福 孫三甲 孫廣王 五百五十文 趙永昌 劉福成 趙永興 孫廣聰 孫學成 孫景順

符清和 軒順 魏綱 上各八百文 孫温 孫宗魁 孫學堯 上各四百文 崔璽 郭成 劉藩 黃榮貴 上各二百文

壽民孫廷秀 孫景照 符常申 各七百文 壽民劉順成 各五百文 孫全笑 李景祥 孫天元 軒發順 上各二百文 劉喜成 孫學思 一百文

孫□ 上各一千五百文 孫廣厚 上各一千文 壽民孫懷德 劉江 孫三声 上各四百文 孫天香 各三百文 邊心太 上各三百文 孫光□ 三百文 孫萬壽 上各三百文

龍飛同治拾貳年歲次癸酉仲春月上浣穀旦立

【一七六】 重修九龍聖母廟并金粧神像布施碑記

年代：清同治十二年

尺寸：高 157 釐米，寬 69 釐米

立石地點：伊川縣鳴皋鎮孫村太后廟

重修九龍聖母廟并金粧神像布施碑記

今夫不有作者則不興，不有繼者則不永，凡事類然，而廟宇其顯焉者也。村東舊有九龍聖母廟一座，其創自何年，始自何人，俱無碑可考。但每逢天旱之時，虔求雨澤，罔不靈應。奈同治元年，捻匪迭至，廟遂因是以廢焉。村人目睹心惻，於是各捐己囊，募化衆善，鳩工庀材，不數日而功告竣，庶幾哉神靈可以妥，而一村士民永獲福庇於無暨矣。功成，囑余爲文，予不揣固陋，因述其巔末，而爲之記。

邑後學孫廷槐沐手譔文，邑後學孫廣智沐手書丹。

首事人：監生孫廷璧捐錢六千文。監生孫自榮捐錢七千文。壽官馮書選捐錢五千文。農官馮書典捐錢四千文。孫燦文捐錢四千文。監生魏立捐錢三千五百文。孫大文一千五百文。監生孫廣學二千五百文。孫紹文三千文。壽民孫蔚文二千文。孫宗文二千五百文。生員秦鹿鳴二千文。壽民符清漣一千文。孫廣進六百文。監生符清源二千文。

魏統三千文。孫天□二千五百文。邢太來二千五百文。壽官孫瑚、孫天微、壽民孫景法、劉□、孫廣治，上各二千文。馮書紳一千七百文。符清和、壽民孫廷彦、孫□，上各一千五百文。劉芳一千二百文。孫有信一千二百文。孫有章一千三百文。壽民孫廣通、孫有林、張□星、□□□、壽民孫廣和、壽官趙永福、韓順、孫景照、孫廣厚，以上各一千文。魏經、孫榮文、魏金壘、劉焕成，上各一千文。符清革、孫廷建、魏士魁、職員孫廷寬、孫三甲、魏綱，上各八百文。符榮甲、壽民孫懷德各七百文。孫洛文、魏士奇、孫天德，上各七百文。孫天崇、孫邦楝、孫天書、孫洪文、劉大成，上各六百文。孫廣玉五百五十文。孫温、壽民劉順成、劉江各五百文。孫天順四百五十文。孫景聲、孫福成、孫廣福、孫景和、魏紀、韓超、孫有常，上各五百文。趙永昌、孫宗魁、孫全文、孫三聲，上各四百文。王恩科、孫天錫、孫景賢、孫三祝、符清山、趙金聲、趙喜重、孫三元、劉福成、孫學堯，上各四百文。李景祥、孫天香各三百文。魏純三百文。孫有倫一千文。孫福元三百五十文。趙永禄三百三十文。孫三奇、任登選、孫廷爵、孫有年、趙永興、崔璽、孫天元、邊心太，上各三百文。孫光三、符清海、趙永太、孫景隆、孫景春、張天枝、孫廣禄、孫同昇，上各三百文。孫廣聰、郭成、韓發順，上各二百文。孫光□三百文。孫自仁、魏樂、孫胡子、孫學聖、韓潤、魏紳、孫廷林、孫萬成、孫學成、劉藩、劉喜成、孫萬壽，上各二百文。孫有智、孫海、符須子、劉法、孫廣春、孫根上、孫六成、孫心寬、孫景順、黄榮貴，上各二百文。孫學思一百文。韓成孫王氏、孫江娃，上各一百文。孫有興施柏樹。

龍飛同治拾貳年歲次癸酉仲春月上浣谷旦立。

重修山神廟碑記

嘗思莫爲之前雖美弗彰莫爲之後雖盛弗傳鍛張寨南溝舊有　山神聖廟一座創於　順治年間時有　張君諱雨芳與奎鳳者建修以立其功迄今多歷年所風雨飄搖廟貌有傾圮之患日月代更神像無輝煌之色今合溝善士目繫心傷不忍坐視因各捐囊資庀工鳩材不數日而廟貌煥然矣　神像維新矣倘非神靈默佑焉能告竣之易易耳今勒石以誌庶不沒人之善意也云爾

首事　[illegible]

張[illegible]
梁世[illegible]一
梁世[illegible]二千
梁世忠[illegible]二千

梁[illegible]各
梁[illegible]有德
梁[illegible]十[illegible]
梁世[illegible]
梁[illegible]元
梁虎[illegible]佰
梁[illegible]元
梁上元佰

馬文華各
梁世成錢
梁[illegible]
梁文舜佰

梁世[illegible]各
梁[illegible]安
梁[illegible]任錢
梁世範錢
梁[illegible]瑞錢
高永安
曹振成二
李[illegible]
高文典佰

梁[illegible]各
梁[illegible]
梁世慶
梁大用錢
張光[illegible]
梁世珍一
張[illegible]先佰

書丹李克[illegible]
鐫字李大韶
泥水梁無師

仝立

龍飛大清同治拾叁年七月　穀旦

【一七七】　重修山神廟碑記

年代：清同治十三年

尺寸：高 99 釐米，寬 41.5 釐米

立石地點：伊川縣水寨鎮銀張村山神廟

重修山神廟碑記

嘗思：莫爲之前，雖美弗彰；莫爲之後，雖盛弗傳。銀張寨南溝舊有山神聖廟一座，創於順治年間，時有張君諱雨芳與奎鳳者建修，以立其功。迄今多歷年所，風□飄摇，廟貌有傾圮之患；日月代更，神像無輝煌之色。今合溝善士目擊心傷，不忍坐視，因各捐囊資，庀工鳩材，不數日而廟貌焕然矣，神像維新矣。倘非神靈默佑，烏能告竣之易易耳？今勒石以誌，庶不没人之善意也云爾。

首事：奉從九張維先施錢二千。梁榜施錢二千。張太祥施錢二千。監生梁世純施錢二千。梁世昇施錢二千。監生梁世忠施錢二千。梁世貞、梁世恩各施錢一千。啓事梁世德、壽民高有德、梁世才、梁體元、梁慶元、梁吉元、梁士元各施錢五百。高文華、梁世成、梁文魁各施錢三百。壽民梁世奇、薛永安、梁班、梁世範、梁璠、高永安、薛振成、李蘭、高文典各施錢二百。梁瑞、薛萬興、梁世賓、張大周、張光志、梁世珍、張書先各施錢一百。

畫匠：李克憲。鐵筆：李大詔。泥水：梁世師。仝立。

龍飛大清同治拾叁年七月穀旦。

【一七八】　重修玉仙聖母白衣大士牛王火神廟碑記

年代：清光緒二年

尺寸：高 132 釐米，寬 55 釐米

立石地點：伊川縣鴉嶺鎮韓窪村玉仙聖母廟

重修玉仙聖母白衣大士牛王火神廟碑記

〔碑首〕：皇清

聞之太上立德，其次立功，功與德均足誌也。韓窊村舊有玉仙聖母、白衣大士、牛王、火神廟數座，自漢迄今，重修屢矣。其間，神聖威靈與地勢形勝，前人已皆表揚，兹不具書。獨於同治八年，前功告謝，僉思廟中數十畝之稞租，無人收積，數座廟之虧毁，無人修補，此誠吾村一大憾事也。幸有許君諱身榮者，素行端方，合村咸推爲功德主，猶有田君諱忠等，衆人共戴爲執事人，而身榮君亦慨然不辭，直以修緝（葺）爲□□，因統衆執事人極力經營，甫一載，於同治九年，創修玉仙廟山門西邊陪房一間，補修舞樓一座，而越臺、石壩一時完繕。孰意勞心太甚，而身榮君從此仙逝矣。猶幸有子思魁克紹父志，又率衆執事人經理一載，於十一年，而白衣堂拜殿重修焉。又三載，於十三年，而玉仙廟正殿與牛王廟拜殿，又重修焉，而山門又補修焉。厥功告竣，屬序於余，以余之才等鼯鼠，見同醯雞，方諸前余而作序者，自愧不逮萬一，特感於諸君之功德不容湮没，不得不於一序呈其陋也。是爲誌。

後學董瑗伯玉氏拜撰，後學田堃蘭圃氏書丹。

共計六年稞租錢壹百九十三串九百八十文，置銅器、旗號花費錢三十串整，興工共花費錢壹百陸拾伍串整。

功德主：許身榮。

管事人：田忠、沈長發、沈文明、許身長、田蘭、田錫爵、田珍、田生智、葉茂林、張榮仁。

鐵筆：李元祥。

光緒二年十二月初七日穀旦立。

【一七九】　金粧神像暨繪畫拜殿衆施主姓名碑記

年代：清光緒五年

尺寸：高166釐米，寬63釐米

立石地點：伊川縣鳴皋鎮楊海山關帝廟

金粧神像暨繪畫拜殿衆施主姓名碑記

〔碑首〕：萬善同歸

吾村東南隅有關聖帝君、廣生聖母、行雨龍神廟一座，前有拜殿五間，由來已久，經風雨之漂摇，遭兵燹之損壞，神像闇然，墻宇頹然。己卯秋，村中父老入廟拜謁，目睹心傷，遂募衆人，各捐己貲，不期月間，而廟貌焕然改觀矣。至於創建之始，載在殘碣，前人言之詳矣，兹不復贅。

邑廩膳生員楊培垚紹唐甫撰文並書丹，施錢壹千文。

衆施主：貢生楊淇捐錢三千五百文。監生楊秉貞捐錢三千文。監生楊謨捐錢二千五百文。□□□捐錢二千文。楊興泰捐錢一千五百文。楊士三捐錢一千五百文。楊紹花捐錢二千五百文。楊守春捐錢二千五百文。徐三槐捐錢二千五百文。徐三友捐錢二千五百文。□□□捐錢二千文。州同楊淮捐錢二千文。監生楊守矩捐錢二千文。李金全捐錢一千五百文。李秉文捐錢一千七百文。李清捐錢一千五百文。監生李秉春捐錢一千五百文。楊其善捐錢一千五百文。李淑位捐錢一千五百文。楊守田捐錢一千五百文。李淑德捐錢一千五百文。楊其勳捐錢一千文。李淑林捐錢一千一百四十文。監生李秉公、監生葉春芳、楊守榮、徐三樂、楊化漢、楊化□、楊守恒、李淑義、耆老楊德儉、楊德馨、監生楊其連、李超群、李超昇各捐錢壹千文。李金田捐錢五百文。楊守□捐錢五百文。楊其林捐錢八百文。李淑柱、楊其平、李淑全，以上各五百文。監生馬青山、楊善政、朱光□、監生朱潤、萬就靈、楊善動、監生楊守芳、趙官成、李金樓、楊化國、楊喜元、宫科、楊新彭、楊其明、楊根元、楊甲辰、李秉哲、楊魁元、楊老煙、楊德純、楊世友各捐錢五百文。馬文蔚、徐三界、李保貴、李淑才、李楷、楊其修、楊其烈、楊其純、楊其華各錢五百文。楊其昭捐錢三百六十文。楊其秀捐錢四百文。楊守珍、楊其楨、楊其瑞、楊春秀、楊文焕、楊善章、楊善修、楊全玉各錢三百文。楊鎖捐錢三百六十文。楊保來捐錢三百六十文。楊善樂、宫四成、趙克科、王三春、宫清賢、楊大祥、楊本、楊其容、楊西爵、楊大高、楊守□、楊□□、楊其聘、楊其和、楊清標、耆老楊永祥、楊守科、楊守明、徐保安、徐清標、白樂善各捐錢二百文。

塑匠：姜成。鐵筆：楊善友。住持僧：真秀，徒：長泰。

龍飛光緒五年歲次己卯孟冬月下浣穀旦。

流芳百代

重修玄帝祖師殿並金粧神像碑記

嘗聞斯廟也創修於 崇禎八年重修於 康熙五十年 道光九年其初創修重修之來由問功德首事之姓字已有舊碑可考不必叠以相叙但世遠年湮廟宇破壞 神像暗淡苟非整而更新先無以慰 神之靈矣尚何以祈 神之格乎乃斯歲也予館於此見其廟而目擊心傷觀其神而外感內惕因命道士邀請合寨中有九人同心協力各捐己財募化衆貲鳩工庀材不數月而功告竣則向之廟宇破壞者今復煥然而更新向之 神像暗淡者今復光輝而如在嘍觀可樂兮樂且無追惠山崔巍兮上有飛泉伊水浩瀚兮朝宗于前竹苞松茂兮玹鳥來窠或地名都兮會勸八仙予愧無才兮勤序文勤石以誌不朽之微端

儒童何紫光禎祥氏薰沐撰

儒童何之貞永亞氏薰沐書丹

首事人

何學亮三千 何之純三千 何崇光二千五百 監生李清雲二千 何夫春二千 何天良二千 何道文二千 趙金全二千 王進福二千五百

四鄉村名

店泰村 龍溪村 煙雲澗 孚營 前福山 岢峪堡 楊家樓 黃楝樹 謝莊 呂家寨 中溝 杜康村 黃莊

布施刻列後面

泥水匠康本珍 繪工李克勤 玉工姜德明 全書成

住持張合昇徒……永成

大清光緒七年歲次辛巳仲冬穀旦

【一八〇】　重修玄帝祖師殿并金粧神像碑記

年代：清光緒七年

尺寸：高 160 釐米，寬 57 釐米

立石地點：伊川縣白元鎮雙頭村

重修玄帝祖師殿并金粧神像碑記

〔碑首〕：流芳百代

嘗聞斯廟也，創修於崇禎八年，重修於康熙五十年、道光九年。其初創修、重修之來由，其間功德、首事之姓字，已有舊碑可考，不必疊以相叙。但世遠年湮，廟宇破壞，神像暗淡，苟弗整飭而更新，先無以慰神之靈矣，尚何以祈神之格乎？乃斯歲也，予館於此，入其廟而目擊心傷，睹其神而外感内憐。因令道士邀請合寨中有九人，同心協力，各捐己財，募化衆貲，鳩工庀材，不數月而功告竣，則向之廟宇破壞者，今復焕然而更新；向之神像暗淡者，今復光輝而如在。嗟觀可樂兮，樂且無邊；惠山崔巍兮，上有飛泉。伊水浩瀚兮，朝宗于前；竹苞松茂兮，竣鳥來穿。盛地名都兮，會動八仙；予愧無才兮，勤序文勒石，以誌不朽之微端。

儒童何榮光禎祥氏薰沐撰文，儒童何之貞永正氏薰沐書丹。住持：張合昇、徒孫：史永成。

首事人：何學亮三千。何之純三千。何榮光二千五百。監生李清雲二千。何天眷二千。何天良二千。何道文二千。農官趙金全二千。王進福一千五百。

四鄉村名：廟黍村、龍溪村、煙雲澗、辛營、前福山、常峪堡、楊家樓、黄楝村、謝莊、吕家寨、中溪、杜康村、黄莊。

布施刻列後面。

大清光緒七年歲次辛巳仲冬穀旦。

泥水匠：仝書成、康本珍。繪工：李克勤。玉工：姜德明。

重修玉仙火神廟牛王廟白衣堂碑記

竊聞莫為之前雖美弗彰莫為之後雖盛弗傳善繼善述懿謀庶幾弗替也韓窪邨震方故有玉仙火神廟
牛王廟白衣堂由漢迄今重修代有其人功德溥著指不勝屈焉特代遠年湮禪宇恒多頹圮宜重葺補惜之丕
承其任偉烈弗彰廟貌奚克煥然重新也光緒二年間幸有許君身長協衆執事田忠等酌廟租
儲蓄餘貲堪膺庀材鳩工之用遂補修玉仙廟越臺山門院牆容路暨鋪地黝堊諸墻屋兼修火神廟
東山壁白衣堂垣墉廟前買地基一區以為演戲所至石墹補修餘勇所賈波及之末務也諸工落成
不可無識以序謁余嘉乃丕績不恤管窺綜緒巔末永誌不朽云

業儒張蓮嵐鶴軒氏拜撰

功德主許身長

田忠

執事人

田珍

沈長庚

業茂林

光緒七年前廟中修補共費錢一百零一千文

八年至十年稞租盡歸住持

石工李青雲

光緒十二年仲春穀旦立

【一八一】　重新玉仙廟火神廟牛王廟白衣堂碑記

年代：清光緒十二年

尺寸：高 170 釐米，寬 62 釐米

立石地點：伊川縣鴉嶺鎮韓窪村玉仙聖母廟

重新玉仙廟火神廟牛王廟白衣堂碑記

〔碑首〕：皇清

竊聞莫爲之前，雖美弗彰；莫爲之後，雖盛弗傳。善繼善述，懿謀庶幾弗替也。韓窪村震方故有玉仙廟、火神廟、牛王廟、白衣堂，由漢迄今，重修代有其人，功德溥（簿）著，指不勝屈焉。特代遠年湮，禪宇恒多頹圮，宜重葺補，惜乏丕承其任，偉烈弗彰，廟貌奚克焕然重新也。光緒二年間，幸有許君諱身長，協衆執事田忠等，酌廟租儲蓄，餘貲堪應庀材鳩工之用。遂補修玉仙廟越臺、山門、院墻、容路暨鋪地、黝堊諸墻屋，兼修火神廟東山壁、白衣堂垣墉。廟前買地基一區，以爲演戲所。至石壩補修，餘勇所賈，波及之末務也。諸工落成，不可無識以序，謁余嘉乃丕績，不恤管窺，綜緒巔末，永誌不朽云。

業儒張蓬嵐鶴軒氏拜撰。

功德主：許身長。執事人：田忠、田珍、沈長庚、業茂林。

光緒七年前廟中修補共費錢一百零一千文，八年至十年，稞租盡歸住持。

石工：李青雲。

光緒十二年仲春穀旦立。

重修廣生聖殿並恩師本生懿行碑

聞之太上立德，其次立功。余 恩師本生賦性至善，其素行有可稽者。當 師祖月如卧疾牀第，奉養二十餘載，晝夜弗懈，寒暑莫避，誠竭心力矣。逮 師祖棄世，守清規，克勤儉，置地三十餘畝。爾時衣食雖已有資，廟貌猶慮傾頹。維 廣生聖殿亦知創建何時，左臨溝壑，流水損而基址將陷，歷年多而墻壁已崩。 恩師目睹心惻，毅然以重修為己任。奈光緒三年歲飢無度，他適莫歸，竟有志未逮焉。 余念慮久之，欲繼述以成其事，令與山主同商經營，將 聖殿右移數尺，以妥神靈，以成師功。於是不事募化，獨捐己貲，鳩工庀材，土木功興，不數日而廟貌巍峩，神像輝煌，遂煥然一新焉。迨功成告竣， 恩師之心慰，即余之心亦慰矣。爰即其事之巔末，勒諸貞珉，以誌不朽云。

登邑歲貢何鳳翙來儀甫薰沐譔文

登邑庠生杜麟祥玉瑞甫沐手書丹

（汝州）泥匠吴德

畫匠吴長潤

（汝州）鎸字匠馮西元

旹

住持僧維清，徒悟性立

大清光緒拾貳年歲次丙戌仲冬月上浣之吉 穀旦

【一八二】 重修廣生聖殿並恩師本生懿行碑

年代：清光緒十二年

尺寸：高 133 釐米，寬 61 釐米

立石地點：伊川縣白沙鎮吴堂村

重修廣生聖殿並恩師本生懿行碑

聞之太上立德，其次立功。余恩師本生賦性至善，其素行有可稽者。當師祖月如臥疾牀第，奉養二十餘載，晝夜弗懈，寒暑莫避，誠竭心力矣。逮師祖棄世，守清規，克勤儉，置地三十餘畝。爾時，衣食雖已有資，廟貌猶慮傾頹。維廣生聖殿，不知創建何時，左臨溝壑，流水損而基址將陷，歷年多而墻壁已崩，恩師目睹心惻，毅然以重修爲己任。奈光緒三年，歲饑無度，他適莫歸，竟有志未逮焉。余念慮久之，欲繼述以成其事。今與山主同商經營，將聖殿右移數尺，以妥神靈，以成師功。於是，不事募化，獨捐己貲，鳩工庀材，土木功興，不數日，而廟貌巍峨，神像輝煌，遂焕然一新焉。迨功成告竣，恩師之心慰，即余之心亦慰矣。爰即其事之巔末，勒諸貞珉，以誌不朽云。

登邑歲貢何鳳魁來儀甫薰沐譔文，登邑庠生杜麟祥玉瑞甫沐手書丹。

汝州泥匠：吴德。畫匠：吴長潤。汝州鐫字匠：馮西元。

住持僧維清、徒悟性立。

時大清光緒拾貳年歲次丙戌仲冬月上浣之吉穀旦。

【一八三】　重修關帝廟碑記

年代：清光緒三十三年

尺寸：高 53 釐米，寬 100 釐米

立石地點：伊川縣吕店鎮丁流溝村

從來善貴開乎其先，尤貴繼乎其後。不開其先，則其善不著；不繼其後，則其善不傳。斯二者固相得而益彰者也。□□□□有陪殿數間，廟前□□□三座，多歷年所，風雨□□，□□□蝕，幾乎有傾覆之□□。□善士目睹心傷，各□工力，以補修之。事蕆丐余□□，思財物雖出於公，而人□□不容没也，故誌之。

□□街蓮□温犀光沐手撰文，附貢生瑞堂韓重祥沐手書丹。

□□□係鄉耆宋百道暨侄□邦、智邦、選邦暨孫□殷重修；祖師捲棚係張隆福重修；祖師門樓係張祥、韓武行重修；火神捲棚、前墻係從九品韓兆祥重修；火神門樓係李百順重修；山神殿係韓長仁重修；瘟神殿係張明照、趙振甲重修；關帝門樓係供事生張家榮重修。

大清光緒三十三年季春之吉。

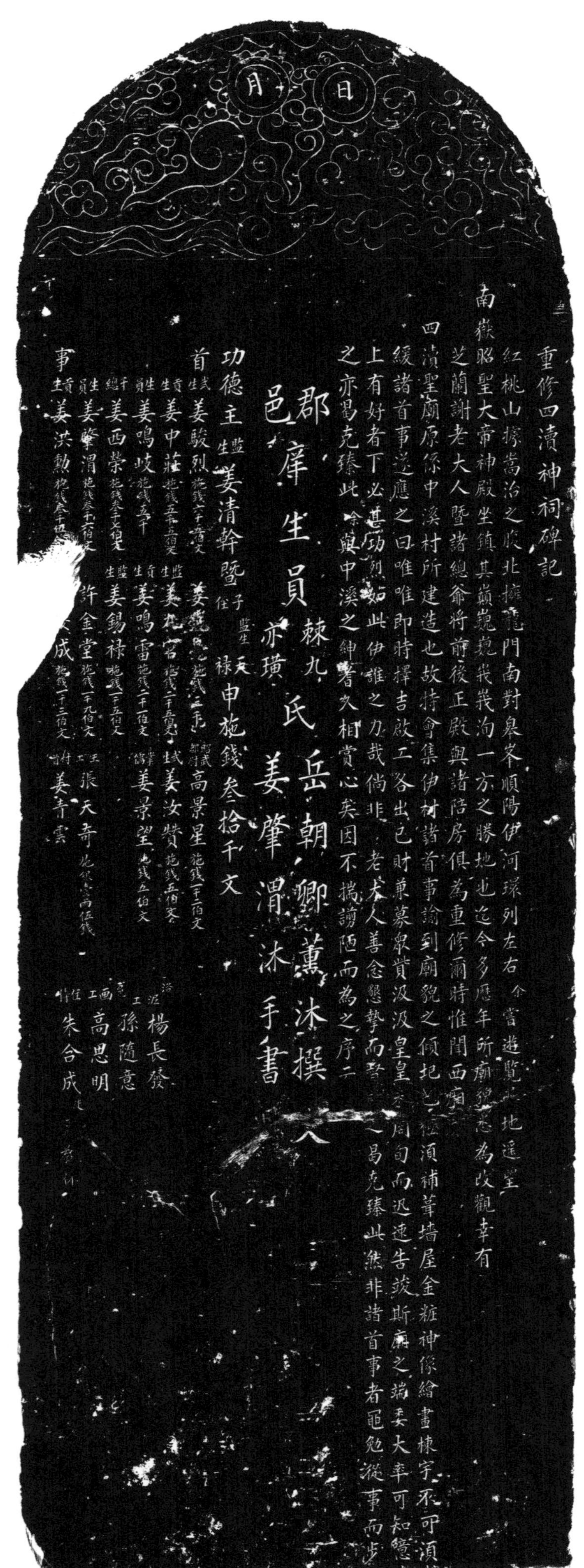
日　月
重修四瀆神祠碑記
紅桃山據嵩治之陰北擁龍門南對皋峯順陽伊河環列左右余嘗遊覽此地遥望
南嶽昭聖大帝神殿坐鎮其巔巍巍峩峩洵一方之勝地也迄今多歷年所廟貌悉為改觀幸有
芝蘭謝老大人暨諸總爺將前後正殿與諸陪房俱為重修爾時惟聞西廟
四瀆聖廟原係中溪村所建造也故特會集伊村諸首事諭到廟貌之傾圮已極須補葺墻屋金粧神像繪畫棟宇不可須
緩諸首事遂應之曰唯唯即時擇吉啟工各出己財兼募衆貲汲汲皇皇不周旬而迅速告竣斯廟之端委大率可知
上有好者下必甚焉功烈如此伊誰之力哉倘非老大人善念懇摯而督之曷克臻此然非諸首事者黽勉從事而步
之亦曷克臻此余與中溪之紳耆久相賞心矣因不揣譾陋而為之序云
郡庠生員棘九氏岳朝鄉薰沐撰
邑　亦璜氏姜肇渭沐手書
功德主監生姜清幹暨子監生天祿侄天申施錢叁拾千文
首　武生姜駿烈施錢六千壹伯文　姜□□施錢三千　昭武都尉高景星施錢一千二伯文
貢生姜中莊施錢五千五伯文　監生姜丸宮施錢二千五伯文　武生姜汝贊施錢五伯文
生員姜鳴岐施錢五千　貢生姜鳴雷施錢二千一伯文　掌議姜景望施錢五伯文
千總姜西榮施錢叁千七伯文　監生姜錫祿施錢一千五伯文
生員姜肇渭施錢叁千六伯文　許金堂施錢一千九伯文　王工張天奇施銀壹兩伍錢
事　貢生姜洪勳施錢叁千伍　□成施錢一千三伯文　村首姜青雲
泥工楊長發
石工孫隨意
画工高思明
住持朱合成

【一八四】　重修四瀆神祠碑記

年代：清宣統元年

尺寸：高 187 釐米，寬 64 釐米

立石地點：伊川縣鳴皋鎮南嶽廟

重修四瀆神祠碑記

〔碑首〕：日月

紅桃山據嵩治之腹，北擁龍門，南對皋峰，順陽伊河，環列左右。余嘗遊覽其地，遥望南嶽昭聖大帝神殿，坐鎮其巔，巍巍峨峨，洵一方之勝地也。迄今多歷年所，廟貌悉爲改觀。幸有芝蘭謝老大人暨諸總爺，將前後正殿與諸陪房，俱爲重修。爾時，惟聞西廂房四瀆聖廟，原係中溪村所建造也，故特會集伊村諸首事，諭到：廟貌之傾圮已極，須補葺墻屋，金粧神像，繪畫棟宇，不可須□緩。諸首事遂應之曰唯唯。即時擇吉啓工，各出己財，兼募衆貲，汲汲皇皇，未周旬而迅速告竣，斯廟之端委，大率可知。噫嘻！上有好者下必甚，功烈如此，伊誰之力哉？倘非老大人善念懇摯而督帥之，曷克臻此？然非諸首事者黽勉從事而涉總之，亦曷克臻此？余與中溪之紳耆久相賞心矣，因不揣謭陋而爲之序云。

郡庠生員棘九氏岳朝卿薰沐撰□，邑庠生員亦璜氏姜肇渭沐手書□。

功德主：監生姜清幹暨子監生天申、侄、禄申施錢叁拾千文。

首事：武生姜駿烈施錢六千五百文。貢生姜中莊施錢五千五百文。生員姜鳴岐施錢五千。千總姜西榮施錢叁千七百文。生員姜肇渭施錢叁千六百文。貢生姜洪勲施錢叁千五百文。姜□發施錢三千。監生姜九官施錢二千五百文。貢生姜鳴雷施錢二千一百文。監生姜錫禄施錢一千五百文。許金堂施錢一千九百文。□□成施錢一千三百文。昭武都尉高景星施錢一千二百文。武生姜汝贊施錢五百文。業儒姜景望施錢五百文。

玉工：張天奇施銀壹兩伍錢。村首：姜青雲。洛邑泥工：楊長發、孫隨意。畫工：高思明。住持：朱合成，徒：王教林。

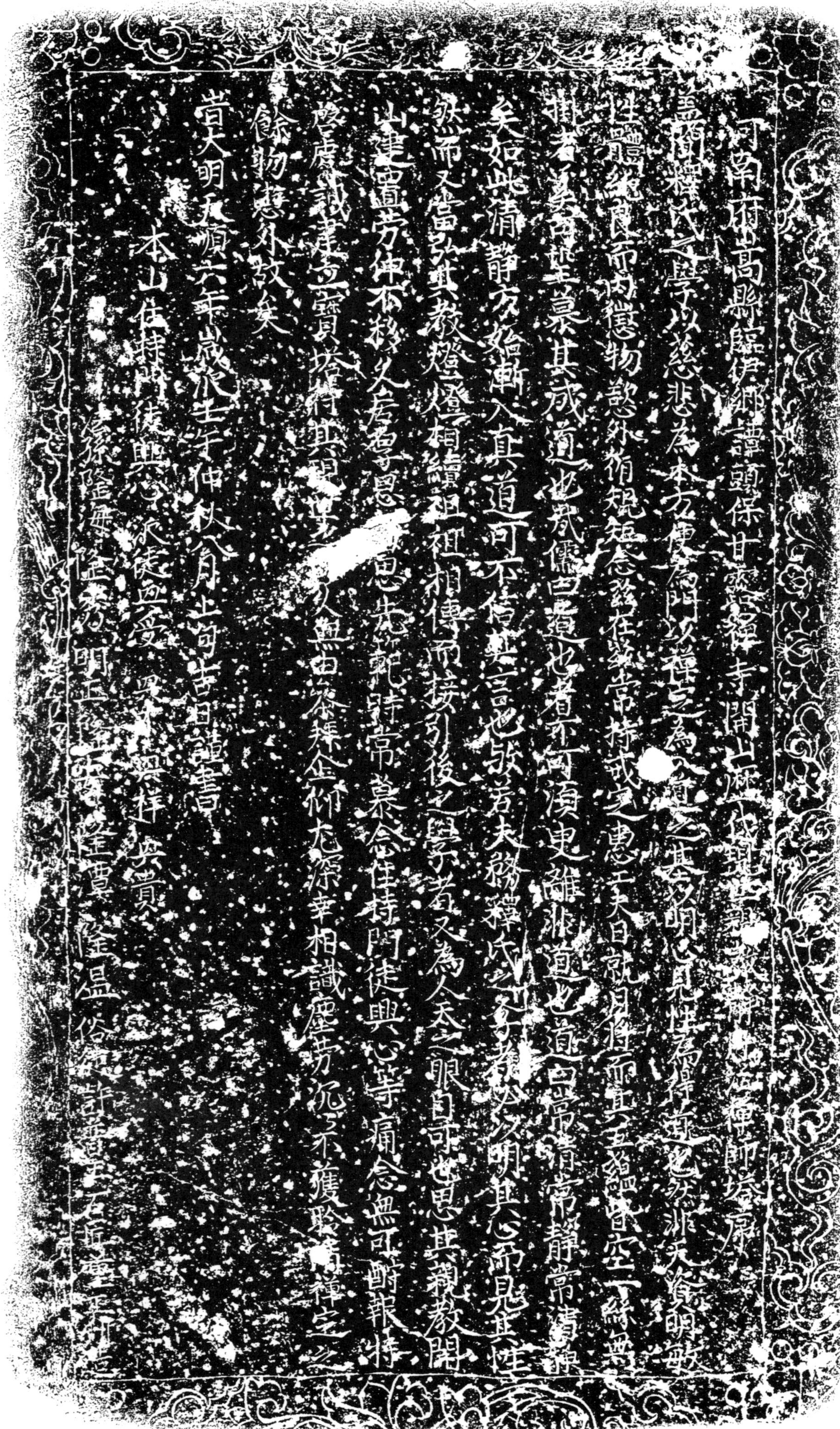

【一八五】 静月江禪師塔序

年代：明天順六年

尺寸：高 86 釐米，寬 50 釐米

立石地點：欒川縣潭頭鎮紙房村王莊組南甘露寺

河南府嵩縣臨伊鄉譚頭保甘露禪寺開山歷代現世親教静月江禪師塔序

蓋聞釋氏之學，以慈悲爲本，方便爲門，以禪定爲入道之基，以明心見性爲得道也。然非天資明敏，性體純良，而内懲物欲，外循規矩，念兹在兹，常持戒定惠工夫，日就月將，而其五蘊皆空，一絲無掛者，奚可望慕其成道也哉！儒曰道也者，不可須臾離，非道也。道曰常清静，常清静矣。如此清静，方始漸入真道，可不信其言也歟！若夫務釋氏之學者，必以明其心而見其性。然而又當弘其教，燈燈相續，祖祖相傳，而接引後之學者，又爲人天之眼自可也。思其親教，開山建置，勞伸不移，久居厚恩，□思先範，時常慕念住持，門徒興心等，痛念無可酬報，特啓虔誠，建立寶塔。特其現世之□，久無由參拜，企仰尤深，幸相識塵勞，沉沉不獲，聆清禪定之餘，物游心外故矣。

時大明天順六年歲次壬午仲秋八月上旬吉日謹書。

本山住持門徒興心，派徒興受、興才、興祥、興貴，法孫隆海、隆秀、明正、隆安、隆潭、隆温，俗徒許普玉。

石匠董正刊造。

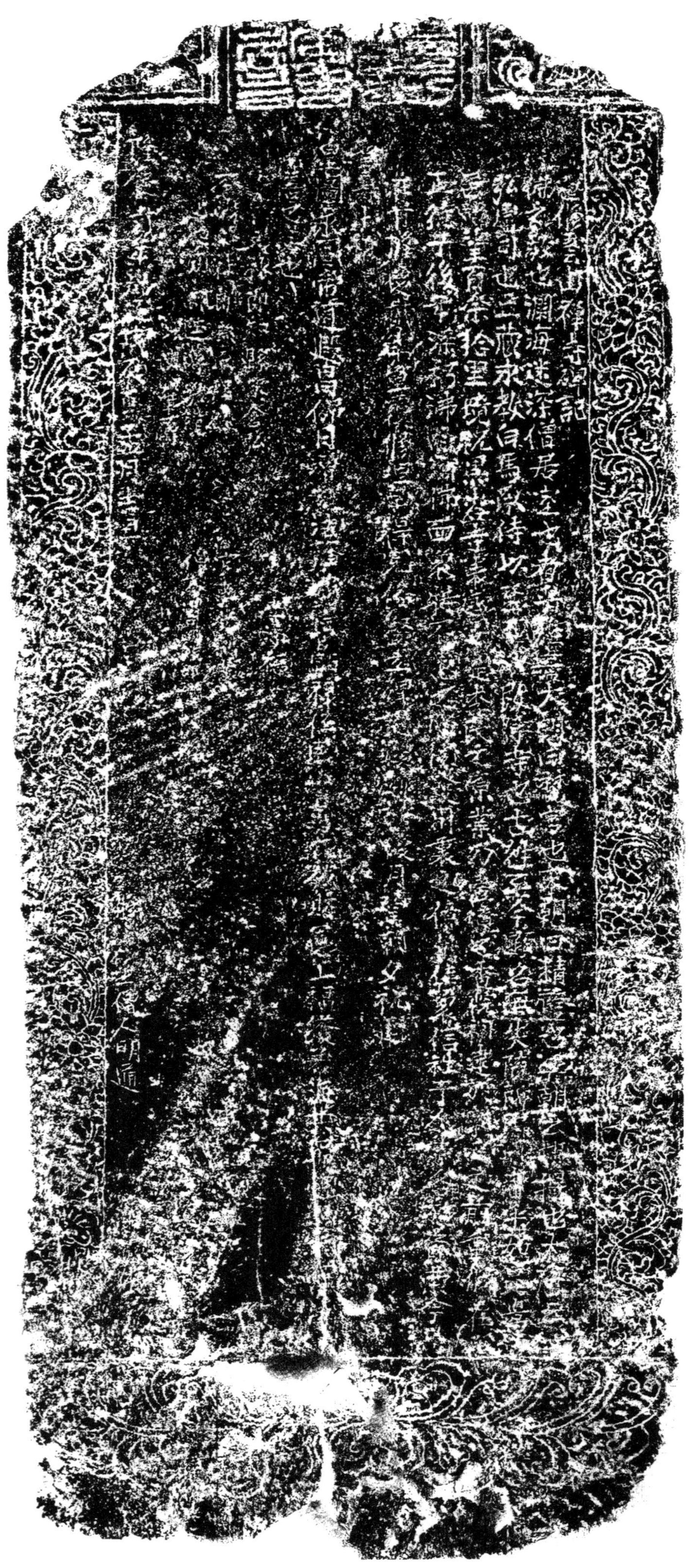

【一八六】　重修雲山禪寺碑記

年代：明隆慶二年

尺寸：高 130 釐米，寬 54 釐米

立石地點：欒川縣合峪鎮楊山村上臺組火神廟

重修雲山禪寺碑記

佛之教也，淵海迷深，僧居室也，都乎難□。大明曰梵宫也，宋朝曰精藍也，□朝云救拇也，□□云弘虚司也。三藏永教，白馬承侍，以□□□改□寺也，古往至今，顯名無失，隨所□□□乎如此？嵩邑□望百余拾里，境□黑巖寺，表盛□□，李氏之原業，乃善境之香院祠，建於寧□之前，重修在正德之後，年深朽沸，□□佛面，衆拱不□之□□，故用裹之億□□衆信社于今……在有隆慶歲年重覆修理，□得完備，豎立碑記，顯□□□月望，朝夕祝□：皇圖永固，帝道遐昌。佛日增□，法輪常轉。顯禄仁民，□□□財□上福獲若海……善之□也。

……

隆慶貳年歲次戊辰夏孟月吉旦。

【一八七】 重修廣善庵記

年代：明萬曆十三年

尺寸：高 103 釐米，寬 55 釐米

立石地點：欒川縣白土鎮馬庵村老君廟

〔碑首〕：重修廣善庵記　日月

山主董公、王進禮、王國然、王國賓、南□氏，修德、善圓、聰圓、□明倉、明臣□緣募化重修完滿碑記。明學真雨……修心之地，今見正佛殿、二廡毀壞，□成……秀境寂林，□乃龍神隱迹之納僧真……，見鐵角庵聖境蓮葉寶山，前水真逢……，始□現瑞玆者，化主如殿有心，□有舉，便登極樂之邦。梁武而受僧，片善不修，即然皆趣省悟者，萬善真□。蓋聞陰陽兩界，□□□□愚□。

時大明萬曆拾三年十月吉日立。

重修甘露禪寺碑記　本臨濟宗支智慧清

蓋聞靈山演教釋迦牟尼佛生西域禪光東振西來同心於十方八解

鄉性之本源所此甘露寺者□縣西南譚州臨汝鄉□頭保雒縣九

前有靈陽山對朝西臨瀰水□洛伊河左右重山疊嶺中下林木清□

疾𥹈名曰甘露世云天下名山寺占多寡有其然也蓋緣前記欽奉

聖諭禮部勘可但有□□□□看僧正大九年貞佑五年建立碑記可考

修三間□三尊觀音大士伽藍鍾樓壹座懸鍾千斤先祖修以過百

堆發心僧勝安竟壽壹哉誘緣修完後至四十二年住持覺通禮請

四十八願願度人天善衆□德告畢隆慶三年冬吉日見玉殿觀音堂

李□惠等誠心恭請本寬□谷壽□□□□□□禪師□□彼

【一八八】 重修上甘露寺碑記

年代：明代

尺寸：高 105 釐米，寬 43 釐米

立石地點：欒川縣潭頭鎮紙房村王莊組南甘露寺

重修上甘露禪寺碑記

蓋聞靈山演教，釋迦垂範，佛生西域，祥光東振。四衆同心於十方，八解……佛性之本源耶。此甘露寺者，在嵩縣西南譚州臨伊鄉潭頭保，□縣九……前有玉陽山，對朝西臨，澗水南注，伊河左右，重山疊層，中下林木清□，……疾，故名曰甘露。世云：天下名山寺占多，果有其然也。蓋緣前記，欽奉聖諭，禮部勘可，但有壁名上看得正大九年、貞佑五年建立碑記，可考……殿三間，佛三尊，觀音、天王、伽藍，鐘樓壹座，懸鍾千斤，先祖修以過百……堪發心僧滕安覺壽壹哉誘緣修完。後至四十二年，住持覺通禮請……四十八願，願度人天，善衆□德告畢。隆慶三年冬吉，因見正殿觀音堂……李□德等，誠心恭請本境牛峪溝雨水垛□□菴□□禪師□真徒……

本寺臨濟宗支智慧清……（撰）。

【一八九】　重修白巖寺碑記

年代：清雍正七年

尺寸：高 126 釐米，寬 52 釐米

立石地點：欒川縣秋扒鄉白巖寺村白巖寺

重修白巖寺碑記

〔碑首〕：白雲寺碑記　日月

伏欲竺國大聖，現祥光於周朝，佛法流傳，金身夢感於漢帝，然後修寺建塔，善男信女見禄作福。如白巖寺自明至清，約有二百餘載，一切殿宇磚瓦之迹上，俾地藏殿小三間，神像毁壞，殿宇破裂。有前任縣主靳老爺安，羅漢寺老僧照璽，法號雲如，隨徒孫通雲同師祖，竭力焚修，一塊荒山而盡成熟地。未及數載，創建佛殿三間，東西禪堂六間。然後募化本處善男信女，喜捨資財，將地藏殿時腳落地，改作方二丈大殿，金塑滿堂神像，焕然一新。今則功果成就，勒碑一通，爰姓名目芳聲，萬代不朽云爾。此寺原係景太三年，僧人典當□銀三十五兩，買到魏整地一段，坐落秋扒河東，其地□十五畝，東至嶺，西至河，南至惠忠，北至流□□，原糧一石三升，享一□□□惠剛苗成明正。又景太三年八月十三日，興心用價買到白巖山渠上□，阮師水塔□墳地一所，荒墳無糧，荒地老林，不計數目。東至河心，南至光嘴，西至乾溝，北至冷水溝，四至分明。

清□館、王君盛、劉肇□、李□雨、喬義翠、吉慶□、裴奉林、王言齡、楊永盛、丁□室、楊□興、徐旦夕、□章、□穎耀、□□愷、宋□□、□邦興、張定遠、田守祥、趙玉侯、曹萬春、黄□、曹萬祥、雷世永每人三錢。雷思和、□彬、劉景、郝顯通、郝顯臣、郭之魁、趙位九、馬五君、趙資、高松、□五□、姚起龍、金□真各每人二錢。燕起太、楊爾列、張美成、楊有信、□心欣、劉光玉、張棟、劉文禮、姬建成、王魁每人□神一尊。趙士松菩薩一尊。張法才、郭要、趙永福、李祥、楊爾列、王宗换、屈顯、閆興、張梓、張林、屈三省施□□三間，花春三文。木匠：王大明。塑匠：布武欽、賈興新、賈士傑、賈士雲、孟起周、孟永吉、劉林、賈士順、賈天祥、張要宗、張中恒、張矩、吕順、張珍、李有貴、任國士。助工信士：侯安國、王明玉、牛弘亮、南芝段大如、張文要、張世美、任□、王君喜、王福亮、趙建龍、趙君□、王明義、任化奉、任小女、李明甫、張云祥、王福印、王福寬。薛家莊信士張收麥三斗半。

住持：照璽，門徒：普修、普從、實月、普林、普原、普紳，門孫：通□、際□、通聖、通云、通祥、通建、通常，重孫：心成、心印、心一、心融。仝建。

時皇清雍正柒年歲次己酉朔□壬申穀旦立。

【一九〇】 白巖寺重建記

年代：清乾隆七年

尺寸：高 140 釐米，寬 59 釐米

立石地點：欒川縣秋扒鄉白巖寺村白巖寺

〔碑首〕：百世流芳

從來神之能……各立祠廟，以時□□在在然矣。嵩西百……上即核桃園溝口。溝入不數里，舊有白巖寺……碧水中流，允爲名勝之奥區，棲神之幽境也。清……中，即舊基亦依稀仿佛，寺僧源來念廟所以妥神，寧可任其終落，況神足以庇人，無廟而人何以□□，欲建而新之，重建廣生、火神、瘟神殿三楹。奈物力不給，因與本鎮居民安國平公等，約源來□□其成。□公等同心募化，襄其不及，鳩工庀材，經始於壬子二月，落成於本年臘月。神像森嚴，殿宇壯麗，輪焉奂焉，神之憑依，將在是矣。□□惟無負於此山之佳境，亦且今而後，一方之人展明禋昭靈貺，歲時伏臘，村民奔先神，鼓喧□享賽□□□□神庥者，寧猶患其無祠以事也耶。予設教樓閣，執事者丐文於予，予故即其言以爲記。是殿□功德者誰？寺僧源來也；募化者誰？平公諸君也；襄成者誰？衆善士也。皆於例得書者，因□勒貞珉，以誌不朽己。

嵩邑增廣生員屈永通撰文并書。

大清乾隆七年□□□穀旦。

【一九一】 重修浄安寺并金裝神像碑記

年代：清乾隆十九年

尺寸：高 165 釐米，寬 70 釐米

立石地點：欒川縣潭頭鎮九龍山浄安寺

重修浄安寺并金裝神像碑記

〔碑首〕：永垂不朽

嵩邑西距城百里許，有堡焉名曰湯下營，有山焉名曰松朵嶺，登峰插天，奇峭□雲，山之上有寺焉，寺之中有曰泉焉，士農商賈觀風貿易，遊騁除條者，絡繹不□，真勝地也。但歷年既久，而瓦桷摧崩，池垣坍敗，幾於休憩無之。歲在癸丑，恭逢邑仁侯戈公省方問俗，登斯寺，憩斯寺，浴斯池，睹其闕略殘□□□□終葺之想，□自捐俸金以爲前導，復詔寺僧□浩明者，募化十方，踵事其□。爰是諸善信士□金助貲，興工動作，葺其殘壞，補其闕略，重修□塘三間、佛殿三楹、觀音堂三楹，□金裝各神像，焕然改觀。迄今厥功告竣，所宜勒碑刻銘，以垂不朽云。

嵩縣正堂加三級張顧鑑，嵩縣舊縣司加一級吴上達。

雲□門正派：滿湛浩海洪，江淮潭洞泙。法流瀛溢漢，潮濟涑演瀧。

玉工：郭鍾秀、郭鍾暎。石匠：曹盆。住持僧：浩明，徒：海貴、海壽，孫：洪銘、洪禄。

府郡庠生董傳心敬撰，嵩邑庠生馬雲錦敬書。

大清乾隆拾玖年歲次甲戌閏肆月初壹日。

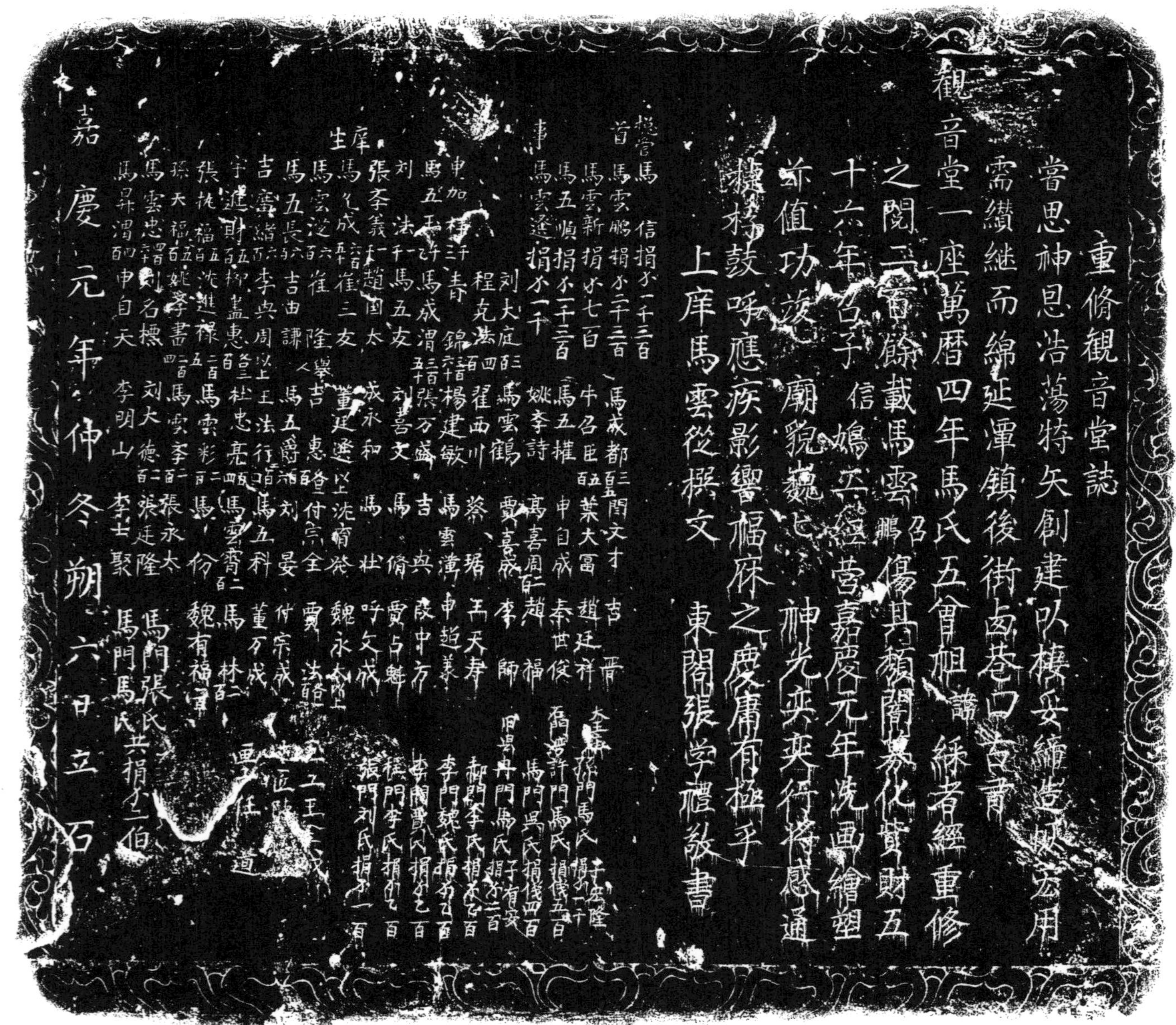
重脩觀音堂誌
嘗思神恩浩蕩特矢創建以棲妥繪造以宏用
需纘繼而綿延渾鎮後街卤巷口古有
觀音堂一座萬曆四年馬氏五會姐諱繼者經重修
之閱二百餘載馬雲鵬名傷其類閭募化貲財五
十六年名子信嫡六經營嘉慶元年洗画繪塑
並值功竣廟貌巍巍神光奕奕行將感通
樓栘鼓呼應疾影響福庥之慶庸有極乎
上庠馬雲從撰文　東閣張学禮敘書

嘉慶元年仲冬朔六日立石

【一九二】 重修觀音堂誌

年代：清嘉慶元年

尺寸：高 66 釐米，寬 75 釐米

立石地點：欒川縣潭頭鎮潭頭北街奶奶廟

重修觀音堂誌

嘗思神恩浩蕩，特矢創建以棲妥；締造恢宏，用需纘繼而綿延。潭鎮後街鹵巷口古有觀音堂一座，萬曆四年，馬氏五曾祖諱綵者，經重修之。閱二百餘載，馬雲召、馬雲鵬傷其頹闇，募化貲財，五十六年，召子信鳩工經營，嘉慶元年洗畫繪塑。茲值功竣，廟貌巍巍，神光奕奕，行將感通捷桴鼓呼，應疾影響，福庥之慶，庸有極乎？

上庠馬雲從撰文，東閣張學禮敬書。

總管：馬信捐錢一千三百。首事：馬雲鵬捐錢二千三百。馬雲新捐錢七百。馬五順捐錢一千三百。馬雲選捐錢一千。

申加祥千三。馬五玉千乙。劉法一千。張學義一千。庠生馬允成六百五十。馬雲從六百。馬五長六百。吉廣緒六百。宇進財五百。張執福五百。孫天福五百。馬雲忠四百六十。馬昇渭四百。劉大庭三百。程克法四百。青錦三百六十。馬成渭三百五十。馬五友、趙國太、崔三友、崔隆、吉由謙、李興周、柳盡惠，以上各三百。沈進禄二百五。姚學書二百四。劉名標、申自天、馬成都三百五。牛召臣五百。馬五權、姚學詩、馬雲鶴、翟西川、楊建敏、張萬盛、劉喜文、成永和、董廷選、舉人吉惠，（以上）各二百。馬五爵百六。王法行二百四。杜忠亮百四。馬雲彩二百。馬雲學二百。劉大德二百。李明山、閆文才、葉大富、申自成、高喜周二百。賈喜成、蔡琚、馬雲滙、吉興、馬修、馬壯、沈育癸、付宗全、劉晏、馬五科、馬雲霄二百。馬份、張永太、張廷隆、李士聚、吉晉、趙廷祥、秦世俊、趙福、李師、王天壽、申超義、段中方、賈占魁、呼文成、魏永太、賈法，以上各一百。付宗成、董萬成、馬林二百。魏有福一百。馬門張氏、馬門馬氏共捐錢二百。牛宏隆、大王廟孫門馬氏、子宏隆捐錢一千。石門灣許門馬氏捐錢五百。馬門吴氏捐錢四百。舊縣冉門馬氏、子有安捐錢二百。郝門李氏捐錢乙百。李門魏氏捐錢乙百。李門賈氏捐錢乙百。程門李氏捐錢乙百。張門劉氏捐錢一百。

玉工：王全成。木匠：陳□□。畫工：任道。

嘉慶元年仲冬朔六日立石。

重修廟宇金粧神像碑記

釋典云菩普也薩濟也言能普濟衆生也夫神能普濟衆生衆生顧敢忘神之普濟而不之事乎潭鎮北街有廟一間中設神像三尊名雖不同其爲菩薩則一也昔雍正十二年馬君諱五居獨興善念已經重修後又漸幾頹廢馬君諱雲忠諱成渭諱德諱敬欲踵事而增華務積腋以成裘自嘉慶四年舉孫君諱天福爲總管每年收麥三斗零遂收遂交總管連五年共麥一石七斗五升半總管經理滋生既而孫君諱世其子有太仍加意經理九年之間積錢二十七千四百又因功果費多更爲募化乃於嘉慶十三年興作至十五年成廟宇輝煌神像更新共勷厥事得告成功衆善信可謂知事神矣抑吾聞孔子之告季路曰未能事人焉能事鬼可見必能入事父兄出事長上則事神之際所以致其普濟者胥視此也是則人宜知也夫

邑儒學生員張貫台撰並書

太醫院醫官張學禮敬校字

[illegible]

皇清嘉慶十五年歲次庚午十二月　穀旦

【一九三】 重修廟宇金粧神像碑記

年代：清嘉慶十五年

尺寸：高71釐米，寬88釐米

立石地點：欒川縣潭頭鎮潭頭北街奶奶廟

重修廟宇金粧神像碑記

釋典云：菩，普也；薩，濟也，言能普濟衆生也。夫神能普濟衆生，衆生顧敢忘神之普濟，而不之事乎？潭鎮北街有廟一間，中設神像三尊，名雖不同，其爲菩薩則一也。昔雍正十二年，馬君諱五居，獨興善念，已經重修。後又漸幾頽廢，馬君諱雲忠、諱成渭、諱德、諱敬欲踵事而增華，務積腋以成裘。自嘉慶四年舉孫君諱天福爲總管，每年收麥三斗零，遂收遂交總管，連五年共麥一石七斗五升半，總管經理滋生。既而孫君辭世，其子有太仍加意經理，九年之間，積錢二十七千四百。又因功果費多，更爲募化，乃於嘉慶十三年興作，至十五年底廟宇輝煌，神像更新，共勷厥事，得告成功，衆善信可謂知事神矣。抑吾聞孔子之告季路曰：未能事人，焉能事鬼？可見必能入事父兄，出事長上，則事神之際，所以致其普濟者，胥視此也，是則人宜知也夫。

邑儒學生員張貫台撰並書，太醫院醫官張學禮敬校字。

總管：孫有太捐錢七千。首事：壽官馬雲忠捐錢二千五百。馬成渭捐錢在子佩名下。馬敬、馬德、馬雲川捐錢二千五百，馬佑捐錢二千五百，馬倬捐錢二千五百，馬昇渭捐錢二千，壽官張執福捐錢九百，馬俸捐錢一千，以上各捐麥五升。劉文平捐錢一千，馬佩捐錢一千，劉順捐錢六百卅，馬雲江捐錢六百卅，馬仲捐錢一千，各麥五升。馬壯捐錢一千，屈法道捐錢六百，申自萬捐錢五百，王福松捐錢六百，邢和捐錢五百，麥五升。李克昇捐錢五百。馬興平麥三升、錢五百。劉晏錢五百。馬賦興錢四百。孫朝錢四百。馬成法錢四百。監生張濟川錢三百。張學義錢三百。監生任上清錢三百。馬雲輝錢三百。馬雲漢錢三百、麥二升。馬耀錢三百。馬有芳錢三百、麥五升。任際太錢三百。任應太錢三百。申存元錢三百。閆守義錢三百。趙文昇錢三百、麥二升。趙明臣錢三百。林鳳彩錢三百。張天義錢三百、麥二升。馬隆渭錢二百。馬成功錢二百。武舉吉惠麥五升。盧臣、吉太各麥二升。監生王克昌、趙祥、賈得庫、宇得泉麥五升。壽官馬云選、劉金城麥二升。申自天、劉安、楊廷有、趙永昌、郝萬年麥四升。王有才、劉芳麥五升。沈德、付盡忠、吉廣緒麥五升。何斌、劉萬邦麥二升。劉棟、程曰明麥二升。傅宗全以上各捐錢二百。林得法、張萬寶、崔治福、劉萬鎰、雷君聚、雷震、宋來賓、劉聚、吉忠麥三升。劉林、程克法、崔士德、馬太麥四升。王天平、温如玉、呼文成、張永昌、王宗文、齊永輝、曾天壽、吉全、楊復興、劉大文、姬朝、馬雲彩，以上各捐錢一百。馬斌、馬振、馬仁、賈天雷捐錢一百。齊君正、邢太、郝寶成、程進寶各麥五升。訾金玉麥三升。崔隆、湯秉法各麥二升。趙得仁、張富貴各麥一升。黨江捐錢二百。

木匠：王仁、劉文平，畫工：張斌。玉工：黨溥。

皇清嘉慶十五年歲次庚午十二月穀旦。

【一九四】 頒賜老君山道經諭旨碑

年代：明萬曆三十一年

尺寸：高 110 釐米，寬 52 釐米

立石地點：欒川縣欒川鄉老君山

諭老君山太清□住持及道衆人等：

朕發誠心，印造道大藏經，頒施在京及天下名山……供奉，經首護敕已諭其由。爾住持及道衆人□，虔潔供安，朝夕禮誦，保安□躬體康泰，宫清所□□元禄，無疆壽福，民安國泰，天下太平，□□同歸，清净善教，朕成恭已無爲之治道已。道經廠侍香惜薪司左司副徐學齋清，前去安洛宜，仰體知悉。欽哉！故諭。

住持：張雲儒、史玉俊、劉陽俠。

萬曆三十一年四月初八日。

皇帝萬歲

玉清宮修建三次完醮碑記 [illegible][illegible]

大明國河南府雒陽肇縣生長人氏在盧氏縣摟子

閿迴圍王家庄周家庄丁家庄各門居住奉

道朝山進香回宮建醮保國寧家祈福保安信士

社首張九成 張国愛 陳所李 張九思

趙守登 范国保 丁朝甫 張天庫 楊進登

王可信 王可福 侯進忠 張交才 馮通

王可域 王可官 王守良 趙天祥 馮[illegible]

王進朝 王可成 張三位 馮應山 趙木

張国瑞 王可功 張九良 魏現 丁門吕氏

董應節 刘孟春 張国用 楊化正 何門丁氏

鄧九宣 陳君召 郝邦賢 馬啓田 冷門楊氏

張應秋 王進官 李銀 陳万良 冷門張氏

張門宋氏 張門刘氏 崔門魏氏 李門于氏 住持馬陽玉

皇明天啓四年歲次甲子二月二十五日立 石匠刘守[illegible]

【一九五】 玉清宫修建三次完醮碑記

年代：明天啓四年

尺寸：高 88 釐米，寬 51 釐米

立石地點：欒川縣廟子鎮北凹村寨根組玉清宫

玉清宫修建三次完醮碑記

〔碑首〕：皇帝萬歲

謹據大明國河南府雒陽鞏縣生長人，見在盧氏縣樓子關周圍王家莊、周家莊、丁家莊各門居住，奉道朝山進香，回宫建醮，保國寧家，祈福保安。

信士社首：張九成、張國愛、陳所學、張九思、趙守登、范國保、丁朝甫、張天庫、楊進登、王可信、王可福、侯進忠、張交才、馮通、王可域、王可官、王守銀、趙天祥、馮選、王進朝、王可成、張三位、馮應山、趙木、張國瑞、王可功、張九良、魏現、丁門吕氏、董應節、劉孟春、張國用、楊化正、何門丁氏、鄧九宦、陳君召、郝邦賢、馬啓田、冷門楊氏、張應秋、王進官、李銀、陳萬良、冷門張氏、張門宋氏、張門劉氏、崔門魏氏、李門于氏。

住持：馬陽玉。石匠：劉守業。

皇明天啓四年歲次甲子二月二十五日立。

【一九六】 新建大王廟序

年代：清康熙五年

尺寸：高 86 釐米，寬 54 釐米

立石地點：欒川縣欒川縣文管所

新建大王廟序

〔碑首〕：大王廟碑記　日月

□□欒川之地，相傳山名水秀。何爲山名，君山是也；何爲水秀，伊水是也。老□山神廟峙，然香□捷儔，迄今亦不絶矣。嗟乎！人依水爲食，伊、赤二河獨無神廟。忽有名□□□之利也，意建修大王老爺廟宇，□□□會，答報神恩。惟曰地土以爲之所，蒙本邑劉姓君子施地一區，以爲建廟之所，坐落鎮北。□兵山東赤水西誰廟宇□□□咸是感應□□本邑外省，俱戴其□。□□□□，選擇良辰，答報神庥數次，然而今所誌者，非爲社中人爲名記，亦非爲建修人爲功記也，寔□□之無常人不一，即日後廟宇損壞，乞後善士君子，重修相傳不朽耳。是爲誌。

西□吕允升謹書。

（以下功德化主略）

時康熙五年歲次壬辰夏日吉旦。

【一九七】 重修三教堂碑記

年代：清康熙三十八年

尺寸：高 151 釐米，寬 64 釐米

立石地點：欒川縣潭頭鎮何村

重修三教堂碑記

〔碑首〕：重修碑記　日月

嵩邑西南百有餘里，名曰井峪溝，舊有三教堂，其來久矣耳。不知創始于何代，但考碑記，明萬曆貳年曾重修焉。至我清甲子歲，適有黄冠、郭守福者，雲遊于兹，睹青山之疊曼，與緑水之繞圍，亦極形容不盡之致。忽有父老進郭道而前曰：斯地也，古所稱三教歸一者，其堂即建於此焉。益爲流連而不忍去，即欲與本會化主吴君諱國璽者，登堂而恭拜焉，第見殿宇傾圮，神像毁壞，目睹悽愴，不勝心傷乎址基之徒存，尤傷乎神棲之無所，將何以俾當時之□廟貌，而壯觀瞻耶？所以爲吴君者，徘徊其地，輙動修舉之願。然而功業浩大，一己難成，即爲郭道者，亦願募化十方，以助聖事焉。遂至康熙丙寅歲菊月告成，雖非獨力竣功，亦足克盡迺心者矣。《詩》曰：無念爾祖，聿修厥德。吴君與郭道有焉。然廟貌雖具，而神像仍舊，終屬修理之有闕之，何以啓後人之望威嚴，而興善心耶？修舉之念，較前倍殷。幸有吴國光與何家村王門□氏、屈門陳氏同衆姑人等，施財金粧佛祖、老君，而郭師又加補己貲，二尊始就。至于孔子一尊，國璽獨捐囊繪塑，不數月而金身俱備，焕然聿新矣。將見統修而後，衆神列羅，輝煌一堂，偉然井峪一勝地焉。故今望斯廟而瞻斯像者，在吴君固無希報之心，然爲善降祥，自古不爽，不惟君之受祐于衆神者，其獲福未量，即凡具于善之中者，其發福均未可量也。敢忘其固陋，以誌不朽云。

功德主：郭清施捨地一段，坐落河東羅家溝口瓦窑，東坡根，西河南溝北香火。吴國璽施捨地一段，坐落河東徐家溝口，東至坡根，西堰，南香火，北溝。永無反悔。

化主：吴國光、張常言施捨地伍畝，東施主，南溝，西堰，北施主。坐落河東高崖溝口。

住持：郭守福，門徒：王繩春。石匠：張克因、楊起英施銀五錢。

李文要、劉鳳鳴、馬喜文碑文。廟元四至：東至河心，西至板被，南至溝，北至溝。

大清康熙己卯歲菊月吉旦。

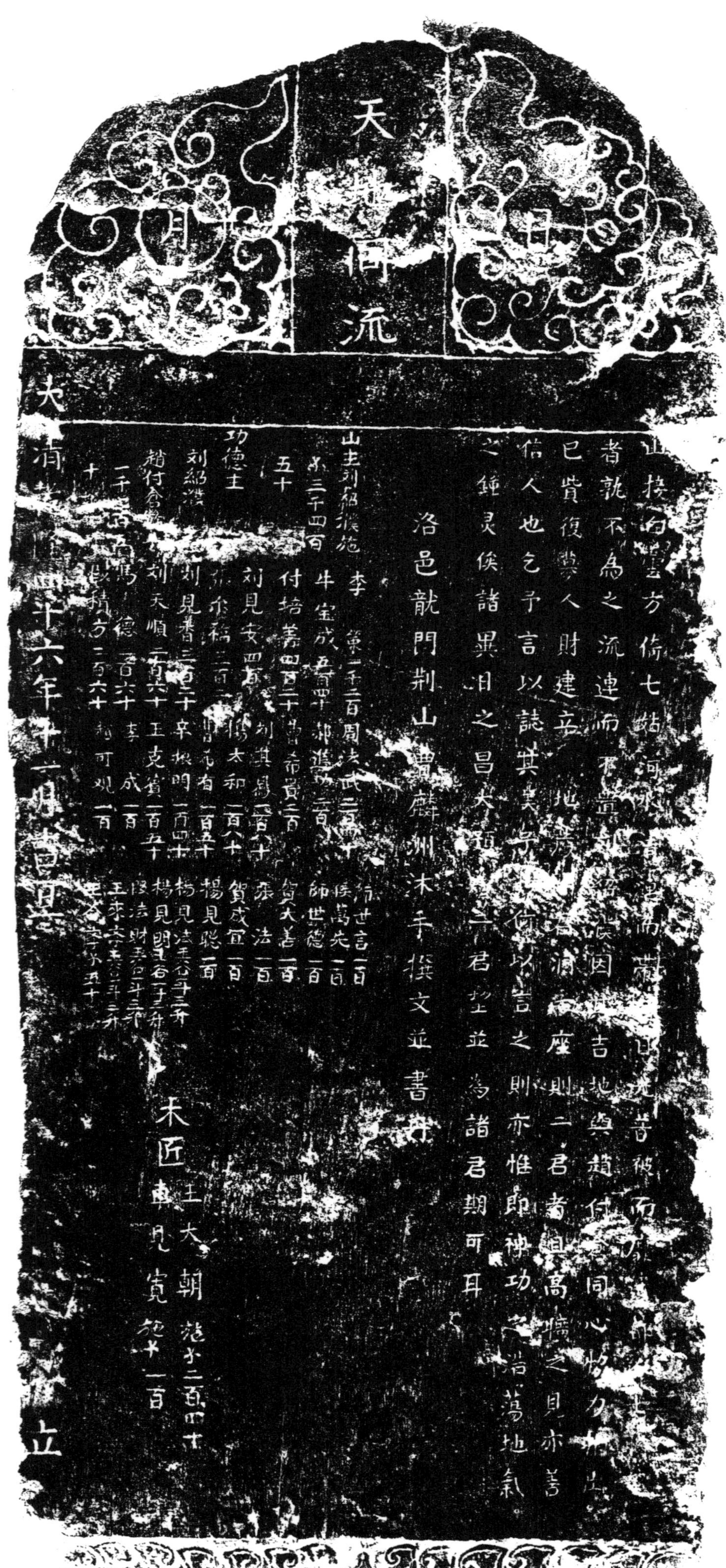

【一九八】 創修地藏明君洞碑記

年代：清乾隆十六年

尺寸：高 98 釐米，寬 42 釐米

立石地點：欒川縣石廟鎮光明村老母廟

創修地藏明君洞碑記

〔碑首〕：天地同流　日月

山接白雲，方倚七姑，河水清漣而帶口，日光普被而靡遺。都人士瞻望者，孰不爲之流連而不置。劉紹濮因其吉地，與趙付倉同心協力，捐出己貲，復募人財，建立地藏明君洞一座。則二君者，且高曠之見，亦善信人也。乞予言以誌其美，予將何以言之，則亦惟即神功之浩蕩，地氣之鍾靈，俟諸異日之昌大，預爲二君望，並爲諸君期可耳。

洛邑龍門荆山曹麟洲沐手撰文並書丹。

山主劉紹濮施錢三千四百五十。功德主劉紹濮、趙付倉施錢一千七百五十。李策一千二百。牛寶成五百四十。付培善四百二十。劉見安四百。張爾福三百二十。劉見香三百二十。劉天順二百六十。馬德二百六十。段積方二百六十。周法武二百四十。郝進功二百。曹希貴二百。劉其鳳一百八十。楊太和一百八十。曹希有一百五十。辛振明一百四十。王克賓一百五十。李成一百。趙可觀一百。師世言一百。侯萬先一百。師世德一百。賀大善一百。張法一百。賀成宜一百。楊見聰一百。楊見法五谷一斗三升。楊見明五谷一斗三升。段法財五谷一斗三升。王合學錢五十。

木匠：王大朝施錢二百四十。車見寬施錢一百。

大清乾隆四十六年十一月吉旦立。

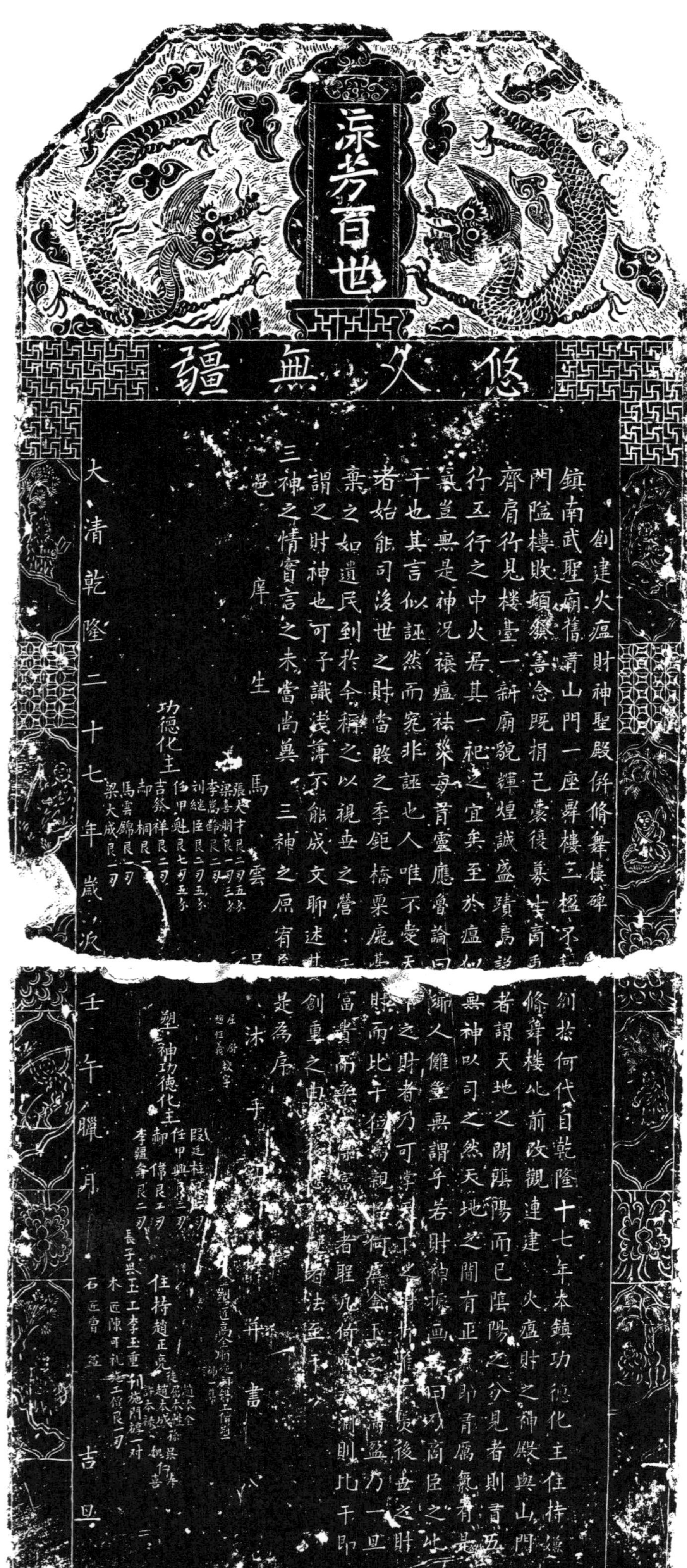
流芳百世
悠久無疆
創建火瘟財神聖殿併脩舞樓碑
功德化主
大清乾隆二十七年歲次壬午臘月吉旦

【一九九】 創建火瘟財神聖殿并修舞樓碑

年代：清乾隆二十七年

尺寸：高 176 釐米，寬 70 釐米

立石地點：欒川縣潭頭鎮潭頭村

創建火瘟財神聖殿并修舞樓碑

〔碑首〕：流芳百世　悠久無疆

鎮南武聖廟舊有山門一座，舞樓三楹，不□創於何代。自乾隆十七年，本鎮功德化主、住持，嫌門隘樓敗，頻發善念，既捐己囊，復募士商，□修舞樓，比前改觀。連建火瘟財之神殿，與山門齊肩，行見樓臺一新，廟貌輝煌，誠盛蹟焉。説者謂天地之間，陰陽而已，陰陽之分見者，則有五行，五行之中，火居其一，祀之宜矣。至於瘟似無神以司之，然天地之間，有正氣即有厲氣，有是氣豈無是神？況禳瘟祛災，每有靈應。魯論曰鄉人儺，豈無謂乎？若財神，據畫□曰，乃商臣之比干也。其言似誣，然而究非誣也。人唯不愛天□之財者，乃可掌天下之財，抑雖不羡後世之財者，始能司後世之財。當殷之季，鉅橋粟、鹿□財，而比干位爲親臣，何虞金玉之不滿盈，乃一旦棄之如遺民，到於今稱之，以視世之營營□富貴，而卒不保富貴者，聖凡何啻天淵，則比干即謂之財神也。可予識淺薄，不能成文，聊述其創重之由，爲後世繼起者法。至于三神之情實，言之未當，尚冀三神之原宥□。是爲序。

邑庠生馬雲□沐手敬撰并書，屈舒、趙恒義校字。

功德化主：張大才銀二兩五錢。梁喜朋銀一兩三錢。李嵩齡銀二兩。劉繼臣銀二兩五錢。任甲魁銀七兩五錢。吉發祥銀二兩。郝桐銀一兩。馬雲錦銀一兩。梁大成銀一兩。

塑神功德化主：段廷柱銀二兩。任甲興銀二兩。郝偉銀二兩。李疆壽銀二兩。金塑匠：高全順施顔料工價、塑神一尊。住持：趙正亮，徒：趙本全、屈本性、趙本成、許本禄，孫：吴仁壽、魏仁喜。長子縣玉工李玉重刊施門礅一對。木匠：陳可禮施工價銀一兩。石匠：曹盆。

大清乾隆二十七年歲次壬午臘月吉旦。

流芳百代

【二〇〇】　創建三極殿碑文

年代：清乾隆四十年

尺寸：高 192 釐米，寬 62 釐米

立石地點：欒川縣石廟鎮石廟村黄密寺

創建三極殿碑文

〔碑首〕：流芳百代

蓋聞積善之家，必有餘慶；積不□□□，□有餘殃。是可知吉凶禍福，非一朝一夕之故，其所由來者漸矣。乃世之生民，往往不務修德，不思正果，而惟□□□□燒香朝頂，不曰參禪，則曰拜佛，其癡心賒想，謂今生總不能富貴豐盈，如願而足，亦祈來世不至貧賤憂戚□□□□苦而已。間嘗博觀秦紀，見大秦皇封山禪祠，入海求神山不死藥。至漢武之季，建柏梁臺，親祀灶禮八神，遂□□□□□蠱進，是世代相沿，流□人寰，上有好者，下必有甚焉者矣。癸巳仲春，因館黄大王廟，步履後殿，瞻望聖容，□□□□□□左右皇極太□聖母，兩傍十二圓覺菩薩。其曰聖母者何，至神妙物，有以子惠元元於無窮也。□□□以□母者，有□□，即有是聖母開物成務，變通神化，廣大不測。《易》曰：乾知始坤作成物。其斯三極聖□□謂與維時俯□徘徊□□上下，覽棟宇之輝煌，睹廟貌之巍峨，寶座蓮臺，華麗精潔，金粧綵塑，莊嚴整齊，不圖此□□林密之中，而有□□□□德盡美而盡善者焉。川之人謂余言曰：微吾社中侯君經理之力，不克臻此，非同心□□之王醇、高九建、王配□人士等，亦烏能至是也耶！夫侯君諱克寬，其生平余不知其何如，里黨咸以善人稱之。□□□葺後殿一事，模畫周□，總不見諒於流俗，而殷切善舉，何難奏格於神明，則安得人盡如侯君爲善，初非近名□□，靡不有終，以視世之喫齋□口，晨昏念佛念法者，不亦相去懸絶也哉！工隆告竣，懇余爲文，余弘農拙人，早年夫□，□歲吏事公門，假筆久疏，□□□不得已，因爲之俚言以誌之。

文林郎知盧氏□事正堂袁映斗捐銀□兩。儒學正□周繩武捐銀十兩。署朱陽司侯□□羅士偉捐銀十兩。登仕郎朱□司鈕王佑捐銀十兩。盧氏縣督□廳李景昉捐銀十兩。山主邑庠生常士伋施地三畝，坐落廟□垣。國學常自勤施地二畝，坐落廟東北角。總領信士侯克寬銀六兩。侯振才銀一兩。功德主王醇銀十二兩。協濟功德□□銀十七兩。高基銀十兩。蘇承玽銀一兩。李大士銀一兩。金塑匠王廷錫施銀□□。化主：劉大智銀十三兩。蘇克讓銀五兩。孫國漢銀五兩。王好義銀五兩。劉大昇銀三兩。孫可訓銀三兩。□行銀三兩。□□法銀二兩。□□學銀一兩二錢。□主王魁、化主秦英銀七兩、任盡城銀一兩二錢。楊庚己、劉大振、丁九憲、丁九福、高九長、王國太、趙宗禹銀各一兩。化主：鄭世輔、馬順、郭荆、鄭世顯、劉繼文銀各一兩。員良州銀十一兩。郭明銀六兩。關聚銀六兩。李建仝銀五兩。長嘆河姬盡福錢三千。化主蘇成染銀一兩。朱天伸銀七兩。王福瑞銀二兩八分。王建文銀二兩。張成仁銀二兩。李大才銀一兩七分。孫鑑銀錢一。任天壽、曹訓、馮君海各一兩。戴天順、戴天福、于臣共二千。袁位銀三兩。王建成、張福道、孫榮貴、馬天俊、員際太三兩。王興德、胡榮禄、姚宗禹、侯兗州銀各一兩。侯文有銀七錢。徐泰元銀七錢。劉漢儀銀六錢。徐調元、劉法先、謝才、許永法、郭大行、侯學書錢二千七百。高懷璞銀各五錢。

邑吏員董正芳撰書。

大清乾隆肆拾年仲冬月穀□。

萬善同歸
續建廣生殿碑文
從來人有虔心，神有感應，則神之爲靈昭昭也。特患無以感之，斯無以應之耳。信士侯克寬既建修
三聖殿、聖母殿，復心不自寧，量度地宜，募化十方貲財，鳩工庀材，續構廣生聖母殿一楹，金妝彩畫，
規模整飭，不踰年而告竣焉。求余爲文，余甚嘉侯君之善不獨善而善之利賴於萬世者大矣。夫芸
芸之衆有呼號爲子孫奶奶，亦有崇奉爲送子菩薩，是二說者俱皆不然。宣聖釋易傳乾大生坤廣
生，坤爲地爲母，茲言廣生聖母，是人道也，而實配乎地道。思斯勤斯，長養遂羣動之性，鞠我育我
栽成夫輔相之功，痛乎無知。普現釋光，萬道保我赤子，除却業網千層，其救苦濟難無非慈悲爲本。
郎懲奸罰惡，猶是菩提之心。聖德難量，神明無私。欲享福佑於無窮，務須廣行方便。如侯君之善
不倦，又何慮乎有求而不通，有欲而不遂也耶。因不揣固陋，謬贅蕪言，刋石刻與有榮施焉。
邑 吏員 董正芳撰 書
大清乾隆肆拾年仲冬月 穀旦立

【二〇一】 續建廣生殿碑文

年代：清乾隆四十年

尺寸：高 176 釐米，寬 70 釐米

立石地點：欒川縣潭頭鎮潭頭村

續建廣生殿碑文

〔碑首〕：萬善同歸

從來人有虔心，神有感應，則神之爲靈昭昭也。特患無以感之，斯無以應之耳。信士侯克寬既建修三極聖母殿，復心不自寧，量度地宜，募化十方貲財，鳩工庀材，續構廣生聖母殿一楹，金塑綵畫，規模整飭，不逾年而告竣焉。求余爲文，余甚嘉侯君之善，不獨善而善之利，賴於萬世者大矣。夫芸生之衆，有呼號爲子孫奶奶，亦有崇奉爲送子菩薩，是二说者，俱皆不然，宣聖釋易，傳乾大生，坤廣生，坤爲地爲母，玆言廣生聖母，是人道也，而實配乎地道，恩斯勤斯長，養遂群動之性，鞠我育我，裁成大輔相之功。痛予無知，普現祥光萬道；保我赤子，除卻業綱千層。其救苦濟難，無非慈悲爲本；即懲奸罰惡，猶是菩提之心。聖德難量，神明無私，欲享福佑於無窮，務須廣行方便。如侯君之爲善不倦，又何慮乎有求而不通，有欲而不遂也耶！因不揣固陋，謬贅蕪言，刊石刻與有榮施。是爲記。

邑吏員董正芳撰書。

功德主：侯克寬銀一兩。楊庚已銀二錢。王好義銀二兩五。王廷錫、李大士、蘇廷珃……侯廷祥、高九長銀各一兩。朱天伸、高基、趙端銀各一兩。張孝、王德法、王□法、劉天成、鄭世□、鄭弘才、鄭弘舉、劉國英銀各五錢。張廷鳳、宋之珩、高文信、侯廷文、李建、高九秀、馬天俊、侯士順、侯士玉、王顯章、負際太銀各五錢。楊起申、侯士耀、侯進財、侯學書、袁位、孫鑑銀各五錢。馬琯、姬仁□、雷節、王尚才、王應選銀各三錢。張忠、李大學、許成名、李殿揚、李全孝、王信、咎希良、高文信、□□□、高天□、王孝銀各二錢五。王福、楊克林、張好美、梁萬良、任天禄、郭禮、王士魁、丁文星、□□□……銀各二錢。奠弘臣、楊萬鎰、李才、任孝、徐廣財、王良舉、高九林、何世旺、何世有、□□保、□□成銀各一錢。王廷全、王廷才、井起全、李道、褚德芳、任禄、任進孝、任哲、王純、張龍銀各一錢。王配銀一兩一錢。劉德、周宗元、顧學仁、栗有才、郝君善、魏自官、張好友、張學、梁金、張聰銀各一錢。蘇正義、侯士堯各八百。孫士敬、李進才、王廷元銀各一錢。常大法、季進福、孫子矣、徐行錢各三百。劉天壽錢五百。何先、王奎、孫興銀各一錢。王門蘇氏、高門楊氏、高門趙氏、高門常氏、高門王氏、高門陳氏銀各五錢。王尚友銀五錢。姬仁正、李進才、高懷璞銀各一錢。栗大舉、劉大金銀各五分。王齊氏三百文。任門張氏、張門王氏、李門費氏、楊門費氏、于門李氏、郭門段氏、蘇門李氏、齊門王氏、齊門張氏、王門韓氏、韓門景氏、孫門郭氏、費門高氏、朱門黄氏銀各一錢。高門徐氏、郭門侯氏、韓門陳氏、段門張氏、許門侯氏銀各二錢。張門劉氏、張門曹氏、郭門朱氏、李門龐氏銀各一錢。姚宗禹銀三錢。李君府、謝才、馬恭銀各一錢。張忠珍銀二錢。李門侯氏一百文。劉漢儀、米有、林天成銀各二錢。李克祥、徐大法、高文選、徐成□、李法□、郭房士、□□福、郭建文、李進財、杜□、楊士全銀各一錢。徐成章銀五錢。楊士恩、□□貴、徐□元、潘□儀、高印銀各二錢。劉大治銀一兩。寧□太五百。寧燦三百。

大清乾隆肆拾年仲冬月穀□□。

修祖師廟碑記

蓋聞幹蠱謂之子繩武謂之孫繼志述事謂之孝不必於其大也凡一言一事不改於其祖若父者皆孝子慈孫也余於常君諱文錫鐸等者有味乎其言之焉縣治之南百數十里有牛欒鎮耆山水奇特君之高祖一省身公嘗遨遊其所而置庄田焉以為耕釣之樂鎮有山名曰石磕賦石磕眞人之所從遯也山巔旧有祖師廟圯頹已久省身公曾施地三十畝而重修之逮君祖肅公諱克欽者以為山頂峻巖香火不便復營創祖師行宮三間於磕子山下而招僧人以主持之可謂世修其勤樂善不倦者矣獨山巔之廟歲月幾更飄揺風雨其棟宇榱桷宮墻丹壁不無摧折汗漫之患君祖肅公屢欲修葺之未逮而終君幼時習知二祖之勤勞皆於是乎在節耿耿於懷後遂身任其事庀才鳩工董理而整齊之廟貌一新復見前烈焉丁酉冬告竣欲勒石以垂永久而資記於余余於茲峯巒之秀林麓之奇皆不復贅而獨喜君之為人也於一廟一祀之修一木一石之費皆動念前勳而憚心竭力於其際則其他可知而志事之繼述者不但已也遂不辭而為之記

乙酉科舉人候選知縣李玉德撰文並書

叔父常廷琦弟文
銘　烈瑞　過行粮大地六畝五分
鎔　監生業光　昇　臨川
錄　基邦
鋒　子侄　建　建寅　建成孫　伊川　等仝立
監生　聘　勳功祥　平川
鉞　書炤　石匠喬時彰　僧人照[illegible]

旹乾隆歲次丁酉孟冬之中望日立石吉旦

【二〇二】 修祖師廟碑記

年代：清乾隆四十二年
尺寸：高 98 釐米，寬 53 釐米
立石地點：欒川縣叫河鎮上牛欒村祖師廟

修祖師廟碑記

蓋聞幹蠱謂之子，繩武謂之孫，繼志述事謂之孝，不必於其大也。凡一言一事不改，於其祖若父者，皆孝子慈孫也。余於常君諱文錫、文鐸等者，有味乎其言之焉。縣治之南百數十里，有牛欒鎮者，山水奇特，君之高祖諱省身公嘗遨遊其所，而置莊田焉，以爲耕釣之樂。鎮有山名曰石磕，即石磕真人之所從遁也。山巔舊有祖師廟，圮頹已久，省身公曾施地三十畝而重修之。至君祖肅公諱克欽者，以爲山頂峻巖，香火不便，復營創祖師行宫三間於磕子山下，而招僧人以主持之，可謂世修其勤，樂善不倦者矣。獨山巔之廟，歲月幾更，飄摇風雨，其棟宇榱桷、宫墻丹壁不無摧折汗漫之患，君祖肅公屢欲修葺之，未逮而終。君幼時習知二祖之勤勞，皆於是乎在即，耿耿於懷，遂身任其事，庀才鳩工，董理而整齊之，廟貌一新，復見前烈焉。丁酉冬告竣，欲勒石以垂永久，而資記於余。余於兹峰巒之秀，林麓之奇，皆不復贅。而獨喜君之爲人也，於一廟一祀之修，一木一石之費，皆動念前勳，而憚心竭力於其際，則其他可知，而志事之繼述者，不但已也，遂不殫而爲之記。

乙酉科舉人候選知縣李玉德撰文並書。

叔父：常廷珣，弟：文銘、文鎔、文録、文鋒、監生文聘、文鉽，子侄：建烈、益生建業、建基、建勳、建功、建書、建瑞、建光、建邦、建寅、建祥、建炤、建昇、建成、建武，孫：臨川、伊川、平川等仝立。過行糧大地六畝二分。

石匠：喬時彰。僧人：照禄。

時乾隆歲次丁酉孟冬之中望日立石吉旦。

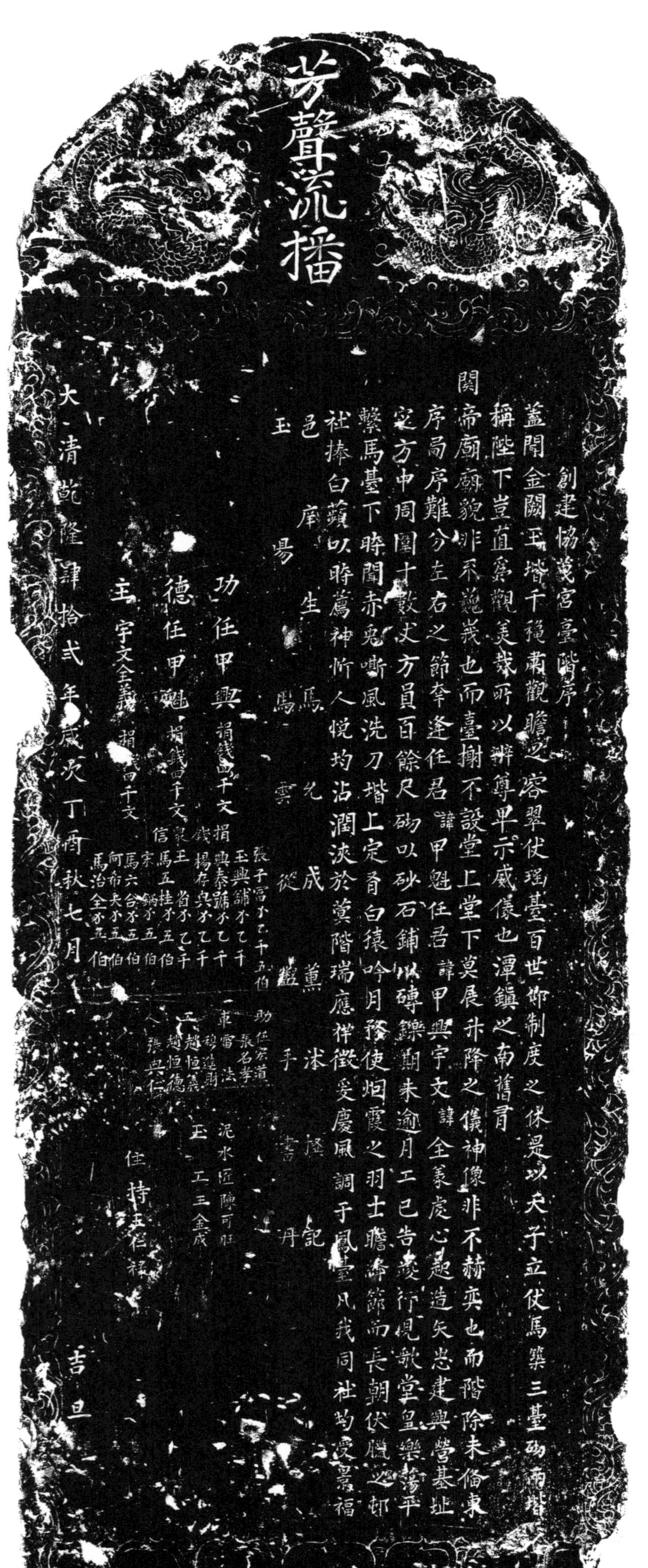

【二〇三】　創建協策宫臺階序

年代：清乾隆四十二年

尺寸：高 156 釐米，寬 58 釐米

立石地點：欒川縣潭頭鎮潭頭村

創建協策宫臺階序

〔碑首〕：芳聲流播

蓋聞金闕玉階，千秋肅觀瞻之容；翠仗瑶臺，百世仰制度之休。是以天子立伏馬，築三臺，砌兩階，稱陛下，豈直爲觀美哉，所以辨尊卑，示威儀也。潭鎮之南舊有關帝廟，廟貌非系巍峨也，而臺榭不設，堂上堂下，莫展升降之儀；神像非不赫奕也，而階除未備，東序局序，難分左右之節。奈逢任君諱甲魁、任君諱甲興、宇文諱全義虔心起造，矢志建興，營基址，定方中，周圍十數丈，方圓百餘尺，砌以砂石，鋪以磚鑠，期未逾月，工已告竣。行見歌堂皇樂蕩平，繫馬臺下，時聞赤兔嘶風；洗刀階上，定有白猿吟月。務使煙霞之羽士，瞻絳節而長朝；伏臘之村社，捧白蘋以時薦。神忻人悦，均沾潤浹於蓂階；瑞應祥徵，爰慶風調于鳳臺。凡我同社，均受景福。

邑庠生馬允成薰沐撰記，玉陽馬雲從盥手書丹。

功德主：任甲興捐錢四千文。任甲魁捐錢四千文。宇文全義捐錢四千文。

捐錢衆信：張子富錢乙千五百。玉興鋪錢乙千。興泰號錢乙千。楊存興錢乙千。王省錢乙千。馬五桂錢五百。宋鈉錢五百。馬六合錢五百。何希天錢五百。馬治全錢五百。助車工任宏道、張名孝、雷法、穆進財、趙恒義、趙恒德、張興仁。

泥水匠：陳可旺。玉工：王金成。住持：王仁禄。

大清乾隆肆拾貳年歲次丁酉秋七月吉旦。

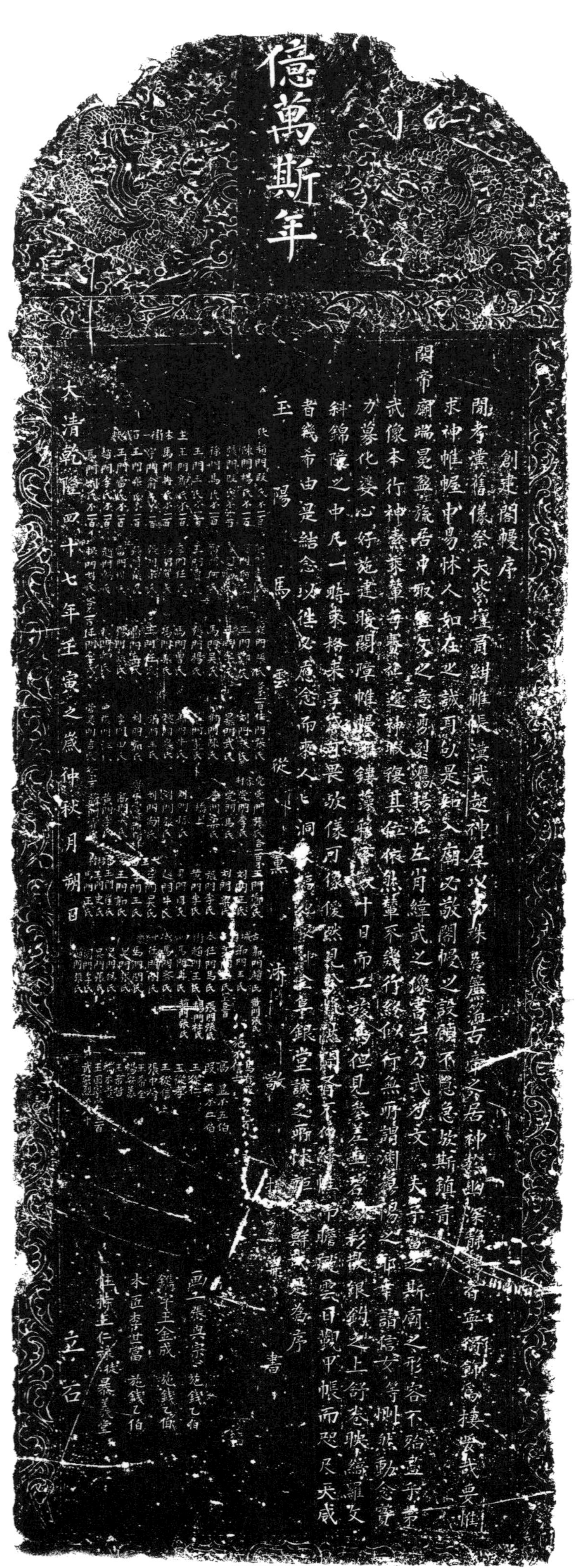

【二〇四】　創建閣幔序

年代：清乾隆四十七年
尺寸：高 183 釐米，寬 62 釐米
立石地點：欒川縣潭頭鎮潭頭村

創建閣幔序

〔碑首〕：億萬斯年

間考漢舊儀，祭天紫壇有紺幃帳，漢武起神屋，以萬珠爲簾箔。古帝之居神於幽深静穆者，寧獨飾爲棲妥哉。要惟求神帷幄中易怵人，如在之誠耳。以是知入廟必敬，閣幔之設，顧不急急歟！斯鎮有關帝廟，端冕盈旒，居中取經文之意；勇烈鷹揚，在左肖緯武之像。《書》云：乃武爲文，夫子當之。斯廟之形容，不殆盡乎？第武像本行，神素乘輦，每賽社迎神，暇復其位，依然輦不幾行終似行，無所謂淵穆惕之耶！幸諸信女等惻然動念，實力募化，婆心好施，建暖閣，障帷幔，雕鏤藻彩，不數十日而工竣焉。但見參差垂碧，紗彩散銀鉤之上；舒卷映綺，羅文斜錦障之中。凡一時來格來享，威可畏歟！儀可像僾，然見□愾，然聞有仰□幃而瞻就，雲日覲甲帳而咫尺，天威者幾希，由是結念以往，必慮念而來，人人洞天福地，家家金阜銀堂，誠之所怵，詎淺鮮哉！是爲序。

玉陽馬雲從薰沐敬撰并書。

化主：趙門段氏錢一百。陳門楊氏錢一百。張門段氏錢一百。徐門馬氏錢一百。王門王氏錢一百。王門郭氏錢一百。本街一百錢數。馬門冉氏錢一百。宇門俞氏錢一百。王門張氏錢一百。王門雷氏錢一百。趙門李氏錢一百。馬門劉氏錢一百。趙門戴氏、趙門向氏、雷門高氏、雷門何氏、王門賈氏、李門任氏、楊門賀氏、張門宋氏、張門張氏、雷門周氏、趙門韓氏、楊門劉氏各錢一百。崔門張氏各錢一百。王門鄭氏、王門李氏、馬門吴氏、張門楊氏、馬門曹氏、馬門張氏、王門任氏、聶門岳氏、楊門張氏、穆門郝氏、任門李氏、任門張氏、劉門張氏、暴門武氏、郝門陳氏、姜門董氏、郭門牛氏、魏門暴氏、張門王氏、劉門郭氏、李門田氏、西營吴門吉氏各錢一百。當家村黨門張氏各一百錢。蕩門李氏、黨門馬氏、李門梁氏、橋上劉門孫氏、劉門張氏、劉門尚氏，鑾子營至秋樹林：高門吴氏、黄門李氏、蘇門霍氏、王門鄭氏、劉門王氏、劉門梁氏、張門李氏、黄門李氏、司門周氏、趙門牛氏，大王廟：李門吴氏、李門王氏、王門郭氏，□坊村：王門崔氏、王門史氏、馬門王氏，古城村：郭門趙氏、黄門張氏、郭門王氏、郭門王氏，以上各一百。本街：任門馬氏、趙門王氏、張門張氏、楊門杜氏、趙門張氏，四鄉六十錢數，馬門冉氏、馬門齊氏、任門閆氏、吴門張氏、吴門楊氏、吴門張氏、胡門李氏、趙門張氏。馬有成錢乙百。施錢信士：高顯錢五百，段英錢二百。王從仁、王從孝、王從信、張中榜、王希全、楊安義、王希哲、端木貴、王國寧，以上各二百。武宏烈錢八十。

畫工張興宗施錢乙百。鐫字王金成施錢乙百。木匠李世富施錢乙百。住持：王仁禄，徒：暴義堂。

大清乾隆四十七年壬寅之歲仲秋月朔日立石。

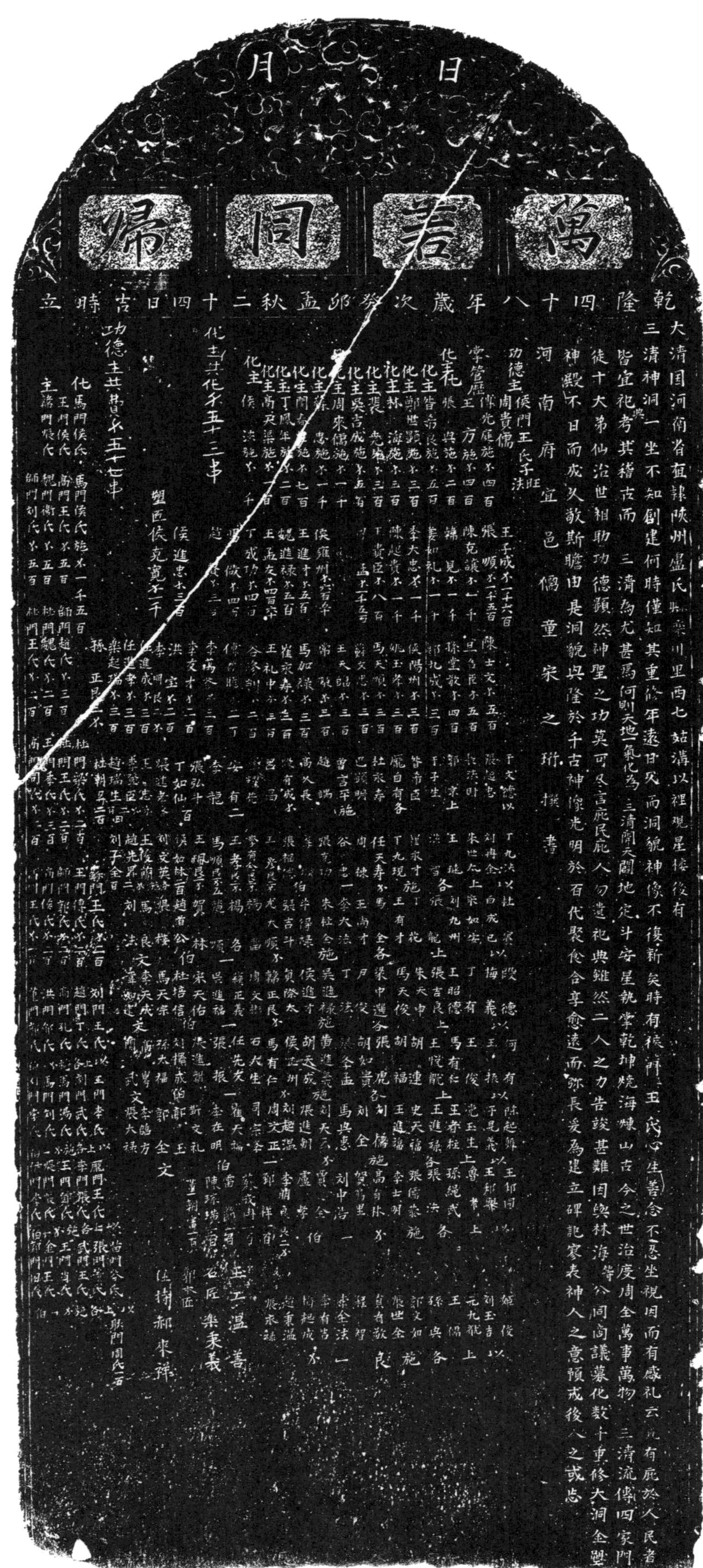

【二〇五】　重修三清洞碑記

年代：清乾隆四十八年

尺寸：高 151 釐米，寬 64 釐米

立石地點：欒川縣石廟鎮觀星村觀星石窟

重修三清洞碑記

〔碑首〕：日月　萬善同歸

大清國河南省直隸陝州盧氏縣欒川里西七姑溝以裡，觀星樓後有三清神洞一坐，不知創建何時，僅知其重修年遠日久，而洞貌、神像不復新矣。時有侯門王氏心生善念，不忍坐視，因而有感。《禮》云：凡有庇於人民者，皆宜祀典。考其稽古，而三清爲尤甚焉。何則？天地一氣，化爲三清，開天闢地，定斗安星。執掌乾坤，燒海煉山，古今之世，治度周全。萬事萬物，三清流傳，四家門徒，十大弟仙。治世相助，功德顯然，神聖之功，莫可盡言。庇民庇人，勿遺祀典。雖然二人之力，告竣甚難，因與林海等公同商議，募化數千，重修大洞，金塑神殿，不日而成，久敬斯瞻。由是洞貌興隆於千古，神像光明於百代。聚食合享，愈遠而彌長。爰爲建立碑記，廖表神人之意，預戒後人之或忘。

功德主：侯門王氏，子旺、法；周貴儒。

掌管歷傳光庭施錢四百。王方施錢四百。化主張興施錢二百。化主昝希良施錢五百。化主鄭世顯施錢三百。化主林海施錢三百。化主裴堯施錢三百。化主吴吉成施錢五百。化主周來儒施錢一千。化主蘇忠施錢一千。化主閆春□施錢七百。化主丁鳳年施錢二百。化主高天渠施錢一百。化主侯法施錢一千。化主共化錢五十三串，功德主共費錢五十七串。王子成錢一千六百。張順錢一千五百。陳克讓錢一千。韓見錢一千。姜如禮錢一千。李大忠錢一千。陳起貴錢一千。王貴臣錢八百。司孟錢一千五百。侯雍州錢六百五十。王進才錢五百。魏進禄錢五百。王孟友錢四百六。丁成功錢四百。馮做錢四百。趙賢錢三百。侯進忠錢三百。塑匠侯克寬錢一千。陳士文錢五百。旦名臣錢五百。孫堂敬錢四百。郭九成錢三百。侯陽州錢三百。姚玉孝錢三百。馬天順錢三百。蘇文忠錢三百。王天臨錢三百。常凝錢三百。馬加禄錢三百。崔永壽錢三百。王禮中錢三百。谷修朝錢二百。傅君聰錢二百。李萬蒼錢三百。李友才錢二百。洪寶錢二百。李明銀二錢。任進成錢三百。任進孝錢三百。欒起瑞錢三百。孫正銀二錢。于文德、張起忠、長法財、郭京、于子生、昝希臣、龐自有、杜永壽、巴顯明、曾言平、趙端、高久長、段有成、吕昌、孫耀先、安有、李龍、張弘斗、丁如仙各施錢二百。張進孝、王忠、李登臣、趙瑞生各施錢二百。杜朝昇二百。丁九法、劉冉全、朱世太、王璉、洪智、崔永才、丁九現、任天壽、周楝、谷忠、張克功、寧璞、張福德，以上各施錢一百。王彦銀二錢。李有金銀二錢。王孝銀二錢。馬順銀一錢五。王珮銀二錢。侯如林二百。劉文英、王俊蘭、趙先昇、劉子全各施錢二百。杜賓、白成己、宋如安、劉九州、張龍、丁花、王有才、馬全、王尚才、李大法、朱杜全、牛得禄、張吉斗、尤大順、楊雷、楊名、楚順、賀林、趙首公、張接、馬良、劉法，以上各施錢一百文。段德、梅義、丁有、王昭德、張吉良、朱天申、馬天俊、梁中選、尹俊、丁法、吴進禄、侯進才、員際太、韓正艮、周文彬、蘇正義、吴進福、宋天佑、杜培信、馬天宗、李天成、韋如連，以上各施錢一百文。何有、王振、王俊、馬有仁、王悦龍、胡連、張虎、胡如貴、張學孟、黄進義、胡天成、侯正州、馬有仁、石大生、任先友、張振、張進朝、劉擇成、孫太福、高㝎、關武，以上各施錢一百文。陳起舞、于見義、黨玉生、王者柱、王進禄、史天福、王進福、劉儒、劉全、馬興惠、劉天云、張進朝、劉起温、周文正、司宗學、崔天福、李在明、靳文禮、郭玉、郭全、李臨方、張大禄，以上各施錢一百文。王邦固、王邦舉、魯孝、孫繩武、張法、張儒泰、李士明、高自林、賀萬里、劉中浩、賈全、盧孝，以上各施錢一百。李朋良銀二錢。郅祥一百。蘇成冉一百。雷節一百。陳琮璜一百。董朝富一百。姬俊、劉玉吉、元九龍、王儒、孫興、郭文如、張世全、員有敬、程智、李全法、李有吉、梅起成、趙秉温、張永禄，以上各施銀一錢。

化主：馬門侯氏、王門侯氏、韓門張氏、馬門侯氏施錢一錢五百。高門王氏錢五百。魏門衛氏錢五百。師門劉氏錢五百。師門趙氏錢三百。杜門魏氏錢二百。杜門王氏錢二百。杜門梁氏錢二百。杜門王氏錢二百。王門李氏錢三百。高門司氏錢二百。孫門王氏錢二百。王門傅氏錢二百。師門郭氏錢二百。高門侯氏錢二百。高門王氏錢一百。劉門王氏、趙門丁氏、高門孔氏、洪門郁氏、董門郭氏，以上各施錢一百。王門李氏、劉門武氏、馬門湯氏、馬門劉氏、劉門李氏，以上各施錢一百。龐門王氏、李門張氏、王門鄧氏、張門張氏、伊門李氏，以上各施錢一百。苗門谷氏、張門董氏、武門王氏、王門肖氏、金門王氏、郭門田氏，以上各施錢一百。耿門周氏一百。

玉工：温善。石匠：樂秉義、郭木匠。住持：郝來祥。

河南府宜邑儒童宋之珩撰書。

乾隆四十八年歲次癸卯孟秋二十四日吉時立。

大清国河南省直隸陝州盧氏縣
三清神洞一坐不知創建何時僅知
皆宜祀考典其稽古而三清為尤
徒十大弟仙治世相助功德顯然
神殿不日而成久敬斯瞻由是洞
河南府宜邑儒童
功德主侯門王氏子法旺
周貴儒
王子成於一千六百

原大局部

大清

日　月

歲在丁未三月季春三聖殿告成焉銀燭香烟設戲慶會所謂神喜人喜者也是月也惠風和
暢甫暘時若五音迭奏六律偕和遠近莫不聞焉檀板敲兮時聞紅杏之□玉簫吹兮驚破綠楊之
烟一時之人扶老攜幼莫不仰觀而唱嘆矣太誓曰天視自我民視天聽自我民聽此之謂也雖然
樂楼之不建亦有識者之不能無憂也于是閆章禮李朝賢善念發動舉觴携酒仝議建楼梨樹溝之人無不怡
從遂各捐貲財同費經營而樂楼之功不藉而告成焉文稽此地東接澗道西達熊耳南連內鄉之
界北通永寧之境当三春聖會之際四方清醮之日遷客騷人多會於此第見尺寸有度規模準於
直方塑塑所施粉飾參差久償與齊雲落而同僊並稠泛急而為侶也觀斯楼者孰不心曠神怡
以為風雨有倫聖會有賴喜氣洋洋者乎然則果誰之力後之人睹者咸稱二君之功於不朽云爾

河南府孟津縣洪水鎮後學楊俊業選文

盧氏縣澗西村後學李世成書

功德閆章禮施不六千文

主李朝賢施不三千文

山主范克義

化主　趙考施不一千文　王海施不一千文　張漢卿施不一千文　馮有才施不一千文　劉尚奇施不一千文　陳升盛施不二千文　郝森施不一千文

刻碑郭君貴

匠牛秉橋

合會餘下不一千玖百頓四文樂楼費用

木匠郭喜春

仝建

王云施不二百文　貴采祥施不二百文　武有廷施不二百文　秦年施不二百文　閆再茂施不二百文　馮士施不二百文　閆有若施不二百文　文佟施不二百文　李匡施不二百文　魏忠施不二百文　吳長施不二百文　董克施不二百文　表怀儀施不二百文　王鳳祥施不二百文　董登成施不二百文　張文彥施不二百文　張璠施不二百文

乾隆伍拾貳年□月廿日吉旦

木匠李朝鰲　郭喜春仝工

【二〇六】　創修三聖殿碑記

年代：清乾隆五十二年

尺寸：高 163 釐米，寬 64 釐米

立石地點：欒川縣叫河鎮栗樹溝村小學火神廟

〔碑首〕：大清　日月

歲在丁未三月季春，三聖殿告成焉，銀燭香煙，設戲慶會，所謂神喜人喜者□□也。是月也，惠風和暢雨暘時，若五音迭奏，六律偕和，遠近莫不聞焉。檀板敲兮，時聞紅杏之雨；玉簫吹兮，點破緑楊之煙。一時之人，扶老攜幼，莫不仰觀而唱嘆矣。太誓曰：天視自我民視，天聽自我民聽。此之謂也。雖然樂樓之不建，亦有識者之不能無憂也。于是閆章禮、李朝賢善念發動，舉觴攜酒，仝議建樓。梨樹溝之人無不怡從，遂各捐貲財，同費經營，而樂樓之功不月而告成焉。爰稽此地東接悶逌，西達熊耳，南連内鄉之界，北通永寧之境。當三春聖會之際，四方清醮之日，遷客騷人多會於此，第見尺寸有度，規模準於直方，黝堊所施，粉飾参於文質，與齊雲落而同傳，並閱江岳而爲侶也。睹斯樓者，孰不心曠神怡，以爲風雨有備，聖會有賴，喜氣洋洋者乎！然則果誰之力，後之人覽者，咸稱二君之功於不朽云爾。

河南府孟津縣洪水鎮後學楊俊業撰文，盧氏縣澗西村後學李世成書。

功德主：閆章禮施錢六千文。李朝賢施錢三千文。山主范克義，化主尚起秀施錢一千文。孟海施錢一千文。張漢爵施錢一千文。馮有才施錢一千文。劉萬奇施錢一千文。陳升遠施錢二千文。邢森施錢一千文。王采云施錢二百文。賈廷祥施錢二百文。武有年施錢二百文。袁珍施錢二百文。袁再振施錢二百文。閆士寬施錢二百文。馬有德施錢二百文。閆若哲施錢二百文。李臣施錢二百文。魏忠施錢二百文。吴美施錢二百文。董懷成施錢二百文。袁鳳儀施錢二百文。岳登祥施錢二百文。董天成施錢二百文。張彦施錢二百文。張璠施錢二百文。

刻碑匠：郭君貴、牛秉槁。木匠：郭喜春。仝建。木匠：李朝鰲、郭喜春。仝工。

合會餘錢零千玖百零四文，修樂樓費用。

乾隆伍拾貳年子月廿日吉旦。

【二〇七】 重修老君殿碑記

年代：清乾隆五十四年

尺寸：高 100 釐米，寬 53 釐米

立石地點：欒川縣白土鎮馬庵村老君廟

重修老君殿碑記

〔碑首〕：大清　日月

聞之爲善獲福，是可知積善之家，必有餘慶也。嵩邑二十里許，臨伊□□河壁鐵角山有廣善庵一座，歷年久遠，廟貌不知修于何年，神像不知修于何日。及至大清雍正二年，嵩邑旧縣鎮太山廟住持王陽真，首□□用庵地糧，墾地不收。延至乾隆二十六年，逢住持張本全管理太山廟，並經管鐵角庵，其地不開，仍種不收。又延至乾隆三十四、五年間，招僧開地，墾種出租，微有積蓄。于乾隆四十七年，住持張本全主修，協同本廟住持霍本貴督工，從新建修鐵角庵、老君殿三楹。四十八年，金塑神像，五十一年，又經本廟住持常智惠建修道房二間，俱屬本廟貲財，並無募化四方，其功告峻（竣），永垂不朽。是爲誌。

特授河南河南府嵩縣舊縣分巡司加三級又軍功加一級董成智，嵩邑莘樂子齊銓撰文并書。

首事：董天爵、馮士敬、董懷慶、李可進、董懷富、楊天壽各施錢一千。湯明五百。王復殿六百。以上做工起，完工止。楊君浩二百。崔天壽二百。王有魁二百。王法二百。王讓一百。

舊縣首事：姚武、冉有光、姚忠、齊銓、生員冉有煇、姚弘儒。

窑匠：郭舉信。木匠：王□。塑匠：楊茂。玉工：姚□。

東西南三至元嶺，北至龍□。報糧九錢一分。

大清乾隆歲次己酉仲冬上浣之吉仝立。

福緣善慶
創修藥王殿碑記
昔黄帝嘗百草以療民病岐伯於是有内經之篇雷公於是有炮治之法皆所以調治陰
陽救護斯民者功莫大焉後世
藥王之崇奉豈不為祀典所甚重民生日用所以賴也哉於是總領侯克寬以為已任又創建
廣生殿於去歲矣後慮所以傷厥生者或飲食之不節即或性情之不和即或寒暑燥濕之不
不時即或種々為患所當保爰而安全者勿唯藥餌之留蓋不可以已也因不與同志本
鄉外縣又創建藥王殿一楹於三星堂之西側以為鄙人士歲時祭奉之地此其同心
蓋以濟世活人為事矣則凡所以救災恤患扶厄濟困者又安往而不慷慨樂施也余是
以不揣固陋樂得拔氣而誌以為後世勸云
大清乾隆伍拾肆年季春月　穀旦立

【二〇八】 創修藥王殿碑記

年代：清乾隆五十四年

尺寸：高 143 釐米，寬 60 釐米

立石地點：欒川縣石廟鎮石廟村黄密

創修藥王殿碑記

〔碑首〕：福緣善慶

昔黄帝嘗百草，以療民病，岐伯於是有内經之篇，雷公於是有炮治之法，皆所以調治陰陽，救護斯民者，功莫大焉。後世藥王之崇奉，豈不爲祀典所甚重，民生日用所似賴也哉！於是，總領侯克寬以爲己任，乃創建廣生殿於去歲矣。後慮所以傷厥生者，或飲食之不節，即或性情之不和，即或寒暑燥濕之不時，即或種種爲患，所當保艾而安全者，刀哇藥餌之雷，蓋不可以已也。因爾與周溝本鄉外縣，又創建藥王殿一楹於三星堂之西側，以爲都人士歲時祭賽之地。此其同心，蓋以濟世活人爲事矣。則凡所以救災恤患、扶厄濟困者，又安往而不慷慨赴之也。余是以不揣固陋，樂得拔氣而誌，以爲後世勸云。

嵩邑儒童王純沐手撰文敬書。

總領侯克寬。化主丁成功錢五百文。化主任進孝、化主王純錢五百文。化主郭禮五百。化主魏進才一千。化主楊建文千五百。陶宗文五百。蘇成樂一百。楊一意五百。嵩縣王玉亮錢一千。陳清錢一百。卜記聖錢二百。費仲宇錢三百。魏仁錢八百。齊管錢一百。霍赫禮錢一百。王張氏錢七百。陳李氏錢一千。陳鄭氏錢三百。陳賀氏錢二百。都白氏一百五。李費氏錢二百。李宫氏錢四百。張費氏錢一百文。楊費氏錢二百。于李氏錢五百。張王氏錢一百。任朱氏錢一百五。汪李氏錢一百文。徐費氏錢二百。化主齊王氏錢五百。齊王氏錢一百。齊申氏錢一百。明薛氏錢三百。明牛氏錢三百。關明氏錢三百。寧谷氏錢一百。趙丁氏錢二百。王全德二百。秦義錢三百。丁建功二百。王起文一百。崔永壽五百。王福一百。盧孝一百。張開公一百。丁如仙一百。馬加禄二百。谷忠二百。寧璞一百。裴堯二百。張龍二百。丁化光一百。張付德一百。劉尚福一百文。張武錢五百文。劉九府錢一百。梅義錢一百。孫耀先錢一百。孫起云錢一百。馬全錢一百。吕昌錢一百。朱渡泉錢一百。王進才錢二百。王夢有錢一百。王裡中錢一百。吴永照錢一百。吴進福錢一百。劉九州錢一百。裴天德錢一百。宋之珩錢一百。丁華錢二百。馬良錢一百。鄭弘才錢一百。粟永敬錢五百。蘇正義錢一百。丁法錢二百。張節錢一百。韓庭梅錢一百。崔永才錢一百。唐余錢二百。任先有錢一百。李大忠錢一百。趙常安錢一百。張心太錢二百。石玉印錢二百。化主王安儒錢一百。姬文景錢一百。楊萬益錢一百。黄九昇錢一百。郭文朝錢一百。侯士堯錢八十。李珍錢三百。李粲錢三百。楊智錢一百。陸萬春錢一百。王敬錢一百。路萬壽錢一百。楊玉錢一百。楊立錢一百。桃宗智錢一百。李如松錢一百。狼群錢一百。郭文朝錢一百。衛朝傑錢一百。李林方錢一百。杜鎮山錢一百。張吉斗錢一百。郭□張氏一百文。李□安氏一百文。

李□白氏三百。路□王氏一百。謝□張氏一百。趙□丁氏二百。趙□郭氏一百。甯□谷氏一百。張吉良、李萬春、韓興禄各一百。石□張氏一百。郭□張氏一百。李□安氏一百。李□白氏一百。李□張氏一百。路□王氏一百。

大清乾隆伍拾肆年季春月穀旦立。

鐵筆生：田平。

創修 藥王殿碑記
昔黃帝嘗百草以療民
陽救護斯民者功莫大
之崇奉豈不為祀典所
殿於去歲矣後慮所以
木時即或種為患所
鄉外縣又創建 藥王

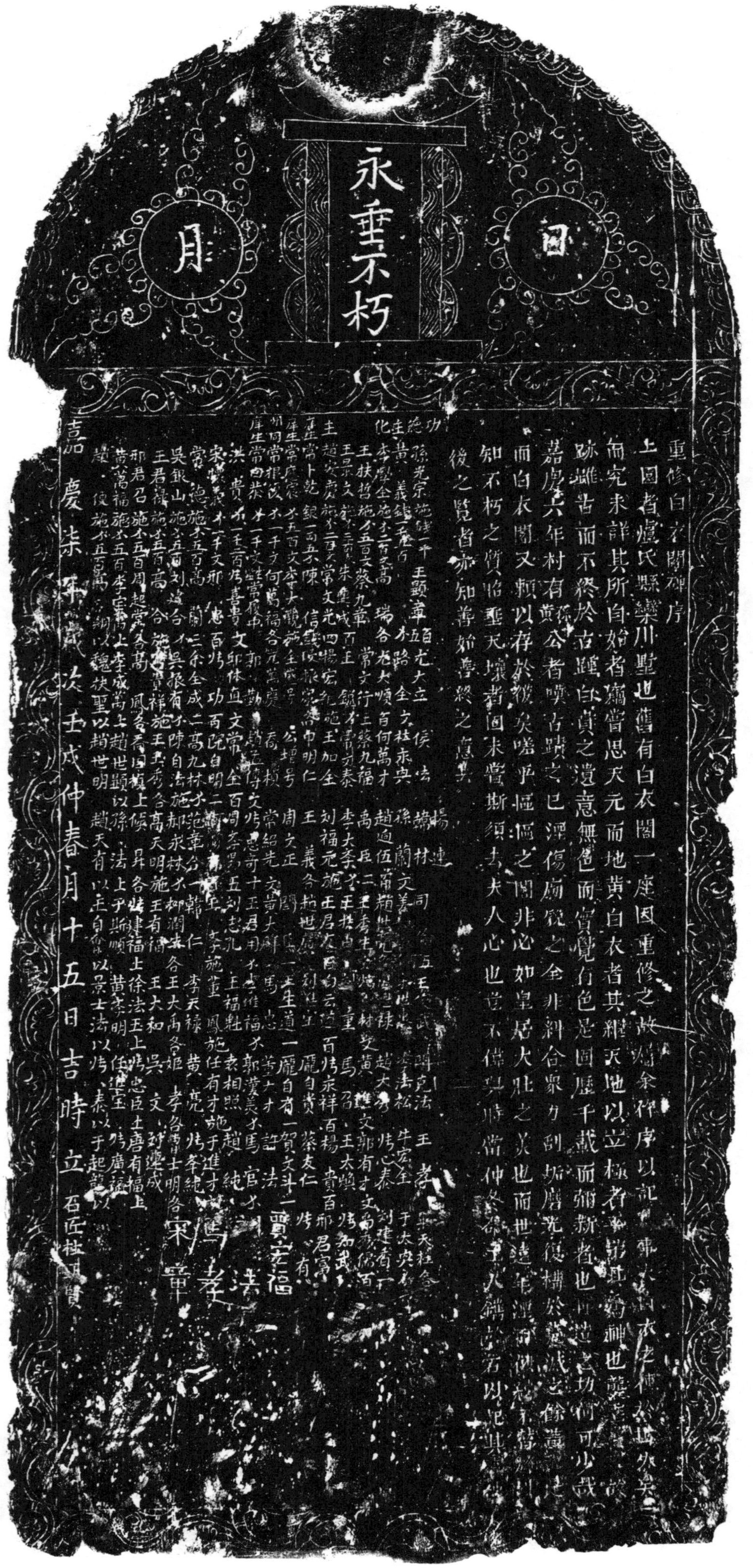
永垂不朽
日
月
重修白衣閣碑序
嘉慶柒年歲次壬戌仲春月十五日吉時立

【二〇九】 重修白衣閣碑序

年代：清嘉慶七年

尺寸：高 110 釐米，寬 50 釐米

立石地點：欒川縣石廟鎮上園村白衣閣

重修白衣閣碑序

〔碑首〕：永垂不朽　日月

上園者，盧氏縣欒川墅也，舊有白衣閣一座，因重修之，故屬余作序，以記其事。夫白衣之傳於世久矣，而究未詳其所自始者。竊嘗思天元而地黄，白衣者，其繼天地以立極者，卒第其爲神也。襲靈當世，故迹雖古而不終於古，踵白賁之遺意，無色而實覺有色，是固歷千載而彌新者也。再造之功，何可少哉！嘉慶六年，村有孫公、黄公者，嘆古迹之已湮，傷廟貌之全非，糾合衆力，刮垢磨光，復構於□滅之餘，蓋□是而白衣閣又賴以存於後矣。嗟乎！區區之閣，非必如皇居大壯之美也，而世遠年湮，而似續不替於□，知不朽之質，昭垂天壤者，固未嘗斯須去夫人心也，豈不偉與。時當仲冬，命玉人鐫於石，以記其年，使後之覽者，亦知善始善終之意云。

功德主：孫光宗施錢一千。黄義錢一千五百。化主：李學全施錢二百文。王扶哲施錢五百文。王景文施錢三百文。趙安慶施錢二百文。庠生常卜乾銀一兩五錢。庠生常應宸錢五百文。州同常根復錢一千文。庠生常四恭錢一千文。洪貴錢一千二百。宋懷義錢一千文。常德施錢五百。吴銀山施錢五百。王君禄施錢五百。邢君召施錢五百。黄萬福施錢五百。趙便施錢五百。王顯章、高瑞各錢五百。蔡九章、朱連成、常文光、陳信、李大觀、何萬福各施錢四百。監生常履中、張喜貴、邢忠、高蘭、劉建合、高合、周起堂、李寶萬、高翔，以上各施錢三百文。尤大立、路全、尤大順、常广行、王鋭、楊宏紀、□振家、王成□、□萬慶、郭勤、邱休直、張功、余全成、吴振有、□貴祥、高鳳、李成萬、魏扶聖以上各施錢二百文。侯法、杜永興、何萬才、蔡九福、常文泰、王加全、申明仁、公增號、喬楨、趙孟傳、常全、阮自明、高九林、陳自法、王玉秀、喬國楨、趙世顯、趙世明，以上各施錢二百文。楊連、韓林、孫蘭、趙迴伍、禹臣、李大學、劉福元、王義各施錢二百文。周文正、常紹先、張忠奇、周學易、何萬有、范章合、郝永林、高天明、侯昇、孫法、趙天有，以上各施錢一百五十文。同倫、姜如敬、趙世亮各錢百五。王秀生、王扶由、王君友、趙世廣、閆臣、黄大群、王君用、劉志孔、王學、韓仁、柳潤生、王有福、張建福、于斯順、王自會，以上各施錢一百文。王俊武、宋世惠、閆進禄、張□林、劉重、白云道、劉進寶、王生道、馬忠、李進福、王福魁、董鳳、李天禄、王大禹、王大和、徐法玉、黄學明、景士法，以上各施錢一百文。關克法、李法松、趙大秀、黄進、馬召、張永祥、龐自貴、龐自有、董大才、郭漢美、袁相照、任有才、黄亮、姬孝、吴文、張忠臣、任進寶、張泰，以上各施錢一百文。王孝、牛宏全、張心泰、郭有才、王太焕、楊貴、蔡友仁、賀文斗、許法、馬官、趙純、于進才、張學純、曹士明、劉連成、唐有福、張廣福、于起龍，以上各施錢一百文。車天柱、于太興、劉建香、禹秀儒、張知武、邢君富、張有、賈宏福、劉法、馬孝、宋章各錢一百。

嘉慶柒年歲次壬戌仲春月十五日吉時立。石匠：杜正賢。

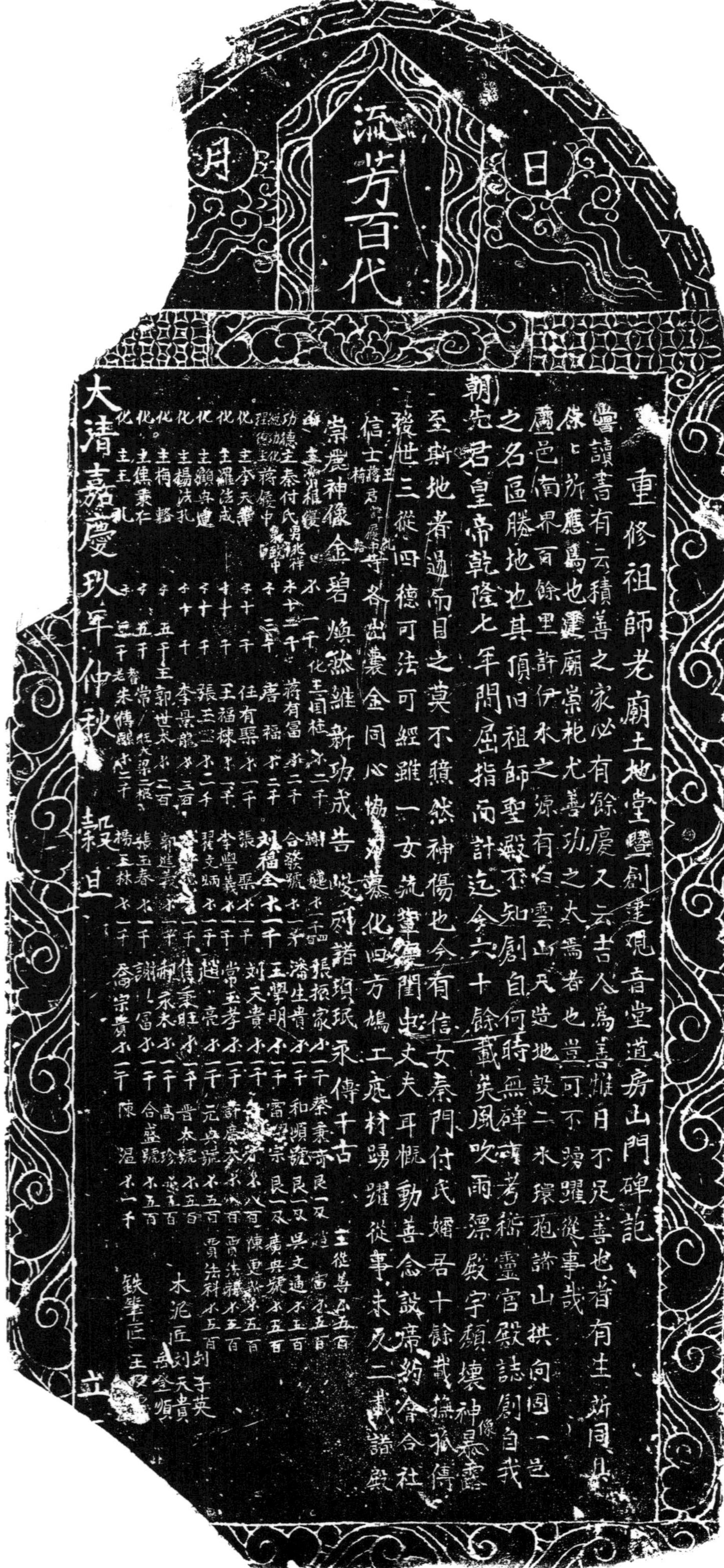
月　流芳百代　日

重修祖師老廟土地堂暨創建觀音堂道房山門碑記

嘗讀書有云積善之家必有餘慶又云吉人爲善惟日不足善也者有生所同此條亦所應爲也建廟崇祀尤善功之大焉者也豈可不踴躍從事哉

靈邑南界百餘里許伊水之源有白雲山天造地設二水環抱諸山拱向固一邑之名區勝地也其頂舊祖師聖殿不知創自何時無碑可考稽靈宮殿誌創自我

朝先君皇帝乾隆七年間屈指而計迄今六十餘載矣風吹雨漂殿宇頹壞神像暴露至斯地者過而目之莫不𥪡然神傷也今有信女秦門付氏孀居十餘載撫孤傳後世三從四德可法可經雖一女流實邁鬚眉丈夫耳慨動善念設席約會合社信士各出囊金同心協力募化四方鳩工庀材踴躍從事未及二載諸殿崇塑神像金碧煥然維新功成告峻刻諸貞珉永傳千古

大清嘉慶玖年仲秋穀旦　立

【二一〇】　重修祖師老廟土地堂暨創建觀音堂道房山門碑記

年代：清嘉慶九年

尺寸：高 129 釐米，寬 56 釐米

立石地點：欒川縣陶灣鎮肖圪塔村廟底組祖師廟

重修祖師老廟土地堂暨創建觀音堂道房山門碑記

〔碑首〕：流芳百代　日月

嘗讀書有云：積善之家，必有餘慶。又云：吉人爲善，惟日不足。善也者，有生所同，且人人所應爲也。建廟崇祀，尤善功之大焉者也，豈可不踴躍從事哉！盧邑南界百餘里許，伊水之源，有白雲山，天造地設，二水環抱，諸山拱向，固一邑之名區勝地也。其頂舊祖師聖殿，不知創自何時，無碑可考。稽靈官殿誌，創自我朝先君皇帝乾隆七年間，屈指而計，迄今六十餘載矣，風吹雨漂，殿宇頹壞，神像暴露，至斯地者，過而目之，莫不黯然神傷也。今有信女秦門付氏，孀居十餘載，撫孤傳後世，三從四德，可法可經。雖一女流輩，寔閨中丈夫耳，慨動善念，設席約會合社信士王君諱禮、蔣君諱履中、梅君諱輅等，各出囊金，同心協力，募化四方，鳩工庇材，踴躍從事，未及二載，諸殿崇麗，神像金碧，焕然維新。功成告峻（竣），列諸瑱珉，永傳千古。

山主：常根復錢一千。功德主：秦付氏，男兆祥錢十二千。總理功德化主蔣履中，弟致中錢三千。化主李天華錢十千。化主羅法成錢十千。化主顧興連錢十千。化主楊法孔錢十千。化主梅輅錢五千。化主焦秉仁錢五千。化主王禮錢三千。化主王國柱錢二千。蔣有富錢二千。唐福錢二千。任有聚錢一千。王福棟錢一千。張玉□錢二千。李景龍錢三百。郭世太錢二百。常旺大梁二根。耆老朱傳熙錢二千。謝璉錢一千四百。合發號錢一千。劉福全錢一千。張聚錢一千。李學義錢一千。翟文炳錢一千。□□德錢一千。郭進義錢一千。張玉春錢一千。楊玉林錢一千。張振家錢一千。潘生貴錢一千。王學明錢一千。劉天貴錢一千。常玉孝錢一千。趙亮錢一千。焦秉旺錢一千。郝永太錢一千。謝富錢一千。喬宗貴錢一千。蔡秉奇銀一兩。和順號銀一兩。雷耀宗銀一兩。□□才錢八百。許廣太錢八百。元興號錢五百。晉太號錢五百。高珍錢五百。合盛號錢五百。陳温錢一千。王從善錢五百。趙雷錢五百。吴文通錢五百。廣興號錢五百。陳更新錢五百。賈法禄錢五百。賈法科錢五百。

木泥匠：劉子英、劉天貴、岳登順。鐵筆匠：王振□。

大清嘉慶玖年仲秋穀旦立□。

創建聖公聖母石廟碑記
嘗讀書有云：吉人爲善，念惟日不足。今有
秦門傅氏，孤兒寡居，雖一女流，真女中魁
也。其善念之動，前功未已，而後功復興。他
年方修石路，以濟往來之行人；今春又修
石廟，以爲聖公聖母之憑依。獨力而成，即
洛津之普名傳世，亦不過如是云爾。
功德主秦門傅氏男□□
□嘉慶□弍年歲次丁卯仲春穀旦

【二一一】　創建聖公聖母石廟碑記

年代：清嘉慶十二年

尺寸：高 54 釐米，寬 27 釐米

立石地點：欒川縣陶灣鎮肖圪塔村廟底組祖師廟

創建聖公聖母石廟碑記

嘗讀書有云：吉人爲善念，惟日不足。今有秦門傅氏孤兒寡居，雖一女流，真女中魁也。其善念之動，前功未已，而後功復興。他年方修石路以濟往來之行人，今春又修石廟，以爲聖公聖母之憑依，獨力而成，即洛津之善，名傳世亦不過如是示爾。

功德主：秦門傅氏，男兆祥。

時嘉慶拾貳年歲次丁卯仲春穀旦。

永傳不朽

龍飛道光十八年歲次戊戌中秋　穀旦

【二一二】 重修龍王廟五聖祠記

年代：清道光十八年

尺寸：高 175 釐米，寬 70 釐米

立石地點：欒川縣潭頭鎮黨村龍王廟

重修龍王廟五聖祠記

〔碑首〕：永傳不朽

龍之爲靈，不待言矣。先民有曰：龍見而雩蒼。龍見于東方，爲百穀祈膏雨焉，夫大田之作也，有渰萋萋，興雨祁祁，繼之以田畯至喜，來方禋祀，所以雲從龍時雨，若報賽田功，神人以和，其事相因而成也。村先父老建龍王廟，立五聖祠，不知始於何年，第由廟以察其心，致有深意示。且人情有觸而動，因感而發，若歲大旱，用作霖雨苗□然而興者，人亦傾心而善矣，豈敢忘厥德哉！村之衆禱祀，皆求輒應，念以予人重本業，户尚敦樸，見廟之積久而敗，爰爲之因舊謀新，首事者不怠於事，衆善者各輸其資，廟宇之整飭也，聖像之輝煌也，□樓之完固，墻垣之高闊也。繼建造之盛舉，報神功之深仁，迎虎迎貓，村社望鼓以仰承。聖天子六龍馭天，熙熙□□，吹山飲臘之休□也。或曰村名大王廟村，由廟名姑有其说，以俟考焉爾。

例授登仕郎候選□政廳趙國華撰文並書丹。

陳九政捐錢五仟。李天池捐錢貳仟。李士彦捐錢叁仟。孫賓捐錢肆仟。孫岐捐錢拾仟。孫成貴捐錢捌仟。趙崇德捐錢陸仟。孫成理捐錢叁仟。孫成選捐錢肆仟。李任天捐錢肆仟。李天衡捐錢兩仟。李本章捐錢兩仟。李國柱捐錢兩仟。李榮錫捐錢兩仟。孫傳捐錢兩仟。孫□捐錢兩仟。張□建捐錢壹仟。張繼周捐錢壹仟。張有太捐錢兩仟。李行中捐錢兩仟。李建章捐錢壹仟五百。李任官捐錢壹仟……

木工：陳□修。畫工：張□成。玉工：張松言。

龍飛道光十八年歲次戊戌中秋穀旦。

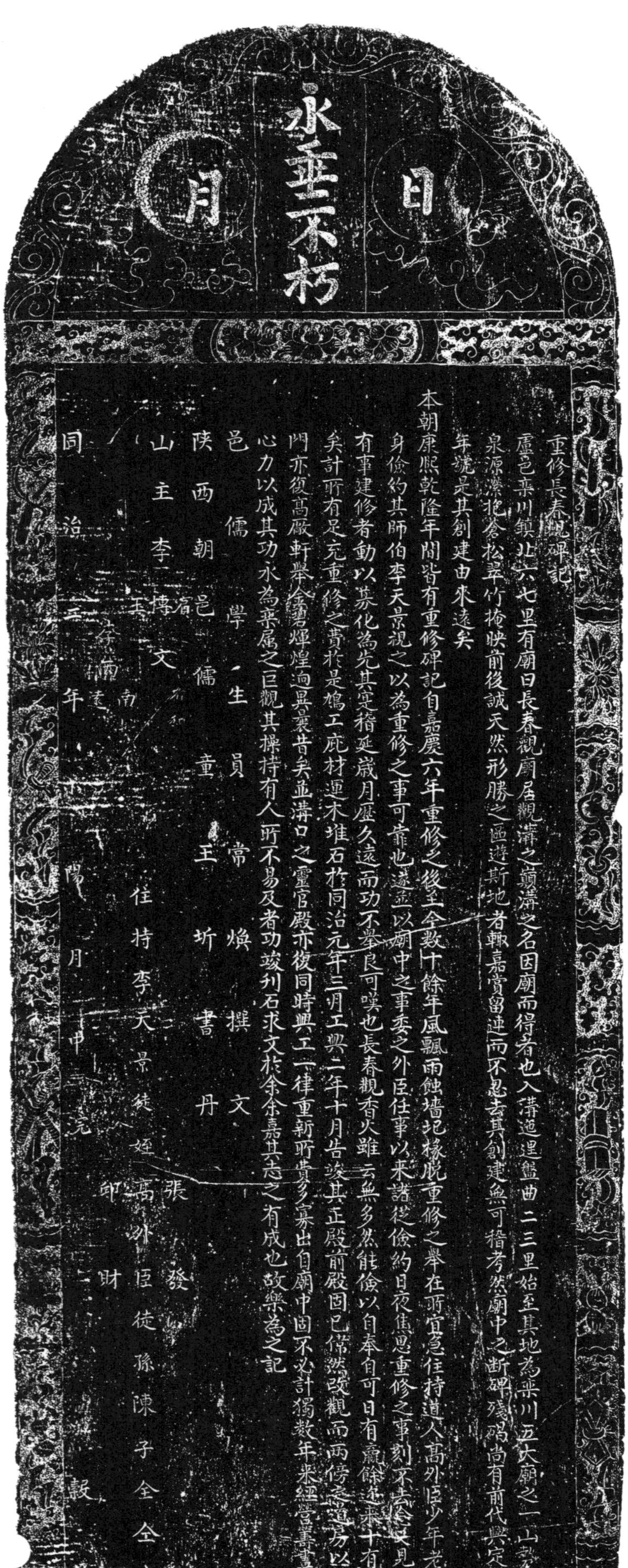
日
永垂不朽
月
重修長春觀碑記
盧邑欒川鎮北六七里有廟曰長春觀廟居觀溝之巔溝之名因廟而得者也入溝迤邐盤曲二三里始至其地為欒川五大廟之一山勢
泉源潔抱蒼松翠竹掩映前後誠天然形勝之區遊斯地者輒嘉賞留連而不忍去其創建無可稽考然廟中之斷碑殘碣尚有前代興定
年號是其創建由來遠矣
本朝康熙乾隆年間皆有重修碑記自嘉慶六年重修之後至今數十餘年風飄雨蝕墻圮椽脫重修之舉在所宜急住持道人高外臣少年老成
身儉約其師伯李天景視之以為重修之事可靠也遂並以廟中之事委之外臣任事以來諸從儉約日夜焦思重修之事刻不去懷
有事建修者動以募化為先其寔稽延歲月歷久遠而功不舉良可嘆也長春觀香火雖云無多然能儉以自奉自可日有贏餘迄今十有
矣計所有足充重修之費於是鳩工庀材運木堆石於同治元年三月工興二年十月告竣其正殿前殿固已儲然改觀而兩傍之道房以
門亦復高廠軒舉金碧煇煌迥異曩昔矣並溝口之靈官殿亦復同時興工一律重新所費多寡出自廟中固不必計獨數年來經營籌畫
心力以成其功永為欒屬之巨觀其操持有人所不易及者功竣刊石求文於余余嘉其志之有成也故樂為之記
邑儒學生員常煥文撰文
陝西朝邑儒童王圻書丹
山主李博文
住持李天景 徒姪高外臣 徒孫陳子全 仝
同治三年 月 中浣

【二一三】 重修長春觀碑記

年代：清同治二年

尺寸：高 169 釐米，寬 64 釐米

立石地點：欒川縣赤土店鎮竹園村觀溝組長春觀

重修長春觀碑記

〔碑首〕：永垂不朽　日月

盧邑欒川鎮北六七里，有廟曰長春觀，廟居觀溝之巔，溝之名因廟而得者也。入溝迤邐盤曲二三里，始至其地，爲欒川五大廟之一。山勢回□，泉源瀠抱，蒼松翠竹，掩映前後，誠天然形勝之區。遊斯地者，輒嘉賞留連而不忍去。其創建無可稽考，然廟中之斷碑殘碣尚有，前代興定□□年號，是其創建由來遠矣。本朝康熙、乾隆年間，皆有重修碑記，自嘉慶六年重修之後，至今數十餘年，風飄雨蝕，墻圮椽脱，重修之舉，在所宜急。住持道人高外臣，少年老成，□身儉約，其師伯李天景視之，以爲重修之事可靠也，遂並以廟中之事委之。外臣任事以來，諸從儉約，日夜焦思重修之事，刻不去念。又見□□有事建修者，動以募化爲先，其寔稽延歲月歷久遠而功不舉，良可嘆也。長春觀香火雖云無多，然能儉以自奉，自可日有贏餘，邇來十有餘□矣，計所有足充重修之費。於是，鳩工庀材，運木堆石，於同治元年三月工興，二年十月告竣。其正殿、前殿固已偉然改觀，而兩傍之道房以及□門，亦復高廠軒舉，金碧輝煌，迴異曩昔矣。並溝口之靈官殿亦復同時興工，一律重新。所費多寡，出自廟中，固不必計。獨數年來，經營籌畫，竭□心力，以成其功，永爲欒屬之巨觀，其操持有人所不易及者。功竣刋石，求文於余，余嘉其志之有成也，故樂爲之記。

邑儒學生員常焕撰文，陝西朝邑儒童王圻書丹。

山主：李博文、李賓文、李玉文、李丙南、李丙遠。住持：李天景，徒侄：高外臣、張發、邱財，徒孫：陳子全。仝立。

同治二年小陽月中浣穀旦。

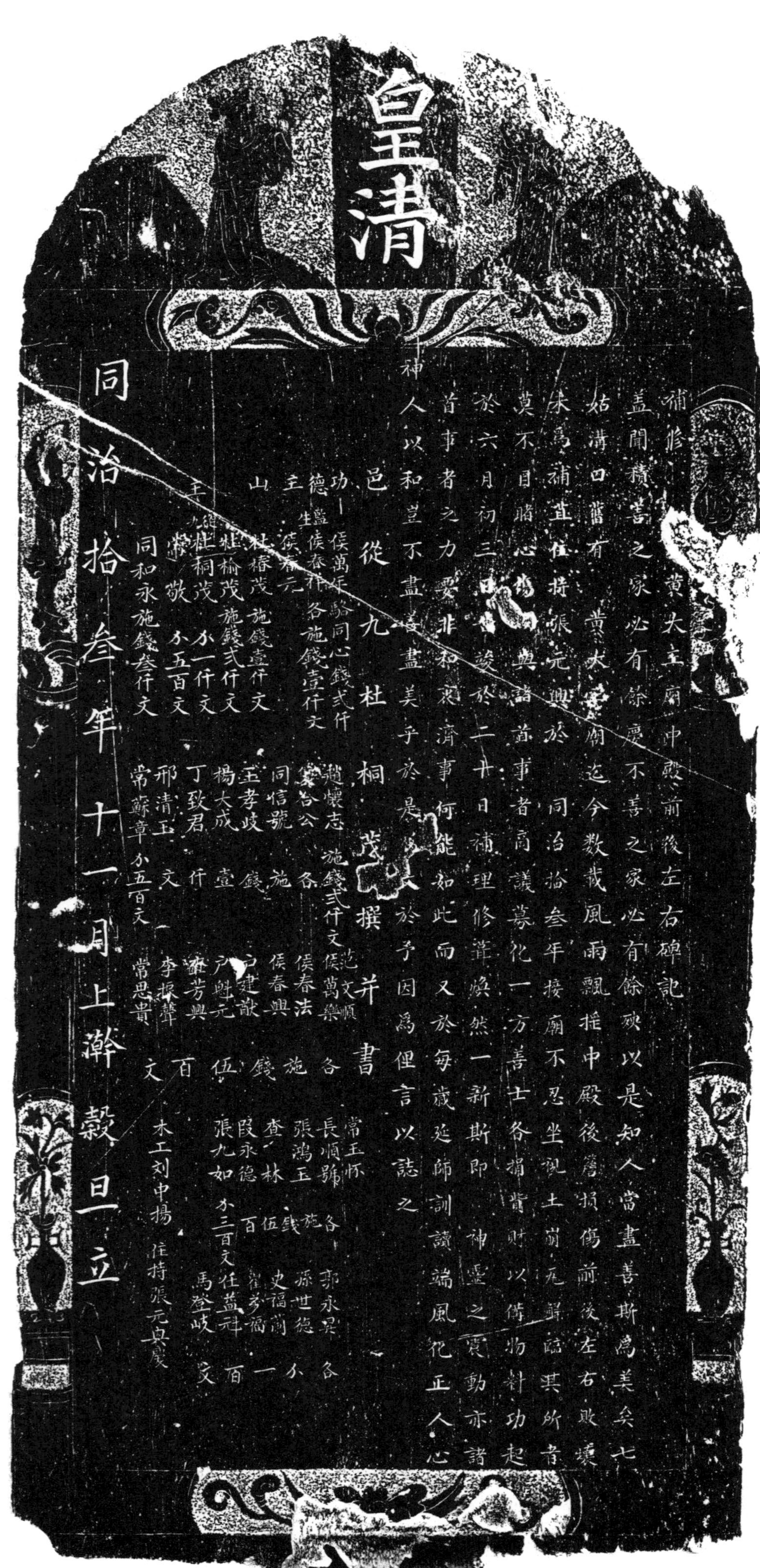

【二一四】 補修黄大王廟中殿前後左右碑記

年代：清同治十三年

尺寸：高 115 釐米，寬 53 釐米

立石地點：欒川縣石廟鎮石廟村黄密寺

補修黄大王廟中殿前後左右碑記

〔碑首〕：皇清

蓋聞積善之家，必有餘慶；不善之家，必有餘殃。以是知人當盡善，斯爲美矣。七姑溝口舊有黄大王廟，迄今數載，風雨飄摇，中殿後簷損傷，前後左右敗壞，未爲補葺。住持張元興於同治拾叁年接廟，不忍坐視土崩瓦解，臨其所者，莫不目睹心傷。□與諸首事者商議，募化一方善士，各捐貲財，以備物料。功起於六月初三日，□竣於二十日，補理修葺，焕然一新。斯即神靈之震動，亦諸首事者之力，要非和衷濟事，何能如此？而又於每歲延師，訓讀端風，化正人心，神人以和，豈不盡善盡美乎？於是□文於予，因爲俚言以誌之。

邑從九杜桐茂撰并書。

功德主：侯萬年、駱同心、錢貳仟，監生侯春祥、侯春元各施錢壹仟文。

山主：杜椿茂施錢壹仟文。杜榆茂施錢貳仟文。從九杜桐茂施錢一仟文。常敬施錢五百文。同和永施錢叁仟文。趙懷志施錢貳仟文。雙合公、同信號、王孝岐、楊大成、丁致君、邢清玉，各施錢壹仟文。常蘇章錢五百文。范文順、侯萬樂、侯春法、侯春興、户建猷、户魁元、查芳興、李振聲、常思貴各施錢伍百文。常玉懷、長順號、張鴻玉、查林、段永德，各施錢伍百文。張九如錢三百文。郭永昇、孫世德、史福蘭、崔萬福、任益魁、馬登岐，各錢一百文。

木工：劉中揚。住持：張元興、張元慶。

同治拾叁年十一月上澣穀旦立。

重修碑記

潭鎮西面皆山，伊水西來而東去，當其衝者石門關鎮[illegible]嚴環抱，村墟烟湊聚。舊建有

五福神祠，崧山為屏，伊水如帶，據虎峰而有鳳台洵[illegible]神靈妥侑之所。有公坡一座，以為廟橋之需。有

橋四，前經鄭國寕首事斫坡修橋，雁翅惜碑未竪。同治六年，陳貴華接充總管，廟貌漸圮，顧以為欲修其

光，營其細，遂刊木梁，歷辛勤，增添柱梁，繕葺橋房，砌石補路，一切粗就。乃於十年冬暨王化南[illegible]

海旺等相約村衆大舉修廟，仍其舊址，高其棟宇。時有倪文才施地一區，俾廟基得以繩直[illegible]

者不吝，鳩工者惟勤，越春夏而功以竣。所有正殿三間，拜殿三楹，偏殿二所，山門一座，[illegible]房一間[illegible]

書房三間，無不煥然一新。又以神名五福，先世之有功德於民，不能遍祭也，正殿爰增[illegible]合神十一位，殿

神仍其王，金碧之華，燦然於焉。春祈秋報，登臨遐眺，想見昔之頹垣敗壁，今之瓊宮瑤砌也；昔之腐椽敗

之風東[illegible]

邑儒學生員趙中立沐手撰文

倪文才施地一區，東北二至本主，南至廟址，西至溝心，計五厘。

勤德主 壽民梁書昇 二千二百 首事刘太 一千五百 首事張福祥 各 監生梁文[illegible] 五千文 倪秀礼 各 鄭福元 吾 陳貴德 各五百 王渠元 [illegible] 刘生原 各 共入洋[illegible]

總管 監生王化南 三十二千 鄭國蓮 一千五百 田福元 五 監生梁文樸 二千八百 王王朝 一 麗朝用 閆中行 陳貴宝 六 王[illegible]貴 八 張[illegible]

總理首事 陳貴華 七千 張耿明 一千文 王庭奇 百 魏朝[illegible] 王書清 千 梁文緒 各 梁文悅 上 王六枝 人 姚[illegible]換 八 郎[illegible] 共[illegible]百九十

首事 趙中立 三千文 倪文才 事 朱天赦 二百文 劉平[illegible] 鄭新科 九百文 鄭國全 六 姚[illegible] 楊[illegible]娃 各 魏朝彥 各 鄭常山 百 木工 王進[illegible]

馬[illegible] 十千文 楊松崇 上三文 梁書華 二千六百 [illegible]殷有蘭 一千一百 張[illegible]楊 八百文 趙仁声 百 鄭法興 人 張榮 三 許[illegible] 二 [illegible] 畫工 鄭[illegible]

梁書賢 二千八百 倪文松 各七百 魏正心 二千三百 尚庭朝 一 鄭秀同 各 梁文明 文 陳貴賢 各 孫穩成 百 張耿奇 百 [illegible]

監生梁書純 二千五百 楊務本 各 魏正己 [illegible]刘德冠 [illegible]文會 七 魏瑄 各 刘拴芳 四 張文貴 各 李臨河 百 王工 苗[illegible]

倪文仲 各一千 陳國新 六 [illegible]柴聚太 一千文 王金科 二 鄭國樟 百 王元 [illegible] 百 張文正 二 [illegible]庭娃 文

趙燿文 [illegible]金声 六百 監生許德傑 一千六百 楊立本 王庭魁 文 潘殿昇 百 王全用 各 鄭國華 百 謝呂南 文

魏朝賢 六百文 事 趙中德 五百 張克奇 魏虎 陳有法 吳貴 百 劉元 三 [illegible]殿士 百 張[illegible] 一

刘維[illegible] 閆大來 一百文 刘裕來 文 趙振声 百 刘平程 文

大清光緒二年歲次丙子仲冬月上浣之[illegible]

【二一五】　重修五福祠碑記

年代：清光緒二年

尺寸：高 148 釐米，寬 64 釐米

立石地點：欒川縣潭頭鎮石門村全神廟

〔碑首〕：重修碑記

潭鎮四面皆山，伊水西來而東去，當其下者石門，關鎖綦嚴，環抱村墟，□煙湊聚。舊建有五福神祠，崧山爲屏，伊水如帶，據虎峰而背鳳臺，洵神靈妥侑之方。村向有公坡一座，以爲廟橋之需，有□橋四，前經鄭國寧首事斫坡，修橋雁翅，惜碑未豎。同治六年，陳貴華接充總管，廟貌漸圮。顧以爲欲修其□，先營其細。遂刊木柴，歷辛勤，增添柱梁，繕葺橋房，砌石補路。一切粗就，□於十年冬，暨王化南、梁書昇、任□、□海旺等相約村衆，大舉修廟，仍其舊址，高其棟宇。時有倪文才施地一區，俾廟基得以繩直整飭。遂□□□者不吝，鑒工者惟勤，越春夏而功以竣，所有正殿三間，拜殿三楹，偏殿一所，山門一座，移修茶房一間，重修書房三間，無不焕然一新，又以神名五福。先世之有功德於民，不能遍祭也，正殿爰增全神十一，偏殿□□神仍其王，金碧之華，燦然於焉。春祈秋報，登臨憑眺，想見昔之頽垣破壁，今之瓊宮瑶砌也。昔之腐榱敗□，今之畫棟雕甍也……

邑儒學生員趙中立沐手撰文。

倪文才施地一區，東北二至本主，南至廟址，西至溝心，糧五厘。

功德主：壽民梁書昇三十二千。監生王化南三十二千。總管陳貴華七千文。總理生員趙中立三千文。首事馬停十千文。梁書賢二千八百。監生梁書純二千五百。倪文仲、趙耀文、魏朝賢，各一千六百文。首事劉太、鄭國蓮一千五百。張映明一千文。倪文才、楊松榮、倪文松，上三人各七百。楊務本、陳國新、尋金聲各六百。趙中德五百。首事張福祥、田福元、王庭奇，各五百。朱天赦三百文。梁書華二千六百。魏正心二千三百。魏正己、湯營柴聚太二千文。監生許庭傑、張克奇一千六百。監生梁文郁五千文。監生梁文棟二千八百。魏朝選、劉平安一千四百。湯營殷有蘭、尚庭朝一千二百。本街劉德魁、王金魁、楊立本、魏虎、劉維漢各一千文。倪學禮、王玉明、王書清，各一千。鄭新科九百文。張榜八百文。鄭萬同、梁文會、鄭國棟、王庭魁各七百文。陳有法、閆大來六百文。鄭福元、龐朝用五百。閆中行、梁文繡、郑國全、趙仁声、梁文明，各六百文。魏瑄、王元、潘殿昇、吴貴、刘裕来，各五百文。陈贵德、梁文悦、姚盈、鄭法興、陳貴賢、劉栓勞、梁國模，上六人各四百。王金用、劉元、趙振聲，各三百。王樂元、陳貴寶、王六枝、楊立娃、張榮、孫穩成，上六人各三百。張文貴、張文正、鄭國華、潘殿士、劉平祥，各二百文。郝春苔、王成貴、姚麥换、魏朝彦、許寅午、張映奇、李臨河、□庚娃，上八人各二百文。謝召南、張自田、張□□　各一百文。劉生原、張欽、郎光輝、鄭常山、黨恒，各一百文。

共入布施錢一百□千文，共入柴錢四十二，共費錢一百九十千。

木工：王進孝。畫工：鄭際顯。玉工：苗□□。

大清光緒二年歲次丙子仲冬月上浣之（吉）。

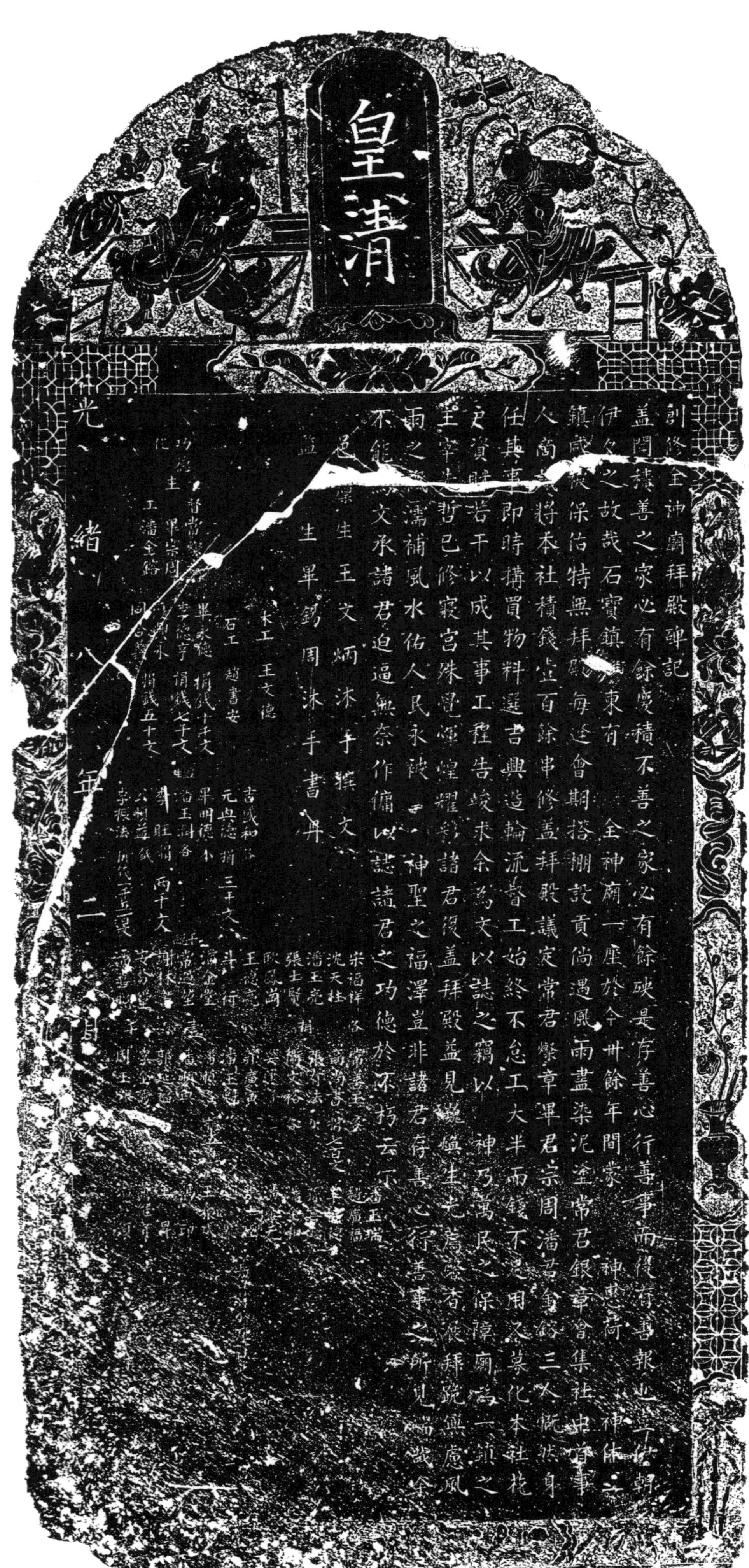

【二一六】 創修全神廟拜殿碑記

年代：清光緒八年

尺寸：高124釐米，寬58釐米

立石地點：欒川縣石廟鎮石寶口村

〔碑首〕：皇清

蓋聞積善之家，必有餘慶；積不善之家，必有餘殃。是存善心，行善事，而後有善報也，豈伊朝伊夕之故哉！石寶鎮街東有全神廟一座，於今卅餘年間，蒙神惠，荷神休，一鎮咸被保佑。特無拜殿，每逢會期，搭棚設貢，倘遇風雨，盡染泥塗。常君銀章會集社中首事人商□，將本社積錢壹百餘串修蓋拜殿。議定，常君燦章、畢君宗周、潘君金鎔三人慨然身任其事，即時購買物料，選吉興造，輪流督工，始終不怠。工大半而錢不足用，又募化本社花户資財若干，以成其事。工程告竣，求余爲文以誌之。竊以神乃萬民之保障，廟爲一鎮之主宰。先哲已修寢宫，殊覺輝煌耀彩；諸君復蓋拜殿，益見巍焕生光。薦馨香、展拜跪，無慮風雨之□濡；補風水、佑人民，永被神聖之福澤。豈非諸君存善心、行善事之所見端哉！余不能爲文，承諸君迫逼，無奈作傭，以誌諸君之功德於不朽云爾。

邑庠生王文炳沐手撰文，監生畢錫周沐手書丹。

功德主、化主：督工常燦圖、畢宗周、潘金鎔。木工：王文德。石工：趙書安。畢永德捐錢十千文。李德亨捐錢七千文。復興永、同合義捐錢五千文。吉盛和、元興德、畢明德、監生潘玉潤，各捐錢三千文。李旺、公順益，各捐錢兩千文。李振法捐錢一千五百文。宋福祥、沈天柱、潘玉亮、張士賢、耿鳳崗、王德亮、斗行、潘金堂、千總常遇堃、謝林書、安分堂、潘喜照，各捐錢壹千。常善玉、高尚書、張有法，各捐錢七百文。衛文裕、樊運祥、郭廣寅、潘玉魁、潘順洛、潘順興、郭延福、李金秀、周玉深，捐五百文。潘玉瑞、趙廣福、畢懷德、孫喜臨、潘金和、潘金元、張士臣、趙聚、王振成、馮印、王昇、蕭繼奇、潘須，以上各捐錢五百文。

光緒八年二月□□□。

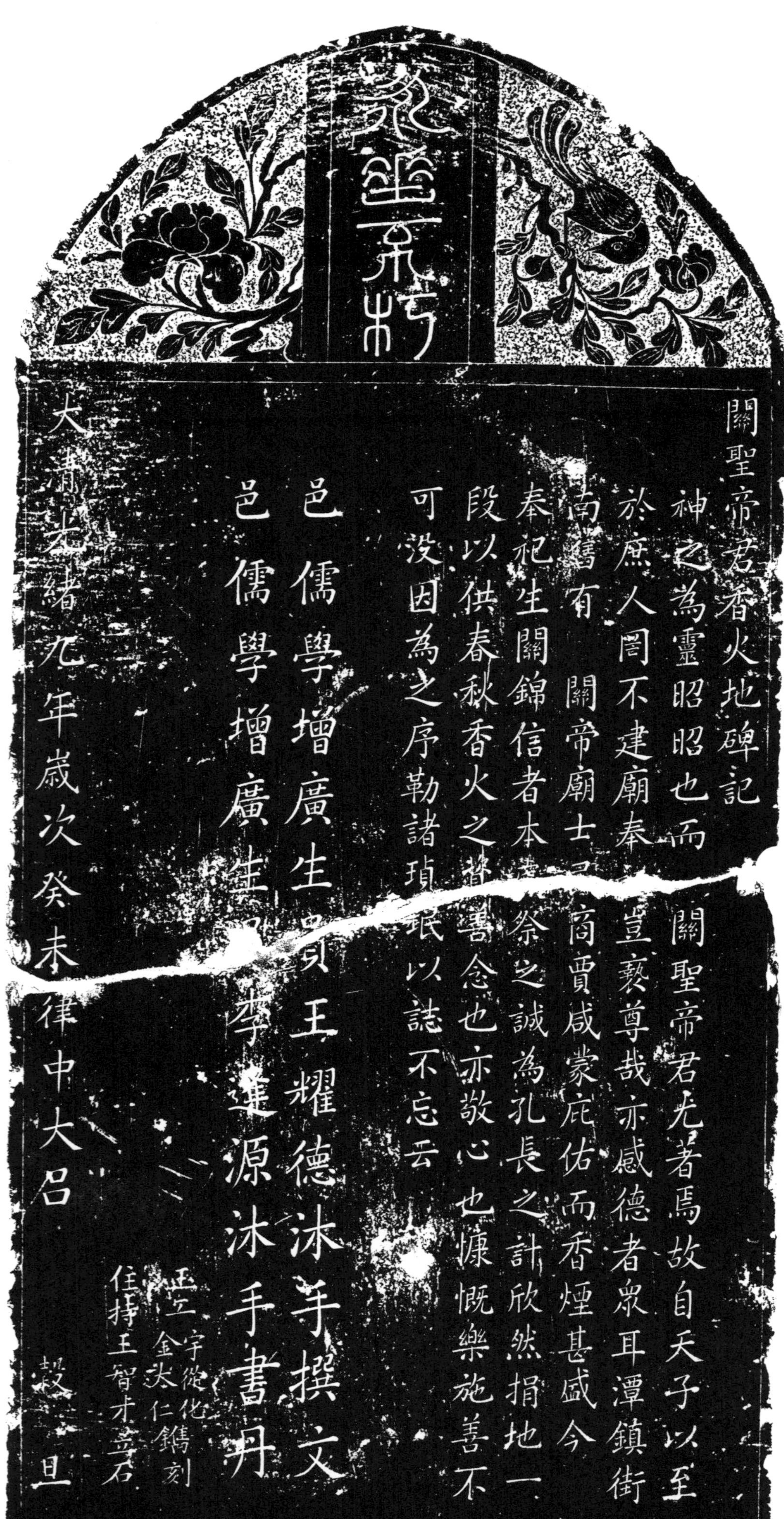
永垂不朽

關聖帝君香火地碑記

神之為靈昭昭也而　關聖帝君允著焉故自天子以至
於庶人罔不建廟奉□豈褻尊哉亦感德者衆耳潭鎮街
南舊有　關帝廟士□商賈咸蒙庇佑而香煙甚盛今
奉祀生關錦信者本□祭之誠為孔長之計欣然捐地一
段以供春秋香火之□善念也亦敬心也慷慨樂施善不
可沒因為之序勒諸珉以誌不忘云

邑儒學增廣生員王耀德沐手撰文
邑儒學增廣生□李蓮源沐手書丹

□工　宇從化
　　　金汰仁　鐫刻
住持王智才立石

大清光緒九年歲次癸未律中大呂　穀旦

【二一七】 關聖帝君香火地碑記

年代：清光緒九年

尺寸：高 107 釐米，寬 52 釐米

立石地點：欒川縣潭頭鎮潭頭村

關聖帝君香火地碑記

〔碑首〕：永垂不朽

神之爲靈昭昭也，而關聖帝君尤著焉。故自天子以至於庶人，罔不建廟奉□，豈褻尊哉，亦感德者衆耳。潭鎮街南舊有關帝廟，士□商賈咸蒙庇佑，而香煙甚盛。今奉祀生關錦信者，本□祭之，誠爲孔長之計，欣然捐地一段，以供春秋香火之□，善念也，亦敬心也。慷慨樂施，善不可没，因爲之序，勒諸瑱珉，以誌不忘云。

邑儒學增廣生□王耀德沐手撰文，邑儒學增廣生□李逢源沐手書丹。

玉工：宇從化、金太仁鐫刻。住持：王智才立石。

大清光緒九年歲次癸未律中大吕穀旦。

【二一八】 重修老君山廟碑記

年代：清光緒十一年
尺寸：高 125 釐米，寬 62 釐米
立石地點：欒川縣欒川鄉老君山

重修老君山廟碑記

〔碑首〕：千古不朽

欒川鎮之南，距鎮四十里，有老君山者，層巒聳翠，上出重霄，諸山來朝，勢若星拱，真乃中州之屏障，天下之巨觀也。山之巔，舊有老君神廟，不知創於何年。每逢浴佛之期，四方之民朝山而進香者，不可以億萬計，豈非一方之福地哉！但世遠年沿，神像傾圮，有李凌霄者登臨拜謁，動懷悽愴，有志重新。然功程浩大，獨力難成，因約善士梅福堂、胡文忠等，共勷義舉。於是，募化善緣，四方信善慨然樂施，輸將恐後，金塑山頂老君神像以及靈官殿神像。二月動工，七月告竣，金碧輝煌，莫不焕然而改觀焉。將見神無怨無恫，永獲清净之福；有感有應，共蒙樂利之慶。是人之致力於神，非神之憑依於人哉。是爲記。

化主：典籍楊海盛、典籍楊三慶、監生張鎮京，各施錢一千。楊三重、邱生榮，各錢一千。化主：典籍楊五林施錢一千。生員楊元章、監生常冠群、楊先智，各施錢五百。順興號施錢八百。曲法和、秦和堂、日生花、泰德堂、和萬順、劉春有，各施錢一千。蔡金魁、惠□升施錢七百。常三順、楊和□施錢七百。楊毓秀施錢六百。楊三瑞、高雲亮、楊先緒、楊先昇、吴玉堂，各施錢五百。常紫氣、常海瀛、杜世奇、姚建和、郭復善，各施錢五百。

儒童王峻德撰并書丹。

光緒十一年十一月谷旦仝立。

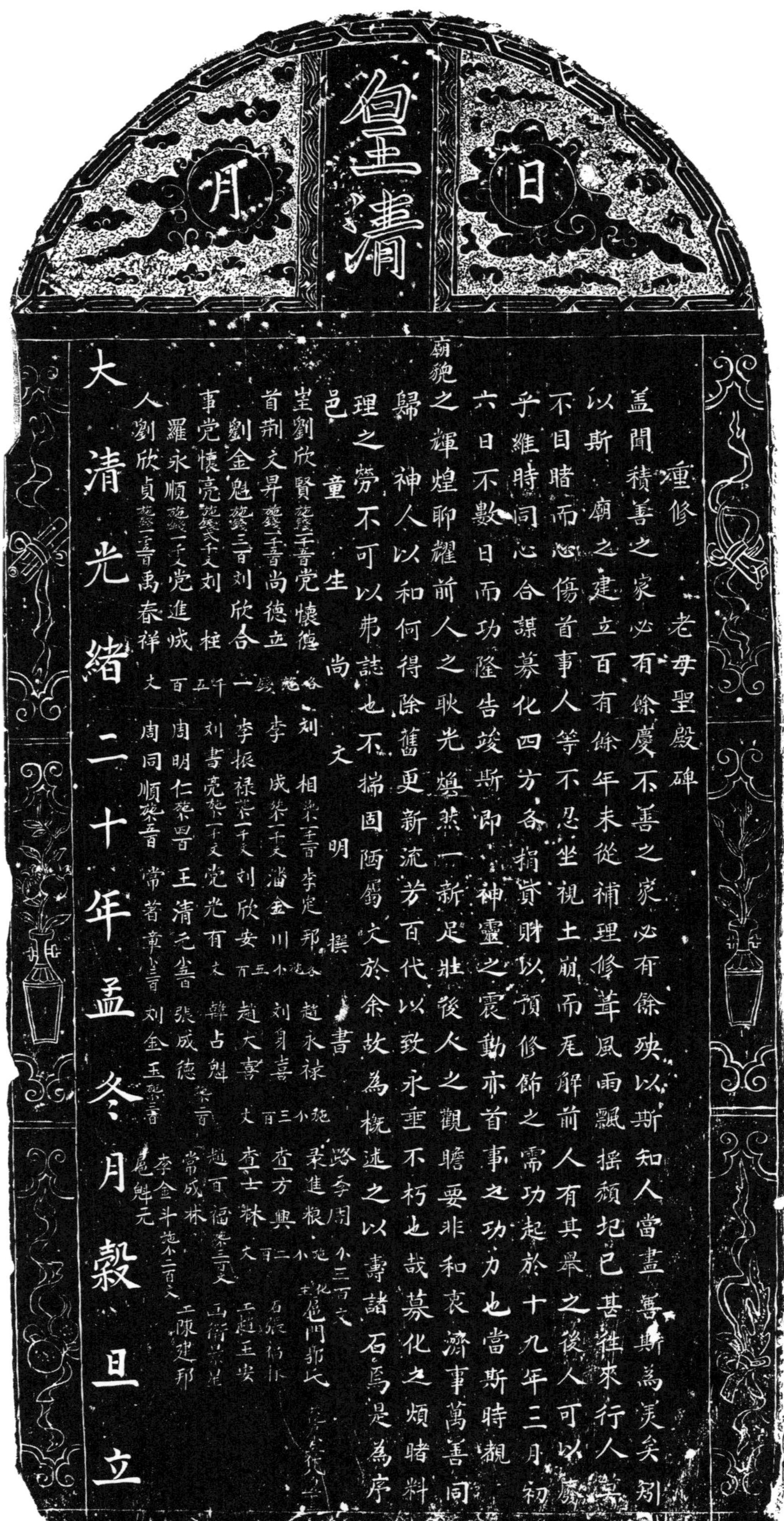
皇清

日 月

重修 老母聖殿碑

蓋聞積善之家必有餘慶，不善之家必有餘殃。以斯知人當盡善，斯為美矣。別以斯廟之建立，百有餘年，未從補理修葺，風雨飄摇，頹圮已甚，往來行人，莫不目睹而心傷。首事人等不忍坐視土崩而瓦解，前人有其舉之，後人可以廢乎？維時同心合謀，募化四方，各捐貲財，以預修飾之需，功起於十九年三月初六日，不數日而功隆告竣。斯即神靈之震動，亦首事之功力也。當斯時，覩廟貌之輝煌，聊耀前人之耿光，煥然一新，足壯後人之觀瞻，要非和衷濟事，萬善同歸，神人以和，何得除舊更新，流芳百代，以致永垂不朽也哉？募化之煩，料理之勞，不可以弗誌也。不揣固陋，屬文於余，故為概述之，以壽諸石，焉是為序。

邑童生 尚文明 撰書

首事人：劉欣賢施錢二千五百 党懷德 荊文昇施錢二千五百 尚德立 劉金魁施錢三百 刘欣合 党懷亮施錢弍千文 刘柱 羅永順施錢一千文 党進成 劉欣貞施錢一千五百 禹春祥 各施錢一千五百文

刘相施錢一千五百 李定邦 李成施錢一千文 潘金川 李振祿施錢一千文 刘欣安 刘書亮施錢一千文 党光有 周明仁施錢四百 王清元施錢二百 周同順施錢五百 常著章施錢三百 各施小五百文

趙永祿 刘身喜 趙大喜 韓占魁施錢二百 張成德 刘金玉施錢三百 施小三百文

路李周施小三百文 梁進粮 查方興 李士林 趙百福施錢三百文 常成林 李金斗施小二百文 扈魁元 施小二百文

化主庵門郭氏 石匠張佑林 工匠趙王安 山衙吳星 工陳建邦

大清光緒二十年孟冬月穀旦立

【二一九】 重修老母聖殿碑

年代：清光緒二十年

尺寸：高 116 釐米，寬 55 釐米

立石地點：欒川縣石廟鎮光明村老母廟

重修老母聖殿碑

〔碑首〕：皇清　日月

蓋聞積善之家，必有餘慶；不善之家，必有餘殃。以斯知人當盡善，斯爲美矣。矧以斯廟之建立，百有餘年，未從補理修葺，風雨飄摇，頽圮已甚，往來行人莫不目睹而心傷。首事人等，不忍坐視土崩而瓦解，前人有其舉之後人可以廢乎？維時同心合謀，募化四方，各捐貲財，以預修飾之需。功起於十九年三月初六日，不數日而功隆告竣，斯即神靈之震動，亦首事之功力也。當斯時睹廟貌之輝煌，聊耀前人之耿光，焕然一新，足壯後人之觀瞻。要非和衷濟事，萬善同歸，神人以和，何得除舊更新，流芳百代，以致永垂不朽也哉！募化之煩，睹料理之勞，不可以弗誌也。不揣固陋，屬文於余，故爲概述之，以壽諸石焉。是爲序。

山主劉欣賢施錢一千五百。首事人荆文昇施錢一千五百。劉金魁施錢三百。黨懷亮施錢貳千文。羅永順施錢一千文。劉欣貞施錢一千五百。黨懷德、尚德立、劉欣合、劉柱、當進成、禹春祥，各施錢一千五百文。劉相施錢一千二百。李成施錢一千文。李振禄施錢一千文。劉書亮施錢一千文。周明仁施錢四百。周同順施錢五百。李定邦、潘金川、劉欣安、黨有光，各施錢三百文。王清元錢五百。常著章錢三百。趙永禄、劉身喜、趙大喜，施錢三百文。韓占魁、張成德，施錢二百。劉金玉施錢三百。路學周錢三百文。录進糧、查方興、查士林，施錢二百文。趙百福施錢三百文。常成林、李金斗、扈魁元，施錢二百文。化主扈門郭氏，共化户錢五千八百五十三。

石工：張福林、趙玉安。畫工：衛景星、陳建邦。

邑童生尚文明撰書。

大清光緒二十年孟冬月穀旦立。

【二二〇】　重修黑虎廟碑記

年代：清代

尺寸：高 168 釐米，寬 70 釐米

立石地點：欒川縣潭頭鎮紙房村黑虎廟

重修黑虎廟碑記

〔碑首〕：皇清　日月

嘗思天下事，有創之於前，又貴能繼之於後，使前無所創，則後之繼者，苦於□□□□□□□□之創者，亦歷久而彌新。是前後之相需甚急，而繼創之賴以不墜也，由來尚矣。潭頭鎮北五里許，有潭峪溝者，亦南北孔道也。溝口有古刹玄壇、山神、土地廟一楹，不知創於何代，建於何時，相傳自國朝乾隆年修理一次。越道光元年，又修一次，迄今三十餘年矣，廟貌顛覆，神像倒横。又況坐臨桃園溝口，山水瀑發無時，砂石墊塞，岌岌乎廟之舊迹已湮没殆盡矣。苟善士不出，終屬無濟。幸有齊君諱武、丁君諱良棟者，二人不忍坐視，欲爲修葺，獨力難支，意欲募化，恐致廢弛，經經營營，不啻念兹在兹焉。是以會約合社，公爲商議，或出己資，或募人緣，約略計之，覺有二百餘貫矣。齊、丁二人年老力衰，恐其功不易成，乃復舉崔君諱秉貴作爲功德，崔君亦好義人也，出之意願。三人公議，將前一楹之狹，改爲三楹之闊。又慮拜祀維艱，創建拜殿三間，則神之座鎮，於是者足以壯觀瞻，即人之適處夫此者，亦可以聊避風雨也。庇工鳩□，□勷厥事，不數月而焕然聿新矣。於是登臺而望，見夫輝煌者廟貌也，燦爛者神影也。不第此也，俯而祝之，前有流水之蕩蕩；仰而觀之，後有嵯峨之層層。不禁欣然曰：此誠世外之□境也。功程告竣，囑余作文，余愧迂拙成性，庸劣稟姿，欲不叙列，則衆善之美意弗彰，欲爲表白，恐後之儒人見哂。余甚艱焉，乃聊表其事，備考其功，以誌不朽云。

功成之後，公議廟左重修河大王廟一楹。

邑儒學馬騰蛟沐手撰文並書丹，邑處士屈光國題名校字。

山主：監生馬振干，功德主：崔秉貴捐錢拾仟文。總理：耆民齊武捐錢兩千五百文。丁良棟捐錢五百文。首事：王希天捐錢八千文。王倫捐錢四千文……

張王氏施地一段，坐落廟後，東至廟，西至石濠，北上至崔姓，下至分水，南至坡根。大王廟合社施錢伍千文。

木工：趙之魁。畫工：張廷琴。玉工：郭信成。

後記

宗教文化是中華文化的重要組成部分，在我國數千年的歷史進程中，貫穿始終，上至朝廷、官府，下至普通民衆，雖觀念各異，目的不一，而無不對神靈頂禮膜拜，虔誠有加。朝廷、官府通過宗教信仰，弘揚大道一統，束縛民衆思想，達到鞏固其長期統治的目的。而民眾則通過宗教信仰，祈求國泰民安，保障一方，福佑家庭。因此，千百年來，寺廟、道觀遍布城市、鄉村，缺而創、圮而修，不遺餘力，鍥而不捨。而正是這種對信念的追求，使得宗教文化代代傳承，長盛不衰。而寺廟、道觀碑刻，作爲最爲重要的文獻載體，承載着濃厚的宗教文化，見證了各個寺觀的興衰變化，折射出時代的變遷，從另一個角度反映各個歷史時期政治、經濟、文化以及各種社會關係狀況。寺觀碑刻書法、藝術價值也是毋庸置疑的，歷史上許多書法家作品的傳承，無不賴於碑刻的流傳；碑碣上的雕刻，也呈現了古代雕刻藝術的發展脈絡。同時，碑刻中描繪的廟宇建築風格，對當今研究古建藝術也有一定的借鑒意義。從這個意義上講，寺廟、道觀碑刻，是前人給我們留下的豐厚的文化遺産，是一部宗教史及社會發展史的百科全書，是一座燦爛輝煌的藝術寶庫。但隨着時間的變遷，風雨飄摇，人爲損壞，這些碑刻或漫漶不清，或殘缺不全，不免令有識之士心痛不已。因此，保護、挖掘、整理、研究這一文化遺産刻不容緩，也是一件功在當代、利在千秋的好事。河南省文物建築保護研究院正是基於這一原因，在大量調查研究的基礎上，編輯出版了“河南寺廟道觀碑刻集成”叢書，彌補了河南宗教石刻文獻的空白，對於傳承和保護中華文化，具有積極意義。

《河南寺廟道觀碑刻集成·洛陽卷三》，共精選輯録了洛陽市區的洛寧縣、伊川縣、欒川縣等現存碑刻220件，時間跨度上至明代，下迄民國。運用文獻學、歷史學及語言文字學等相關學科相結合的整理研究方法，對碑刻進行釋文、點校、編目，按立碑時間先後順序，採取圖版與釋文對照的方法編排，印刷精美，對照方便，是編者竭盡心力試圖呈現給大眾的一道盛筵。

本書出版，得到了洛陽市文物局的大力支持和協助。本卷由郭茂育釋文，余扶危校對，陳文學垂拓，王志軍拍照，在此一并致謝。

由於編者水平所限以及參稽資料的短缺，在釋文、句讀等方面難免有疏漏和訛誤之處，敬請專家批評指正。

编　者

二〇二二年五月